Corporate Carbon Finance

企业碳金融

主　编　赵龙峰
副主编　陈琳　王超
参　编　王纲金　谢光华　田皓文

机械工业出版社
CHINA MACHINE PRESS

随着"双碳"目标的加速实施，金融作为支持低碳转型的强有力支撑手段，正处于飞速发展阶段。各种围绕"双碳"目标的金融工具推陈出新，各种金融创新活动正在蓬勃发展。基于此，本书首先讨论了碳金融市场的概念、功能、发展与理论基础，其次简单介绍了碳交易市场机制等内容，再次重点介绍了碳金融产品、碳市场融资工具、碳金融工具和碳市场支持工具，最后对碳金融风险管理做了较为全面的梳理。本书注重理论与实践结合，力求将最新的碳金融市场发展现状、碳金融产品等内容全面地呈现给广大读者，既有深入的理论分析，又有丰富的案例分析，以期为读者提供具有指导意义的参考。

本书既适合作为高等院校财务管理、金融学、会计学、金融科技和低碳管理等专业学生的教材，也可以作为碳金融相关从业者的参考读物。

图书在版编目（CIP）数据

企业碳金融 / 赵龙峰主编. -- 北京：机械工业出版社，2025.9. -- ISBN 978-7-111-79043-3

Ⅰ．F279.23

中国国家版本馆 CIP 数据核字第 2025G70P86 号

机械工业出版社（北京市百万庄大街22号　邮政编码100037）
策划编辑：吴亚军　　　　　　　　责任编辑：吴亚军　章承林
责任校对：卢文迪　张雨霏　景　飞　责任印制：邓　博
河北鹏盛贤印刷有限公司印刷
2025年9月第1版第1次印刷
185mm×260mm・17.25 印张・424 千字
标准书号：ISBN 978-7-111-79043-3
定价：59.00 元

电话服务　　　　　　　网络服务
客服电话：010-88361066　机 工 官 网：www.cmpbook.com
　　　　　010-88379833　机 工 官 博：weibo.com/cmp1952
　　　　　010-68326294　金 书 网：www.golden-book.com
封底无防伪标均为盗版　机工教育服务网：www.cmpedu.com

前言
PREFACE

在全球经济快速发展的同时，环境问题尤其是气候变化问题日益凸显，成为全人类共同面临的重大挑战。应对气候变化，实现可持续发展，已经成为国际社会的共识。在此背景下，碳金融作为一个新兴的金融领域应运而生并迅速发展，成为推动经济绿色转型、实现低碳发展的重要工具。

碳金融是指以碳排放权为交易对象，通过金融手段促进碳排放减少和碳资源优化配置的一系列金融活动。它不仅涉及碳排放权的交易和融资，还包括碳金融产品的设计、定价、风险管理等多个方面。碳金融的发展，对于促进企业节能减排、推动绿色技术创新、实现经济结构调整具有重要意义。

本书旨在深入探讨碳金融的理论与实践，为企业和金融机构提供碳金融的系统性知识，帮助其更好地参与碳市场，实现低碳发展。全书共分为7章，从碳金融概述、碳交易市场、碳金融产品、碳市场融资工具、碳金融工具、碳市场支持工具到碳金融风险等多个方面进行了全面阐述。

第1章"碳金融概述"，首先界定了碳金融的概念，分析了碳金融的特征和功能，探讨了碳金融兴起与发展的历程，以及碳金融发展的理论基础。同时，本章还重点讨论了碳金融对于实现"双碳"目标的重要意义，即积极引导资金流向、为实现"双碳"目标提供良好的金融环境和制度保障。第2章"碳交易市场"，系统地介绍了碳交易市场的分类、设计原理、交易制度和市场结构，并分析了国内外碳市场的发展现状。第3章"碳金融产品"，对碳金融产品进行了分类和概述，包括碳市场融资工具、碳市场交易工具和碳市场支持工具。第3章还深入探讨了碳定价的概念和分类、机理与评估方法、影响因素以及国内外的实践情况，并对全球碳价格特征事实和碳价格建模的方法进行了介绍。第4章"碳市场融资工具"，详细介绍了碳债券、碳资产抵质押融资、碳资产回购和碳资产托管等融资工具的基本原理、流程和产品设计，以及碳债券的价值评估原则和方法。第5章"碳金融工具"，对碳远期、碳期货、碳期权、碳互换和碳信贷等碳金融工具进行了全面阐述，包括它们的定义、交易原理、特征等。第6章"碳市场支持工具"，探讨了碳指数的概念、发展历程、编制方法和碳保险的类型、特征、应用情况，以及如何发展我国的碳保险。同时，第 6 章还对碳基金的定义、特点、种类、运作机制等进行了系统介绍。第 7 章"碳金融风险"，全面分析了碳金融风险的类型、成因和管理方法，包括政策风险、操作风险、流动性风险、信用风险、市场风险和项目风险等。第 7 章还特别讨论了碳金融衍生品的风险管理，为碳金融风险的识别、评估和控制提供了理论指导和实践参考。

本书在撰写过程中，力求做到理论与实践相结合，既有深入的理论分析，又有丰富的案例分析，以期为企业和金融机构提供具有指导意义的参考。同时，本书也适合作为高等院校财务管理、金融学、会计学、金融科技和低碳管理等相关专业的教材。

在碳金融领域，我国虽然起步较晚，但发展迅速，已经形成了较为完善的碳市场体系。随着国家对碳达峰、碳中和目标的提出，碳金融将迎来更广阔的发展空间。希望通过本书的出版，能够为我国碳金融的发展贡献一份力量，为实现绿色低碳发展、建设美丽中国助力。

最后，感谢所有参与本书编写的专家学者，感谢他们的辛勤劳动和智慧贡献。同时，也感谢读者对本书的关注和支持，期待与广大读者共同探讨碳金融的理论与实践问题，共同推动我国碳金融的发展。

本书的编写得到了国家自然科学基金（72471195，71901171）、陕西省社会科学基金（2022R016）和陕西省软科学研究计划（2022KRM111）的支持。

赵龙峰

目录

前　言

第1章　碳金融概述　/1

学习目标　/1
开篇案例　点"碳"成金　/1
1.1　碳金融市场概述　/1
1.2　碳金融的兴起与发展　/6
1.3　碳金融发展理论基础　/14
1.4　碳金融对"双碳"目标的意义　/16

第2章　碳交易市场　/17

学习目标　/17
开篇案例　内蒙古产权交易中心积极推进林业
　　　　　碳汇产权交易取得新成效　/17
2.1　碳交易市场的分类与设计原理　/18
2.2　碳交易市场的交易制度与市场结构　/21
2.3　碳交易市场的发展现状　/24

第3章　碳金融产品　/29

学习目标　/29
开篇案例　碳交易与碳金融的价格机制是促进
　　　　　碳市场有效运行的基础　/29
3.1　碳金融产品概述　/29
3.2　碳定价　/32
3.3　全球碳价格特征事实　/38

3.4　碳价格建模　/47

第4章　碳市场融资工具　/58

学习目标　/58
开篇案例　中国银行发行公募转型债券，帮助
　　　　　企业客户实现碳减排目标　/58
4.1　碳债券　/59
4.2　碳资产抵质押融资　/82
4.3　碳资产回购　/86
4.4　碳资产托管　/88

第5章　碳金融工具　/90

学习目标　/90
开篇案例　全国两会代表委员热议碳金融产品
　　　　　创新　/90
5.1　碳远期市场　/92
5.2　碳期货市场　/111
5.3　碳期权市场　/127
5.4　碳互换市场　/145
5.5　碳信贷市场　/156

第6章　碳市场支持工具　/167

学习目标　/167
开篇案例　碳基金的发展与演变历程　/167
6.1　碳指数　/168

6.2 碳保险 /176

6.3 碳基金 /187

第7章 碳金融风险 /214

学习目标 /214

开篇案例 工商银行开展火电行业碳交易压力
　　　　　测试研究 /214

7.1 碳金融风险概述 /215

7.2 碳金融风险分类 /218

7.3 碳金融衍生品风险 /222

7.4 碳金融风险管理 /229

7.5 碳金融衍生品风险管理 /261

参考文献 /267

第 1 章

碳金融概述

学习目标

1. 掌握碳金融定义、特征、功能等基础理论知识，清楚了解碳金融与其他金融体系之间的联系与区别。
2. 了解碳金融起源及发展历程，并通过比较国内外各大碳金融市场以掌握各市场之间的区别与联系，熟悉我国碳金融市场的发展现状及相关政策。
3. 了解碳金融相关理论以及对于实现我国2030年前碳达峰、2060年前碳中和（"双碳"目标）的促进意义。

开篇案例

点"碳"成金

在2021年中国金融学会绿色金融专业委员会（以下简称"绿金委"）年会上，绿金委主任、北京绿色金融与可持续发展研究院院长、中国碳中和50人论坛成员马骏在发布的报告中通过EPS（Energy Policy Simulator）模型等方法对我国绿色低碳投资需求进行了测算，得出我国未来三十年的绿色低碳投资累计需求将达487万亿元人民币。而我国碳市场正处于发展阶段，各项政策与规范尚在不断优化改进中。面对如此庞大的碳交易市场，北京绿色交易所总经理、北京绿色金融办公会秘书长、中国人民大学生态金融研究中心高级研究员梅德文表示："只有多元的金融机构、金融产品加入进来，碳市场才能更为活跃，碳定价才能更有效率。"可见，金融业的扶持将有利于支持碳交易市场的稳步发展，因此进一步发挥碳市场的金融属性对于我国碳市场的发展至关重要。

1.1 碳金融市场概述

1.1.1 碳金融的界定

碳金融是随着《联合国气候变化框架公约》（United Nations Framework Convention on Climate Change，UNFCCC）的提出与《京都议定书》（Kyoto Protocol，KP）中的三个市场机

制[一]引出的概念。其随着碳金融市场的兴起而逐渐发展，是围绕温室气体排放的金融活动与制度安排，旨在利用金融手段与相关市场化的方法对碳金融产品及其衍生品进行交易与流通的活动。其本质上是一种紧密联系绿色实体经济的金融活动与相关制度安排，即通过金融资本对碳金融市场上相关企业与项目的投资，推动低碳相关技术的进步和优化转型，减少对于产生温室气体的相关燃料的依赖，降低温室气体排放水平。

1.1.2 碳金融的特征

碳金融与其他的金融活动相比，其特征主要体现在目的公益性、跨行业性、知识交叉性、国家干预性、价格特殊性五个方面。

1. 目的公益性

传统金融活动目的在于通过投融资实现资金的流通，获得相应资产的增值或保值，从而获得一定的收益。但是对于碳金融而言，其最终目的在于运用金融手段减少或控制温室气体排放，是一种紧密联系绿色经济的低碳型金融活动。除实现投融资的增值保值活动之外，更重要的目的在于实现低碳排放有关目标，维护气候公共利益，减少温室气体排放，带有一定的社会责任，而并非简单地追求经济效益的绝对增加。

2. 跨行业性

碳金融的跨行业性首先表现在碳金融市场的主体广泛性上。碳金融的交易主体除传统金融活动参与的企业、政府、金融机构、机构投资者、个人投资者之外，还包括推动碳金融政策制定的联合国与主权政府、参与气候问题治理的国际组织，如世界银行、亚洲开发银行、联合国开发规划署等，以及其他在碳金融市场上活跃的碳金融机构，如碳基金、碳信用评级机构、交易机构、核查机构、监测机构及其他组织和个人；碳金融的跨行业性还体现在碳金融产品的多样性上，不仅具有传统金融品种，还包括了碳现货、碳期货、碳期权、碳保险、碳证券、碳合约、碳基金、碳排放配额和碳信贷等多种形式，几乎囊括了所有的金融产品形式。

3. 知识交叉性

从定义上可以看出，碳金融并非单纯的金融活动，还涉及气候学、环境学等多学科知识，使得碳金融具有一定程度的知识交叉性。首先，作为金融活动，要求参与碳金融活动的金融机构、企业、个人需要具备传统金融活动所需的知识储备与资质。其次，由于其交易对象为碳排放权的特殊性，也要求相关人员具备除传统金融之外的相关专业知识，包括碳排放配额总量目标的确定、配额的初始分配、配额管理、碳金融市场交易、碳金融风险管理以及温室气体排放的监测、报告等相关知识与资质。

[一] 三个市场机制是指，在保证全球范围内碳排放总量不变或减少的思路指导下，《京都议定书》中提出的3个灵活机制：①联合履约机制（Joint Implementation，JI）；②清洁发展机制（Clean Development Mechanism，CDM）；③国际排放交易机制（International Emissions Trading，IET），推动了一个以二氧化碳排放权为标的资产的碳金融市场的产生。

4. 国家干预性

从全球经验来看，碳金融市场从创建到运行都需要国家干预，政府需要在其运行过程中发挥重要的宏观调控作用以防止市场失灵带来的不稳定性等弊端。因此，在碳金融产品、排放额度、信用政策上均需要由政府界定并进行分配。纳入碳排放权交易体系的企业需要由政府进行审核确定。碳金融的相关服务主体，如碳排放权交易咨询机构、温室气体排放核查机构等，需要由政府认定并授予资格。由此可见，政府不仅需要对碳金融市场实施一定程度的干预防止市场失灵带来的弊端，也需要在碳金融的发展中审核确定相关产品与主体的准入情况。

5. 价格特殊性

与传统金融产品的价格主要由市场利率价格决定不同，由于碳金融与低碳减排紧密相连，市场价格也会受到更多种因素的共同影响，不仅受到市场利率变化的影响，更多地会受到宏观经济周期、碳排放权价格变化、相关碳排放政策、国际关系和气候环境变化等多重因素的影响。

1.1.3 碳金融的功能

碳金融作为维持碳市场健康发展与促进低碳经济发展的有力手段，具备以下八个方面的功能。

1. 促进低碳减排成本内部化和最小化

环境问题通常具有成本与收益外部性的特征。温室气体的排放也具有类似特征，温室气体排放造成的成本通常为隐性成本，不易直接反映在经济主体的投资决策成本中，这使得环境问题导致的外部性不易被解决与规制。碳金融作为以碳排放权交易而开展的系列相关金融活动，可将减排等环境问题产生的成本内化为生产要素，使碳排放成本由无人承担或外部社会公共承担转化为内部生产成本，进而由企业整体承担。由于各企业碳减排成本存在较大差异，因此企业可根据自身与其他碳市场主体的相关减排成本和碳价格的波动进行减排投资与碳交易活动。碳金融市场提供了跨国、跨行业和跨期交易的场所。企业可以通过在碳金融市场购买碳金融产品，将减排成本转移至减排效率更高、减排成本更低的企业或组织；或通过碳金融投资项目转移至发展中国家，以降低企业减排成本，从而实现整体减排成本内部化与最小化。

碳金融市场的存在使得有关碳减排交易能够将成本由外部转向内部承担，使得各个国家在碳金融市场实现自身减排成本最小化。这种转移也使中观层面和微观层面上的各个参与减排交易企业的减排成本实现最小化。伴随着碳交易市场的交易量以及交易额的扩大，碳排放权交易不断发展，已衍生为具有流动性的金融资产。通过碳金融的发展可以推动碳资产的自由流动，使碳交易市场更加活跃，并使碳排放权定价更为精确，从而进一步促进费用的减少并使其降低到最低限度。

2. 价格发现和决策支持功能

作为一种交易手段，碳交易发挥了市场机制应对气候变化的基础作用，使碳价格能够反映资源稀缺程度和污染治理成本。碳金融市场中的金融机构，例如期货交易所，可以提供碳排放权定价机制。首先，碳期货具有价格发现和价格示范作用。据 Benz 等（2008）研究表示，尽管与欧洲气候交易所（European Climate Exchange，ECX）相比，北欧电力交易所（Nord Pool，NP）的碳期货规模小、流动性低且交易成本高，但仍然存在显著的价格发现功能。价格发现可以让市场参与者对碳交易的价格进行合理的评估，比如碳排放的稀缺程度、交易双方的交易意愿、交易风险和污染治理成本，从而使资金在价格信号的引导下快速合理地流动，从而达到资源的最优配置。通过碳金融的价格发现机制得到的均衡价格会使控排企业、投资者、金融机构等碳金融市场参与主体能够制定更加有效的交易与风险管理策略。其次，碳期货市场提供的套期保值产品，有利于形成统一均衡的碳市场价格，并反馈到能源市场和贸易市场。碳价格对于减排企业的生产成本和相关的投资决策都有重要意义，出于对成本和利润的考虑，企业将在投融资决策中对资源性产品价格做重点考虑。

3. 风险管理和转移功能

碳价格与能源市场的高度相关性使碳市场价格波动非常显著，政治事件和极端气候也会增加碳价格的不确定性，从而进一步加剧碳市场价格的波动。不同国家和产业对气候风险的适应和抵抗能力有显著的差别，碳金融能够提供转移和分散风险的载体，将气候风险分散或转移至第三方，也可以对气候风险采取保险等预防措施，例如天气期权等天气衍生品的发展为规避价格波动风险提供了精细化的风险管理工具。天气指数及期货等衍生品可以用来规避天气变化带来的风险与不确定性，把天气风险转嫁给有风险吸纳能力的交易者。巨灾债券则发挥了资本市场对灾害损失的经济补偿和转移分担功能，将保险公司部分巨灾风险转移给债券投资者，从而实现不同实体所承受的风险与之承受能力相匹配。另外在项目类碳交易市场上，由于基于项目而产生的碳排放权大都涉及未来的减排，在项目审批、建设及减排单位的认证等阶段都存在大量的风险（包括宏观经济周期风险、政策风险、法律风险等），这就需要市场发挥风险管理和转移的作用。

碳交易和碳保险的风险管理和转移功能，可以在碳排放权交易过程中对于可能发生的价格波动、信用不对称带来的交易危机进行风险规避和担保。如碳排放权信用保险、碳交易政策风险保险可以分担碳交易各环节的风险，从其中发展而来的基于碳期货、碳期权和其他碳金融衍生品的价格波动风险规避和套期保值功能逐渐成为碳金融市场上最基本的风险管理工具。

4. 为能源转型提供资金支持

由于不同国家能源结构存在客观上的巨大差异，对减排目标的适应能力也各不相同，为使全球经济发展摆脱对化石能源的依赖，需要加快低碳减排目标的实现。通过碳金融市场进行项目融资、风险投资和基金投资等多元化投融资模式增加了投资渠道，具有动员金融资源、优化资金配置、促进可持续能源发展的能力，有利于改变能源消费对化石能源的依赖惯性，使能源产业链从高碳环节向低碳环节转移，进而使经济增长方式由高碳向低碳转型。具体而言，作为碳金融领域最基础的融资形式，碳信贷具有能源产业转型所需的资金融通功能，能够满足企业实现减排和技术创新所需要的融资需求。碳抵押融资能够盘活碳资产，对碳资产进行更灵活的管理，实现提前变现，减少资金占用压力。碳金融市场能够将社会资金有序地引入减排技术的创新领域，使碳金融发挥市场杠杆作用，成为低碳技术开发利用平台，激励企业开发利用新能源，使用并创新节能减排技术，促进能源供应链的优化转型。

5. 促进低碳技术创新与传播

碳排放主要来源于化石能源消耗，不同国家和地区的能源效率差异巨大，且发展中国家的能源效率普遍较差。从根本上改变一国经济发展对化石能源的过度依赖，加快清洁能源、减排技术的研究与产业化，是实现高碳经济向低碳经济转变的关键措施之一。低碳经济转型资金需求大、投资周期长、成本较高，然而发展中国家又普遍缺乏技术和资金来源。通过《京都议定书》中的清洁发展机制和联合履约机制，发达国家可以将减排的技术和资金向发展中国家转移。发达国家可以通过购买和直接投资、项目融资、风险投资和私募基金等多元化融资方式向发展中国家提供资金支持，减少项目的交易费用与协商时间，进而有效促进低碳技术的进步与扩散，支持发展中国家低碳技术进步和可持续发展。

6. 强化竞争力与国际贸易合作

低碳政策作为未来国际贸易合作的重要约束，将成为今后国际竞争力与非关税壁垒的抓手。《京都议定书》建立了碳排放权交易机制，因该机制在不同缔约方之间展开温室气体排放权交易，又被称为"碳贸易机制"。碳贸易机制是市场机制下排放权分配的典型模式。迄今为止，还没有任何一个全球多边环境条约像《京都议定书》一样深刻地影响到包括货物贸易和服务贸易在内的多种经济利益。《京都议定书》使各国在进行碳交易和通过清洁发展机制降低发达国家减排成本的同时可以促进减排资金和技术向发展中国家转移。这为国际贸易投资和技术转移提供了便利，展现出极大的投资效应。由此可见，碳金融的发展不仅有利于本国减碳目标的实现，也有利于国际资本合理流动、促进国际贸易投资的发展和国际收支的平衡，能够加强各国在减排低碳相关项目上开展国际合作，实现各国的互利共赢。

7. 提高金融机构创新能力

碳金融作为金融机构新兴竞争领域，还存在较大的拓展空间，此空间将激励各金融机构不断进行金融创新，配合碳金融发展创造更多的碳金融相关衍生品，将给各类金融机构带来金融创新的压力及动力，提高其金融创新能力，进一步加速传统金融向碳金融转型：如银行业面向低碳经济、研发以低碳减排为目标的碳现货和碳信贷等碳金融衍生品、节能服务商模式、金融租赁模式等；证券业的创新产品如碳债券、碳资产证券化、碳指数等；保险业的环境责任保险、环境污染风险保障类产品、森林保险、双碳绿色车险等；机构投资者加强作为碳交易主体方面的创新、碳汇基金的发展等。金融机构通过发展创新低碳产品，可以更好地服务于低碳经济，有助于扩大市场份额、获得利润、提升品牌形象、扩大经营范围等，不断提高金融机构创新能力的同时也能够将资金引入更多低碳项目，优化资金配置，加速经济低碳化进程。

8. 发挥中介功能、降低交易成本

碳市场目前虽有发展但尚不具备较强的流动性，碳排放权供需双方获取信息的渠道较为狭窄。而碳金融作为中介，可以发挥其强大的中介能力和信息优势，为碳排放权交易寻找到合适的卖家和买家，撮合碳排放权交易。一方面能够解决买卖双方信息不对称问题，另一方面也可降低供需双方搜寻和核实信息的成本，降低风险管理成本，分散碳交易尤其是各种碳衍生品交易的风险，有效促进碳交易的达成，有助于碳金融市场的扩大。比如在清洁发展机制下，跨国减排项目具有专业技术性强、供需双方分散与信息不对称等特点，碳金融市场可以通过发挥其中介功能，促进交易的达成。随着碳排放权衍生的碳期货、碳期权、碳基金等新兴衍生金融产品的出现，碳金融使得碳交易更加标准化、透明化，也加快了碳市场演化的速度。碳金融市场通过其中介能力和信息优势，有效地降低了碳交易成本，推动了全球碳交易市场的价值链分工，带动了相关企业、金融机构和中介组织进入市场。金融机构和企业的深度参与使得碳市场的容量不断扩大，流动性不断增强，碳市场的整体规模呈现不断增长的趋势。

1.2 碳金融的兴起与发展

1.2.1 碳金融的兴起

碳金融的兴起源于国际气候政策领域的两个非常重要的国际公约，即1992年6月在巴西里约热内卢举行的联合国环境与发展大会上制定的《联合国气候变化框架公约》和1997年在日本京都通过的《京都议定书》。

为应对全球气候变暖带来的恶劣影响，1992年6月在巴西里约热内卢举行的联合国环境与发展大会上，全球154个国家共同制定了《联合国气候变化框架公约》，并于1994年3月21日正式生效，奠定了应对气候变化国际合作的法律基础，是一项具有权威性、普遍性、全面性的国际框架。《联合国气候变化框架公约》设定了2050年全球温室气体排放减少50%的目标，目的是将大气中温室气体浓度稳定在不对气候系统造成危害的水平。

《联合国气候变化框架公约》是世界上第一个为全面控制二氧化碳等温室气体的排放、应对全球气候变化给人类经济和社会带来不利影响而制定的国际公约，也是国际社会在应对全球气候变化问题上进行国际合作的一个基本框架，其最终目标是将大气中的温室气体浓度稳定在避免气候系统受到威胁的水平。据统计，截至2025年2月共有198个国家批准了上述公约。其对发达国家以及发展中国家规定的义务以及履行义务的程序有所区别。规定发达国家为缔约方，应当采取限制温室气体排放的措施，同时要向发展中国家提供新的额外资金以用于支付发展中国家为切实履行公约所需要增加的费用。公约建立了一个向发展中国家提供资金和技术，使其能够履行公约义务的资金机制，承诺将采取一切可行的手段促进和简化有关技术转让流程。同时缔约方之间做出了许多旨在解决气候变化问题的承诺，每个缔约方都必须定期提交专项报告，其内容必须包含该缔约方温室气体排放信息，并说明为实施公约所执行的计划及具体措施。在2021年11月结束的第26次缔约方大会上，各缔约方之间就《格拉斯哥气候公约》（Glasgow Climate Pact，GCP）达成一致，力求保住将全球气温升幅控制在1.5摄氏度以内。这一全球性协定将加速未来十年应对气候变化的行动，夯实了基本规则和体系。

另一个重要的国际公约是在1997年12月11日的第3次缔约方大会中149个国家和地区的代表通过的《京都议定书》，是作为《联合国气候变化框架公约》的补充条款，对《联合国气候变化框架公约》附录Ⅰ中所列的发达国家减排温室气体的种类、减排时间表和额度等做出了具体规定。《京都议定书》于 2005 年 2 月 16 日正式生效。在《京都议定书》的第一承诺期，即 2008 年至 2012 年，缔约方（主要为发达国家）的温室气体排放量要在 1990 年的基础上平均减少 5.2%，其中欧盟将 6 种温室气体的排放量削减 8%，美国削减 7%，日本削减 6%。

《京都议定书》是人类历史上首次以法规的形式限制温室气体排放的国际协议，为降低各国减排成本，它建立了旨在减排温室气体的三个灵活合作机制——国际排放交易机制（International Emissions Trading, IET）、清洁发展机制（Clean Development Mechanism, CDM）和联合履约机制（Joint Implementation, JI）。

国际排放交易机制允许发达国家之间相互交易碳排放额度，《京都议定书》规定，国家可以通过交易转让或者境外合作方式获得温室气体排放权。即一个发达国家可以将其超额完成减排义务的指标，以贸易的方式转让给另外一个未能完成减排义务的发达国家，并同时从转让方的允许排放限额上扣减相应的转让额度。这样就能在不影响全球环境完整性的同时，降低温室气体减排活动对经济的负面影响，达到全球减排成本效益最优的效果。

清洁发展机制是发达国家与发展中国家之间的碳减排交易。发达国家以向发展中国家提供资金和技术的方式开展合作，允许投资者从其在发展中国家实施的有利于发展中国家可持续发展的减排项目中获取"核证自愿减排量"（Certified Emission Reduction, CER）。通过投资项目所实现的"核证减排量"用于发达国家缔约方完成在《京都议定书》中的承诺。

联合履约机制是指发达国家之间通过项目级的合作，其所实现的减排单位（Emission Reduction Unit, ERU）可以转让给另外一个发达国家缔约方，但是同时必须在转让方的"分配数量单位"（Assigned Amount Units, AAUs）配额上扣减相应的额度。

在以上三个灵活合作机制的背景下，碳排放权被赋予特定产权，变为可以进行转让、交换等交易活动的无形商品，具备了可转让和交易的商品属性和金融属性，通过市场机制实现碳排放的额度化、资产化和市场化。通过市场化方式的推进减排，充分发挥了市场在资源配置中的决定性作用。碳排放权商品属性体现在各国可以通过碳排放权、排放量等交易达到其减排指标或碳中和等相关目的。这类碳商品现货的买卖交易表现出的属性主要是商品属性。随着碳市场的进一步发展与成熟，随之而来的政策风险、政治风险、投资风险、项目风险、市场风险等也陆续出现。为尽量有效规避风险，一系列具有投资价值和流动性的金融衍生工具，如碳排放远期、互换、期货、期权、碳排放信用、信贷、碳排放证券等逐渐被开发出来，在发挥其规避风险作用的同时也吸引了许多的投资资金，有效地保证了减排措施投资的稳定性和可收益性，这类用于防范风险或是投资增值的碳交易就表现出其金融属性特征。

此外，碳排放权特殊的价值取向也推进了其从商品属性向金融属性的转换。碳排放权交易使得金融资本与低碳实体经济可以连接起来：一方面使金融资本可以直接或间接地投资于低碳减排的企业与项目；另一方面，来自不同企业和项目产生的碳减排量可以进入碳金融市场进行交易，并被开发成碳金融现货及碳衍生品，使得碳排放权逐渐衍生为一种金融资产，以金融资产的运作模式逐步活跃在金融市场，最终形成了真正意义的碳金融市场。

1.2.2 碳金融的发展

1. 国外碳金融的发展

自碳排放权交易市场创设以来，碳金融发展势头极为迅猛。在众多碳金融相关活动中，目前主要以欧盟排放交易体系（European Union Emission Trading Scheme，EU ETS）、美国区域温室气体行动（Regional Greenhouse Gas Initiative，RGGI）、芝加哥气候交易所（Chicago Climate Exchange，CCX）、澳大利亚新南威尔士州温室气体减排体系（New South Wales Greenhouse Gas Abatement Scheme，NSW GGAS）、英国排放交易体系（UK Emissions Trading Scheme，UK ETS）等碳金融交易所为代表的国际金融市场体系在碳排放权交易中发挥着主导作用。

在国际碳金融市场中，欧盟占据了核心地位，其碳排放权交易量在碳金融市场交易额度中占比最高。2005年，为实现《京都议定书》二氧化碳减排目标，欧盟建立了气候政策体系。欧盟碳交易机制成为世界上第一个多国参与的排放交易体系。欧盟碳交易机制采取总量交易、分权化治理模式，先确定各成员国碳减排指标，即欧盟排放配额（European Union Allowance，EUA），然后各成员国再将碳减排指标具体下放给各国企业。碳减排指标不仅可以在市场上进行交易，也可与《京都议定书》中的清洁发展机制和联合履约机制进行对接。即在《京都议定书》中清洁发展机制中的"核证减排量"与联合履约机制中实现的减排单位可以在欧盟碳交易机制下转化为减排指标，从而使碳交易形式更加灵活。欧盟排放交易体系于2005年1月1日正式开始运作，经历了第一阶段（2005—2007年）、第二阶段（2008—2012年）以及第三阶段（2013—2020年），目前正处于第四阶段（2021—2030年），当前阶段会将配额总量发放上限从逐年减少1.74%变为2.2%。欧盟排放交易体系于2019年建立了市场稳定储备（Market Stability Reserve，MSR）来平衡市场供需，以应对可能出现的市场冲击，对稳定碳交易价格具有重要作用。

美国未加入《京都议定书》承担相应的强制义务，但自发组织了多项碳交易体系，如美国区域温室气体行动、芝加哥气候交易所与西部气候倡议（Western Climate Initiative，WCI）等。联合多州建立的美国区域温室气体行动，于2009年正式启动，是美国首个市场化的强制性区域总量控制的温室气体排放交易体系。目前仅覆盖电力行业，属于行业型碳市场，旨在限制和减少电力部门二氧化碳排放。在行动实施的第一阶段内（2009—2018年），实现了二氧化碳排放水平降低10%的目标。此外，美国于2003年成立了芝加哥气候交易所，是全球第一个具有法律约束力的总量限制交易计划交易机构，是基于国际规则的温室气体排放登记、减排和交易平台。除此之外，美国加利福尼亚州等西部7个州和加拿大中西部4个省于2007年2月成立了西部气候倡议，扩大了排放交易体系的行业覆盖范围，与美国区域温室气体行动形成了互补。其交易气体从单纯的二氧化碳扩大至6种温室气体，还为碳市场的价格设置了波动区间并保留了碳抵消机制。

澳大利亚作为世界上最早实行强制性温室气体减排计划的国家之一，在2003年1月1日启动了新南威尔士州温室气体减排体系，是目前世界上主要的强制性碳排放权交易市场之一。该体系与欧盟排放交易体系机制类似，但主要针对电力行业，是首个基于总量配额交易的减排交易体系。新南威尔士州温室气体减排体系计划本该于2012年自动终止，但鉴于成效显著，新南威尔士州政府决定将该计划的运行周期延长至2020年。目前澳大利亚新政府于2022年正式签署了联合国《巴黎协定》（Paris Agreement，PA）下的最新气候承诺，即到2030年，将碳排放量在2005年的水平上降低43%。

日本东京都碳排放交易体系于2010年设立，是世界上第一个城市级的强制排放体系，被视为日本城市排放交易体系的先行者和试验区。东京都施行的排放交易机制是总量体系交易的模式，即设定排放的总限额，依据这一限额确定排放权的分配总量，再以一定的分配方式分配给受管控企业，企业获得配额后可以按需进行交易。日本东京都碳排放交易体系在前两个阶段（2010—2014 年；2015—2019 年）均实现了碳排放目标，目前东京都碳市场已完成第三阶段（2020—2024 年）的履约，并开始实施第四阶段（2025—2029 年）的碳减排目标和交易机制，它将继续推进节能和扩大可再生能源使用，并推广低碳电力的部署和应用。

韩国碳排放交易制度也采用"总量控制型"交易模式，碳排放权交易方式从大类上属于基于配额的交易制度。目前该制度共设定了三个承诺期，即韩国碳排放交易第 1 期为 2015 年 1 月 1 日—2017 年 12 月 31 日，第 2 期为 2018 年 1 月 1 日—2020 年 12 月 31 日，第 3 期为 2021 年 1 月 1 日—2025 年 12 月 31 日。2021 年，韩国温室气体排放权交易进入第 3 期，实施了更加严格的排放上限，将有偿配额比例提高到 10%，覆盖的行业也将继续扩大。

相较于发达国家，发展中国家在碳排放等相关业务上起步较晚，但均以积极的态度应对，提出了相立的减排目标。巴西提出了以 2005 年为基础，到 2025 年减排 37%，到 2030 年减排 43%的目标；印度联邦内阁承诺在未来 7 年内将其 GDP（国内生产总值）的碳排放强度（单位 GDP 二氧化碳排放量）从 2005 年的水平降低 45%；墨西哥也提出了到 2050 年比 2000 年减排 50%的目标。

2. 国内碳金融的发展

我国目前正处于减排目标逐步实现阶段。2020 年 9 月，我国向世界做出实现"双碳"目标的承诺，由此进入了"双碳"时代。以 2021 年 7 月 16 日为标志，全国碳排放交易市场进入了运行、发展和完善的新阶段。我国政府明确提出，力争于 2030 年前实现碳达峰、2060 年前实现碳中和的目标，从相对减排到绝对减排，进而零排放。随着国家减排目标的提出，各省市也纷纷跟进，实施相应措施进行减排。我国于 2011 年启动碳市场试点工作，北京、天津、上海、重庆、湖北、广东及深圳成为首批碳排放权交易试点地区。目前各省份都已陆续发布了相关节能减排政策，共同助力我国减排目标的实现。

2021 年 12 月，国务院发布了《"十四五"节能减排综合工作方案》，目标于 2025 年全国单位国内生产总值能源消耗比 2020 年下降 13.5%，重点行业能源利用效率和主要污染物排放控制水平基本达到国际先进水平，促使各省、自治区、直辖市加快减排工作，助力碳达峰、碳中和目标早日实现。国内不同地区煤炭生产与消耗水平各有不同，通过结合国家总减排方案制定适合各省的相关政策文件。据中国煤炭工业协会公布的数据显示，内蒙古自治区、山西省、陕西省、新疆维吾尔自治区等主要煤炭生产地区，碳达峰压力较大，对此这些省份已将深化能源改革、助力碳中和、碳达峰早日实现作为主要任务。主要煤炭生产地区的减排目标如表 1-1 所示。

表 1-1 主要煤炭生产地区的减排目标

省份	减排目标
内蒙古自治区	大力推动节能减排，助力实现碳达峰、碳中和目标，能源消费总量得到合理控制，由粗放高碳型向绿色低碳型转变，到 2025 年全区单位地区生产总值能源消耗比 2020 年下降 15%，各行业实施节能减排重点工程

（续）

省份	减排目标
山西省	持续深化能源革命综合改革试点，完善实施能源消费强度和总量双控，到2025年，全省单位地区生产总值能源消耗比2020年下降14.5%
陕西省	全面推进经济社会绿色低碳发展，推动产业结构绿色低碳升级，加快煤电机组节煤减排改造，促进煤化工产业高端化、多元化、低碳化发展，到2025年，初步形成绿色低碳循环发展的经济体系，提升重点行业能源利用效率，为实现碳达峰、碳中和奠定坚实基础
新疆维吾尔自治区	力争到"十四五"末，全区可再生能源装机规模达到8 240万千瓦，建成全国重要的清洁能源基地，立足新疆能源实际，积极谋划和推动碳中和、碳达峰工作

资料来源：各省级行政区的政府工作报告。

当前经济发达地区通常具有高能源消耗水平，碳交易活动也较为频繁。这些地区自然也面临着较大的减排压力。根据碳排放交易网的数据显示，碳排放交易总额靠前的广东省（不含深圳市）、北京市、深圳市、上海市，相对而言减排压力较大。这些地区的政府也提出了相应的减排目标。碳排放交易总额靠前的地区的减排目标如表1-2所示。

表1-2 碳排放交易总额靠前的地区的减排目标

地区	减排目标
广东省（不含深圳市）	到2025年，全省单位地区生产总值能源消耗比2020年下降14.0%，能源消费总量得到合理控制
北京市	到2025年，能源绿色低碳转型实现新突破，基本建成坚强韧性、绿色低碳智慧能源体系，能源利用效率持续提升，绿色低碳技术研发和推广应用取得新进展，城乡居民生活用能品质持续提升
深圳市	以碳达峰、碳中和引领绿色发展，努力在碳达峰、碳中和方面走在全国前列，完善绿色金融政策，推广国家绿色金融标准，探索制定国家绿色金融标准配套制度或补充性地方绿色金融标准
上海市	到2025年，单位生产总值能源消耗比2020年下降14%，能源消费总量得到合理控制，循环型产业和社会体系基本形成，经济社会发展绿色转型取得显著成效

资料来源：各地区的政府工作报告。

随着国内各地区碳排放交易的不断活跃，相关政策也陆续出台以规范碳排放交易秩序，维护碳排放交易市场的发展。表1-3为国家各部门出台的碳排放交易相关政策文件汇总。

表1-3 国家各部门出台的碳排放交易相关政策文件汇总

时间	政策文件
2011年10月	国家发展改革委发布了《关于开展碳排放权交易试点工作的通知》：批准北京市、天津市、上海市、重庆市、湖北省、广东省（不含深圳市）及深圳市开展碳排放权交易试点
2012年6月	国家发展改革委发布了《温室气体自愿减排交易管理暂行办法》：鼓励基于项目的温室气体自愿减排交易，发挥市场机制在推动经济发展方式转变和经济结构调整方面的重要作用
2014年12月	国家发展改革委发布了《碳排放权交易管理暂行办法》：碳排放权交易包括排放配额和国家核证自愿减排量的交易；排放配额分配在初期以免费分配为主，适时引入有偿分配，并逐步提高有偿分配的比例；省级碳交易主管部门提出区域内所有符合标准的重点排放单位名单
2016年1月	国家发展改革委发布了《关于切实做好全国碳排放权交易市场启动重点工作的通知》：以控制温室气体排放、实现低碳发展为导向，充分发挥市场机制在温室气体排放资源配置中的决定性作用，全国碳排放权交易市场第一阶段将涵盖石化、化工、建材、钢铁、有色、造纸、电力、航空等重点排放行业

(续)

时间	政策文件
2019年4月	生态环境部发布了《碳排放权交易管理暂行条例（征求意见稿）》：生态环境部负责全国碳排放权交易相关活动监督管理。明确了重点排放单位的配额分配、监测、报告、核查、配额清缴、交易、市场调节等内容
2020年12月	生态环境部发布了《碳排放权交易管理办法（试行）》：重点排放单位每年可使用国家核证自愿减排量抵销碳排放配额的清缴，抵销比例不得超过应缴纳碳排放配额的5%
2021年12月	国务院印发了《"十四五"节能减排综合工作方案》：重点行业绿色升级工程，以钢铁、有色金属、建材、石化化工等行业为重点，推进节能改造和污染物深度治理。"十四五"时期，规模以上工业单位增加值能耗下降13.5%，万元工业增加值用水量下降16%。到2025年，通过实施节能降碳行动，钢铁等重点行业产能和数据中心达到能效标杆水平的比例超过30%
2023年3月	生态环境部发布了《2021、2022年度全国碳排放权交易配额总量设定与分配实施方案（发电行业）》：加快推进全国碳排放权交易市场建设，完成配额预分配、调整、核定、预支、清缴等各项工作

资料来源：各部门报告。

国内碳市场交易的不断活跃与相关碳排放政策的陆续出台带动了碳金融市场的发展，碳金融同时也通过融资与其他支持服务助力我国减碳控排行为。关于规范与支持碳金融的政策也在陆续出台。为我国碳金融的健康发展提供了可靠的依据与制度保障。国家碳金融相关支持政策如表1-4所示。

表1-4 国家碳金融相关支持政策

时间	政策文件	政策目标
2021年9月	中共中央、国务院：《关于完整准确全面贯彻新发展理念做好碳达峰碳中和工作的意见》	积极发展绿色金融，有序推进绿色低碳金融产品和服务开发，鼓励社会资本设立绿色低碳产业投资基金，建立健全绿色金融标准体系
2021年10月	国家发展改革委等部门：《关于严格能效约束推动重点领域节能降碳的若干意见》	提出要积极发展绿色金融，设立碳减排支持工具，支持金融机构在风险可控、商业可持续的前提下，向碳减排效应显著的重点项目提供高质量的金融服务
2021年10月	国务院：《2030年前碳达峰行动方案》	深化绿色金融国际合作，与有关各方共同推动绿色低碳转型，完善绿色金融评价体系，大力发展绿色金融工具，推动2030年前实现碳达峰目标的实现
2022年1月	国务院：《"十四五"节能减排综合工作方案》	健全绿色金融体系，大力发展绿色信贷，支持重点行业领域节能减排，用好碳减排支持工具和支持煤炭清洁高效利用专项再贷款、加快绿色债券发展，支持符合条件的节能减排企业上市融资和再融资等要求，为碳排放交易提供良好的金融环境
2022年2月	国家发展改革委：《关于印发促进工业经济平稳增长的若干政策的通知》	落实煤电等行业绿色低碳转型金融政策，用好碳减排支持工具和2 000亿元支持煤炭清洁高效利用专项再贷款，推动金融机构加快信贷投放进度，支持碳减排和煤炭清洁高效利用重大项目建设
2022年5月	财政部：关于印发《财政支持做好碳达峰碳中和工作的意见》的通知	到2025年，财政政策工具不断丰富，有利于绿色低碳发展的财税政策框架初步建立，有力支持各地区各行业加快绿色低碳转型。2030年前，有利于绿色低碳发展的财税政策体系基本形成，促进绿色低碳发展的长效机制逐步建立，推动碳达峰目标顺利实现

（续）

时间	政策文件	政策目标
2022年10月	国家发展改革委等部门：《关于以制造业为重点促进外资扩增量稳存量提质量的若干政策措施》的通知	在先进制造业和高新技术方面，重点鼓励外商投资高端装备、基础元器件、关键零部件等领域。在节能环保方面，重点鼓励外商投资新能源、绿色低碳关键技术创新和示范应用等领域。引导外资积极参与碳达峰碳中和战略，实施工业低碳行动和绿色制造工程，支持开发绿色技术、设计绿色产品、建设绿色工厂，打造绿色供应链，创建绿色设计示范企业
2023年3月	国家发展改革委：《关于2022年国民经济和社会发展计划执行情况与2023年国民经济和社会发展计划草案的报告》	实施绿色制造工程，持续推进工业重点领域节能降碳。推动钢铁等重点行业加快联合重组，推进企业技术改造和设备更新。按照"1+N"政策体系部署，有计划分步骤实施"碳达峰十大行动"。重点控制化石能源消费，逐步转向碳排放总量和强度"双控"制度

资料来源：各部门报告。

为了更好地支持我国碳金融的发展并提供政策支持，引导碳金融的良好发展，助力"双碳"目标的实现，各级监管机构对于相关碳金融产品也给予了一定程度的支持与政策激励。国家碳金融产品相关政策如表1-5所示。

表1-5 国家碳金融产品相关政策

时间	政策文件	具体目标
2021年4月	中国人民银行等：《绿色债券支持项目目录（2021年版）》	绿色项目界定标准更加科学准确，煤炭等化石能源清洁利用等高碳排放项目不再纳入支持范围；债券发行管理模式更加优化，首次统一了绿色债券相关管理部门对绿色项目的界定标准
2021年5月	中国人民银行：《银行业金融机构绿色金融评价方案》	规定绿色金融业务范围，明确纳入绿色金融评价方案的银行名单，确定了定量和定性两类绿色金融评价指标，将绿色金融评价结果纳入央行金融机构评级等中国人民银行政策和审慎管理工具
2022年1月	中国人民银行：《金融科技发展规划（2022—2025年）》	在绿色金融领域，运用数字技术开展绿色定量定性分析，强化绿色企业、绿色项目智能识别能力，提升碳足迹计量、核算与披露水平，在依法合规、风险可控前提下为企业提供绿色信贷、绿色债券、绿色保险、碳金融等多元化金融产品和服务
2022年4月	中国证监会：《证券期货业数据模型 第4部分：基金公司逻辑模型》《碳金融产品》	《碳金融产品》标准在碳金融产品分类的基础上，制定了具体的碳金融产品实施要求，引导金融机构开发、实施碳金融产品，有序发展各种碳金融产品，引导金融资源进入绿色领域，支持绿色低碳发展
2022年5月	国家发展改革委、国家能源局：《关于促进新时代新能源高质量发展的实施方案》	丰富绿色金融产品服务，合理界定新能源绿色金融项目的信用评级标准和评估准入条件；加大绿色债券、绿色信贷对新能源项目的支持力度；研究探索将新能源项目纳入基础设施不动产投资信托基金（Real Estate Investment Trusts，REITs）试点支持范围；支持将符合条件的新能源项目温室气体核证减排量纳入全国碳排放权交易市场进行配额清缴抵销

资料来源：各部门报告。

随着碳金融市场体系日趋完善，碳金融交易的模式及产品等也呈现出多层次化的发展趋势，各种碳金融产品的不断丰富，盘活了碳现货和碳期货等相关市场，增强了碳金融市场的流动性和活跃度，也为投资者对冲价格波动、有效规避交易风险提供了相应金融工具。国际碳金融市场交易总额基本呈现逐年增长甚至翻倍增长的趋势。根据中国人民银行数据显示，全球碳金融市场每年交易规模超过600亿美元，其中碳期货年交易额占1/3。相较于国外碳金融产品的发展，我国碳金融衍生品起步较晚。中国证监会于2022年4月发布了《碳金融产品》（JR/T 0244—2022）等四项金融行业标准，该标准由广州碳排放权交易中心和北京绿色交易所共同牵头编制，行业内有关单位共同参与，并由全国金融标准化技术委员会管理。此次《碳金融产品》标准是首份碳金融领域的国家行业标准，填补了该领域的空白，主要规范了碳金融产品的术语、适用范围和不同碳金融产品的实施流程，对金融机构开发、实施碳金融产品提出规范性指引和框架性要求。

碳金融市场交易产品包括依托碳排放权配额及项目减排量两种碳交易基础资产开发的各类碳金融工具，主要包括交易工具（碳期货、碳远期、碳互换、碳期权等）、融资工具（碳质押、碳回购、碳托管等）和支持工具（碳指数和碳保险等）三类，主要用于服务减少温室气体排放或者增加碳汇能力的商业活动。全球正在运行的碳交易市场中，以欧盟碳交易市场最为成熟，碳排放权类的衍生品创新也日益活跃。根据国际碳行动伙伴组织（International Carbon Action Partnership，ICAP）统计，2022年欧盟碳交易市场交易量达91亿吨，占全球碳交易市场总量的87%。欧盟在2005年4月推出与碳排放配额挂钩的碳期货产品，自此碳期货交易量和交易额始终保持快速增长势头，已成为欧盟碳市场上的主流交易产品。截至欧盟排放交易体系第二阶段，在全部碳排放配额的交易中，碳期货交易量占比超85%，而场内交易中其交易量更是达到总交易量的91.2%。截至2023年1月11日，在欧盟排放交易体系第四阶段，在全部EUA碳期货和碳现货的交易中，碳期货交易量占比超99%，碳期货交易量是同期碳现货交易量的710倍，而2015年EUA碳期货交易量仅是碳现货的30倍。㊀

我国的碳金融产品相较于国外起步较晚。2021年全国统一的碳排放权交易市场（以下简称"碳市场"）正式启动，金融机构也在碳市场中持续创新和推出相关碳金融产品。市场中已出现或正在酝酿不少关于碳中和主题的信托、公募基金、银行理财、债券等金融产品。

目前多家银行陆续推出了以碳中和为主体的绿色债券。据Wind最新数据统计显示，2022年中国境内外绿色债券新增发行规模约为9 838.99亿元，发行数量为568只。其中，境内绿色债券新增发行规模为8 746.58亿元，发行数量为521只；中资机构境外绿色债券新增发行规模约1 092.41亿元，发行数量为47只。截至2022年年底，中国境内外绿色债券存量规模约为3万亿元。2022年中国境内外绿色债券创新品种不断丰富，发行规模持续扩大。2021年，国家开发银行首单3年期200亿元"碳中和"专题"债券通"绿色金融债券，由兴业银行牵头主承销的"华电福新能源有限公司2021年度第一期绿色中期票据（碳中和债）"在银行间市场成功发行，发行金额为20亿元，期限3年，成为全国首笔权益出资型"碳中和"债券。此外北京银行成功发行银行间市场全国首单"碳中和"小微金融债券，中信银行成功发行国内首个挂钩"碳中和"绿色金融债的结构性存款产品。

国内相关碳排放权交易所相继出台了碳衍生品。在碳远期产品上，湖北碳排放权交易中心于2016年4月27日上市了碳排放权现货远期产品（HBEA1705），该产品于2017年5月到期结束。2017年年初，上海环境能源交易所与上海清算所合作推出国内第一个标准化的碳衍生品——上海碳配额远期交易。目前湖北、上海和北京推出的碳远期产品均为标准化的合约，采

㊀ 来自碳排放交易网。

取线上交易。广州碳排放权交易所推出的碳远期产品为线下交易的非标准合约。对于碳期权产品，2016 年 6 月 16 日，深圳招银国金投资有限公司、北京京能源创碳资产管理有限公司、北京绿色交易所（时为北京环境交易所）正式签署了国内首笔碳配额场外期权合约，交易量为 2 万吨。2016 年 7 月 11 日，北京绿色交易所发布了《碳排放场外期权交易合同（参考模板）》，由此场外碳期权成为北京碳市场的重要碳金融衍生工具。目前，我国主要交易所的碳金融产品主要有以下品种［截至 2022 年年底，我国共有 1 个非试点地方碳交易市场、8 个地方碳交易试点市场和 1 个全国碳交易市场（即"1+8+1"）］。

表 1-6 是我国碳排放交易所主要碳金融产品。

表 1-6 我国碳排放交易所主要碳金融产品

交易所	碳金融产品
上海环境能源交易所	碳配额质押、国家核证自愿减排量（CCER）质押、借碳交易、卖出回购
北京环境交易所	碳配额回购融资、碳配额场外互换交易、碳配额质押融资、碳配额场外期权交易、中碳指数
广州碳排放权交易所	配额抵押融资、配额回购融资、配额远期交易、CCER 远期、配额托管
深圳排放权交易所	碳资产质押融资、境内外碳资产回购式融资、碳债券、碳配额托管、绿色结构性存款、碳基金
湖北碳排放权交易所	碳基金、碳资产质押融资、碳债券、碳资产托管、碳金融结构性存款、碳排放配额回购融资
重庆碳排放权交易所	碳中和
天津排放权交易所	碳中和
海峡股权交易中心	碳排放配额、CCER、福建林业碳汇
四川联合环境交易所	碳排放远期产品、碳排放配额回购、碳资产质押融资、碳债券、碳基金

资料来源：各交易所官网。

具体碳金融产品内容在后续章节中会重点介绍。综上可以看出，随着全球对低碳减排等环境问题重视程度的加深，各国也在推进低碳减排计划和加强国际合作，共同应对环境问题、迈向低碳经济。未来将会有更多关于促进碳减排的政策出台，碳金融也将朝着更加多元化的市场主体与产品迈进，促进低碳目标的实现。

1.3 碳金融发展理论基础

1.3.1 环境金融学

环境金融学是研究环境与金融结合理论及实务的学科，是将环境经济学与金融学相结合的学科，具有显著的"绿色"特征。对于环境金融较常用的是《美国传统词典》对其的解释：环境金融是环境经济的一部分，它主要研究如何使用多样化的金融工具来保护环境、保护生物多样性。环境金融强调环境与金融的交互，形成有利于节约资源、减少环境污染的金融发展模式，强调金融业关注生产过程和人类生活中的污染问题，优化配置环保资源，为环境产业发展提供相应的金融服务和产品，从而促进环境产业的发展。环境金融提供了使金融与环境相交叉的新方式，将环境问题与各国的经济发展相联系，使各国逐渐建立起经济发展需与环境相协调的原则，成为未来金融产品发展的核心。碳金融属于环境金融中一种独特的发展模式，它贯彻了环境金融的相关理念，并纵向进行深化和创新。

1.3.2 气候经济学

上节讲述了碳金融以环境金融为理论基础，而环境金融又作为气候经济学的分支，因此从经济学的角度来探讨碳金融的理论基础是很有必要的。气候经济学是经济学的边缘分支，是研究气候对经济领域的影响、应对气候变化引起的经济问题，并积极利用气象资讯转化成商机的学科。金融学源于经济学，气候经济学为碳金融提供了解决气候变化的经济学视角。气候经济学在评估未来的减排方案中发挥着重要作用，在涉及气候变化的方案时，它可以评估不同措施的成本效益，重点关注减排方案对经济增长和可持续发展的影响以及对社会公平的影响。气候经济学关注跨国减排合作，涉及碳配额、碳交易和碳市场的碳经济学问题而不是一般的能源经济学问题。针对环境污染带来的成本的外部性问题，作为气候经济学分支的环境经济学提出了排放权理论。1968 年美国经济学家戴尔斯在《污染、财产与价格：一篇有关政策制定和经济学的论文》中首先提出了"排放权交易"的概念，即建立合法的污染物排放权利，将其通过排放许可证的形式表现出来，他认为经济活动主体拥有排放一定污染物的权利（即排放权），即对一定环境容量资源拥有了产权（即环境产权），这为碳排放权交易的产生与发展奠定了理论基础。

1.3.3 企业社会责任

企业社会责任思想的起点是亚当·斯密（Adam Smith）的"看不见的手"。1923 年，英国学者欧利文·谢尔顿（Oliver Sheldon）在美国进行企业管理考察时提出了"企业社会责任"的概念。企业社会责任要求企业不能只把经济利润实现当作企业的唯一目标，而是要在企业日常生产经营中承担对社会、员工、环境的责任。当前很多企业会发布年度企业社会责任报告。企业社会责任为碳金融提供了行为上的指导，是碳金融的压力机制和动力机制。在企业重视社会责任、实施低碳经济时，不仅仅是企业社会责任的实现，也为金融机构带来了发展空间。伴随着碳金融的发展，金融机构在碳金融市场中的活跃不仅可以促使经济利益的实现，也是社会整体向低碳经济迈进的信号。金融机构通过参与低碳经济以提高其核心竞争力，并广泛影响上下游企业共同致力于发展低碳经济并影响其他行为主体的社会责任行为。

1.3.4 外部性理论

外部性的概念由马歇尔（Marshall）和阿瑟·塞西尔·庇古（Arthur Cecil Pigou）在 20 世纪初提出，是指一个经济主体（生产者或消费者）在自己的活动中对旁观者的福利产生了一种有利影响或不利影响。如果给他人带来影响使他人成本增加或福利损失，则为负外部性；反之，如果给他人带来影响使他人成本减少或福利增加，则为正外部性。外部性理论为碳金融在将环境成本内部化的关键问题上提供了方法性的指导。由于外部性造成了市场主体成本与收益的不匹配问题，因此会导致市场失灵。而负外部性如果不能得到遏制，那么所造成的不匹配问题会进一步恶化经济发展带来的环境问题，最终会使经济失去发展的条件。因此，必须依靠市场机制与相关制度的作用来发掘环境资本的价值，使其要素化。碳金融中的排放权交易即基于外部性理论，使环境成本内部要素化以达到减排目的，能够解决经济发展所造成的碳排放外部性问题。科斯定理及建立在其基础上的环境问题外部性内部化理论同样也可以用来探讨碳金融的理论基础，因此国内也有学者分析得出碳金融市场实质上是通过政府确定碳排放配额和市场机制来解决碳排放的负外部性。

1.4 碳金融对"双碳"目标的意义

"双碳"目标是党中央经过深思熟虑作出的重大战略部署，也是我国应对气候变化的庄严承诺。"双碳"目标的实现需要金融系统提供良好的支持。碳金融发展对于"双碳"目标的实现具有重要推动作用，其发展进度关系着"双碳"目标的实现程度。

1.4.1 积极引导资金流向助力"双碳"目标实现

"双碳"目标的实现需要大量的资金支撑，才能保证国家低碳转型的可持续发展，因此需要足够的绿色资金流向低碳项目与企业。政府财政提供的资金有限，其余都需要金融市场发挥杠杆作用撬动市场资本来实现，而围绕碳排放权交易进行的一系列金融活动有助于让更多的资金流向低碳项目，有助于调节碳金融资源配置，促进减排目标的实现。通过更多的金融机构与企业进入碳金融市场，能够更大程度地盘活资金，吸引更多的资金流向碳金融市场，为"双碳"目标的实现提供资金支持。

1.4.2 为"双碳"目标提供良好的金融环境

我国"双碳"工作仍处于持续推进阶段，社会尚处于向低碳经济转型期中，碳金融的发展可以加大金融资源配置力度，持续优化金融资源结构，通过碳金融市场的不断发展可以为各实体机构在进行碳排放交易等相关活动时提供更多创新多样、个性化的碳金融产品，改善碳金融服务质量，提升碳金融服务专业化水平，为"双碳"目标的实现提供良好的金融环境。

1.4.3 为"双碳"目标提供制度保障

"双碳"目标的实现需要相关制度保驾护航，通过碳金融相关统一、有层次的法律法规的制定，对碳交易市场的准入、产品质量、风险管理、信息披露、法律责任等都可以做出全面的规定，使得碳金融市场有法可依，能够促进碳交易的有序进行，从制度法规层面完善双碳目标保障机制。

1.4.4 "双碳"目标与碳金融相辅相成

"双碳"目标的实现与碳金融的发展息息相关，在"双碳"目标下低碳经济的不断推进促使传统金融向碳金融转型，碳金融中碳减排、碳交易机制等的发展也助力"双碳"目标的实现，碳金融促进国内各地碳市场的发展，加速各地低碳活动进程，并通过碳市场的建立与发展为我国实现"双碳"目标提供了长效激励机制。

第 2 章

碳交易市场

学习目标

1. 理解碳交易和碳交易市场的含义。
2. 理解碳交易市场的分类和设计原理。
3. 理解碳交易市场的交易制度、市场结构和交易标的。
4. 了解国内外碳交易体系的发展现状。

开篇案例

内蒙古产权交易中心积极推进林业碳汇产权交易取得新成效

内蒙古产权交易中心（以下简称"中心"）作为自治区要素市场的核心机构，发挥平台资源配置功能，围绕服务碳达峰、碳中和目标，提供专业交易服务，取得了良好成效。

内蒙古大兴安岭是中国最大的集中连片国有林区，生态功能区总面积达 10.67 万平方千米。研究表明，内蒙古大兴安岭森林和湿地生态系统"绿色碳库"总价值为 1 071.75 亿元/年。中国内蒙古森林工业集团有限责任公司（以下简称"内蒙古森工集团"）正在全力打造中国最大的国有林碳汇储备基地。

2014 年，内蒙古森工集团绰尔、克一河等 6 个森工公司先后启动林业碳汇项目试点工作。2017 年至今，累计销售国际核证碳减排标准碳汇产品 115 万吨，总收入达 1 676 万元。

2021 年 4 月，自治区首宗碳汇产权交易项目"内蒙古森工集团绰尔林业局 26 万吨国际核证碳减排标准减排量项目"在中心进行公开挂牌转让。挂牌期间，中心通过覆盖全国的产权交易互联网云平台"e交易"广泛进行推介，项目浏览量达到 12 316 次，吸引了来自北京、上海、香港、河南等地多个专业投资人和机构关注。最终由中国碳汇控股有限公司成功受让，成交金额达 299 万元，增值率达 15%。该项目将林业碳汇转化为生态产品，在为实现"双碳"目标发挥积极作用的同时，实现了生态保护和经济效益的双赢，助力"绿水青山"变成"金山银山"。

自成功完成首宗碳汇项目以来，中心已陆续完成 6 宗林业碳汇交易项目，累计成交碳汇 63 万余吨，成交金额 970 万元，增值金额 126 万元，平均增值率达到了 15%。在交易过程中中心不断调整优化交易及竞价流程，加大推介力度、范围。随后，克一河森工公司 6 万吨林业碳汇价格再创历史新高，吨单价高达 22.17 元/吨。林区生态效益转化为经济效益的步伐明显加快。

内蒙古产权交易中心将全面贯彻新发展理念，紧紧围绕自治区生态资源转化需求，发挥产权市场"发现价值、发现投资人"的功能，更好开发产品，积极服务对接国内外投资人，为自治区绿色低碳发展，实现"双碳"目标做出新的更大的贡献。

资料来源：中国知识产权网。

碳资产原本在这个世界上并不存在，它既不是商品，也没有经济价值。1997年《京都议定书》的签订改变了这一切。基于环境容量约束，政治家们认为包括二氧化碳在内的温室气体的排放行为要受到限制，由此导致碳的排放权和减排量额度（信用）开始稀缺，并成为一种有价产品，称为碳资产。

碳资产的推动者，是《联合国气候变化框架公约》的成员及《京都议定书》的签署方。这种逐渐稀缺的资产在《京都议定书》规定的发达国家与发展中国家共同但有区别的责任前提下，出现了流动的可能。由于发达国家有减排责任，而发展中国家没有，因此产生了碳资产在世界各国的不同分布。

此外，减排的实质是能源问题，发达国家的能源利用效率高，能源结构优化，新的能源技术被大量采用，因此发达国家进一步减排的成本极高，难度较大。而发展中国家，能源效率低，减排空间大，成本也低。这导致了同一减排单位在不同国家之间存在着不同的成本，形成了高价差。发达国家需求很大，发展中国家供应能力也很大，碳交易市场由此产生。

2.1 碳交易市场的分类与设计原理

碳交易是为促进全球温室气体减排所采用的市场机制。《京都议定书》把市场机制作为解决以二氧化碳为代表的温室气体减排问题的新路径，即把二氧化碳排放权作为一种商品，从而形成了二氧化碳排放权的交易，简称碳交易。

碳交易市场是指以温室气体排放配额或温室气体减排信用为标的物所进行交易的市场。目前，碳交易市场所交易的温室气体并非仅指二氧化碳，还包括《京都议定书》规定的其他温室气体：甲烷、氧化亚氮、氢氟碳化物、全氟化碳、六氟化硫。我国发展改革委发布的《碳排放权交易管理暂行办法》中规定的可交易的温室气体为：二氧化碳、甲烷、氧化亚氮、氢氟碳化物、全氟化碳、六氟化硫和三氟化氮。碳市场中的计量单位为吨二氧化碳当量（tCO_2e）。通俗来讲，就是把二氧化碳的排放权当作商品进行买卖，需要减排的企业会获得一定的碳排放配额，成功减排可以出售多余的配额，超额排放则要在碳市场上购买配额。这样既控制了碳排放总量，又能鼓励企业通过优化能源结构、提升能效等手段实现减排。碳市场最大的创新之处在于通过"市场化"的方式解决环境问题，发挥市场在资源配置中的决定性作用。

国际碳交易市场是人为规定而形成的市场。碳市场的供给方包括项目开发商、减排成本较低的排放实体、国际金融组织、碳基金、金融机构、咨询机构、技术开发转让商等。需求方有履约买家，包括减排成本较高的排放实体；自愿买家，包括出于企业社会责任或准备履约进行碳交易的企业、政府、非政府组织和个人。经纪商、交易所和交易平台、银行、保险公司、对冲基金等一系列金融机构在进入碳市场后，能够充当中介机构的角色。

碳市场是碳交易市场，现在国际倡导降低碳排放量，各个国家有各自的碳排放量，就是允许排放碳的数量，相当于配额。有些国家（如中国）实际的碳排放量可能低于分到的配额，或者由于环保做得好的国家实际的碳排放量低于配额，那么这些国家可以把自己用不完的碳排放量卖给那些实际的碳排放量大于分到的配额的国家。

从碳市场的法律基础上看，碳交易市场可分为强制交易市场和自愿交易市场。如果一个国家或地区政府法律明确规定温室气体排放总量，并据此确定纳入减排规划中各企业的具体排放量。为了避免超额排放带来的经济处罚，那些排放配额不足的企业就需要向那些拥有多余配额的企业购买排放权，这种为了达到法律强制减排要求而产生的市场就称为强制交易市场。而基于社会责任、品牌建设、对未来环保政策变动等考虑，一些企业通过内部协议相互约定温室气体排放量，并通过配额交易调节余缺以达到协议要求，在这种交易基础上建立的碳市场就是自愿交易市场。

2.1.1 碳交易市场的分类

自《京都议定书》正式生效以来，为降低减排成本，实现全球温室气体减排目标，按照《京都议定书》和相关规则的要求，交易的买卖双方（有时还有中介方参与）可以在市场上相互买卖碳排放配额或项目级的碳减排量，从而形成了碳交易市场。由于碳信用的交易行为超出了国家界限和区域界限，扩展到了世界范围，在欧美等发达国家和地区形成了一些强制性或自愿性的碳排放权交易体系，由此形成了内容繁多、交易复杂的国际碳交易市场。国际碳交易市场可简单分为两类。一类是管制或京都市场，其按国际法规定运行，主要是配额交易和项目级的抵消机制。如欧盟排放交易体系、清洁发展机制等。另一类是自愿或非京都市场。该市场有两种类型：一种是基于国家内部法律运行的市场，如美国芝加哥气候交易所、澳大利亚新南威尔士州温室气体减排体系等；另一种是无立法背景的市场，主要是基于公益目的企业和公众自愿购买，以体现企业社会责任和公众减排意识，多为项目级的交易。碳交易市场可以简单地分为配额交易市场和自愿交易市场，如图 2-1 所示。

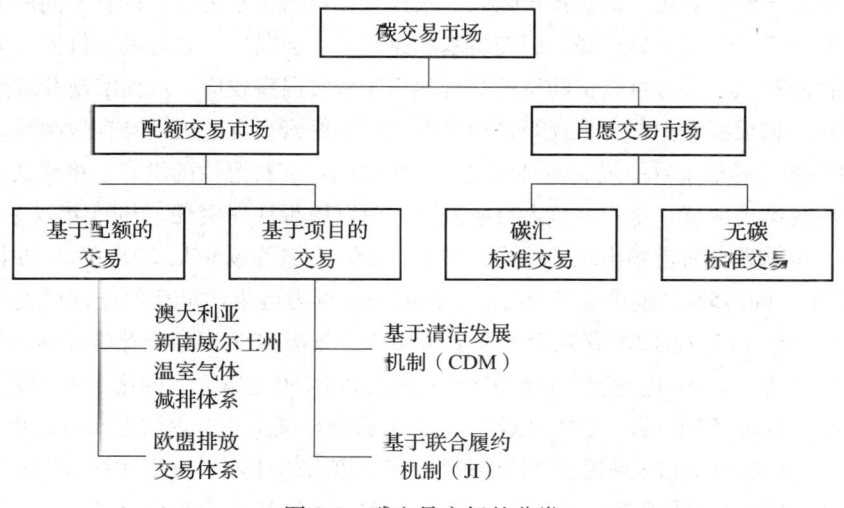

图 2-1 碳交易市场的分类

1. 配额交易市场

配额交易市场为那些有温室气体排放上限的国家或企业提供碳交易平台，以满足其减排需求，通常是现货交易。配额交易市场又可以分成两大类：一是基于配额的交易，买家在"总量管制与交易制度"体制下购买由管理者制定、分配（或拍卖）的减排配额，譬如《京都议定书》下的分配数量单位和欧盟排放交易体系下的欧盟配额；二是基于项目的交易，买主向可证实减少温室气体排放的项目购买减排额，最典型的此类交易为清洁发展机制以及联合履约机制下分别产生的核证减排量和减排单位。

2. 自愿交易市场

自愿交易市场分为碳汇标准交易与无碳标准交易两种。自愿交易市场碳汇标准交易的配额部分，主要的产品有芝加哥气候交易所开发的碳金融工具。自愿交易市场碳汇标准交易基于项目的交易部分，内容比较丰富。近年来不断有新的计划和系统出现，主要包括自愿减排量（Voluntary Emission Reduction，VER）的交易。同时很多非政府组织从环境保护与气候变化的角度出发，开发了很多自愿减排碳交易产品，比如农林减排体系计划，主要关注在发展中国家造林与环境保护项目；气候、社区和生物多样性联盟（Climate, Community and Biodiversity Alliance，CCBA）开发的项目设计标准；由气候集团、世界经济论坛和国际排放交易协会（International Emissions Trading Association，IETA）联合开发的温室气体自愿减量认证标准。至于自愿交易市场的无碳标准交易，则是通过在《无碳议定书》的框架下发展的一套相对独立的四步骤碳抵消方案（评估碳排放、自我减排、通过能源与环境项目抵消碳排放、第三方认证），实现无碳目标。

2.1.2 碳交易市场的设计原理

发达国家能源结构合理，新能源技术被大量采用，能源效率高，这与发展中国家能源效率低的特点，形成了鲜明对比。这直接导致同一减排量在不同国家之间存在着不同的成本，形成了价格差，从而产生了碳交易市场。碳交易基本原理是，合同的一方通过支付另一方一定资金获得温室气体减排额，买方可以将购得的减排额用于减缓温室效应，从而实现其减排的目标。

在碳市场的构成要素中，交易规则是最重要的核心要素。有的规则具有强制性，如《京都议定书》便是碳市场最重要的强制性规则之一。相应的也有自愿性的没有政策或法律强制约束的规则，这种规则由区域、企业或个人自愿发起，用以履行环保责任。2005 年《京都议定书》正式生效后，全球碳交易市场出现了爆炸式增长，2007 年碳交易量从 2006 年的 16 亿吨跃升到 27 亿吨，上升了 68.75%。碳排放权交易成交额的增长更为迅速，2007 年全球碳交易市场价值达 400 亿欧元，比 2006 年的 220 亿欧元上升了 81.82%。2008 年上半年全球碳交易市场总值甚至与 2007 年全年持平。2020 年，全球碳市场交易规模已达 2 290 亿欧元，同比上涨 18%。碳交易总量创纪录新高，达到 103 亿吨。其中，欧洲碳交易额占全球碳交易总额的近 90%，北美区域碳市场——西部气候倡议组织和区域温室气体倡议组织总市值增长 16%，分别达到 220 亿欧元和 17 亿欧元，分别占 2020 年全球碳交易总额的 9.6% 与 0.74%。2021 年全球碳市场的总交易额达到了

7 600 亿欧元，增幅巨大。2022 年全球碳市场再创新高，碳排放权交易额达到 8 650 亿欧元。

经过多年的发展，碳交易市场渐趋成熟，参与国地理范围不断扩大、市场结构向多层次深化，同时财务复杂度也日渐增加。2022 年欧盟排放交易体系的许可证平均价格超过 80 欧元/吨，比前一年高出 50%，英国和北美市场的价格也高于 2021 年。碳交易市场在全球范围内呈现不可阻挡的发展态势，而碳交易标的标价货币绑定权以及由此衍生出来的货币职能将对打破单边美元霸权，促使国际货币格局多元化产生重要影响。碳交易最初只是实现温室气体减排的一种途径，但从 2000 年以来它的迅速发展已经使人们对它的潜力有了重新认识。根据《中国碳管理市场规模预测》预测，中国碳管理市场规模在 2025 年将达到 1 099 亿元，2030 年将达到 4 504 亿元，2060 年将达到 43 286 亿元。

2.2 碳交易市场的交易制度与市场结构

2.2.1 碳交易市场的交易制度

1992 年在联合国环境与发展大会（又称为"里约地球峰会"）上，154 个国家签署了《联合国气候变化框架公约》，此系清洁发展机制根本母法。1997 年在《联合国气候变化框架公约》第 3 次缔约方大会上，通过了具有法律约束力的《京都议定书》；第十二条用 10 款文字"确定一种清洁发展机制"。2001 年在《联合国气候变化框架公约》第 7 次缔约方大会上，通过了落实《京都议定书》机制的一系列决定文件，称为"马拉喀什文件"，包括：

1）第 15/Cp.7 号决定"《京都议定书》第六条、第十二条和第十七条规定的机制的原则、性质和范围"。

2）第 16/Cp.7 号决定"执行《京都议定书》第六条的指南"。

3）第 17/Cp.7 号决定"执行《京都议定书》第十二条确定的清洁发展机制的方式和程序"。

4）第 18/Cp.7 号决定"《京都议定书》第十七条的排放量贸易的方式、规则和指南"。

碳交易主要依据以上法律文件进行。

为达到公约全球温室气体减量的最终目的，以前述法律架构约定的三种减排机制实现，即清洁发展机制、联合履约机制、国际排放交易机制。

这三种减排机制均允许《联合国气候变化框架公约》缔约方之间进行减排单位的转让或获得，但具体的规则与作用有所不同。

《京都议定书》第十二条规范的"清洁发展机制"是针对发达国家与发展中国家之间在清洁发展机制登记处的减排单位转让，旨在使发展中国家在可持续发展的前提下进行减排，并从中获益；同时协助发达国家通过清洁发展机制项目活动获得"排放减量权证"，以降低履行公约的成本。

《京都议定书》第六条规范的"联合履行"，是在"监督委员会"（Supervisory Committee，SC）监督下，发达国家之间进行减排单位核正与转让或获得，所使用的减排单位为"排放减量单位"。联合履行详细规定于第 16/Cp.7 号决定"执行《京都议定书》第六条的指南"。

《京都议定书》第十七条规范的"排放交易"，则是在发达国家登记处（National Registry）之间，"清除单位"（Removal Unit，RMU）等减排单位核证的转让或获得。

2.2.2 碳交易市场的市场结构

碳交易市场可以分为配额交易市场和自愿交易市场。

1. 配额交易市场

配额交易市场（见图 2-2）可以分为两大类：基于配额的交易和基于项目的交易。

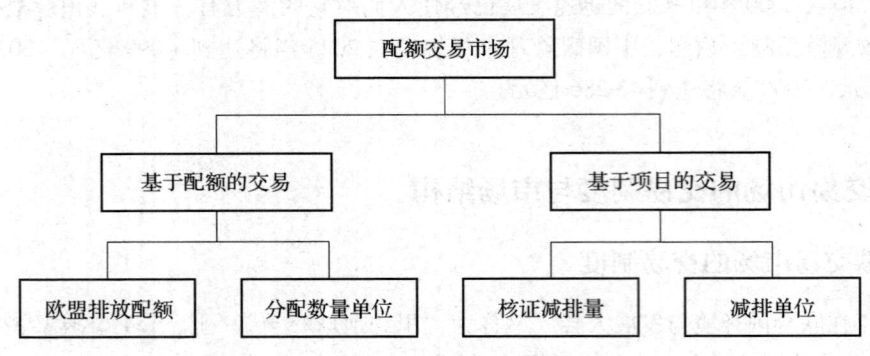

图 2-2 配额交易市场

（1）欧盟排放配额。欧盟排放配额是指欧盟国家的许可碳排放量。欧盟所有成员国均制订了国家分配方案（National Allocation Plan，NAP），明确规定成员国每年的二氧化碳许可排放量（与《京都议定书》规定的减排标准相一致）。各国政府根据本国的总排放量向各企业分配碳排放配额。如果企业在一定期限内没有使用完碳排放配额，则可以出售；一旦企业的排放量超出配额，就必须向没有用完配额的企业购买配额。

《京都议定书》的减排目标规定欧盟国家在 2008—2012 年平均比 1990 年排放水平削减 8%。由于欧盟各成员国的经济和减排成本存在差异，为降低各国的减排成本，欧盟于 2003 年 10 月 25 日提出建立欧盟排放交易体系。该体系于 2005 年 1 月成立并运行，成为全球最大的多国家、多领域温室气体排放权交易体系，其核心部分就是碳排放配额交易。

欧盟排放交易体系：在所有欧盟国家以及冰岛、列支敦士登和挪威（欧洲经济区—欧洲自由贸易联盟国家）开展业务，限制电力部门和制造业以及在这些国家或地区之间运营的航空公司约 10 000 个装置的排放，约占欧盟温室气体排放量的 40%。

2021 年 7 月 14 日，欧盟委员会通过了一系列立法提案，阐明了到 2050 年如何在欧盟实现气候中和，包括到 2030 年至少净减少 55% 的温室气体排放量的中间目标。这一系列计划提议修订部分欧盟气候立法，包括欧盟排放交易体系、分担监管、运输和土地使用立法，以实际方式列出欧盟委员会打算在欧洲绿色协议下实现欧盟气候目标的方式。

（2）分配数量单位。《联合国气候变化框架公约》缔约方国家（发达国家）之间协商确定分配数量单位。这些国家根据各自的减排承诺被分配各自的排放上限，并根据本国实际温室气体排放量，对超出其排放配额的部分或者剩余部分，通过国际市场购买或者出售。

由于分配数量单位只分配给缔约方国家（发达国家），因此许多东欧国家特别是俄罗斯、乌克兰、罗马尼亚等近年来由于制造业衰退，成为排放配额市场净出口国和最大受益国。东欧国家的排放配额盈余被称为"热空气"。由于这些"热空气"并非来自节能与能效提高，而是来自产业缩水，所以大部分国家不愿意购买这些"热空气"，因为花钱购买这些配额似乎并不具有减排意义。

（3）核证减排量。核证减排量，是指缔约方国家（发达国家）以提供资金和技术的方式，与发展中国家开展项目级合作（通过清洁发展机制），项目所实现的核证减排量可经过碳交易市场用于发达国家完成《京都议定书》减排目标的承诺。核证减排量是配额交易市场中最重要的基于项目的交易。

（4）减排单位。联合履约机制允许缔约方国家通过投资项目方式从同属于缔约方的其他国家获得减排单位。缔约方国家在 2000 年 1 月 1 日之后开始的项目可以申请成为联合履约机制项目，但联合履约机制产生的减排单位只在 2008 年 1 月 1 日之后开始签发。因此联合履约机制与清洁发展机制相比，发展不够充分。

2. 自愿交易市场

自愿减排交易市场早在强制减排交易市场建立之前就已经存在，由于其不依赖法律进行强制减排，因此其中大部分交易也不需要对获得的减排量进行统一认证与核查。虽然自愿减排市场缺乏统一管理，但其机制灵活，从申请、审核、交易到完成所需时间相对更短，价格也较低，主要被用于企业市场营销、企业社会责任、品牌建设等。虽然目前该市场碳交易额占比很小，但潜力巨大。

碳交易市场通常包括一主一辅两个市场。主市场为碳配额交易市场（碳排放权交易市场），交易主体主要是控排企业（市场较为成熟后，可将交易主体进一步扩充至金融机构、个人投资者等），交易标的为碳配额，实际排放量大于初始碳配额的企业可向存在富余碳配额的企业购买；辅市场为碳信用交易市场，交易主体主要是控排企业和自愿减排企业，交易标的为碳信用（核证减排量）。控排企业可使用碳信用完成配额清缴，但是为了确保控排企业有效减排，该使用量会存在限制，一般不超过控排企业应清缴碳排放配额的 5% 或 10%。该机制又称基准线与信用机制、抵消机制等。

碳信用（Carbon Credit，CC）是指自愿减排企业实施提升能源使用效率、吸收温室气体、减少温室气体排放等类型项目，产生相较于基准线（上述项目未实施时通常可能发生的情况）的减排量。该减排量需要由政府部门或国际组织核证签发，可用于抵消量化减排义务。

2.2.3 碳交易市场的交易标的

在全球碳交易市场上，最主要的标准交易标的为碳排放配额，是指 1 单位碳排放配额相当于向大气排放 1 吨的二氧化碳当量。

从国际市场看，主要的碳产品按市场分类可以分为：三种减排机制下的碳产品配量单位、清除单位、减排单位及核证减排量，欧盟碳排放权交易系统的欧盟排放配额和自愿减排市场交易的自愿减排量。

《京都议定书》规定了三种市场机制——国际排放交易机制、联合履约机制和清洁发展机制，三类机制分别对应不同的产品。其中，国际排放交易机制是指缔约方国家之间相互转让碳配额，其交易对象是配量单位或清除单位。联合履约机制是缔约方国家之间通过项目产生的减排单位的交易和转让。清洁发展机制是指发达国家通过资金支持或技术援助等形式，与发展中国家开展减少温室气体排放项目的开发与合作，从而取得相应减排量。这些减排量被核实认证后成为核证减排量，可用于发达国家履约。

欧盟排放配额，在欧盟碳排放权交易系统中交易。欧盟碳市场是全球建立最早、规模最大、覆盖最广的碳市场。2022年，欧盟碳市场碳交易额达7 514.59亿欧元，占全球总额的87%。尽管欧洲能源价格自俄乌冲突后出现大幅上涨，但欧盟依然将碳市场作为其气候政策的基石，能源转型决心并未改变。

自愿减排量，是指经过联合国指定第三方机构核证的温室气体减排量，是自愿减排市场交易的碳信用额。一般来说，核证减排量可以转化为自愿减排量进行售卖，但由于执行标准较低，自愿减排量不能转化为核证减排量进行售卖。

在我国碳排放市场上，根据《碳排放权交易管理办法（试行）》《碳排放权交易管理规则（试行）》和《碳排放权交易管理暂行条例》的规定，目前全国碳市场交易标的也是碳排放配额，生态环境部按照国家有关规定或经国务院批准可以适时增加其他交易产品。从国内市场来看，当前碳交易标的有两个。

1）配额：即政府分配的碳排放权额度，其特点是：①从无偿分配到有偿使用，但不会足额排放；②每年配额发放比例约90%，要求减少比例在10%以内；③配额自上而下分配，从中央到地方，地方再分配到企业，最后由地方政府决定；④配额分配基准包括历史排放法和行业基准值法，欧美国家大多采用历史排放法，因为更容易监测和操作。

2）国家核证自愿减排量：是指经国家发展改革委备案并在国家注册登记系统中登记的温室气体自愿减排量，需要经第三方碳排放核查机构核证。能够产生国家核证自愿减排量的项目主要包括风电、光伏、水电、生物质发电等。

碳配额是市场的硬通货，而国家核证自愿减排量相对而言是一种补充机制，受政策影响更大。除了国家核证自愿减排量外，其他交易产品还有国家核证自愿减排量期货、配额期货（统称"碳期货"）等，目前碳期货还在研发中。

2.3 碳交易市场的发展现状

2.3.1 碳交易市场的总体发展现状

2021年11月，第26届联合国气候变化大会（COP26）召开，会议就《巴黎协定》第6条国际碳市场机制的实施细则达成共识，并引入了"可持续发展机制"。该机制旨在串联全球碳市场，提高减排效率，创造全球碳交易市场。若可持续发展机制成功落地，中国的"双碳"目标实施方案中可能会参考可持续发展机制。

2021年7月14日，欧盟委员会提交了设立碳边境调节机制（CBAM）的立法议案。根据该议案，碳关税实施有三年过渡期（2023—2025年）。2022年3月15日，碳边境调节机制方案在欧盟理事会获得初步通过。我国作为欧盟的最大贸易伙伴，碳关税的实施将会导致我国对外出口的高碳产品成本上升。

截至 2021 年年底，全球约 136 个国家、115 个地区、235 个主要城市和 2 000 家顶尖企业中的 682 家提出了碳中和目标，为国际碳市场奠定了基础。在国际民航减排市场机制、可持续发展机制启动以及欧盟推出"碳关税"的背景下，我国应与国际各方合作，推动全球碳市场建设。碳交易所作为碳市场的重要组成部分，应发挥引导作用，助力碳信用衡量标准、全球碳价和碳市场互联互通的形成。

2.3.2 中国碳交易体系发展现状

根据《联合国气候变化框架公约》"共同但有区别"的国家减排责任，中国未被《京都议定书》纳入强制减排范围。近年来，中国成为世界第二大经济体和第一大碳排放国。为应对气候变化，2020 年习近平主席宣布中国将力争于 2030 年前实现碳达峰、2060 年前实现碳中和的自主贡献目标。中国的碳市场从"区域化试点"逐步发展到"全国性纳入"。

中国的碳市场建设始于 2011 年。2011 年 11 月，国家发展改革委发布《关于开展碳排放权交易试点工作的通知》批准 7 个省市开展碳排放权交易试点。碳市场体系建设分为三个阶段：先参与国际碳交易体系，后开展国内区域试点，再推进全国碳排放权交易市场体系建设。2013 年以前，中国仅通过国际清洁发展机制项目参与碳交易。2013 年起，北京、上海等 7 个省市的碳排放权交易试点启动，国家核证自愿减排量在 9 家备案交易机构参与交易。2016 年，福建和四川碳市场成立。2021 年 7 月 16 日，全国碳排放权交易市场正式上线交易。2024 年 1 月 22 日，全国自愿减排交易市场在北京重启。

目前，中国碳交易所已发展为全国集中统一交易与各试点地区交易并行。全国碳排放权交易体系运行后，试点地区的发电企业划入全国体系统一管理，但地方碳交易所仍会继续运行一段时间。

中国碳交易所交易产品包括碳排放配额、国家核证自愿减排量和其他碳信用产品。根据中国人民银行、财政部等七部委联合印发的《关于构建绿色金融体系的指导意见》，国家支持发展各类碳金融产品，如碳远期、碳互换、碳期权、碳租赁、碳债券和碳基金等，探索研究碳排放权期货交易。

中国统一碳市场整体运行平稳，价格波动合理，高比例完成履约，首批纳入发电行业重点排放单位共 2 162 家，年覆盖二氧化碳排放量约 45 亿吨，成为全球覆盖排放量最大的碳市场。然而，与欧盟碳市场相比，中国碳市场存在参与主体单一、交易方式局限于现货、流动性不足、碳价较低等问题。研究国际先进碳交易所的运作机制和发展经验，将为我国碳交易所发展提供指导。

2.3.3 国外碳交易体系发展现状

芝加哥气候交易所：成立于 2003 年，是全球首个具有法律效力的温室气体排放登记和交易平台，也是北美唯一的自愿减排交易平台。它实行会员制，参与者来自多个行业，涉及 6 种温室气体。交易商品为碳金融工具合约，每单位代表 100 吨二氧化碳。由于缺乏强制减排机制，它于 2010 年停止交易。

美国洲际交易所（ICE）：它于 2010 年收购欧洲气候交易所（ECX），成为全球最大的碳排放权交易所。交易产品包括多种碳配额和碳信用期货合约,它掌握全球 60% 的碳排放权交易。

欧洲能源交易所(EEX):碳交易业务规模仅次于美国洲际交易所,涵盖能源、天然气、环境等市场。碳交易产品包括一级市场配额拍卖和二级市场配额等,以现货交易为主。

Climate Impact X(CIX):新加坡的全球碳交易平台,提供高质量的碳信用交易和绿色项目融资,并推动自然气候解决方案(NCS)项目的实施。

元宇宙绿色交易所(MVGX):新加坡的合规绿色数字资产交易所,提供资产支撑通证(ABT)和碳中和通证(CNT),推动碳足迹披露和跨境碳合作。

卢森堡绿色交易所(LGX):全球首个专注于绿色证券交易的平台,主要产品包括绿色债券、可持续债券和绿色基金,推动可持续投资和交易的发展。

 专栏 2-1

以北京碳市场为例看碳排放权交易体系和电力行业减排

北京将辖区内电力生产的直接排放和电力消费的间接排放同时纳入碳排放交易系统(ETS),并通过仅核算电力消费对应的辖区外电力生产的排放来避免重复计算。评估结果显示,北京 ETS 促进的电力相关减排三年共计 218 万吨二氧化碳,占减排总量的 45%。其中 98% 的电力相关减排由需求端管理产生,三年共减排 213 万吨二氧化碳。由电力生产端效率提升等促进的减排效果甚微,仅为 5 万吨二氧化碳。鉴于北京已有的其他节能减排政策、中国的电价形成机制、北京发电企业的减排空间以及碳交易的管理成本,将发电端排放纳入 ETS 所发挥的减排作用较为有限。北京可以通过调整发电行业的配额分配方法后再纳入发电端排放,以最大程度发挥 ETS 对发电行业的减排影响,或将发电端排放排除在 ETS 之外。发电企业的配额核定可借鉴以下方法:以基准线排放强度和企业总发电量为基础来核定配额,而不仅仅针对火力发电装机的发电量,这样企业就可以通过使用低碳燃料或增加可再生能源发电量来降低自身排放。

北京 ETS 的评估结果不能简单套用到国家 ETS,但其分析过程可以为国家 ETS 的决策过程提供参考。北京 ETS 对电力需求端的控制带来的减排效果显著,对全国 ETS 机制设计有较大的参考意义。假设在现行电力价格形成机制不变的情况下,如果不将电力消费纳入 ETS,则难以通过价格信号向终端消费者反映电力的碳排放外部成本。因此,国家 ETS 机制可以参考北京经验,将电力间接排放纳入 ETS 范围。

对于生产端而言,将电力生产纳入国家 ETS,有助于通过市场促进减排。然而根据北京 ETS 的设计,电力生产端主要是通过现存发电机组的技术和管理进步来实现减排。电网企业的电力调配、购电等决策以及发电企业增加清洁能源发电量等措施,并不能帮助发电和电网企业在 ETS 下完成履约。在此情况下,北京的经验表明,电力行业的排放配额需要适度严格才能充分释放其减排潜力。

全国发电企业的技术和管理水平不一,减排潜力存在较大差异。同时,单位发电量的排放强度也会受到电网调度和需求波动等外在因素的影响。因此,如何科学地设定发电行业的排放配额,使其既能充分释放不同装机容量和技术类型的减排潜力,又能保证发电企业的合理生存,是一个需要深入研究和反复测算的问题。另外,国家 ETS 也可以将电网电力调配和购电以及发电企业增加清洁能源发电量等行为纳入 ETS 配额管理,从而使电力企业以更加灵活的方式履约。

鉴于我国电力基本处于自发自用的状态，因此无法参考北京市 ETS 的处理方法以避免电力排放的重复核算。如果国家 ETS 将电力生产的直接排放和电力消费的间接排放同时纳入，意味着发电企业发电过程的实际二氧化碳排放将同时对应发电企业的排放配额和用电企业的部分排放配额，从而使得碳市场上一吨排放配额不严格对应一吨二氧化碳排放量。这可能对将来中国碳市场和国际碳市场的衔接形成障碍。因此，ETS 制度设计应针对这一潜在问题制定解决方案，如将电力生产排放配额和电力消费排放配额加以区分等。

资料来源：碳交易网。

 专栏 2-2

中国石化积极参与全国碳市场，统筹推进"双碳"工作

中国石化认真学习贯彻习近平生态文明思想和习近平总书记关于碳达峰、碳中和重要论述，深入贯彻落实习近平总书记视察胜利油田重要指示精神，把助力国家实现碳达峰、碳中和目标作为重大政治责任，制定实施绿色洁净发展战略，全面优化调整产业和能源结构，持续推进能效提升计划、绿色企业行动，加大推进碳减排力度，强化碳资产管理，进一步提升公司绿色低碳发展水平。

1. 集中管理碳交易

发布《中国石化碳交易管理办法》，明确相关部门和单位职责，规范碳交易管理流程，充分发挥集团公司一体化优势，开展碳交易。中国石化旗下贸易专业化公司联合石化是集团下属企业碳交易的服务主体，协助企业开展交易，管控交易风险，确保按时完成履约，实现碳资产价值最大化。

2. 积极参与碳交易

2021 年 7 月 16 日，全国碳市场正式启动，中国石化下属 17 家自备电厂企业被纳入全国碳市场，并有四家企业在市场启动的首日和首月参与交易。2021 年 7 月 21 日，茂名石化完成 10 万吨大宗协议交易，成为全国碳市场启动以来首笔大宗协议交易。2021 年 12 月 15 日，17 家自备电厂企业圆满完成全国碳市场第一个履约周期的配额清缴工作，履约率 100%。其中，高桥石化在 11 月 26 日提前完成履约，成为全国首批、上海市首家完成履约的企业；齐鲁石化、扬子石化、安庆石化等企业也成为所在省份较早完成履约的企业，较好地展示了中国石化负责任的企业形象。2021 年，中国石化参与全国碳市场交易量累计 483 万吨、交易额 2.07 亿元。2022 年，公司共有 25 家企业参与全国碳交易市场，19 家企业参与试点地区碳市场，履约率为 100%。

3. 降低履约成本

联合石化密切关注国家政策动态，积极挖掘市场信息，努力开拓资源渠道，认真研判市场价格走势，通过盯盘、询价、谈判、报价等方式采购碳配额和国家核证自愿减排量，对外发布碳配额和国家核证自愿减排量询价函数十次，大宗协议交易成交量占总成交量的 70% 以上，有效降低集团整体履约成本。与此同时，充分发挥中国石化一体化协同运作能力，加强系统内资源调配共享和优化配置，完成多笔集团内部企业之间的配额买卖交易。

4. 深入实施能效提升计划

2021 年，共实施 544 个能效提升计划项目，实现节能量 96.7 万吨标煤，相应减少温室气

体排放 203.1 万吨。开展天然气代煤、电气化替代等能源低碳化调整，持续推进企业利用内部闲置土地、厂房等区域开展分布式光伏发电或供热项目建设。截至 2021 年年底，累计实施新能源利用项目 158 项，减少化石能源消耗约 90 万吨标煤，相应减少温室气体排放 189 万吨。2022 年，中国石化已累计实施"能效提升"项目近 5 000 项，节能 836 万吨标煤。

5. 持续开展温室气体减排

按照 ISO 14064 标准，完成基于各项排放源的全系统碳盘查，并配合第三方机构做好碳核查工作。有序开展二氧化碳回收、驱油和油气勘探开发过程中甲烷的回收利用。2021 年，油田共注入二氧化碳 30.8 万吨、增油 8.9 万吨，回收甲烷 7.17 亿方，回收炼化装置高浓度的二氧化碳 152 万吨。2022 年回收二氧化碳量 150 多万吨。积极开展 CCUS（二氧化碳捕集、利用与封存）全链条工程示范，2022 年 4 月，齐鲁石化—胜利油田百万吨级 CCUS 示范项目正式建成投产，为国家推进 CCUS 规模化发展提供应用案例。2021 年 5 月，联合中国石油、中国海油等单位发起成立中国油气企业甲烷控排联盟，开展生产过程甲烷排放管控，为中国争取油气行业甲烷减排话语权；同时，主动承担生态环境部甲烷监测试点工作，开展油田甲烷泄漏排放监测，分析减排潜力，制定减排措施。

6. 加快布局清洁能源产业

以服务雄安新区建设为重点，加快发展地热业务，地热供暖能力持续提升。大力开发氢能，2021 年，建成加氢站 74 座，投运 54 座，启动建设全球在建的最大光伏绿氢生产项目——库车绿氢示范项目，投产后年产绿氢可达 2 万吨，贯通风光发电、绿电输送、绿电制氢、氢气储存、氢气输运、绿氢炼化等绿氢生产利用全流程。积极推进充换电站、光伏电站建设，已建成充换电站 1 000 座。其中，充电站 935 座、换电站 65 座，采用"自发自用、余电上网"模式，在江苏、海南、广东、广西、云南等地建成分布式光伏发电站 1 000 座。2022 年，我国首个万吨级绿氢炼化项目——新疆库车绿氢示范项目实现全流程贯通，年可减少二氧化碳排放 48.5 万吨。

7. 积极打造碳中和示范

2021 年 5 月 18 日，成功打造我国首座光伏发电碳中和加油站——江苏石油常州嘉泽加油站，年均发电量可达 13.52 万度，相应减少碳排放量 152 吨。2021 年 5 月 28 日，建成投营我国首座碳中和光伏建筑一体化加油站——广西百色六华加油站，年均发电量可达 9.1 万千瓦时，相应减少碳排放量 81.5 吨。2021 年 9 月 22 日，联合中远海运、中国东航，共担减排责任，通过购买国家核证自愿减排量，抵消了产自安哥拉的 3 万吨原油从开采到产品消费全生命周期所产生的二氧化碳。这批原油成为我国原油运输中首船全生命周期碳中和原油。

中国石化将按照国家"双碳"工作整体规划部署，增强系统观念，坚持稳中求进，统筹转型升级与减碳进程、结构优化与碳排放控制，持续推进化石能源洁净化、洁净能源规模化、生产过程低碳化，在降碳的同时保障国家能源安全、产业链、供应链安全，加快建设世界领先洁净能源化工公司。同时，持续深化碳资产管理，优化碳资源配置，积极参与碳交易，为石化化工行业纳入全国碳市场贡献石化智慧和力量。中国石化将以实际行动担负应尽之责，努力成为践行国家"双碳"战略、石化化工行业绿色低碳转型的示范者、引领者，确保高质量完成碳达峰、碳中和目标，为全球应对气候变化提供中国企业实践。

资料来源：碳交易网。

第 3 章

碳金融产品

学习目标

1. 了解碳金融产品的基本内容，掌握碳金融产品分类。
2. 了解和学习碳金融产品定价机制。
3. 掌握平稳时间序列的基本原理，对全球碳金融价格特征事实进行分析。

开篇案例

碳交易与碳金融的价格机制是促进碳市场有效运行的基础

碳排放权作为新的事物，其定价机制与传统产品差异很大。传统产品的初始价格主要取决于产品的边际成本与市场对供求的预期，而碳排放权的价格则取决于配额的供给情况、分配方式以及市场整体的碳排放总量情况和对配额的需求情况。碳交易与碳金融市场的价格机制包括定价机制与价格运行机制。价格机制作为复杂的碳金融市场体系中重要的组成部分，是碳金融市场有效运行的基础。碳排放权的价格可以全面、及时、准确地反映市场的交易信息，如供给情况、需求情况等。价格信号可以引导资金合理流动，促进减排目标的实现，如交易价格太高，对参与减排企业主体的负面作用太大，不利于减排；交易价格太低，则对减排企业缺乏约束作用。

碳市场的价格运行机制主要包括碳交易与金融市场上各类碳交易产品的价格运行机制。碳排放权初始价格形成之后在交易市场由于受到经济增长、能源因素、金融市场等因素的影响，呈现持续波动的状态，能够更加深刻地认识其运行规律，有利于碳交易市场的平稳发展。同时，碳金融衍生品的交易为衍生品的发展奠定了基础，以碳现货为基础发展而来的碳远期、碳期货、碳期权、碳互换等衍生品交易量也逐渐增大，为碳市场的发展注入了活力。同时，碳金融衍生品的"价格发现"和"套期保值"功能，不仅有利于增强碳金融市场上企业的竞争，减少垄断，形成公平、合理、统一的价格，而且对金融衍生品市场的完善也有极大的促进作用。

3.1 碳金融产品概述

为深入贯彻落实党中央关于力争在 2030 年前实现碳达峰、2060 年前实现碳中和的重大决策部署，健全碳金融标准体系，推动建设碳排放权交易市场，为碳排放合理定价，已成为应对气候变化和加快生态文明建设的现实需要,也是发展绿色金融的重要环节。碳金融产品标准的制定,有利于建立全国统一的碳排放权交易市场和有国际影响力的碳定价中心,更有利于有序发展碳远期、碳互换、碳期权、碳借贷、碳债券、碳资产证券化和碳基金等衍生产品,也有利于促进各界加深对碳金融的认识,帮助相关机构识别、运用和管理碳金融相关产品,引导金融资源进入绿色领域,推动实体经济低碳转型。

碳排放权交易(Carbon Emission Trading)是指主管部门以碳排放权的形式分配给重点排放单位或温室气体减排项目开发单位,允许碳排放权在市场参与者之间进行交易,以社会成本效益最优的方式实现减排目标的市场化机制。由碳排放权交易机制产生的新型资产称为碳资产,主要包括碳配额和碳信用。碳配额是指主管部门基于国家控制温室气体排放目标的要求,向被纳入温室气体减排管控范围的重点排放单位分配规定时期内的碳排放额度。碳信用是项目主体依据相关方法学,开发温室气体自愿减排项目,经过第三方的审定和核查,依据其实现的温室气体减排量化效果所获得签发的减排量。

碳金融产品(Carbon Financial Product)是建立在碳排放权交易的基础上,服务于减少温室气体排放或增加碳汇①能力的商业活动,是以碳配额和碳信用等碳排放权益为媒介或标的的资金融通活动载体。金融行业标准《碳金融产品》(JR/T 0244—2022)于2022年4月12日由中国证监会公布并自公布之日起实施②。从产品谱系上看,碳金融产品也主要是主流金融产品在碳市场的映射,可以分为碳市场融资工具、碳市场交易工具和碳市场支持工具三大类。

3.1.1 碳市场融资工具

碳市场的融资工具可以为碳资产创造估值和变现的途径,帮助企业拓宽融资渠道(具体内容见第4章)。碳市场融资工具主要有以下几种。

1. 碳质押

碳质押是指以碳配额或项目减排量等碳资产作为担保进行的债务融资,举债方将估值后的碳资产质押给银行或券商等债权人获得一定折价的融资,到期后再通过支付本息解押。

2. 碳回购

碳回购是指碳配额持有者向其他机构出售配额,并约定在一定期限内按约定价格回购所售配额的短期融资安排。在协议有效期内,受让方可以自行处置碳配额。

3. 碳托管

碳托管(借碳)是指一方为了保值增值,将其持有的碳资产委托给专业碳资产管理机构集中进行管理和交易的活动。碳托管实际上是一种融碳工具。狭义的碳资产托管主要指配额托管,即控排企业委托托管机构代为持有碳资产,以托管机构名义对碳资产进行集中管理和交易。广义的碳资产托管是指将企业所有与碳排放相关的管理工作委托给专业机构策划实施,包括但不限于

---

① 从大气中清除二氧化碳的过程、活动或机制。
② 更多内容可查阅该网址 http://www.csrc.gov.cn/csrc/c101954/c2334725/content.shtml。

CCER 开发、碳资产账户管理、碳交易委托与执行、低碳项目投融资、相关碳金融咨询服务等。

3.1.2 碳市场交易工具

除碳资产类的碳现货外，碳市场交易工具还包括：碳期货、碳期权、碳远期、碳互换以及碳指数交易产品和碳资产证券化。交易工具的丰富，盘活了碳现货和碳期货市场，提高了碳金融市场的流动性，也为投资者对冲价格波动风险实现套期保值提供了有力手段。

1. 碳期货

碳期货是以碳排放权配额及项目减排量等现货为标的物的合约。基本要素包括：交易平台、合约规模、保证金制度、报价单位、最小交易规模、最小/最大波幅、合约到期日、结算方式、清算方式等。欧盟排放交易体系中流动性最强、市场份额最大的交易产品就是碳期货，与碳现货共同成为市场参与者进行套期保值、建立投资组合的关键金融工具。碳期货能够解决市场信息的不对称问题，引导碳现货价格发现，有效规避交易风险。

2. 碳期权

碳期权实质上是一种标的物买卖权，买方向卖方支付一定数额的权利金后，拥有在约定期内或到期日以一定价格出售或购买一定数量标的物的权利。碳期权标的物，既可以是碳排放权，也可以是碳排放权期货。如果企业有配额缺口，可以提前买入看涨期权锁定成本；如果企业有配额富余，可以提前买入看跌期权锁定收益。

3. 碳远期

碳远期交易是国际市场上进行碳交易的最常见和最成熟的交易方式之一，买卖双方以合约的方式，约定在未来某一时期以确定价格买卖一定数量配额或项目减排量。碳远期的意义在于保值，帮助碳排放权买卖双方提前锁定碳收益或碳成本。

4. 碳互换

碳互换是以碳排放权为标的物，双方以固定价格确定交易，并约定在未来某个时间以当时的市场价格完成与固定价交易对应的反向交易，最终只需对两次交易的差价进行现金结算。由于碳互换的交易成本较低，且可有效降低控排企业持有碳资产的利率波动风险，因此，碳互换成为企业碳资产管理中的一项重要手段。

目前我国的碳互换主要有两种模式：一是由控排企业在当期卖出碳配额，换取远期交付的等量 CCER 和现金；二是由项目业主在当期出售 CCER，换取远期交付的不等量碳配额。

5. 碳指数交易产品

碳指数可参考金融市场基于指数开发的交易产品。目前我国有中碳指数，可为碳市场投资者和研究机构分析、判断碳市场动态及大势走向提供基础信息。未来也可以依托此类碳指数，作为标的物开发相应的碳指数交易产品。

6. 碳资产证券化

碳配额及减排项目的未来收益权,均可作为支持资产通过证券化进行融资。证券型证券化即碳基金,债券型证券化即碳债券。

(1)碳基金。碳基金是为参与减排项目或碳市场投资而设立的基金,既可以投资于CCER项目开发,也可以参与碳配额与项目减排量的二级市场交易。碳基金管理机构是碳市场的重要投资主体,碳基金本身则是重要的碳融资工具。

(2)碳债券。碳债券是指政府、企业为筹集碳减排项目资金发行的债券,也可作为碳资产证券化的一种形式,即以碳配额及减排项目未来收益权等为支持进行的债券型融资。

3.1.3 碳市场支持工具

碳市场支持工具及相关服务可以为各方了解碳市场趋势提供风向标,同时为管理碳资产提供风险管理工具和市场增信手段(具体内容见第6章)。

1. 碳指数

碳指数既是碳市场重要的指导工具,也是开发碳指数交易产品的基础标的。

2. 碳保险

碳保险是为规避减排项目开发过程中的风险,确保项目减排量按期足额交付的担保工具。它可以降低项目双方的投资风险或违约风险,确保项目投资和交易行为的顺利进行。

3.2 碳定价

碳定价机制作为市场减排举措,对实现碳达峰、碳中和具有重要作用。其目的在于使温室气体排放成本内部化,把环境成本转化为生产成本,通过价格信号来激励企业低碳行动。从理论和实践研究来看,碳定价能刺激技术创新和市场创新,引导资金投向低碳技术和绿色项目,给经济增长注入新动力。

当前,全球气候变化议题逐渐从联合国主渠道向二十国集团(Group of 20,G20)财金渠道⊖拓展,碳定价作为有效促进碳减排的经济手段也被纳入财金渠道的工作议题。2021年7月,在威尼斯国际气候会议上,IMF总裁克里斯塔利娜·格奥尔基耶娃(Kristalina Georgieva)建议结合发展阶段和历史排放责任,在G20框架下提高全球主要碳排放大国碳价水平并设置碳价下限(即碳排放最低价格),将G20成员中的六大碳排放经济体分为发达经济体(包括美国、欧盟、加拿大、英国)、高收入新兴市场经济体(中国)和低收入新兴市场经济体(印度),分别设定每吨75美元、50美元和25美元的碳价下限。2021年8月,OECD(经济合作与发展组织)秘书长马蒂亚斯·科曼(Mathias Cormann)致信G20成员,提议参考"OECD/

⊖ 财金渠道是G20的一项工作机制,负责就具体经济金融问题进行磋商,并提出建议。

G20税基侵蚀和利润转移（BEPS）包容性框架"治理架构，建立"OECD/G20显性碳定价和隐性碳定价包容性框架"，旨在评估各方利用显性碳定价（Explicit Carbon Pricing）和隐性碳定价（Implicit Carbon Pricing）⊖机制落实减排情况，加强各国减缓气候变化政策协调，管控政策溢出效应。

IMF（国际货币基金组织）倡议和OECD倡议的内在逻辑存在一致性，均强调碳定价是全球应对气候变化的主要手段，并试图在全球碳减排中以"碳价责任"模糊"减排责任"，将各国在碳减排量中的责任转移至提高碳价的责任上来。两个倡议的核心目的是通过设置碳价下限或包容性框架下的统一标准，将各国减缓气候变化政策"显性化"，为因气候差异性政策产生的碳泄漏问题提供等效性评估框架，进而形成对低碳价国家的舆论和谈判压力，维护发达国家利益。这是将气候议题置于财金渠道协商的典型做法。当前，在全球气候治理"抓落实"阶段，G20财金渠道来自气候变化谈判的压力只会增加，不会减少。我国应该在坚决遏制以碳定价主导气候谈判的国际倡议的基础上，做好相关政策储备，以应对未来的气候谈判。

3.2.1 碳定价的概念和分类

碳定价是指对温室气体排放给予明确定价的机制，旨在反映温室气体排放的外部成本。碳定价是将碳排放负外部性反映在商品或要素价格中，以市场手段将减排责任落实至控排单位，是一种兼具灵活性和经济效率的减排方式。从约束性来看，碳定价包括强制的和自愿的；从对象来看，包括私营部门、地方政府、主权国家和国际组织；从政策工具来看，主要包括显性的碳排放权交易、碳税、碳信用机制和内部碳定价机制。这些政策工具的功能、特点各不相同：碳排放权交易可以促进全社会减排，有助于企业灵活、低成本减排。碳税是一种为碳排放行为缴纳的税，依据排放量进行计税，税率即为碳价，其不直接影响分配结构，对经济社会稳定性影响小，同时也可以增加财政收入。碳信用机制为减排项目或活动签发可交易减排量，其实质是对自愿减排机制的升级和补充。内部碳定价机制是公司投资管理决策时评估气候相关财务风险和探索碳减排方面的有力支撑（见表3-1）。另外，碳关税（边境调节税）与传统碳税不同，它是发达国家为防止碳泄漏而设计的进口税。2021年7月欧盟通过碳关税提案，其定价机制参照欧盟碳市场价格执行。综上，碳定价工具类型较多，不同工具类型的适用范围、定价逻辑不尽相同，要给予特定对象有效的碳价信号，须精心设计政策工具。

表3-1 主流碳定价机制的适用范围和优劣势

类型	适用范围	定价逻辑	优点	缺点
碳排放权交易	大型企业、工厂或设施	减排成本的差异促使交易产生，最终减排由成本最小的企业承担，从而实现社会整体减排成本最小化	价格发现机制优，减排效果好，社会减排成本低，可跨国家或地区实施	碳泄漏风险，交易成本和监管成本高，基础工作量大
碳税	燃料、小型排放主体	通过征税，将碳排放环境成本转化为生产经营成本	操作简单，见效快，价格稳定，增加财政收入	社会不公，社会可接受度低

⊖ 显性碳定价和隐性碳定价是政策手段，显性碳价和隐性碳价是上述两者形成的碳价格。

（续）

类型	适用范围	定价逻辑	优点	缺点
碳信用机制	减排项目，减排行为或活动	经官方认证的减排项目或行动，其减排量可通过交易机制或奖励机制来实现	多参与主体，多应用场景，可通过抵消机制连接配额市场	类型繁多，标准化程度偏低，价值认同有偏差
内部碳定价机制	企业投资决策	为驱动低碳投资、改变内部行为、抓住低碳机遇、政策合规、股东期望、供应商要求	企业自主推进，参与者迅速增加	方法透明度低，缺乏指南、价格差异大

碳定价机制主要包括显性碳定价和隐性碳定价两大类。显性碳定价是指碳税和碳排放权交易等依据碳含量或碳排放量确定碳排放价格的定价手段。隐性碳定价是指除碳税和碳交易等方式外的其他碳排放定价政策，既包括能源消费税、清洁能源（技术）补贴等经济手段，也包括限制碳排放的行政手段。这些政策需要通过一定方法换算出碳排放价格（即等效碳价）。此外，还有一类包含化石能源补贴在内的负碳价（Negative Carbon Price），由于这些补贴对气候变化产生负面效果，降低了化石能源生产或消费的成本，从而形成负碳价。"显性碳价"与"隐性碳价"相加，再减去"负碳价"，即构成"净碳价格"，具体如图 3-1 所示。

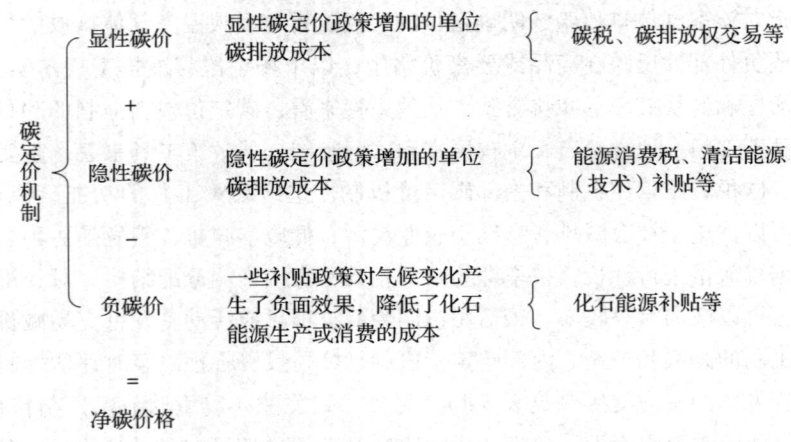

图 3-1 碳定价机制

3.2.2 碳定价机理与评估方法

碳定价机理与其他资源环境问题类似，起源于公地悲剧和外部性。排放者为最大化自身利益，过度使用气候容量资源这一公共产品，从而造成气候变化问题，产生环境负外部性。由于碳排放成本不能完全内部化，因此市场无法反映真实的环境成本，从而导致市场失灵。因此，碳排放定价的使命就是将外部性进行内部化：一是"庇古税"（Pigovian Tax）机制，采取政策税收、补贴等直接干预手段使个人边际成本等于社会边际成本；二是产权交易机制，以"科斯定理"为理论指导，明确碳排放权，并利用市场交易机制解决外部性问题，其减排成本更低，可兼顾效率与公平。从价格形成机理来看，价格决定理论认为价值是价格形成的基础，而碳的价值取决于市场供需关系和稀缺性。

对碳排放的定价方法种类繁多，总体可概括为市场直接定价法、资源类定价方法和资产类定价方法。市场直接定价法一般采取成熟的交易市场价格（如欧盟碳排放权市场）；资源类定价方法即从自然资源定价的视角来评估碳价，其定价方法包括机会成本法、经济社会边际成本法、支付意愿法和损害成本法等；资产类定价方法即从碳资产视角来评估碳价，其方法包括净现值模型、期权定价模型、风险收益定价法（Capital Asset Pricing Model，CAPM）等。从政府决策视角来看，经济社会边际成本定价更为可靠。如2006年发布的《斯特恩报告》认为碳排放的社会成本在85美元/吨（Stern，2008），主张及早减排。诺贝尔奖获得者诺德豪斯主张温和减排，他认为减排目标过高会导致社会付出成本急剧增加，认为在最优气候政策情景下2020年碳价在21.2美元/吨，并以每年3%的速率增长直到2050年（50美元）（姜维，2020）。世界银行报告指出，到2020年碳价达到40~80美元/吨，2030年达到50~100美元/吨，并结合配套政策可实现《巴黎协定》目标（世界银行，2020）。OECD发布了报告，其中计算了G20经济体的平均"有效碳率"[○]，即显性碳价和燃料消费税的总和，并称每吨二氧化碳价格达到19欧元。总结来看：一是不同评估方法、不同评价对象、不同时期的碳价评估结果大相径庭，学术界对合理碳价还未形成共识；二是碳价与国情发展阶段和社会成本息息相关，需要循序渐进地寻求增长和减排的最优路线。

表3-2是不同文献的碳定价评估结果比较。

表3-2 不同文献的碳定价评估结果比较

评估方法	评估对象	碳价水平	代表文献
宏观边际成本	全球	21.2~50 美元/吨	姜维，2020
宏观边际成本	全球	25~85 美元/吨	Stern Nicholas，2008
市场直接定价	全球	40~80 美元/吨（2020年）	世界银行，2020
宏观机会成本	中国城市	2.5 万元/吨	王钊，2019
影子价格（行业）	中国各工业行业	0.3~2.39 万元/吨（1998—2011年）	蒋伟杰和张少华，2018
影子价格（能源投入）	省级行政区能源投入的影子价格	3.94~805.24 万元/吨（2004—2015年）	陈欣和刘延，2018
碳汇机会成本	固碳成本+土地机会成本+人工成本	579~6070 美元/吨	常瑞英和唐海萍，2007
影子价格（地域）	省级行政区非期望产出模型	938~12358 元/吨（2006—2015年）	宋杰鲲等，2016

3.2.3 碳定价影响因素

碳价波动会给经济社会稳定带来影响，因此了解碳定价影响因素十分重要。从供给方面来看，碳配额的稀缺度和使用价值决定了碳排放权价格。在碳交易初期，国家为减少企业负担，配额分配会尽量宽松，导致碳定价较低；从需求方面来看，碳定价影响因素包括履约需求、能源价格、碳密集产业产能产量和主体意愿等。一般而言，能源价格与碳排放价格有传导关系，能源商品与碳权价格的联动性也在逐步加强。近年来，全球天然气、动力煤、石油、电价都在

○ Carbon pricing and COVID-19: Policy changes, challenges and design options in OECD and G20 countries。

逐步攀升，碳排放价格也水涨船高，2022年2月欧盟碳配额价格一度达到创纪录的97欧元/吨。碳密集产业规模越大，对碳排放权需求越大，碳定价也越高；政府监管力度和惩戒力度越大，碳排放权需求就越高。当企业减排意愿越强时，进行节能改造、使用清洁能源的可能性就越大，就越会降低碳排放权需求。但需要注意的是，2022年年初俄乌军事冲突，欧洲市场碳价与化石能源价格开始脱钩，投资者纷纷抛售碳配额这一虚拟资产而增加天然气等实体能源头寸，碳定价呈现从2014年以来最大跌幅。分析来看，作为一种商品，稀缺性和使用价值是决定碳定价的根本；碳定价影响因素较多，边际成本、时间因素、能源价格、气候变化和政治风险都会对碳定价产生影响；另外，作为虚拟资产，碳资产的波动率较高，战争、经济危机、能源危机等都会造成碳定价剧烈波动，其风险性较实体商品更高。

3.2.4 碳定价国际实践

世界上有很多国家和地区采用碳税和碳交易的碳定价政策。世界银行发布的《碳定价机制发展现状与未来趋势（2022）》指出，截至2022年4月，全球已实施68项碳定价政策，还有3种政策工具正在推行，所覆盖的碳排放量约占全球温室气体排放总量的23%[一]。该报告指出，大多数国家和地区的碳价仍然远低于实现《巴黎协定》控温目标[二]所需的40~80美元/吨二氧化碳当量的价格范围[三]。正因如此，OECD和IMF等国际组织提出倡议，建议提高全球碳价水平。

20世纪90年代，碳税兴起于芬兰、挪威等北欧国家。1992年里约会议后，欧盟委员会曾两次提议在欧盟统一开征碳税，但均未获得通过。进入21世纪后，随着气候变化形势日益严峻，日本、英国、法国等国家也陆续开征碳税，以减少温室气体排放。截至2022年，共有37个国家和地区引入碳税[四]。2005年，世界首个碳排放权交易体系——欧盟排放交易体系——正式启动。截至2022年4月，正在运行的34个不同规模的碳交易市场遍布亚洲、欧洲、美洲和大洋洲。实践表明，碳交易市场可以在不同层级的区域有效运转，从城市（如日本东京）到州或省（如美国各州和加拿大各省），再到国家层面（如新西兰、瑞士）甚至跨越国别（如欧盟）。

在碳交易机制方面，欧盟碳排放交易市场目前已经步入第四阶段，覆盖大型工业设施、航空器，并计划将海运纳入覆盖范围，同时正在评估向运输和建筑部门扩展的可能性。英国脱欧后，开始独立运行碳排放交易体系，其体系设计与欧盟碳交易第四阶段类似，总额涵盖电力、工业和国内航空部门。德国国家燃料碳排放交易体系于2021年开始运行，是针对欧盟碳市场的补充体系，涵盖了不受欧盟碳排放交易体系监管的燃料排放，约占德国温室气体排放量的40%。韩国碳排放交易体系于2015年启动，当前正处于第三阶段。

此外，为解决碳泄漏问题，欧盟等提出碳边境调节机制（Carbon Border Adjustment Mechanism, CBAM）或碳关税等单边碳价调整提议，即碳价较高或不断上涨的国家和地区对其他未征收碳

[一] World Bank. State and Trends of Carbon Pricing 2022[EB/OL].（2022-05-24）[2025-06-14]. https://openknowledge.worldbank.org/handle/10986/37455.
[二] 全球平均气温较前工业化时期上升幅度控制在2℃以内。
[三] World Bank. State and Trends of Carbon Pricing 2022[EB/OL].（2022-05-24）[2025-06-14]. https://openknowledge.worldbank.org/handle/10986/37455.
[四] World Bank. State and Trends of Carbon Pricing 2022[EB/OL].（2022-05-24）[2025-06-14]. http://openknowledge.worldbank.org/handle/10986/37455.

税、能源税或存在实质性能源补贴的国家生产的高耗能产品，在进口环节征收二氧化碳排放关税，以保护本国产品竞争力。2021年7月14日，欧盟委员会公布了设立碳边境调节机制的正式立法草案细则。美国和加拿大等国家也有与欧盟碳边境调节机制类似的碳关税提议，碳边境调节机制或碳关税的提出为全球碳价协调增加了新的内容。

3.2.5 碳定价国内实践

作为世界第二大经济体和温室气体排放大国，我国积极采取措施应对气候变化，在碳排放权交易市场建设上先行一步。自2010年首次提出"建立和完善碳排放权交易制度"后，陆续在北京、天津、上海等7个省市启动了碳排放交易地方试点工作。截至2021年9月30日，7个试点碳排放权交易市场累计配额成交量为4.95亿吨二氧化碳当量，成交额约119.78亿元[○]。2021年7月，全国碳排放权交易市场正式启动，发电行业成为首个纳入全国碳排放权交易市场的行业，包括重点排放单位2 162家。据世界银行统计数据显示，目前我国碳排放权交易市场已成为全球最大的碳排放权交易市场。2021年覆盖的碳排放范围达40亿吨二氧化碳当量，约占全国温室气体排放总量的30%（见图3-2），这也是全球碳定价政策覆盖的碳排放比例从2020年的15.1%上升到2021年21.5%的主要原因。

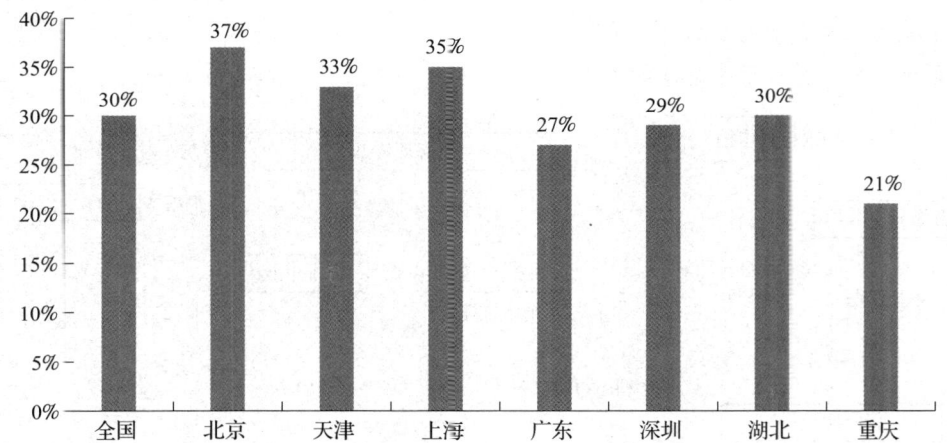

图3-2 2021年我国碳排放权交易市场覆盖碳排放量占当地温室气体排放总量的比例

资料来源：World Bank. State and Trends of Carbon Pricing 2021[EB/OL]. (2021-06-14)[2025-03-14]. https://openknowledge.worldbank.org/handle/10986/35620.

此外，在促进碳减排的政策选择上，我国历来强调"双轮驱动"。除采取显性碳定价方式外，包括财税、金融措施和行政手段等在内的隐性碳定价机制也发挥着重要作用。例如，建立以环境保护税、资源税、消费税为主的绿色税收体系，对化石燃料、大气污染物、机动车、资源型产品等进行征税。通过实施企业所得税、增值税、车船税、车辆购置税相关税费优惠政策，以及支持可再生能源发电、支持新能源汽车产业发展等财政补贴，激励清洁能源和低碳技术发展。与此同时，我国不断强化自主贡献目标，将应对气候变化纳入国民经济社会发展规

○ 《中国应对气候变化的政策与行动》白皮书。

划，设立包括推荐性标准和强制性标准在内的碳排放管理标准，加强对高耗能、高排放项目监管和控制，防止其盲目扩张。

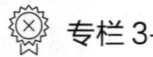
专栏 3-1

市场运行机制

碳排放交易体系的运行机制包括以下内容。

（1）在碳排放交易体系下，相关政府机构设定其经济体中一个或多个行业的排放总量。

（2）发放一定数量的可交易配额（但可交易配额总量不得超过排放总量）。每个配额对应一个排放量单位（通常为一吨）。

（3）碳交易体系中受监管的参与者被要求为其应承担责任的每一单位的排放量上缴一个单位的碳配额。在最初阶段，它们可能会获得免费配额或向政府购买有偿配额。

（4）参与者和其他主体还可以选择交易配额或跨期存储配额，以供未来使用。

（5）参与者和其他主体还可以使用从其他来源获取的合法排放量单位，例如国内碳抵消机制（来自总量控制范围之外的行业）、国际碳抵消机制或其他碳交易体系。

以中国碳交易市场为例，我们通过划分"强制减排市场"和"自愿减排市场"可以更直观地区分减排受控企业的配额流动情况。

中国碳排放交易市场示意图如图 3-3 所示。

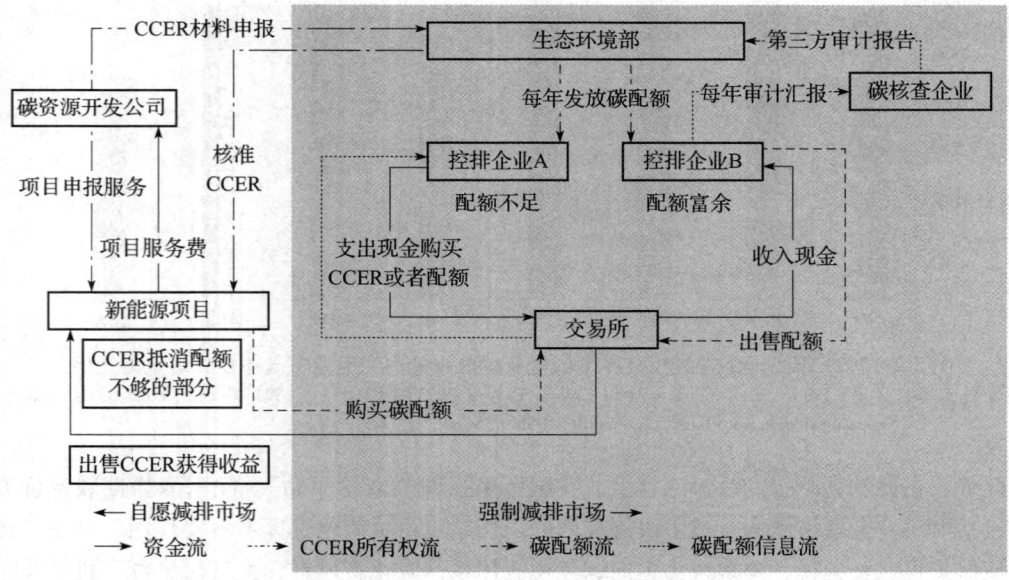

图 3-3　中国碳排放交易市场示意图

3.3　全球碳价格特征事实

从全球碳价格来看，欧盟和新西兰碳价格从 2020 年上半年开始出现陡升趋势，韩国碳价格则同期出现暴跌后反弹，而北美地区的加利福尼亚-魁北克和 RGGI 市场下的碳价格则呈现平稳上行趋势。我国的碳价格仍然处于相对较低水平。

本章后续将对欧盟碳市场、韩国碳市场和中国碳市场的碳交易价格进行分析，数据来源于 https://icapcarbonaction.com/en/ets-prices 和 CSMAR 数据库。碳价格特征事实的分析将在原价格序列基础上取对数后进行一阶差分处理，即采用对数收益率序列 $R_i = \ln(P_t) - \ln(P_{t-1})$，其中 P_t 代表 t 时刻的价格为 P。

3.3.1 欧盟碳市场

欧盟是最早对碳排放定价并采取市场化交易的主要经济体，也是全球碳市场发展的引领者，形成了全球最为完善和最大的碳交易市场欧盟碳市场。并且除碳市场手段外，欧盟还通过征收碳税来实现对碳排放重点行业的覆盖。欧盟排放交易体系严格执行 Cap and Trade 制度，欧盟成员国需要制订详细的分配计划、列出控排企业名单和减排目标，经审查后排放量配额会被分配给各部门和企业。欧盟排放交易体系的运行主要包括四个阶段：

第一阶段为 2005—2007 年，试运行阶段。主要纳入能源生产和能源使用密集行业，并实行 EUA 的免费分配。

第二阶段为 2008—2012 年，加入冰岛、挪威和列支敦士登，加入一氧化二氮（N_2O），纳入航空业，实行 10% 配额拍卖。

第三阶段为 2013—2020 年，电力行业 100%、其余行业 40% 配额拍卖，加入克罗地亚，加入全氟碳化合物（PFC），加入氨、铝和石化等生产企业，配额总量年递减率升至 1.74%，实施市场稳定储备（2019 年起）。

第四阶段为 2021—2030 年，配额总量年递减率升至 2.2%。

目前欧盟已经走入第四阶段，在执行较为严格的政策下也引起碳价的持续走高，且未来可能要纳入海运、运输和建筑等部门，以服务于"2030 年净排放量至少减少 55%"的 2030 年气候目标计划。四个阶段的碳价格走势如图 3-4 所示。

a）第一阶段

图 3-4 四个阶段的碳价格走势图

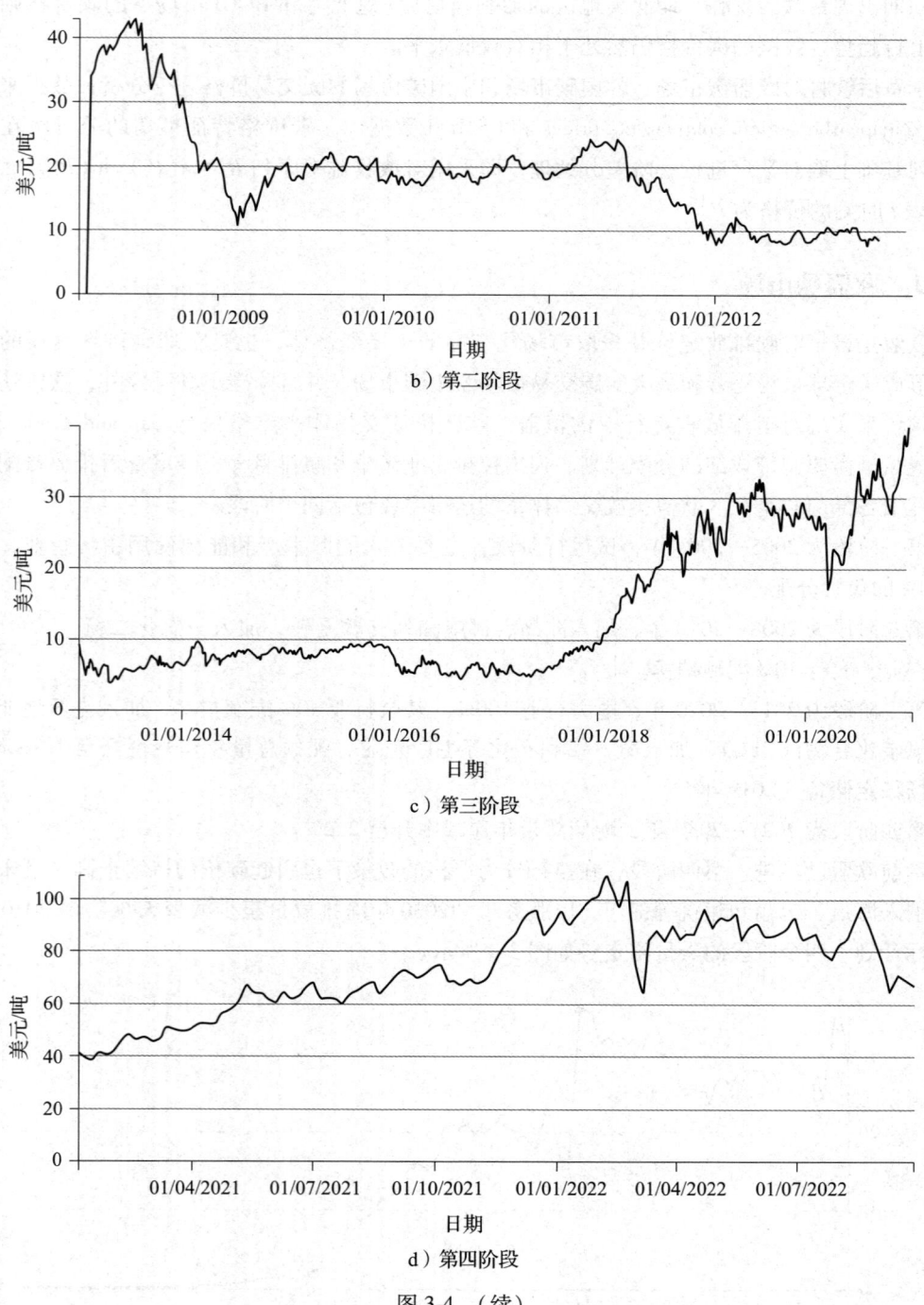

b）第二阶段

c）第三阶段

d）第四阶段

图 3-4（续）

本书对欧盟碳排放交易体系四个阶段的碳价格进行了描述性统计，包括样本容量、均值、标准差、偏度、峰度、是否符合正态分布、序列平稳性以及自相关性，统计结果如表 3-3 所示。通过描述性统计结果可以分析出碳价格波动的一些基本特征。

表 3-3 欧盟碳市场碳价格的描述性统计

阶段	样本容量	均值（美元）	标准差	偏度	峰度	JB	ADF	Ljung-Box Q
第一阶段	633	14.55	12.35	0.05	1.42	1	0	$P=0.0000$
第二阶段	1 223	18.74	8.42	0.92	4.05	1	0	$P=0.0000$
第三阶段	2 030	13.72	9.56	0.86	2.17	1	0	$P=0.0000$
第四阶段	449	73.47	17.02	−0.18	2.14	1	0	$P=0.0000$

注：Jarque-Bera（JB）检测数据是否符合正态分布，结果不等于0表示拒绝正态分布的原假设；ADF检验（单位根检验）结果为1表示序列平稳；自相关性检验采用Ljung-Box Q 检验，滞后阶数均为1。

第一阶段统计特征情况：对633个交易日碳价格数据统计的均值为14.55，标准差为12.35，说明第一阶段价格波动较大；偏度为0.05，结果大于0，表示该样本数据右偏；峰度为1.42，结果小于3（正态分布），表示该样本数据不具有明显的"尖峰厚尾"的形态特征；Jarque-Bera检测数据不为0，表示拒绝正态分布的原假设；单位根检验结果显示该数据为非平稳序列；Ljung-Box Q 检验 P 值为0.0000，即存在显著的自相关性。此外，对滞后阶数进行了调整后的检验结果显示该阶段的收益率也存在高阶自相关性，这是产生波动聚集的原因。

第二阶段统计特征情况：对1 223个交易日碳价格数据统计的均值为18.74，标准差为8.42，较第一阶段价格稳定；偏度为0.92，结果大于0，表示该样本数据右偏；峰度为4.05，结果大于3，表示该样本数据具有"尖峰厚尾"的形态特征；Jarque-Bera检测数据不为0，表示拒绝正态分布的原假设；单位根检验结果显示该数据为非平稳序列；Ljung-Box Q 检验 P 值为0.0000，即存在显著的自相关性；对滞后阶数进行了调整后的检验结果显示该阶段的收益率也存在高阶自相关性。

第三阶段统计特征情况：对2 030个交易日碳价格数据统计的均值为13.72，标准差为9.56，相较于前两个阶段的交易均价更低；偏度为0.86，该样本数据同样右偏；峰度为2.17，结果略小于3，表示该样本数据"尖峰厚尾"的形态特征并不明显；Jarque-Bera检测数据不为0，表示拒绝正态分布的原假设；单位根检验结果显示该数据为非平稳序列；Ljung-Box Q 检验 P 值为0.0000，即存在显著的自相关性；对滞后阶数进行了调整后的检验结果仍然显著拒绝无自相关性的原假设，表示该数据存在高阶自相关性。

第四阶段统计特征情况：对449个交易日碳价格数据统计的均值为73.47，标准差为17.02，相较于前三个阶段的交易均价更高，波动更剧烈；偏度为−0.18，该样本数据左偏；峰度为2.14，结果略小于3，表示该样本数据"尖峰厚尾"的形态特征并不明显；Jarque-Bera检测数据不为0，表示拒绝正态分布的原假设；单位根检验结果显示该数据为非平稳序列；Ljung-Box Q 检验 P 值为0.0000，即存在显著的自相关性；对滞后阶数进行了调整后的检验结果仍然显著拒绝无自相关性的原假设，表示该数据存在高阶自相关性。

通过对碳价格时间序列进行基本的统计性描述可以发现，四个阶段的碳价格中普遍存在价格偏态、非正态分布、高阶自相关性的特征。2021年欧盟碳市场进入了第四个交易阶段，碳价格全年涨幅高达118%。2022年以来，欧盟碳价维持波动上扬态势。俄乌冲突后欧盟碳价一时暴跌40%，但在天然气消费走高、能源政策调整等因素影响下，与年初相比，目前欧盟碳价的涨幅已达到22%。业界普遍认为，碳排放配额许可供不应求是目前碳价高涨的主要原因，在碳排放成本高涨的情况下，通货膨胀水平触及多年新高的欧洲国家正因能源使用成本的进一步上涨而持续承压。

3.3.2 韩国碳市场

韩国碳市场（Korea Emissions Trading Scheme，K-ETS）成立于2015年1月，是亚洲第一个全国性碳市场。截至2021年年底，韩国碳市场覆盖了600多家大型企业，来自电力、工业、国内航空、废弃物和建筑物等部门，这些大型企业占韩国约73.5%的温室气体排放量。初始阶段一定比例的排放配额免费发放，剩下比例将通过拍卖的方式进行分配。韩国碳市场的发展分为三个阶段：

第一阶段为2015—2017年，纳入电力、工业、建筑、废物和运输（国内航空）五个部门，所有碳排放配额全部免费分配；

第二阶段为2018—2020年，纳入公共部门，共细分为62个二级部门，97%的配额免费分配；

第三阶段为2021—2025年，纳入建筑业和大型交通运输业（包括货运、铁路、客运和航运），二级部门增加至69个，增加后覆盖碳排总量提高到覆盖率73.5%，并且配额免费分配的比例将下降到90%以下。

从第三阶段开始，金融机构将进入基于碳配额的二级交易市场，以完善第二阶段中的做市商制度。具体来说：第一，韩国碳市场将允许证券公司和个人等其他参与者进入二级市场；第二，将引入衍生品来提升市场功能，确保交易条件带来稳定性和灵活性。三个阶段的碳价格走势如图3-5所示。

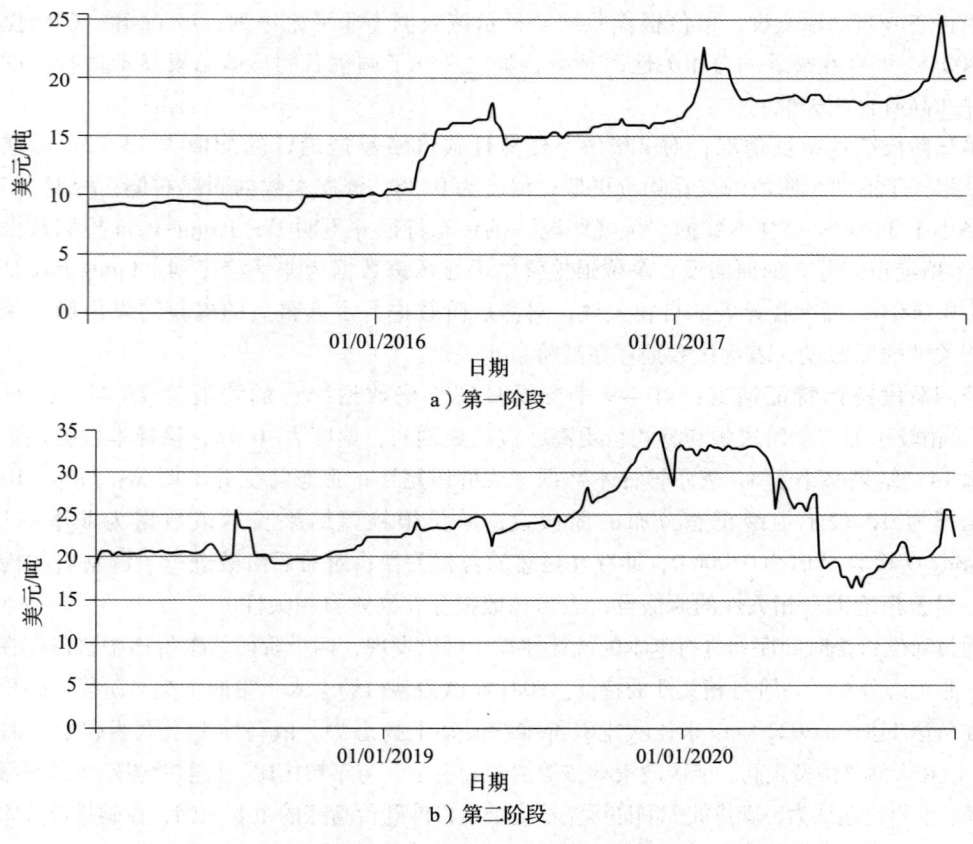

图3-5 三个阶段的碳价格走势图

c）第三阶段

图 3-5　（续）

对韩国碳市场三个阶段的碳价格进行了相关指标统计，包括样本容量、均值、标准差、偏度、峰度、是否符合正态分布、序列平稳性以及自相关性，统计结果如表 3-4 所示。

表 3-4　韩国碳市场碳价格的描述性统计

阶段	样本容量	均值（美元）	标准差	偏度	峰度	JB	ADF	Ljung-Box Q
第一阶段	731	14.38	4.23	−0.01	1.72	1	0	$P=0.0000$
第二阶段	738	23.9	4.63	0.85	2.96	1	0	$P=0.0000$
第三阶段	432	20.07	5.14	0.44	2.08	1	0	$P=0.0000$

注：Jarque-Bera（JB）检测数据是否符合正态分布，结果不等于 0 表示拒绝正态分布的原假设；ADF 检验（单位根检验）结果为 1 表示序列平稳；自相关性检验采用 Ljung-Box Q 检验，滞后阶数均为 1。

第一阶段统计特征情况：对 731 个交易日碳价格数据统计的均值为 14.38，标准差为 4.23；偏度为 −0.01，结果小于 0，表示该样本数据左偏；峰度为 1.72，结果小于 3（正态分布），表示该样本数据不具有明显的"尖峰厚尾"的形态特征；Jarque-Bera 检测数据不为 0，表示拒绝正态分布的原假设；单位根检验结果显示该数据为非平稳序列；Ljung-Box Q 检验 P 值为 0.0000，即存在显著的自相关性。此外，对滞后阶数进行了调整后的检验结果显示该阶段的收益率也存在高阶自相关性，这是产生波动聚集的原因。

第二阶段统计特征情况：对 738 个交易日碳价格数据统计的均值为 23.9，标准差为 4.63，相较于第一阶段，交易均价和价格波动率更高；偏度为 0.85，结果大于 0，表示该样本数据右偏；峰度为 2.96，结果小于 3，表示该样本数据不具有明显的"尖峰厚尾"的形态特征；Jarque-Bera 检测数据不为 0，表示拒绝正态分布的原假设；单位根检验结果显示该数据为非平稳序列；Ljung-Box Q 检验 P 值为 0.0000，即存在显著的自相关性；对滞后阶数进行了调整后的检验结果显示该阶段的收益率也存在高阶自相关性。

第三阶段统计特征情况：对 432 个交易日碳价格数据统计的均值为 20.07，标准差为 5.14，相较于前两个阶段的交易均价更高，价格波动也更剧烈；偏度为 0.44，表示该样本数据同样右偏；峰度为 2.08，结果小于 3，表示该样本数据"尖峰厚尾"的形态特征并不明显；Jarque-Bera 检测数据不为 0，表示拒绝正态分布的原假设；单位根检验结果显示该数据为非平稳序列；Ljung-Box Q 检验 P 值为 0.0000，对滞后阶数进行了调整后的检验结果仍然显著拒绝无自相关性的原假设，表示该数据存在高阶自相关性。

通过对原碳价格时间序列进行基本的统计性描述可以发现，三个阶段的碳价格中普遍存在价格右偏、非正态分布、高阶自相关性的特征，碳价格和波动幅度依次递增。

3.3.3 新西兰碳市场

新西兰碳市场成立于2008年的《气候变化应对法（排放交易）2008年修正案》。新西兰碳市场覆盖行业从林业逐步拓展至化石燃料业、能源业、加工业等，在全球碳市场中覆盖的行业最为全面，其定位是覆盖新西兰经济体中的全部生产部门。

农业作为最后一个进入新西兰碳市场的部门，虽然也被纳入新西兰碳市场，但并不承担减排义务。但由于新西兰较为特殊的产业结构，其农业碳排放达到国内全部碳排放总量的48%。为此，根据新西兰2019年提出的《气候变化应对零碳修正案》，将从2025年开始对农业排放进行定价。此外，在覆盖气体上，新西兰碳市场将CO_2、CH_4、N_2O、SF_6、HFCs、PFCs六种主要温室气体品种纳入其中。

新西兰碳市场早期90%以上的配额免费发放，随后免费配额比例逐步降低。2021年开始，政府逐步取消对工业部门的免费配额，将拍卖作为分配配额的基本方法。这一政策可能是造成新西兰碳市场价格大幅走高的主要原因。

虽然对于碳配额，新西兰碳市场并不与任何一个碳市场相联通，但作为抵消机制的自愿减排交易量，新西兰政府允许控排主体在国际市场上购买国际碳信用额度，或在市场上出售自己未使用的额度来获利。

新西兰碳市场碳价格走势图如图3-6所示，其样本容量、均值、标准差、偏度、峰度、是否符合正态分布、序列平稳性以及自相关性如表3-5所示。不难发现，新西兰碳价格整体呈上升趋势。对3 343个交易日碳价格数据统计的均值为14.81，标准差为12.2；偏度为1.65，结果大于0，表示该样本数据右偏；峰度为5.45，结果大于3（正态分布），表示该样本数据具有明显的"尖峰厚尾"的形态特征；Jarque-Bera检测数据不为0，表示拒绝正态分布的原假设；单位根检验结果显示该数据为非平稳序列；Ljung-Box Q 检验 P 值为0.000 0，即存在显著的自相关性。

图3-6　新西兰碳市场碳价格走势图

表 3-5　新西兰碳市场碳价格的描述性统计

样本容量	均值（美元）	标准差	偏度	峰度	JB	ADF	Ljung-Box Q
3 343	14.81	12.2	1.65	5.45	1	0	$P = 0.0000$

注：Jarque-Bera（JB）检测数据是否符合正态分布，结果不等于0表示拒绝正态分布的原假设；ADF检验（单位根检验）结果为1表示序列平稳；自相关性检验采用Ljung-Box Q检验，滞后阶数均为2。

3.3.4　中国碳市场

伴随着力争在2030年前实现碳达峰、2060年前实现碳中和等目标的提出，我国碳市场的发展备受关注，碳市场建设也进入加速期，这让碳排放交易再次成为我国社会关注的热点话题。我国在应对全球气候变化、温室效应加剧等问题时也充分展现了大国应有的担当。2009年，为贯彻落实绿色低碳的可持续发展理念、积极应对全球范围内的气候变化问题，我国在哥本哈根气候峰会上明确表示会持续推进节能减排工作的顺利开展。为了解决温室效应带来的不良影响，推动我国绿色经济的持续发展，2011年国务院批准在北京、天津、湖北、深圳等7个省市陆续开展碳排放权交易试点工作。2017年年末，我国以电力行业为突破口，正式启动全国碳排放权交易市场建设工作，致力于通过区域性碳市场到全国性碳市场的转型，使我国碳交易趋于常态化，推进减排技术更新换代，带动绿色、低碳产业发展，达到节能减排的最终目的。2020年12月31日，生态环境部正式公布《碳排放权交易管理办法（试行）》，这是碳市场全国化进程中的里程碑，标志着历时六年之久的区域性碳市场交易阶段迈入新的转折点。2021年7月8日，生态环境部发布，经国务院常务会议审议通过，2021年7月将择时启动发电行业全国碳排放权交易市场上线交易。2021年7月15日，上海环境能源交易所发布公告，根据国家总体安排，全国碳排放权交易于2021年7月16日开市。

我国参与碳排放交易历程可大致划分为两个阶段：

第一阶段为2013—2021年6月，地方试点阶段，分别在深圳、上海、北京、广东、天津、湖北、重庆、福建和四川9个省市进行了碳排放权交易试点运营。

第二阶段为2021年7月至今，全国运行阶段，这一时期全国统一碳排放权交易市场正式启动。

深圳是地方试点阶段碳排放配额流转率最高的交易场所，成熟的市场机制和丰富的商业机会，使得深圳碳市场托管会员的数量为全国最多。本节将以深圳排放权交易所和全国统一碳排放权交易市场为对象，进行碳价格序列分析。中国碳市场碳价格走势图如图3-7所示。

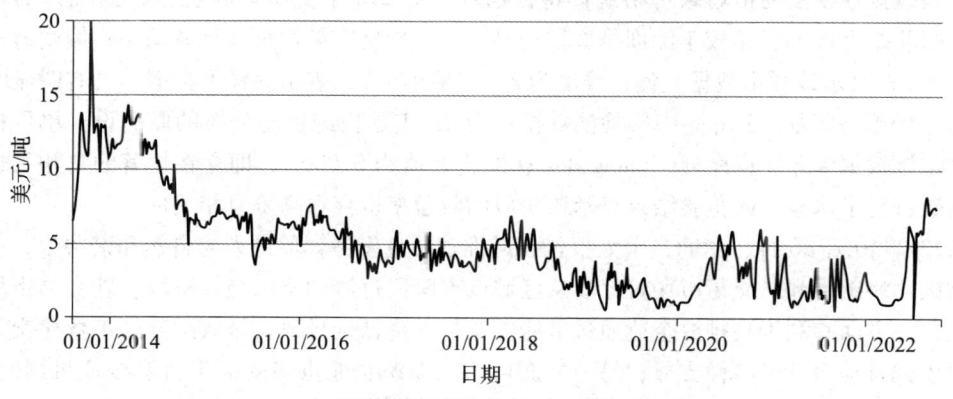

a）深圳排放权交易所（2013—2022年）

图 3-7　中国碳市场碳价格走势图

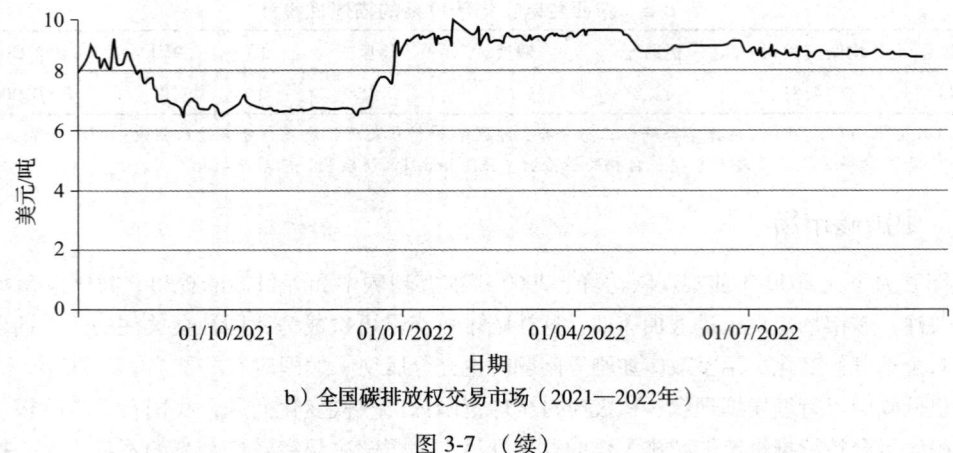

b）全国碳排放权交易市场（2021—2022年）

图 3-7 （续）

对我国碳市场两个阶段的碳价格进行了相关指标统计，包括样本容量、均值、标准差、偏度、峰度、是否符合正态分布、序列平稳性以及自相关性，统计结果如表3-6所示。

表 3-6 中国碳市场碳价格的描述性统计

阶段	样本容量	均值（美元）	标准差	偏度	峰度	JB	ADF	Ljung-Box Q
深圳排放权交易所	1 986	5.02	3.24	1.09	4.15	1	0	$P=0.000\,0$
全国碳排放权交易市场	296	8.24	0.93	−0.73	2	1	0	$P=0.000\,0$

注：Jarque-Bera（JB）检测数据是否符合正态分布，结果不等于0表示拒绝正态分布的原假设；ADF检验（单位根检验）结果为1表示序列平稳；自相关性检验采用 Ljung-Box Q 检验，滞后阶数均为1。

深圳排放权交易所碳价格统计特征情况：对1 986个交易日碳价格数据统计的均值为5.02，标准差为3.24；偏度为1.09，结果大于0，表示该样本数据右偏；峰度为4.15，结果大于3（正态分布），表示该样本数据具有明显的"尖峰厚尾"的形态特征；Jarque-Bera 检测数据不为0，表示拒绝正态分布的原假设；单位根检验结果显示该数据为非平稳序列；Ljung-Box Q 检验 P 值为 0.000 0，即存在显著的自相关性。此外，对滞后阶数进行了调整后的检验结果显示，该阶段的收益率也存在高阶自相关性，这是产生波动聚集的原因。

全国碳排放权交易市场碳价格统计特征情况：对296个交易日碳价格数据统计的均值为8.24，标准差为0.93，相较于深圳排放权交易所，碳价格交易均价高且波动小；偏度为−0.73，结果小于0，表示该样本数据左偏；峰度为2，结果小于3，表示该样本数据不具有明显的"尖峰厚尾"的形态特征；Jarque-Bera 检测数据不为0，表示拒绝正态分布的原假设；单位根检验结果显示该数据为非平稳序列；Ljung-Box Q 检验 P 值为 0.000 0，即存在显著的自相关性；对滞后阶数进行了调整后的检验结果显示该阶段的收益率也存在高阶自相关性。

2022年10月16日，党的二十大报告强调推动绿色发展，促进人与自然和谐共生，积极稳妥推进碳达峰碳中和。交易市场将逐步从区域试点阶段过渡到全国交易阶段。碳交易市场体系的建立，一方面有利于高排放企业通过节能减排技术降低碳排放，排放配额的市场化交易手段为其提供减排动力及经济性支撑；另一方面可再生能源企业也将受益于自愿核证机制的推广，通过国家核证自愿减排量交易实现企业价值重估，同时全国碳交易市场建设初期对于相关系统建设需求较大。

3.4 碳价格建模

对碳价格趋势的准确预测可以引导市场平稳运行，也可以使政策制定者和管理者最大限度地规避风险，做出正确决策。由于受到政治、经济和社会等各种因素的综合影响，碳价格波动大，变化异常复杂。因此，准确把握碳价格运行态势也是管理碳市场的重要依据。

时间序列数据因为受到许多偶然因素的影响，常常表现出随机性，在统计学上称之为序列的依赖关系。时间序列分析是经济预测领域研究的重要工具之一，可以描述历史数据随时间变化的规律，并用于预测经济数据。金融时间序列数据属于时间序列数据的一种，具有很强的时间性，数据前后具有很强的依赖性，且无法调整顺序，可以通过统计学知识根据现有数据对未来数据进行预测。碳价格组成的序列是一类典型的金融时间序列数据，通过对碳价格时间序列建立预测模型，挖掘碳价格的内在变化规律，预测未来价格和变化趋势，能够为决策者和管理者提供科学有效的参考。

在统计研究中，常用按时间顺序排列的一组随机变量 $X_1, X_2, \cdots, X_t$ 来表示一个随机事件的时间序列，简记为 $X_t, t \in T$ 或 X_t。用 $x_1, x_2, \cdots, x_n$ 或 $x_t, t = 1, 2, \cdots, n$ 表示该随机序列的 n 个有序观察值，称为序列长度为 n 的观察值序列。我们进行时序研究的目的是揭示随机时序 X_t 的性质，而要实现这个目的就要分析它的观察值序列 x_t 的性质，由观察值序列的性质来推断随机时序 X_t 的性质。本节将以中国碳市场为例，通过 R 语言进行时间序列建模预测。

3.4.1 平稳性检验

得到一个时间序列后，首先要对它的平稳性⊖和纯随机性进行检验，这两个重要的检验称为序列的预处理。根据检验的结果可以将序列分为不同类型，对不同类型的序列会采用不同的分析方法。

简单来说，如果一个序列的均值与标准差不随时间的变化而变化，则称该序列为平稳序列。后续涉及的 ARMA⊖等模型都只能用于预测平稳序列，因此对时间序列进行平稳性检验显得尤为重要。

对时间序列的平稳性检验有两种方法：一种是根据时序图和自相关图显示的特征做出判断的图检验方法；另一种是构造检验统计量进行假设检验的方法。图检验方法是一种操作简便、运用广泛的平稳性判别方法，它的缺点是判别结论带有很强的主观色彩，所以最好能用统计检验方法加以辅助判断。目前最常用的平稳性统计检验方法是单位根检验，其中最常用的单位根检验方法是 ADF 检验（Augmented Dickey-Fuller Test）。

⊖ 平稳性就是要求经由样本时间序列所得到的拟合曲线在未来的一段期间内仍能顺着现有的形态"惯性"地延续下去。

⊖ ARMA 模型（Auto-Regressive Moving Average Model），自回归移动平均模型是研究时间序列的重要方法，是以自回归模型（AR 模型）与移动平均模型（MA 模型）为基础"混合"构成的。在市场研究中常用于长期追踪资料的研究。

1. 时间按序列检验

根据平稳时间序列均值、方差为常数的性质,平稳序列的时序图应显示出该序列始终在一个常数值附近随机波动,而且波动呈范数有界的特点。如果序列的时序图显示出该序列有明显的趋势性或周期性,那么它通常不是平稳序列。根据这一性质,对于许多非平稳序列,可以通过查看时序图来识别。

下面通过绘制全国碳排放权交易市场 2021 年 7 月 16 日至 2022 年 8 月 31 日碳市场收盘价序列时序图来判断收盘价序列的平稳性质。图 3-8 的时序图给我们提供的信息非常明确,全国碳市场收盘价序列有明显的波动,所以它一定不是平稳序列。

```
# 载入相关包
> library(stats)
> library(Cairo)
> library(zoo)
> library(forecast)
> library(ggplot2)

# 读取全国碳市场收盘价数据
> in_sample <- read_xlsx("./Data/CNE_CEmissRightTrade.xlsx") %>% transform(date =
    as.Date(date))

# 绘制时序图
> ggplot(data = in_sample, aes(x=date, y=price)) +
+     geom_line()+
+     theme_classic()+
+     labs(title = "", x = "日期", y = "收盘价/元")
```

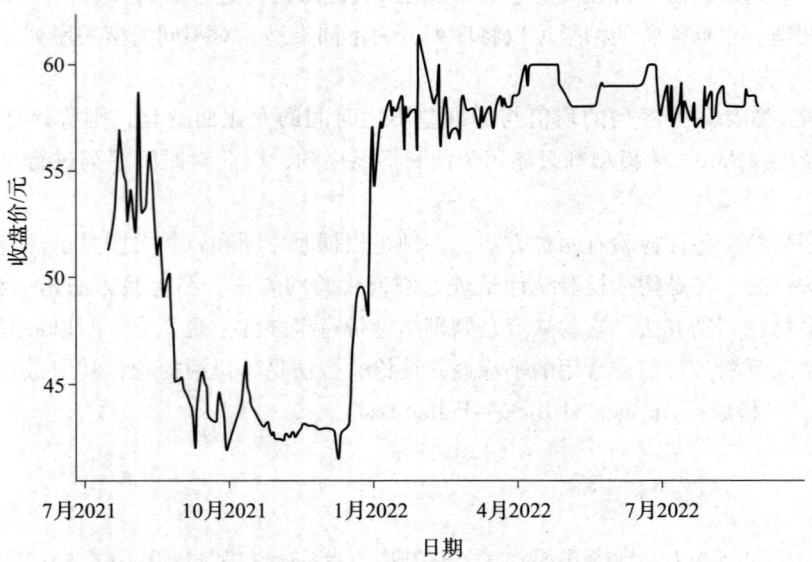

图 3-8 全国碳市场收盘价

注:时序图图题不能由系统生成,余同。

2. 自相关检验

类似于协方差和相关系数的定义，可以在时间序列分析中定义自协方差函数（Autocovariance Function）和自相关函数（Autocorrelation Function）的概念。

对于时间序列 $X_t, t \in T$，任取 $t, s \in T$ 时刻，记变量为 X_t, X_s，其均值为 μ_t, μ_s，定义 $\gamma(t,s)$ 为时间序列 $X_t, t \in T$ 的自协方差函数：

$$\gamma(t,s) = E[(X_t - \mu_t)(X_s - \mu_s)] \tag{3-1}$$

记 X_t, X_s 的方差分别为 σ_t, σ_s，定义 $\rho_{t,s}$ 为时间序列 $X_t, t \in T$ 的自相关函数[一]，简记为 ACF：

$$\rho_{(t,s)} = \frac{\gamma(t,s)}{\sigma_t \sigma_s} \tag{3-2}$$

之所以称它们为自协方差函数和自相关函数，是因为通常利用协方差函数和相关函数度量两个不同事件彼此之间的相互影响程度；而自协方差函数和自相关函数度量的是同一事件（比如碳价格）在两个不同时期之间的相关程度，形象地讲就是度量历史碳价格对当前碳价格的影响。

通过自相关图和偏自相关图，可以查看不同滞后时期的相关性特征来进行图检验。自相关图和偏自相关图是一个平面二维坐标悬垂线图。横坐标表示滞后期数，纵坐标表示自相关系数和偏自相关系数，悬垂线表示相关系数的大小，系数越大表示把时间序列错开某一期后和自身的关联性越强，也可以说是时间序列自身的记忆性越强。可以通过查看快速衰减的时间来判断阶数。

```
# 读取数据并转换为 xts 格式
> in_sample <- read_xlsx("./Data/CNE_CEmissRightTrade.xlsx") %>% transform(date =
    as.Date(date)) %>% tk_xts(., date_var = "date", silent = F)
> acf(in_sample)              # 结果如图 3-9 所示
> pacf(in_sample)             # 结果如图 3-10 所示
```

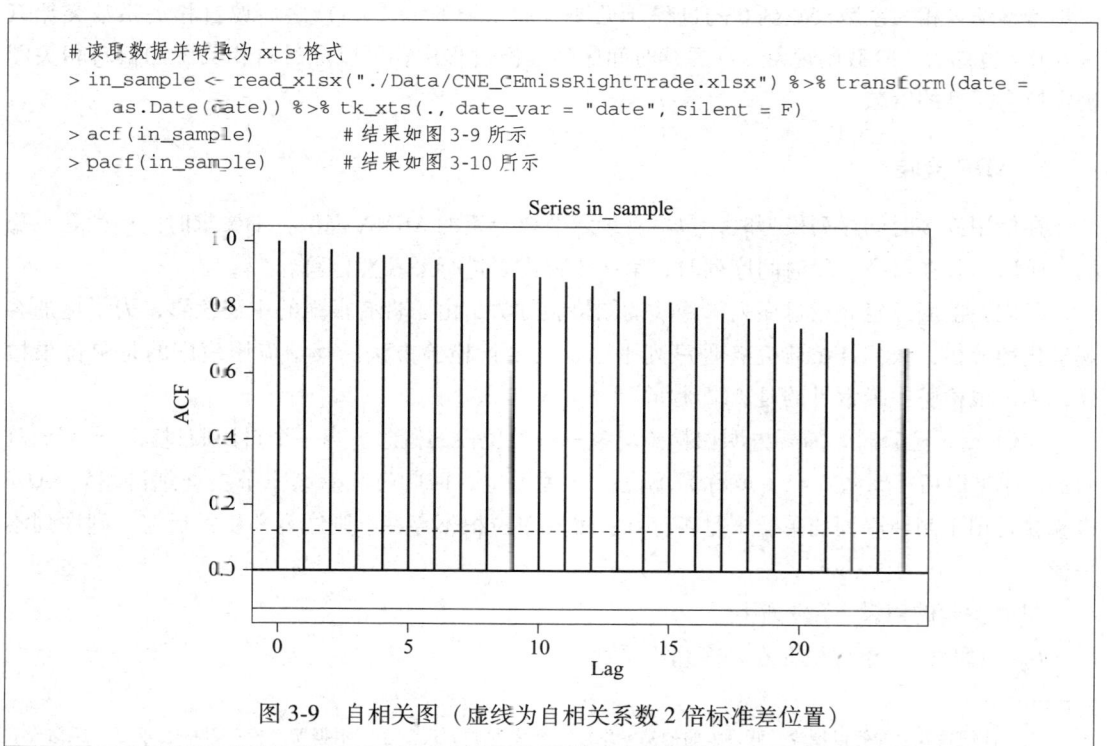

图 3-9　自相关图（虚线为自相关系数 2 倍标准差位置）

[一]　自相关系数通过自相关函数计算得出，是自相关函数在确定时间滞后参数下的数值。

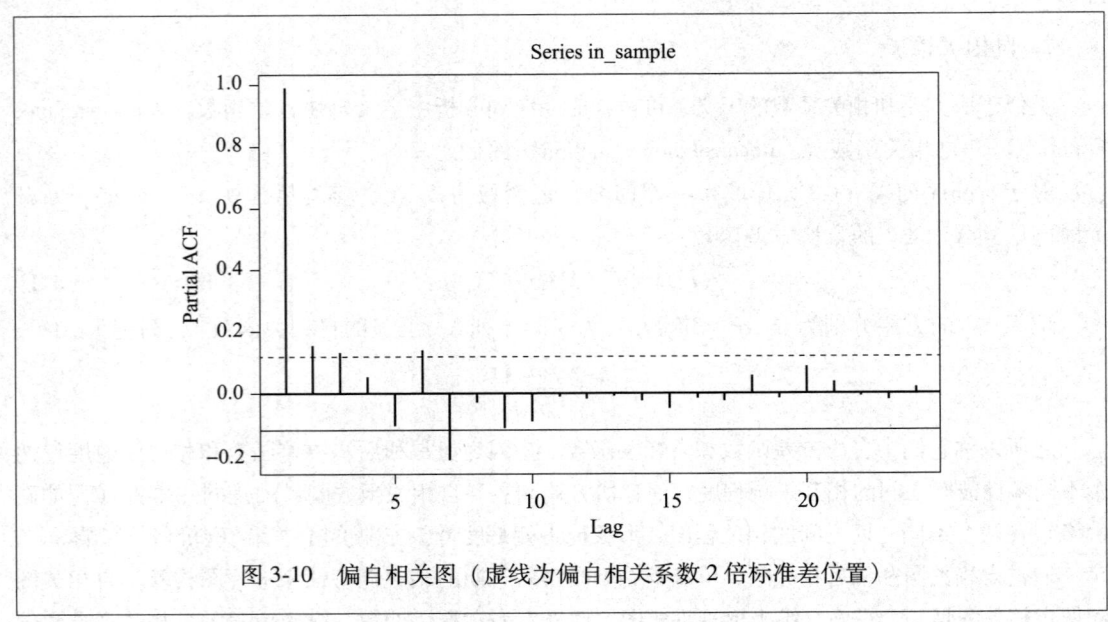

图 3-10 偏自相关图（虚线为偏自相关系数 2 倍标准差位置）

从图 3-9 中我们发现序列的自相关系数递减到 0 的速度相当缓慢，在很长的延迟时期里（$k=30$），自相关系数一直为正，这是具有单调趋势的非平稳序列的一种典型自相关图形。进一步考察偏自相关系数衰减到 0 的过程（见图 3-10），3 阶（$k=3$）之后偏自相关系数突然衰减到 0，也称为 3 阶截尾现象。在后续时间序列建模过程中，可以通过自相关图和偏自相关图确定拟合模型的阶数。

3. ADF 检验

在使用许多时间序列模型时，包括后续章节要介绍的 ARMA 模型，都要求时间序列是平稳的，所以一般在研究一段时间序列时，第一步都需要进行平稳性检验。

我们在前面已经介绍过序列平稳性的图检验方法，由于带有很强的主观色彩，为了更加客观量化地分析，人们开始研究各种序列平稳性的统计检验方法。其中应用最广的是单位根检验，单位根检验中最常见的是 ADF 检验。

在做 ADF 检验时，需要先明白检验对象——单位根的概念。当一个自回归过程：$x_t = bx_{t-1} + a + \varepsilon_t$，如果滞后项系数 $b=1$，就称为单位根（关于这一回归过程后续章节会详细讲解）。ADF 检验就是用于判断序列的单位根是否存在：如果单位根不存在，则序列平稳；反之，则序列不平稳。

ADF 检验的假设⊖条件如下：

H_0（原假设）：单位根存在，序列不平稳。

⊖ 使用的方法为假设检验，假设检验的基本思想是概率性质的反证法。根据所考察问题的要求提出原假设和备择假设，为了检验原假设是否正确，先假定原假设是正确的情况下，构造一个小概率事件，然后根据抽取的样本去检验这个小概率事件是否发生。如果在一次试验中小概率事件就已经发生，则怀疑原假设的正确性，从而拒绝原假设，否则就接受原假设。

H_1（备择假设）：单位根不存在，序列平稳。

ADF 检验可以通过 R 语言 tseries 包中的 adf.test() 实现。检验输出结果的 p 值是否非常接近 0，如果是，则拒绝原假设，即单位根不存在，该序列平稳。

```
> library(tseries)
> adf.test(in_sample)

    Augmented Dickey-Fuller Test
data:  in_sample
Dickey-Fuller = -2.2863, Lag order = 6, p-value = 0.4554
alternative hypothesis: stationary
```

通过检验结果可以看出，p 值远大于 0，因此我们可知碳价格时间序列存在单位根，不是平稳时间序列。

3.4.2 纯随机性检验

得到一个观察值序列后，首先判断它的平稳性。通过平稳性检验，序列可以分为平稳序列和非平稳序列两大类。对于非平稳序列，它的统计分析更为复杂，通常要通过进一步的检验、变换或处理，才能确定适当的拟合模型。如果序列平稳，则可以运用一套非常成熟的平稳序列建模方法。

但是，并不是所有的平稳序列都值得建模。只有那些序列值之间具有密切的关系，历史数据对未来发展有一定影响的序列，才值得花时间去挖掘历史数据中的有效信息，用来预测序列的未来发展。如果序列值彼此之间没有任何的相关性，那就意味着该序列是一个没有记忆性的序列，过去的行为对将来的发展没有任何影响，这种序列称为纯随机序列。从统计分析的角度来看，纯随机序列是没有任何分析价值的序列。为了确定平稳序列是否值得继续分析下去，需要对平稳序列进行纯随机性检验。

Bartlett 证明，如果一个时间序列是纯随机的，得到一个观察期数为 n 的观察序列，那么该序列的延迟非零期的样本自相关系数将近似服从均值为 0、方差为序列观察期数倒数的正态分布。根据 Bartlett 定理，可以通过构造 Q 检验统计量和 LB 检验统计量来检验序列的纯随机性。这也是纯随机性检验的常用检验统计量，假设条件确定如下：

原假设：延迟期数小于或等于 m 期的序列值之间相互独立。

备择假设：延迟期数小于或等于 m 期的序列值之间存在相关性。

如果时间序列 X_t 满足如下性质：

1）任取 $t \in T$，有 $E(X_t) = \mu$。

2）任取 $t, s \in T$，有

$$\gamma(t,s) = \begin{cases} \sigma^2, & t=s \\ 0, & t \neq s \end{cases} \tag{3-3}$$

则称序列 X_t 为纯随机序列，也称为白噪声（White Noise）序列，简记为 $X_t \sim N(\mu, \sigma^2)$。之所以称为白噪声序列，是因为人们最初发现白光具有这种特性。白噪声序列一定是平稳序列，而且是最简单的平稳序列。

纯随机性检验也称为白噪声检验，是专门用于检验序列是否为纯随机序列的一种方法。如果一个序列是纯随机序列，那么它的序列值之间应该没有任何相关关系，即满足

$$\gamma(k)=0, \quad \forall k\neq 0 \tag{3-4}$$

Q 统计量和 LB（Ljung-Box）统计量的 p 值小于 α 时，则可以 $1-\alpha$ 的置信水平拒绝原假设，认为该序列为非白噪声序列；否则接受原假设，认为该序列为纯随机序列。

R 语言中使用 Box.test 函数进行纯随机性检验（白噪声检验）。对延迟 6 期的全国碳市场收盘价序列做白噪声检验（$\alpha=0.05$）。

```
> Box.test(in_sample,lag = 6, type = "Box-Pierce")

    Box-Pierce test
data:  in_sample
X-squared = 1532.1, df = 6, p-value < 2.2e-16

> Box.test(in_sample,lag = 6, type = "Ljung-Box")

    Box-Ljung test
data:  in_sample
X-squared = 1562.9, df = 6, p-value < 2.2e-16
```

从输出结果可以看到，两个检验统计量对应的 p 值显著小于 α，所以我们要拒绝原假设，认为全国碳市场收盘价序列并不是纯随机序列，有进一步研究分析的价值。

3.4.3 平稳时间序列分析

一个序列经过预处理后被识别为平稳非白噪声序列，则说明该序列是一个蕴含着相关信息的平稳序列。在统计上，我们通常建立一个线性模型来拟合该序列的发展以提取该序列中的有用信息。ARMA 模型是目前最常用的平稳序列拟合模型。

1. 方法性工具

非平稳序列往往在一次到两次差分后，就会变成平稳序列。什么是差分呢？通俗的理解就是后一时间点的值减去当前时间点的值。

（1）**p 阶差分**。相距一期的两个序列值之间的减法运算称为 1 阶差分运算，对 1 阶差分后序列再进行一次 1 阶差分运算称为 2 阶差分，依此类推，对 $p-1$ 阶差分后序列再进行一次 1 阶差分运算称为 p 阶差分。

（2）**k 步差分**。相距 k 期的两个序列值之间的减法运算称为 k 步差分运算。

（3）**线性差分方程**。称如下形式的方程为序列 $\{z_t, t=0, \pm 1, \pm 2, \cdots\}$ 的线性差分方程：

$$z_t + a_1 z_{t-1} + a_2 z_{t-2} + \cdots + a_p z_{t-p} = h(t) \tag{3-5}$$

式中，$p \geq 1, a_1, a_2, \cdots, a_p$ 为实数，$h(t)$ 为 t 的已知函数。

线性差分方程在时间序列分析中有重要的应用。常用的时间序列模型和某些模型的自协方

差函数和自相关系数都可以视为线性差分方程,线性差分方程对应的特征根的性质对判断模型的平稳性也具有非常重要的意义。

2. ARMA 模型性质

(1) ARMA 模型。自回归移动平均模型是由 AR(Autoregression)[一]模型和 MA[二](Moving Average)模型两部分组成,因此可以简记为 ARMA(p,q)。p 是自回归阶数,q 是移动平均阶数。自回归模型结合了两个模型的特点,其中,AR 可以解决当前数据与后期数据之间的关系,MA 则可以解决随机变动也就是噪声的问题。

ARMA(p,q) 模型结构如下所示:

$$x_t = \phi_0 + \phi_1 x_{t-1} + \cdots + \phi_p x_{t-p} + \varepsilon_t - \theta_1 \varepsilon_{t-1} - \cdots - \theta_q \varepsilon_{t-q} \tag{3-6}$$

式中,p 和 q 是模型的自回归阶数和移动平均数;ϕ 和 θ 是不为零的待定系数;ε 是独立的误差项;x_t 是平稳、正态、零均值的时间序列。

由于 ARMA($0,q$) = MA(q),ARMA($p,0$) = AR(p),因此,MA(q) 和 AR(p) 分别可以看作 ARMA(p,q) 当 $p=0$ 和 $q=0$ 时的特例。在实际应用中,用 ARMA(p,q) 拟合实际数据时所需阶数较低,p 和 q 的数值很少超过 2。因此,ARMA 模型在预测中具有很大的实用价值。

(2) ARIMA 模型。差分运算具有强大的确定性信息提取能力,许多非平稳序列差分后会显示出平稳序列的性质,这时称这个非平稳序列为差分平稳序列。对差分平稳序列可以使用差分整合移动平均自回归模型,简记为 ARIMA(p,d,q) 模型进行拟合。

ARIMA 模型(AutoRegressive Integrated Moving Average Model),称为差分[三]整合移动平均自回归模型,又称整合移动平均自回归模型,其实质就是差分运算与 ARMA 模型的组合。这种组合模型意义重大,这说明很多非平稳序列如果能够通过适当阶数的差分实现差分后平稳,就可以对差分后的序列进行 ARMA 模型拟合。而 ARMA 模型的分析方法非常成熟。这意味着对差分平稳序列的分析将十分简单可靠。

ARIMA(p,d,q) 中的 d 代表使序列成为平稳序列所做的差分次数(阶数)。特别地,当 $d=0$ 时,ARIMA(p,d,q) 模型实际上就是 ARMA(p,q) 模型;当 $p=0$ 时,ARIMA($0,d,q$) 模型可以简记为 IMA(d,q) 模型;当 $q=0$ 时,ARIMA($p,d,0$) 模型可以简记为 ARI(p,d) 模型;当 $d=1$,$p=q=0$ 时,ARIMA($0,1,0$) 模型又称为随机游走(Random Walk)模型或醉汉模型。作为一个最简单的 ARIMA 模型,随机游走模型目前广泛应用于计量经济学领域。传统的经济学家普遍认为投机价格的走势类似于随机游走模型,随机游走模型也是有效市场假说(Efficient Market Hypothesis)[四]的核心。

[一] AR 模型是线性时间序列分析模型中最简单的模型。通过自身前面部分的数据与后面部分的数据之间的相关关系(自相关)来建立回归方程,从而可以进行预测或分析。对于 p 阶的自回归模型,简记为 AR(p)。
[二] MA 模型,通过将一段时间序列中白噪声序列进行加权和,得到的移动平均方程。q 阶移动平均过程,简记为 MA(q)。
[三] "差分"一词至未出现在 ARIMA 的英文名称中,却是模型中的关键步骤。
[四] 有效市场假说认为,在法律健全、功能良好、透明度高、竞争充分的股票市场上,一切有价值的信息已经及时、准确、充分地反映在股价走势当中,其中包括企业当前和未来的价值,除非存在市场操纵,否则投资者不可能通过分析以往价格获得高于市场平均水平的超额利润。

3. 平稳序列建模

在掌握了 ARMA 模型的建模方法后，尝试使用 ARIMA 模型对观察序列建模是一件比较简单的事情。完整流程如图 3-11 所示。

假如观察序列可以通过预处理被判定为平稳非白噪声序列，就可以使用 ARMA 模型进行拟合。

（1）计算时间序列的自相关系数（ACF）和偏自相关系数（PACF）的值。

（2）根据序列自相关系数和偏自相关系数的性质，选择阶数适当的 ARMA(p,q) 模型进行拟合。

（3）估计模型中未知参数的值。

（4）利用拟合模型，判断拟合效果。

选择合适的 ARMA 模型拟合 2021 年 7 月 16 日—2022 年 8 月 31 日全国碳市场收盘价差分序列。

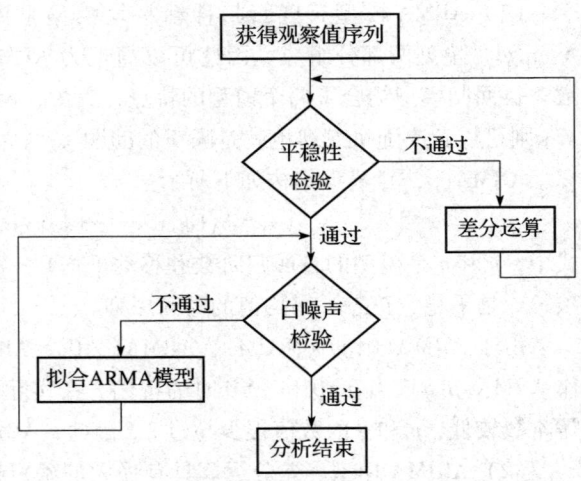

图 3-11　建模步骤

```
# 一阶差分并绘制时序图
> dif_insample <- diff(in_sample) %>% as.data.frame() %>% drop_na() %>% mutate(date =
    rownames(.)) %>% transform(date = as.Date(date))    # 一阶差分
> ggplot(data = dif_insample, aes(x=date, y=price)) +
+   geom_line()+
+   theme_classic()+
+   labs(title = "", x = "日期", y = "一阶差分序列")         # 结果如图 3-12 所示
```

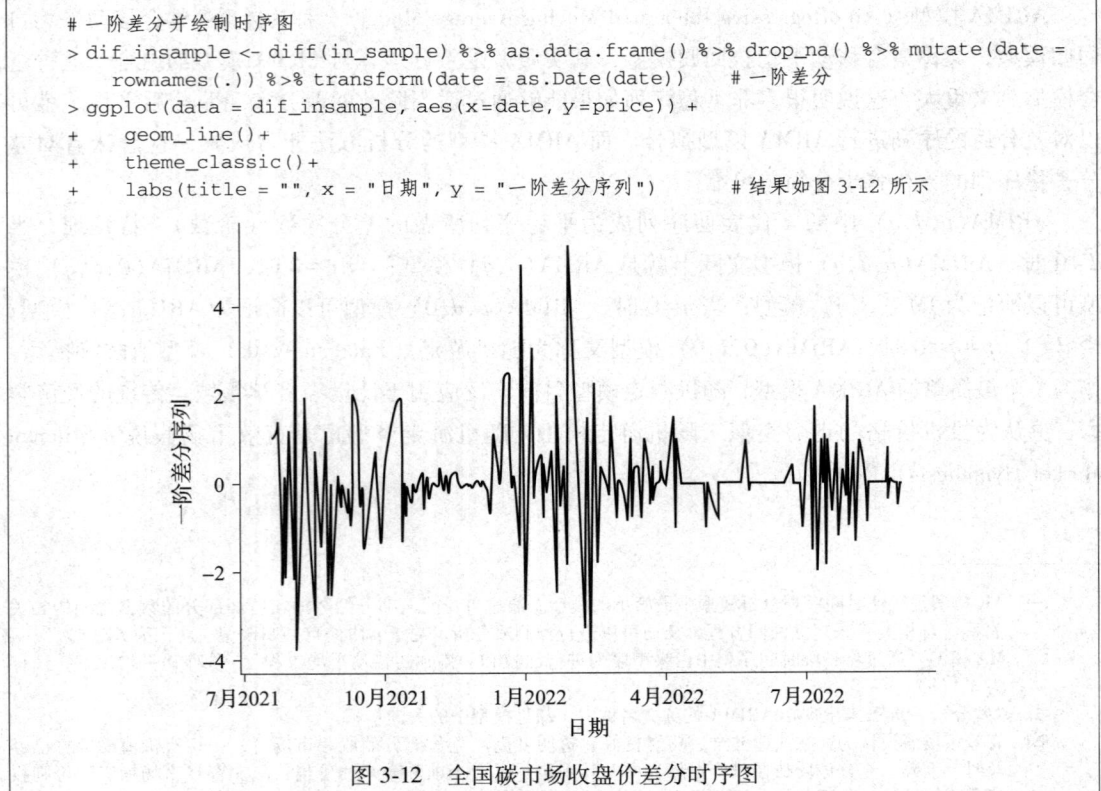

图 3-12　全国碳市场收盘价差分时序图

```
# 白噪声检验
> dif_insample <- diff(in_sample) %>% as.data.frame() %>% drop_na() %>% ts(.,start =
    c(2021,7),frequency=365)

> Box.test(dif_insample,lag = 6, type = "Ljung-Box")

    Box-Ljung test
data:  dif_insample
X-squared = 37.395, df = 6, p-value = 1.475e-06

> Box.test(dif_insample,lag = 6, type = "Box-Pierce")

    Box-Pierce test
data:  dif_insample
X-squared = 36.566, df = 6, p-value = 2.139e-06

# 绘制自相关图和偏自相关图
> acf(dif_insample)         # 结果如图 3-13 所示
> pacf(dif_insample)        # 结果如图 3-14 所示
```

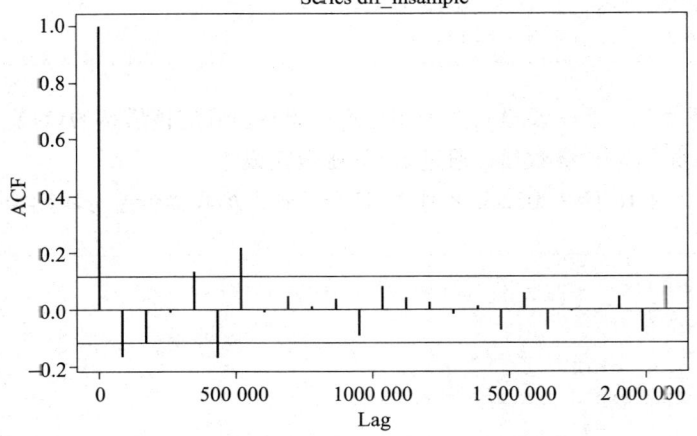

图 3-13　全国碳市场收盘价差分时序自相关图

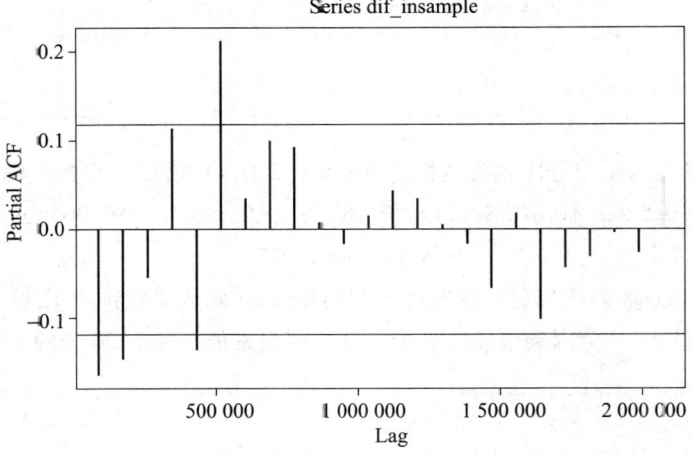

图 3-14　全国碳市场收盘价差分时序偏自相关图

自相关系数和偏自相关系数均显示出不截尾的性质，因此可以尝试使用 ARMA(2,2) 拟合该序列。

为了避免因个人经验不足而导致的模型识别不准确的问题，R 语言提供了 auto.arima 函数。该函数基于信息最小原则自动识别模型阶数，并给出该模型的参数估计值。通过该函数，我们可以对全国碳市场收盘价序列进行时间序列建模，得到 ARIMA(2,1,4) 模型。

```
# 对 dif_insample 自动定阶
> auto.arima(dif_insample)
Series: dif_insample
ARIMA(2,0,4) with zero mean

Coefficients:
         ar1     ar2      ma1      ma2     ma3     ma4
      0.0169  0.7039  -0.1838  -0.8999  0.0637  0.3484
s.e.  0.1038  0.1037   0.1057   0.1038  0.0693  0.0673

sigma^2 = 1.102:  log likelihood = -399.35
AIC=812.7   AICc=813.12   BIC=837.99
```

选择好拟合模型后，下一步就是要利用序列的观察值确定该模型的口径，即估计模型中的未知参数的值。R 语言中，参数估计通过 arima 函数完成。

确定 2021 年 7 月 16 日—2022 年 8 月 31 日全国碳市场收盘价差分序列拟合模型的口径。

```
> dif_insample.fit <- arima(dif_insample, order = c(2,0,4))
> dif_insample.fit

Call:
arima(x = dif_insample, order = c(2, 0, 4))

Coefficients:
         ar1     ar2      ma1      ma2     ma3     ma4  intercept
      0.0156  0.7029  -0.1829  -0.8993  0.0636  0.3480     0.0268
s.e.  0.1042  0.1041   0.1061   0.1041  0.0694  0.0673     0.0724

sigma^2 estimated as 1.077:  log likelihood = -399.28,  aic = 814.56
```

对全国碳市场收盘价差分序列尝试拟合 ARIMA(2,0,4) 模型，得到该模型的口径为

$$x_t = 0.0268 + 0.0156 x_{t-1} + 0.7029 x_{t-2} + \varepsilon_t - 0.1829 \varepsilon_{t-1} - 0.8993 \varepsilon_{t-2} + 0.0636 \varepsilon_{t-3} + 0.3480 \varepsilon_{t-4},$$
$$\mathrm{Var}(\varepsilon_t) = 1.077$$

下载并调用 forecast 程序包后，我们可以调用 forecast 函数完成预测工作。根据 2021 年 7 月 16 日—2022 年 8 月 31 日全国碳市场收盘价差分序列观察值预测后 20 天的走势。

```
> library(forecast)
> dif_insample.fit <- arima(dif_insample, order = c(2,0,4))
> plot(dif_insample.fore)       # 结果如图 3-15 所示
```

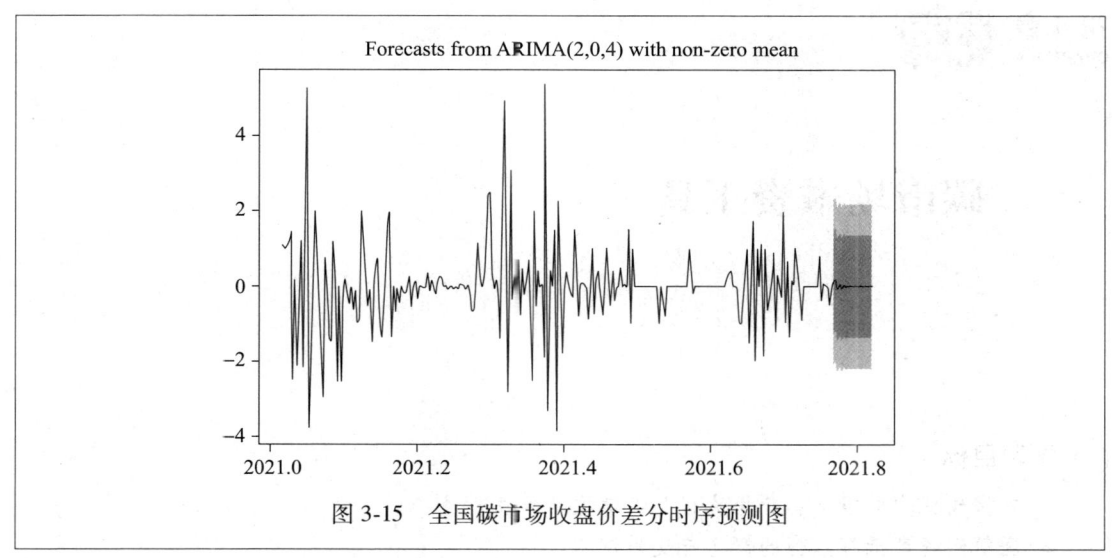

图 3-15　全国碳市场收盘价差分时序预测图

专栏 3-2

我国碳市场发展现状

碳配额市场主要针对工业企业，通过碳排放总量限制，促进工业企业绿色低碳技术迭代。碳配额交易主要通过全国碳市场和地方碳市场开展。地方碳市场为北京、天津、上海、湖北、重庆、广东、深圳、福建 8 个省市碳交易试点，覆盖了电力、钢铁、水泥等 20 多个行业近 3 000 家重点排放单位，自 2013 年启动以来碳配额累计成交量超过 4.83 亿吨，成交额超过 86 亿元，已然成为要素完善、各具特色的区域性碳排放权交易市场。全国碳市场于 2021 年 7 月 16 日正式开市，纳入发电行业重点排放单位 2 162 家，覆盖约 45 亿吨二氧化碳排放量，是全球规模最大的碳市场。自 2021 年 7 月 16 日正式启动交易以来，截至 2024 年年底，全国碳排放权交易市场碳排放配额累计成交量为 6.3 亿吨，累计成交额为 430.33 亿元。

由于我国企业的地理分布形势及各试点的建设进度不同，我国各个试点省市和全国碳交易市场的碳交易价格不尽相同，差异性很高。从现阶段碳交易试点的配额价格情况来看，各地迥异的总量确定方法和配额分配方案导致碳价格差异较大。根据 2024 年成交数据显示，最高价为 106.02 元/吨，最低价为 69.67 元/吨。2024 年，全国碳市场扩容工作取得突破性进展，生态环境部发布了针对水泥、钢铁、电解铝三大行业纳入全国碳市场工作方案征求意见稿，计划分阶段将这些高排放行业纳入全国碳市场，覆盖新增约 1 500 家重点排放单位，新增碳排放量约 30 亿吨，使市场总覆盖量达到全国排放总量的 60%。

第 4 章
CHAPTER 4

碳市场融资工具

学习目标

1. 掌握碳债券的概念、交易流程及价值评估方法。
2. 理解碳资产抵押融资的概念与交易流程。
3. 了解碳资产回购和碳资产托管的概念及基本流程。

开篇案例

中国银行发行公募转型债券，帮助企业客户实现碳减排目标

2021年1月7日，中国银行成功完成境外50亿人民币等值转型债券定价。作为全球首笔金融机构公募转型债券交易，此次债券的成功发行，标志着中国银行积极践行绿色金融战略又迈出重要一步，将助力低碳零碳转型，为中国"碳达峰""碳中和"目标贡献金融力量。

转型债券是可持续发展类债券，也是广义绿色金融的组成部分，募集资金将支持传统行业向低碳或零碳转型。中国银行此次债券发行交易包括5亿3年期美元债券和18亿2年期人民币债券，募集资金用于支持天然气热电联产项目、天然气发电及水泥厂余热回收项目。

此次债券发行市场认购踊跃，发行价格和订单规模双双刷新纪录。其中，美元债券的发行利率为0.93%，发行息差72个基点，人民币债券的发行利率为2.80%，均为中资商业银行相应债券的历史最低水平。此次发行的人民币品种最终订单实现超5倍认购，是近两年来中资金融机构人民币债券发行最高认购倍数。同时，发行得到境内外高质量和可持续发展类投资人的大力支持，主权及超主权类机构在美元品种的投资占比达31%。

此次债券是中国银行公布《转型债券管理声明》后，在该框架下的首次发行交易。2021年年初，中国银行公布《转型债券管理声明》，借鉴国际最新气候转型金融经验和建议，积极通过发行转型债券，帮助企业客户实现碳减排目标。

中国银行作为国际资本市场活跃的可持续发展类债券发行人，拥有较为完整的可持续发展类债券管理和产品体系。2016年7月以来，中国银行陆续发行绿色债券、绿色资产担保债券、可持续发展债券、社会责任债券、蓝色债券等，多项交易创下中资机构首发记录。未来，中国银行将持续关注自身运营碳减排，推动传统行业客户向低碳或零碳转型，与倡导绿色低碳的专业组织加强合作，共同推动中国"碳达峰""碳中和"目标及《巴黎协定》目标早日实现。

资料来源：中国银行，https://www.boc.cn/aboutboc/bi1/202101/t20210108_18886517.html。

4.1 碳债券

碳债券市场是低碳企业或项目直接融资的主要选择之一，既能有效满足交易双方的投融资需求，又能将风险分散至多个投资者。在碳交易机制尚不完善的情况下，碳债券能够突破部分碳减排权交易标的非合约性、非标准化的短板，实现较低的转换成本、较强的金融示范作用，调动社会各界促进低碳经济发展。

4.1.1 碳债券概述

1. 碳债券的界定

碳债券（Carbon Bond）是指政府、银行或企业为筹集低碳经济项目资金而面向投资者发行的，并承诺在一定时期后支付本息现金流或碳资产的债务凭证，属于狭义的绿色债券（Green Bond）或气候债券（Climate Bond）。

碳债券主要用于弥补政府投资对应对"气候变化相关"的融资缺口。"气候变化相关"一般是指"减缓气候变化"和"适应气候变化"的项目。其中，减缓气候变化项目包括能源结构调整、提高能效与减少温室气体排放项目，如建设尼罗河三角洲洪水防护工程、大堡礁的气候变化等适应项目；适应气候变化项目是指为应对气候变化而采取的措施，如防止水浸、抗逆农业系统等。

碳债券能够有效满足交易双方的投融资需求，符合政府大力推动低碳经济的政策性导向，调动社会各方面促进低碳经济发展，具有很强的经济意义，具体体现在以下几方面。

（1）**完善金融市场**。发行碳债券将有利于丰富债券市场交易品种，促进企业债券的发展，提高我国债券市场的完整性；有利于金融创新，在碳债券的基础上可进一步发展碳债券期货、混合债券期货，进而可以发展期货产品，最终为投资者提供多样化的投资品种和风险对冲工具；有利于促进我国证券市场持续健康发展，弥补碳金融手段的单一性，减少我国可再生能源企业在清洁发展机制的单一供应机制中定价话语权的劣势，成为低碳技术乃至低碳产业发展的推动力，为低碳经济环境注入新活力。

（2）**改善金融生态环境**。以碳债券为突破口，逐步改变现有金融监管、财政税收、会计核算与项目评价等制度体系，优化投资主体的融资结构，引导包括企业、社会组织、家庭和个人投资观念的转变，进而催生碳金融投资工具的多样化，最终实现与低碳经济发展相适应的碳金融环境。

（3）**构建低碳经济意识**。发行碳债券将唤醒人们的低碳经济意识。低碳经济的发展必然会影响当前社会中的方方面面，特别是企业的经营活动，以及民众和家庭的生活方式。通过发行碳债券可以在广泛的社会群体间普及低碳经济发展理念，有助于人类社会的发展。

总的来说，发行碳债券符合现代金融体系的运作要求、满足交易双方的投融资需求、满足政府大力推动低碳经济的导向性需求、满足项目投资者弥补回报率低于传统市场平均水平的需求以及满足债券购买者主动承担应对全球环境变化责任的需求。

2. 碳债券的基本要素

碳债券作为债权人和债务人之间债权债务关系的凭证，其合约设置的基本要素包括碳债券的期限、面值、票面利率和价格。

（1）**碳债券的期限**。碳债券的期限是指发行人承诺履行合约的期间，即从债券发行到还本付息所经历的时间。碳债券的还本付息期限较为固定，多数为 5~10 年。对于债券持有人而言，期限不仅明确了持有人收到本金的期限和预期收到利息的日期，而且期限的长短会影响债券的收益率和价格的变动。和普通债券类似，碳债券的期限越长，债券收益率就越高，价格波动也越大。

（2）**碳债券的面值**。碳债券的面值是指债券在票面上所体现的价值，是发行人对债券持有人到期后应该偿还的本金，同时是持有人按期获得利息的计算依据。碳债券的面值包括两方面内容：一是面值币种；二是面值大小。对于在本国范围内发行的碳债券，以本国货币计量；而在其他国家市场发行的碳债券则以发行国的货币为面值币种。发行者可以根据其筹资的目标及范围，选择合适的面值币种。

（3）**碳债券的票面利率**。碳债券的票面利率又称名义利率，在债券发行时标明，通常以年利率的形式表示。在债券的存续期内，每年支付给持有人的利息就是票面利率乘以债券本金。利息的支付形式有到期一次性支付、按年支付、按半年支付和按季度支付等多种方式。票面利率的高低取决于债券期限的长短、发行主体的信用等级、利息支付方式以及投资者对债券的评价等因素。

碳债券的利率可以分为固定利率、浮动利率和混合利率等。固定利率为固定数值，在债券期限内不会发生改变。浮动利率一般以某一利率为基准，与清洁发展机制项目收益挂钩核定其浮动区间，并定期调整。在碳债券的发行实践中，除单一的固定利率和浮动利率外，部分债券还采用固定利率和浮动利率组合的形式，即债券的一部分面值采用固定利率，另一部分面值采用浮动利率。

碳债券的票面利率与实际收益率的关系取决于发行价格和面值。当债券持有人以债券的票面价值购买债券时，两者对等；当以高于票面价值买入债券时，收益率则低于票面利率，反之亦然。

（4）**碳债券的价格**。碳债券的价格包括发行价格和交易价格。债券的发行价格是首次公开发售的卖出价，即在发行市场上，投资者购买债券时实际支付的价格。碳债券发行价格的确定方式与普通债券相同，分为平价发行、溢价发行和折价发行。平价发行也称等额发行或面额发行，是指发行人以票面金额作为发行价格。如某公司债券面额为 100 元，若采用平价发行方式，那么该公司发行债券时的售价也是 100 元。溢价发行是指发行人按高于面额的价格发行债券，这样可使公司用较少的债券筹集到较多的资金，同时还可以降低筹资成本。如某公司债券面额为 100 元，若采用溢价发行方式，那么该公司发行债券时的售价可能是 105 元。折价发行是指发行人以低于面额的价格出售债券，即按面额打一定折扣后发行债券，折扣的大小主要取决于发行公司的业绩和承销商的能力。如某种债券的面额为 100 元，如果发行公司与承销商之间达成的协议折扣率为 5%，那么该债券的发行价格为 95 元。

债券发行价格的高低与市场利率水平密切相关，债券的市场利率代表债券投资者对债券要求的最低实际收益率。当债券发行时，市场利率高于债券票面利率，发行人可以采用适度的溢价发行，从中获取一部分利差；相反则采用折价发行的方式，促进资金的筹集。

交易价格为债券在流通市场（二级市场）上的买卖价格，在行情表上体现出债券的开盘价、收盘价、最高价和最低价。交易价格的高低，取决于公众对于债券的评定、市场利率和宏观经济变量的预期。一般来说，债券价格与到期收益率成反比，即债券价格越高，买入债券的投资者所得到的实际收益率就越低，反之亦然。值得一提的是，碳债券的价格往往比商业债券更高。例如韩国进出口银行（KEXIM）的绿色债券价格远远高于其商业债券价格。

债券价格是变动的，而债券面值是固定的。在发行人计息和还本时，是以债券的面值作为基准，而不是价格。通常，债的发行人大多是通过公告或条例的形式将债券的四大基本信息公布给投资者。此外，不同的债券合约还可能包括其他要素，如现金流序列（即还本付息方式）、是否嵌入选择权、是否与低碳资产收益相挂钩。

3. 碳债券的特征、功能及分类

（1）**碳债券的特征**。碳债券作为一种债务凭证，其核心特征是将低碳项目的清洁发展机制收入与债券利率水平挂钩。由于发行目的、产品设计和运行方式的特殊性，碳债券与传统债券和其他碳金融工具相比具有一定的优势。

1) 碳债券的投向十分明确，紧紧围绕可再生能源进行投资。碳债券可以采取固定利率加浮动利率的产品设计，将清洁发展机制收入中的一定比例用于浮动利息的支付，实现了项目投资者与债券投资者对清洁发展机制收益的分享；碳债券对于包括清洁发展机制交易市场在内的新型虚拟交易市场有扩容的作用，大规模发行将最终促进整个金融体系和资本市场向低碳经济导向下的新型市场转变。

2) 转换成本较低。债券市场作为金融工具早期产生的产物，已经基本形成一套成熟的流程。依托成熟的国债与企业债发行机制，碳债券能够在较低的转换成本下实现金融体系内低碳投融资产品的新突破，发挥金融行业对我国发展低碳经济的重要推动作用。与此同时，碳债券的设计思路相对简单明晰，易被投资者理解和接受，可满足社会对于低碳经济投资产品的需求。

3) 碳债券有利于改善清洁能源企业的融资结构，降低融资成本，推动清洁能源企业快速发展，加快我国产业向清洁能源产业的转型。碳金融活动必须依靠全社会的共同参与才会有生命力，碳债券的推出将使投资者在经济效益和社会效益两个层面获得收益，能够更好地将投资主体的减排责任意识与受益权利结合起来，这是碳债券作为碳金融发展突破口的重要依据。

（2）**碳债券的功能**。作为基本的债券融资市场，碳债券市场在整个碳金融市场体系乃至社会经济中占有重要地位，其主要功能如下。

1) 特定融资与投资功能。世界银行中负责可持续发展战略的副总裁蕾切尔·凯特曾说："碳债券创造了低碳发展的新融资渠道，这是至关重要的，因为它们潜在地带来了从传统化石燃料的投资向清洁能源投资的转变，将建立我们的低碳未来项目。"碳债券的本质是直接债务融资工具，具有使资金从资金盈余者流向资金稀缺者，为资金不足者筹集资金的功能。碳债券市场作为资金的集散地，能够为资金稀缺者提供一个直接融资的渠道。而碳债券在给资金稀缺者提供资金时具有特定的方向和类别，仅针对减缓温室气体排放或适应气候变化的项目，在我国则以清洁发展机制项目为主。我国首只碳债券是为核电、风电等可再生能源提供资金。此外，碳债券市场为各类投资者进入碳金融市场提供了额外的投资渠道，特别是对于寻求一定风险和稳定收益的投资者。

2）资金流动导向功能。资金在市场中均具备逐利的特性，投资者根据项目前景、发起人背景以及管理者水平等因素形成对债券的评估，由此可以甄别特定项目或特定企业的优质程度。通过碳债券市场，资金得以向优势企业聚集，有利于资源的优化配置，降低资金使用的总体风险。反之，对于企业或项目而言，基于效益较好的企业或项目发行的债券通常比较受投资者欢迎，因而发行时利率低，筹资成本小；效益较差的企业发行的债券风险相对较大，受投资者欢迎的程度较低，筹资成本较大。碳债券的发行有利于高能耗的产业向低能耗转型。

3）促进产业政策调控功能。产业政策是政府为实现一定的经济和社会目标而对产业的形成和发展进行干预的各种政策的总和。碳债券与国债不同，国债能够作为政府公开市场业务的载体，通过减少或增加货币供应量，来缓解经济过热或经济萧条的情况。碳债券的产生受益于国家政策性指引和鼓励，并且有针对性地面向低碳产业或低碳项目。这主要体现在：在全球气候变暖的趋势下，各国都面临经济增长模式向"资源节约、环境友好"的转变，特别是对于不发达国家和发展中国家。这将引致可再生能源类、新型能源类行业结构调整，碳债券适时推出能够为这类企业或项目提供多样化的融资方式，促进发挥产业政策调整的宏观功能。

（3）碳债券的分类。碳债券按照不同的分类标准有不同的分类方法，一般而言，可按发行主体、偿还期限、利息支付方式、有无抵押担保以及发行范围进行分类。

1）根据发行主体不同划分为碳国债和碳企业债券。碳国债特指以国家公信力保证发行和收益的有价债券，所筹集资金专门用于碳减排事业专项发展的国债。碳国债的购买和持有者包括地方政府、国内企业、个人，也包括外国的政府、企业、个人，可以是纯资金型债券，也可以是资金与碳资产的组合，即一个未来本息现金流及一定数量的核证减排量等碳资产。

碳企业债券则是以企业为主体发行的到期承诺还本付息的债务凭证。随着低碳经济概念逐步被人们所接纳，以企业为发行主体的碳债券数量正在日益增加，在碳债券市场中占据重要地位。目前，各国对碳债券尚未有清晰的分类，但通常按照发行主体的属性划分是公认的分类方式。

2）根据偿还期限长短划分为碳中期债券和碳长期债券。碳中期债券是指期限在1年以上10年以下的债券，碳长期债券是指期限在10年以上的债券。由于低碳项目的周期长、成本大，应项目之需发行的碳债券的偿还期限均较长，其中5~6年的碳中期债券较多，比如6年期的"Eco3+Bonds"债券、5年期的中广核风电有限公司附加碳收益中期票据和5年期的欧洲投资银行碳债券等。

3）根据利息支付方式的不同划分为零息碳债券、固定利息碳债券、浮动利息碳债券以及碳混合型债券。零息碳债券到期只需要支付本金，而不需要为占用持有者资金付出利息费用；固定利息碳债券到期日按固定利率支付合约期内利息费用；浮动利息碳债券允许利息计算过程中，利率在一定区间内浮动，这种浮动可与碳项目或者碳交易指数挂钩；碳混合型债券则采用固定利率加浮动利率的模式，其中为支持低碳项目，固定利率一般低于基准利率。

4）根据有无抵押担保划分为碳信用债券、碳抵押债券和碳担保债券。碳信用债券是指没有抵押品，完全以公司信誉作为发行债券的保障，通常只有经济实力雄厚、信誉较高的企业才有能力发行这种债券。碳抵押债券要求发行人在发行一只债券时，将其部分财产或现金流作为抵押，一旦债券发行人出现偿债困难，则处置该项财产作为清偿。如碳常规抵押债券是以公司的固定资产和生产可再生能源的现金流作为履约保证，其中现金流由国家上网电价政策（Feed-in-Tariff）作为保障。碳担保债券是由保证人做担保而发行的碳债券，当企业无法按量履约时，债权人可向保证人追偿。

5）根据发行范围划分为碳国内债券和碳国际债券。碳国内债券是指发行主体在本国范围内以本国货币发行的债券，例如中国浦发银行承销的碳中期票据、美国政府的可再生能源债券。碳国际债券是指某国的借款人以其他国家的货币为面值币种，向境外投资者发行的债券，例如国际金融公司（International Finance Corporation，IFC）在中国香港发行的第一只人民币碳债券。无论使用的货币在哪国发行，其一般都是可以自由兑换的货币。

（4）**碳债券的起源与发展**。碳债券是近年来碳金融市场上的创新项目。欧洲投资银行在2007年发行首只"绿色债券"，从此开启碳债券的破冰之旅。随后，世界银行发行多只类似债券，并和以奥斯陆为基础的研究中心西塞罗一起确定一个绿色主题列表，包括减缓气候变化的项目和适应项目，如太阳能和风能装置、植树造林和避免森林砍伐来减少温室气体（Green House Gas，GHG）排放项目，以及为碳减排新技术提供资金。随着多只绿色债券的成功发行，一些国家和政府意识到，绿色债券模式吸引私人资本以支持政府节能减排项目具有重要的现实意义。美国、英国、加拿大等国家政府、企业纷纷做出关于绿色债券、环境债券的提议，并推出目标多元、形式多样的碳债券。

作为国际碳债券的开创性实践，2012年前后的国际碳债券发展情况体现了早期的制度创新和典型特征。下面对2012年前后的国际碳债券的发展情况进行归纳分析。

2007年欧洲投资银行发行全球第一只绿色债券，为期5年，总金额为6亿欧元。2009年，欧洲投资银行发行第二只气候债券，以瑞典克朗计价，主要针对斯堪的纳维亚半岛的投资者，发行金额为22.5亿瑞典克朗，于2015年2月17日到期。其中17亿瑞典克朗为固定利率，年利率2.95%；5.5亿瑞典克朗为浮动利率，每3个月付息一次，利率为3个月瑞士银行同业拆借利率加上10个基点。

2007年12月，世界银行发行其第一只绿色债券，以欧元计价，为期6年，又称"Eco3+ Bonds"债券，其支付年利率至少为3%的浮动利率。世界银行通过启动"发展和气候变化战略框架"，帮助刺激协调公共和私人行业共同应对气候变化，而绿色债券是在该框架下的一项重要创新手段。在此之后，大多数绿色债券均由AAA级的多边组织发行。目前，世界银行已经发行了多种绿色债券。

2009年美国财政部在经济刺激计划中通过绿色债券融资22亿美元，用于开发计划中建设或正在筹建的可再生能源项目，例如太阳能或者风电企业。联邦政府以税收抵免的形式对债券持有人支付利息。

2011年标准普尔与点碳公司合作推出一项服务，即评估一项碳减排工程预期能够产生碳信用的可能性和数量，同时评估环境债券的潜在市场，采用1~6的级别，为碳信用买家和卖家的风险分析提供依据。

2011年1月，国际金融公司在中国香港发行第一只以人民币计价的债券，用以支持中国的清洁能源技术。该债券筹集1.5亿元人民币（约2300万美元），用以支持高能源利用率和减少温室气体排放的新技术。

2013年2月，国际金融公司发行10亿美元的绿色债券，用于支持该机构在发展中国家的应对气候变化项目。

2013年6月，韩国进出口银行成为亚洲第一家发行"绿色债券"的企业。KEXIM的首批5亿美元绿色债券一经上市，投资者们便争相抢购，需求量达到18亿美元，超过供应量的3倍。

2013年8月9日，世界银行发行的5.5亿美元用于解决发展中国家气候变化问题的"绿色债券"被抢购一空。这只为期两年的债券共由17名投资者购买，最大的买家是加利福尼亚州财政办公室。世界银行表示，大多数购买者是想要支持气候友好型项目的资产管理机构。

2013年11月，法国电力公司（Électricité de France S. A., EDF）发行14亿欧元（约19亿美元）的绿色债券，是全球首家大型公司发行巨额绿色债券。这次发行的绿色债券得到两倍的超额认证，主要用于可再生能源结构调整、提高能效等项目。

2014年3月19日，全球第二大消费品公司联合利华（Unilever）发行2.5亿英镑（约4.15亿美元）的债券，专门用于减少浪费、水资源利用以及温室气体排放。与法国电力公司发行绿色债券不同，联合利华的绿色债券不再是附加选项，而是公司整体战略的一部分，是将可持续发展、应对气候变化纳入公司整体战略布局的重要信号。

经过多年发展，碳债券已经成为全球主流融资工具，但2022年的市场数据显示出新的转折。

2022年，国际碳债券的发行量有望反弹。2022年，全球共销售碳债券4 437.2亿美元，低于2021年的5 966.3亿美元。美国可持续与责任投资论坛的2022年报告也显示，美国国内可持续投资资产跌至2022年年初的8.4万亿美元。2022年，全球企业和政府通过环境、社会和公司治理（ESG）债券筹集金额比前一年下降了19%。这是可持续债券自15年前被引入金融市场以来首次出现下跌。

碳债券的发行呈现出一定的规律：从发行主体来看，开发银行和国际组织始终占有举足轻重的地位，且商业银行与投资银行在债券发行中起到主要的推动作用。

4.1.2 碳债券市场发行机制及交易流程

碳债券募集资金除投资方向比较特殊外，与债券市场上的其他普通债券并无太大差异。例如，债务人先筹措所需资金，然后按法定程序发行债券，取得一定时期资金的使用权及由此带来的利益，同时又承担着举债的风险和义务，按期还本付息。

因此，碳债券市场的参与者、发行机制以及交易流程都可比照普通债券的基本情况，并根据其具体特性进行适当的调整和补充。

1. 碳债券市场的参与者

根据债券市场的组成结构，碳债券市场的参与者包括发行人、中介人和投资者。

（1）发行人。债券发行人是指为筹措资金而发行债券的政府及其机构、金融机构、公司和企业。债券发行人是债券发行的主体，如果没有债券发行人，债券发行及之后的交易就无从展开，债券市场也就不可能存在。碳债券发行市场（一级市场）的发行人主要有四种类型。

1) 国际组织。国际组织也称国际团体或国际机构，是具有国际性行为特征的组织，是三个或三个以上国家（或其他国际法主体）为实现共同政治经济目的，依据其缔结的条约或其他正式法律文件建立的有一定规章制度的常设性机构，既包括综合性组织又包括专业性组织。充当碳债券发行人的国际组织专指为促进减缓全球气候变化项目或适应性项目而筹措资金的专业性金融组织。其推动了碳债券在国际碳市场中的产生，并为其他发行人发行债券提供了可供借鉴的经验。最为典型的是发行系列性绿色债券的世界银行和其下设机构国际金融公司。

2) 政府和主权组织。政府是指国家的政府主管部门，主权组织包括州级、省级以及市级政府，可能是一个国家内的州或地方政府。由于碳债券发行立足于促进全球气候变化问题，旨在由国际组织牵头促进各个国家政府参与到有关全球环境可持续发展的议题中来，因而中央政府和主权组织构成了碳债券的重要发行人之一。通常，中央政府和具有主权性质的组织为了推动低碳经济的发展，将发展资源节约、环境友好等可再生能源项目、减缓气候变化的项目列为国家经济刺激计划的重要目标之一，从宏观层面为碳债券的发行提供引领。

3) 银行和其他金融机构。银行和其他金融机构利用碳债券市场为其客户提供多样化筹措资金的渠道。其中比较有代表性的形式是商业银行和投资银行合作开发与减排单位挂钩的结构性理财产品，挂钩的对象可以是现货价格、原始减排单位价格、特定项目的交付量等，到期支付相应的收益给投资者。目前，发行结构性理财产品的商业银行大都是经验丰富、范围遍布全球的跨国商业银行，如汇丰银行、荷兰银行、德意志银行和东亚银行等。

4) 减排企业。企业参与到碳债券的发行中，主要是出于达成减排目标或构建低碳项目，减排企业既包括大型能耗性工业企业，也包括清洁能源开发企业。企业发行者的信用等级参差不齐，既有相当于政府的信用等级，也有低于可投资信用等级的。在国际碳债券市场上，以企业为发行主体的债券占比相对较小。对于减排企业而言，一方面创造了新的融资渠道，以创造债券市场差异化的方式，吸引投资者目光；另一方面也可以起到形成营销企业品牌的作用。

通常，企业会根据自身业务特征将其产品与绿色债券进行捆绑设计，因而由私人企业发行的绿色债券类型更为丰富。例如联合利华、丰田汽车和 Regency Centers 代表消费品、汽车和地产行业的企业，发行企业绿色债券。其中，丰田汽车的绿色债券直接和产品相关联，用于支持消费者贷款购买或租赁包括混合动力汽车丰田普锐斯在内的"绿色"汽车，相当于丰田金融服务公司将贷款组合卖给投资者，属于担保债券。

除由各个发行主体独自发行外，不同类型和属性的发行人也会相互合作。例如，政策性金融机构可以和私人企业合作，通过风险分担机制带动更多的债券投资者进入绿色债券市场。欧盟委员会和欧洲投资银行合作的"欧洲 2020 年债券信用增级倡议"项目便是其中的佼佼者。对获得该倡议支持的合格项目，欧洲投资银行会认购该项目价值 20%的次级债券，成为债券的第一损失准备金，以吸引更多的私人投资者。

(2) 中介人。中介人是碳债券市场上不可缺少的参与者。在一级市场中，交易商和经纪人辅助发行人发行债券，负责联系发行人和投资人。新债券发行后，进入二级市场进行交易，中介商担当撮合交易者的角色。总体而言，碳债券市场的主要中介人包括代理或零售经纪人、交易商兼经纪人、做市商、承销商以及第三方中介服务机构。

1) 代理或零售经纪人。代理或零售经纪人是代理商，一方面，充当代理投资者进行债券买卖，赚取佣金作为收入。另一方面，帮助投资者和发行人保持匿名往来的形式。

2）交易商兼经纪人。交易商兼经纪人是为了撮合做市商与对手方的交易，提高市场效率。他们本身不参与自营交易，而是通过提供服务获得小额佣金。其面向对象和运行方式均与零售经纪人不同。

3）做市商。做市商是存在于特定交易制度——做市商制度或混合型制度之下的参与者，他们的职责是设定债券的交易价格，获利来源于买卖价差。即使市场不存在交易意愿时，做市商也必须承担起报价、买卖的义务。做市商具备自营的权利，能够在个人账户上进行交易，并形成资金往来和债券买卖。二级市场中最大的交易量来自做市商与机构投资者之间的交易。

4）承销商。承销商一般是指具有相当销售实力，承担销售责任的机构。债券承销商是在债券发行中独自承销或牵头组织承销团经销的经营机构。碳债券的承销商一般是由信誉卓著、实力雄厚的商业银行、投资银行及大型证券公司担任。在我国，一般由具有资格的商业银行、证券公司或兼营证券的信托投资公司来担任。在承销商的选择上，需要考虑备选承销机构的资金总量、风险承担能力等因素。我国首只碳债券的主承销商是浦发银行。

5）第三方中介服务机构。第三方中介服务机构在碳债券市场中提供辅助性服务，这主要体现在前期材料的准备、中后期信息披露以及为投资者提供投资信息参考等。第三方中介机构主要包括会计师事务所、律师事务所和信用评级机构。

会计师事务所担当出具发行主体相关会计年度财务报告（须具有执行证券、期货相关业务资格的会计师事务所审计）的职责。律师事务所进行法律尽职调查、出具法律意见书，协助完成发行材料的准备工作。信用评级机构负责出具评级报告及跟踪评级安排，发行完成后的跟踪评级。例如标准普尔与点碳公司合作开展的碳债券评级服务，采用 1~6 的级别代替 AAA+到 D-的评级法，使用项目评级的依据是点碳公司提供的数据，评估一项碳减排工程预期能产生碳信用的可能性和数量，同时评估碳债券的潜在市场。

（3）**投资者**。碳债券市场除普通社会公众之外，大多数是金融机构和公司。大型机构投资者按照设立性质、资金来源可以分为多种类型，这里主要介绍四种重要类型。

1）商业银行。商业银行是债券市场上的重要投资者，它们通常会购买固定利率债券来获取利润，购买浮动利率债券以弥补借贷需求的缺口。碳债券的开发丰富了债券市场的交易品种，同时为商业银行调整投资资产利率结构提供了新型的方式，包括固定利率加浮动利率的形式、联动碳资产价格或指数价格的浮动利率形式等。

2）投资基金。投资基金是投资信托类基金，一般是依据某种特定需求而设立，旨在在一定风险水平下科学地运用募集资金获取收益，且没有偿还利息费用的负担。投资基金作为重要的机构投资者之一，活跃于各类市场寻求适合基金投资风格的投资产品。碳债券作为碳金融市场中不可或缺的工具，在满足投资基金投资收益需求的同时，也能促进投资基金参与到国际碳市场，分散投资并合理管控风险。绿色债券通常会吸引一些长期性资本，如主权基金、养老金、企业年金、保险资金等，以及社会责任投资机构，如社会责任投资基金、教会基金等的青睐。比较有代表性的社会责任投资基金包括美国教师退休基金会（TIAA-CREF）、卡尔弗特基金公司（Calvert Fund）等。

3）非银行金融机构。非银行金融机构泛指除商业银行和专业银行以外的所有金融机构，主要有信托、证券、保险、融资租赁、资产管理公司以及财务公司等，典型的机构投资者包括全球最大的投资管理公司贝莱德集团（BlackRock Inc）、道富集团（State Street）。对于财产保险公司、人寿保险公司而言，为控制风险，可供它们投资选择的工具非常局限，因而其会依据对应保单的赔付要求结构，选择投资期限和收益合适的碳债券。此外，碳债券能够延续衍生产品的开发，比如证券机构可以将所购买的碳债券转为基金计划，向投资者发售。

4）公司投资者。公司投资者一般利用多余现金、养老金等类似的财务计划资金投资于债券市场以获取较为稳定的利润。国外碳债券市场相对开放，且交易品种较多，公司投资者也有机会参与其中。在我国，已开发的中期票据形式的碳债券只能在银行间债券市场中流通，公司投资者尚不能直接参与碳债券的投资。

2. 碳债券的发行方式及程序

（1）**碳债券的发行方式**。碳债券的发行方式按照有无中介机构参与，可以分为直接发行和间接发行两种形式。

1）直接发行。直接发行是由发行人自行办理碳债券发行的所有手续，并直接向投资者发售债券的形式。直接发行没有中介人参与，因此不需要向相关代理机构支付代理发行或承包发行的费用。但由于采用直接发行方式的发行人对某种债券的认识渠道和程度均有限，因此通常会容易导致发行成本的增加，甚至会造成发行失败。因而，直接发行往往适用于规模较小或定向募集的债券。碳债券募集所针对的项目大多回报周期较长、风险较大，因而直接发行方式在碳债券中使用较少。

2）间接发行。间接发行又称委托发行，是发行人委托金融中介机构发行债券。碳债券的发行通常采用间接发行的方式。充当碳债券承销的中介机构被称为承销商，可以是单一的承销商，也可以是由主承销商牵头的承销团。他们负责协调发行申报工作、牵头准备发行及备案文件、组织尽职调查工作、设计发行方案、市场推荐以及组织债券发行与销售工作。

碳债券的承销商一般由大型证券机构、投资银行和跨国银行担任，且通常采用单一承销机构的形式。采用这种方式，可以通过了解金融知识的专业机构，促进债券迅速稳定地发行，以免延误发行时间。纵观2010—2013年国际金融公司发行的18只绿色债券，其中16只绿色债券采用单一承销商的形式，主要由瑞典北欧斯安银行、野村证券、三菱日联证券、摩根大通担任，且野村证券承销的债券最多。剩余2只绿色债券采用承销团的形式，1只由花旗银行、摩根大通以及摩根士丹利合作承销，1只由美国银行私募股权直接投资、花旗银行、法国农业信贷银行以及瑞典北欧斯安银行合作承销。

根据承销商在债券承销中承担义务的大小，可以划分为三种方式：委托代销、全额包销和余额包销。

委托代销是指债券发行人委托承销商代为向投资者推销债券，并向承销商支付一定比例的手续费。这种发行方式要求承销商按合同约定的时间和条款，向投资人代销债券。合约发行期满时，所有未能售出的债券可全部退还给发行人，代理机构没有认购债券的义务。可见，在代销过程中，承销商不承担任何风险，而发行人除了承担全部风险外，还必须承担手续费用。因此，只有信用程度高、普遍被看好的债券才会选择以这种方式发行。

全额包销又称承包发行。代理发行机构在债券公开发行前用自己的资金全额购买债券，然后通过债券市场转售给其他投资者，承销过程中的一切风险和费用都由代理发行机构承担。全额包销按照不同的形式可分为银团承销、协议承销和俱乐部承销。银团承销是最为常见的一种形式,由主要承销机构牵头,若干其他承销机构参与,所有承销机构组成银团,可降低发行成本和承销风险,而承销费用率则根据承销份额确定。我国首只碳债券采用的就是银团承销的形式。协议承销是通过协议将全部债券份额委托给单个承销机构,发行风险和转售风险都由该承销机构承担。这种方式下发行债券的额度和承销商实力都需要慎重考量。俱乐部承销是若干承销机构合作发行债券的形式,包销费、份额和风险都由承销机构平均分摊。后两种承销方式在碳债券发行中较为少见。

余额包销又称助销发行。承销人担当辅助发行人的角色,承销商与发行人订立合约,合约截止日期之前由承销商推销债券,如债券发售不完,则剩余部分由承销商全部认购或按等量资金向发债人贷款,保证债券全部完成发行。余额包销的方式相较于全额包销,承销商仅承担部分风险,且发行人可以按照计划筹得全部资金。

发行人在间接发行方式的选择上,需要考虑一系列因素,主要是市场情况、发行费用以及发行周期等,具体情况如表 4-1 所示。

表 4-1 债券承销方式比较

比较内容	市场情况	发行费用	发行周期
委托代销	好	低	长
全额包销	差	高	短
余额包销	中	中	中

从表 4-1 中可以看出,委托代销在市场较好的情况下使用,且发行费用低,发行周期较长;全额包销由于其发行费用较高,一般在市场表现较差的情况下使用,能够为发行人缩短发行周期;余额包销通过承销商的资本承诺和信誉加持,为发行人提供了融资确定性、风险规避和市场信心,且发行费用排序较为适中,在市场表现不存在较大波动的情况下使用,发行周期改善较小。

碳债券的发行方式除直接发行和间接发行外,还可以按是否有担保品分为信用发行和担保发行;按定价方式不同分为平价发行、溢价发行和折价发行;按认购对象不同分为公募发行和私募发行等。

(2) **碳债券的发行程序**。碳债券的发行程序与普通债券基本一致,需要经历前期准备阶段、申报审查阶段和发行实施阶段这三个阶段,如图 4-1 所示。

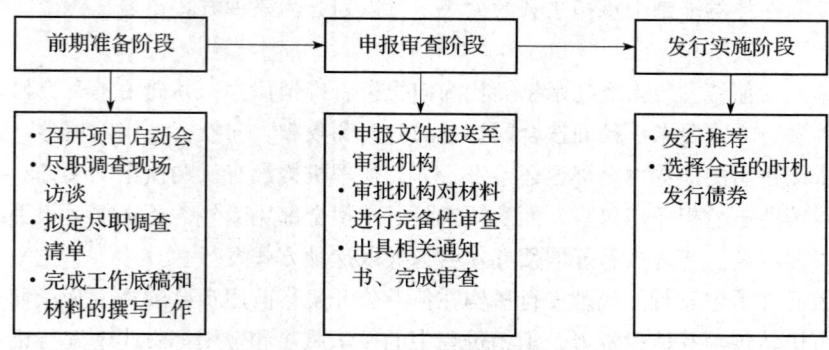

图 4-1 碳债券的发行程序

1）碳债券发行前期准备阶段。发行碳债券的目的是为低碳项目筹措资金，合理应用资金以促进项目运营并获取预期收益。因此，发行申报前期准备阶段必须收集分析一系列关于项目背景、公司财务状况、运营水平的材料，客观、准确、完整地体现碳债券发行的可行性，并评估投资项目的经济效益和预测还本付息情况。可行性评估的科学性将直接决定债券发行计划能否被批准。此阶段要求承销商、会计师事务所、信用评级机构以及律师事务所参与。具体内容如下。

召开项目启动会。项目启动会是碳债券项目正式启动的标志性事件，特别是对于公司债券而言。在前期沟通中，发行人与主承销商对债券相关事宜基本达成一致意见，并确定会计师事务所、信用评级公司和律师事务所等相关机构。

除各中介机构外，项目启动会一般需由公司董秘、主管财务工作的副总、财务部负责人、证券部负责人、法律部负责人、主要业务部门负责人参加。主要讨论事项包括碳债券发行时间表、各参与机构的分工合作方式、项目执行过程中的沟通以及重大事项决策机制等。

尽职调查现场访谈。尽职调查现场访谈的目的主要是对发行主体和相关项目的基本情况进行记录、核实并做出评估。一般由承销商、信用评级机构提供访谈提纲，通过和发行人的管理层与主要职能部门负责人、业务部门负责人、企业（项目）负责人等进行当面访谈，从而对企业（项目）的管理与经营情况、管理人员与业务人员的素质等有所了解，面谈一般在2~3天内完成。会计师开展审计工作，对企业（项目）运营的财务状况予以审计。

拟定尽职调查清单。尽职调查清单的参考材料是由承销商、信用评级机构、律师事务所提供资料清单，由董事会办公室、项目主管办公室以及财务部等相关部门按时间进度提供书面材料。尽职调查清单由中介机构于启动会后提交给发行人，重要书面材料一般要求发行人于1周内反馈，中介机构将根据发行人提供资料情况再次提交补充尽职调查清单。

完成工作底稿和材料撰写工作。工作底稿是发行人提供给主承销商的各项资料，将作为申报文件的依据，用以支持申报文件中的相关论述，并提交审核部门审查。工作底稿制作由主承销商负责，将贯穿于全部申报准备阶段，同时也是申报准备阶段的最终成果。除此之外，相关方还需要签署各项协议文件，包括承销协议、受托协议、债券持有人会议规则、担保协议等。中介机构需撰写承销协议、募集说明书。律师事务所出具法律意见书。

2）向债券主管部门申报审查阶段。任何国家和政府发行主体发行碳债券都必须经过相关管理审批机构的审批，未经允许不能擅自出售任何形式的碳债券。在将发行申报审查阶段的全部材料和工作底稿定稿之后，按规定将申报文件报送相关管理机构，如发行碳债券申请书、营业执照、上级主管部门证明、可行性报告、信用评级材料、财务报表以及要求的其他材料。不同类型的碳债券采用不同的审核方式，在我国首只碳债券为中期票据，采用注册制，而中小企业私募债对应备案制，公司债券和企业债券对应核准制。

申报后的备案阶段重点工作要求主承销商与主管单位持续跟踪和沟通，保证碳债券的顺利备案。除此之外，这一阶段还有一项较为重要的工作就是寻找潜在投资者。

3）碳债券发行实施阶段。在取得发行权以后，发行主体就可以进入发行实施阶段。此时的工作重点在于发行推荐和发行时机的确定，需要发行人与主承销商积极配合。在发行推荐过程中，主承销商正式寻找本期债券投资人，并充分沟通，积极推荐企业。主承销商的销售实力与寻找潜在投资者的能力直接相关，进而会对公司最终融资成本产生影响。在相关机构备案后的一定时期内，发行人可择机发行债券，通过主承销商对市场走势的判读来确定最佳时期，以较低成本发行本期债券。不同性质的碳债券，其发行场所也不同。在我国，中小企业私募债对应交易所、证券公司；公司债券对应交易所竞价系统；企业债券对应银行间市场和交易所；中期票据和短期融资券对应银行间市场。

4.1.3 碳债券交易方式与程序

碳债券的交易市场是指买卖已发行债券的市场，又称二级市场或次级市场。债券交易市场中，债券持有人提供能够按市价出售的债券，同时为新的投资者提供进入碳债券投资的机会。交易市场的存在增强了债券的流动性，为具有中长期性质的碳债券发行提供后续偿还的资金保障。

碳债券交易市场的功能主要表现在：一是化短为长，促进债券合理价格的形成；二是调节资金供求关系，引导资金流向。碳债券交易市场主要包括场外交易市场和场内交易市场，目前我国碳债券的交易市场为银行间债券市场，属于场外交易市场。

1. 交易方式

普通债券的交易方式主要有现货交易、期货交易、期权交易和回购协议交易四种类型。对于碳债券市场而言，最主要的两种形式为现货交易与回购协议交易。

（1）**现货交易**。现货交易是指在达成成交协议后，债券的买方和卖方在当日或较短期限内达成交割的交易方式。交割是交易双方钱券两清的行为，故又被称为交收。但实际上，债券的交易从成交到最后交割清算，总会有短期内的拖延。通常，根据交割时间的长短，分为当日交割、次日交割和特约日交割等。

当日交割是指债券买卖双方在交易达成后，于成交当日进行债券和款项的收付，完成交收行为。次日交割是指债券的买卖双方在交易达成后，于成交的下一营业日进行券款的收付，完成交收。特约日交割是指债券的买卖双方在交易达成后，约定在未来的某段时间内的某一个特定契约日进行交割。

（2）**回购协议交易**。回购协议交易是指以债券回购协议为交易对象的交易类型。回购协议要求债券的卖方在出售债券进行融资的同时，做出向债券的买方在约定期间后按一定价格买回债券的承诺。

对于买方而言，其相当于买入现货、卖出期货的交易行为，又称为逆回购交易；对于卖方而言，其相当于卖出期货、买入现货的交易行为。其本质就是以债券为抵押的一种融资行为。回购协议的利率是由交易双方按照回购的期限、货币市场的利率水平以及债券的信用等级等因素确定的，与债券的票面利率并无确切联系。回购的期限有长有短，最短的为隔日回购，最长的为一年左右。对于碳债券而言，回购协议大部分发生在碳企业债券中，企业出于对自身利润分配政策的控制而签订了回购协议。

2. 价格形成机制

碳债券市场价格形成机制包括公开竞价制度、询价交易制度以及点击成交制度。

（1）公开竞价制度。公开竞价制度是指对申报的每一笔买卖委托，买卖双方都可以提出购买意愿。碳债券交易所市场中通常采用公开竞价制度。买卖双方为双向竞价，具体为卖方和卖方之间竞价、买方和买方之间竞价以及买卖双方之间竞价。计算机交易系统按照"时间优先、价格优先"的原则撮合买卖，形成成交价格。买卖以两种情况产生成交价：最高买进申报与最低卖出申报相同，则该价格即为成交价格；买入申报高于卖出申报时，或卖出申报低于买入申报时，申报在先的价格即为成交价格。

（2）询价交易制度。询价交易制度是指交易双方自行协商确定交易价格以及其他交易要素的制度，包括报价、格式化询价和确认成交三个步骤，一般适用于大额交易。报价包括意向报价、双向报价和对话报价三种报价方式。意向报价和双向报价不可直接确认成交；对话报价经对方确认后即可成交，属于要约报价。意向报价是指交易成员向全市场、特定交易成员或系统用户发出的，表明其交易意向的报价。受价方可以根据意向报价向报价方发送对话报价，进行格式化询价。双向报价是指交易成员向全市场发出的、同时表明其买入／卖出或融入／融出意向的报价。交易成员可就双向报价产品和资产支持证券发出双向报价。双向报价产品是交易系统事先设定部分交易要素的标准化报价品种。对话报价是指交易成员为达成交易，向特定系统用户发出的交易要素具体明确的报价，受价方可以直接确认成交。格式化询价是指交易成员与对方相互发送的一系列对话报价所组成的交易磋商过程。报价之后，进行格式化询价，当交易成员与对手方达成成交意愿后即进一步成交，而未能确认成交则宣告交易结束。

（3）点击成交制度。点击成交制度是指报价方发出具名或匿名的要约报价，受价方点击该报价后成交或由限价报价直接与之匹配成交的制度。在点击成交制度下，报价方式包括做市报价（双边报价）、点击成交报价（单边报价）和限价报价。做市报价是指报价方就某一券种同时报出买入和卖出价格及数量的报价。做市商和尝试做市机构可对其设定的做市券种进行双边报价。点击成交报价是指报价方就某一券种报出买入价格及数量或卖出价格及数量的报价。受价方输入的交易量小于或等于点击成交剩余报价量的，按受价方输入量成交；受价方输入的交易量大于点击成交剩余报价量的，按点击成交剩余报价量成交。限价报价是指报价方发出的单边买入或卖出报价，该报价不向市场公开，可自动与符合成交条件的点击成交报价成交。限价报价量小于或等于点击成交剩余报价量的，按限价报价量成交；限价报价量大于点击成交剩余报价量的，若限价报价方允许报价量拆分成交，则限价报价可与多个点击成交报价成交，直至限价报价量成交完毕；若限价报价方不允许报价量拆分成交，则交易不能达成。

3. 交易程序

碳债券的交易场所既包括场内交易市场，也包括场外交易市场。场内交易市场是以交易所为平台的市场，例如伦敦证券交易所（London Stock Exchange，LSE）、纽约证券交易所（New York Stock Exchange，NYSE）。场外交易市场是基于较为松散的市场体系建立的，也是碳债券交易的主要场所。对于我国而言，碳债券主要在银行间债券市场流通。

（1）碳债券场内交易程序。在交易所内部，交易程序均由交易所立法规定，具体交易流程包括委托、成交、清算交割和过户。

1）委托。在场内债券市场中，投资者均具备相关交易账户资格。投资者在开立账户后，不能直接参与债券的买卖，而是与经纪人建立交易委托代理关系，这是普通投资者进入场内债券市场的必经程序，也是碳债券交易的必经程序。

在确立委托关系后，投资者就可以向经纪人发出"委托"指令，一般可以采用电话委托和当面委托两种形式。具体的委托办理遵循：首先，与经纪人办事机构取得联系；其次，填写委托书，确定委托意愿（委托数量和委托价格）；再次，将委托书信息传递给经纪人相关交易员；最后，交易员代替投资人执行委托内容。

2）成交。执行委托内容后，通过市场交易制度促成既定价格、既定数量债券的成交。碳债券场内市场采取公开竞价的方式进行。公开竞价中，买卖双方为双向竞价，即买方之间、卖方之间以及买卖双方之间的竞争，直至买卖双方申报价格一致时，达成交易。此时，遵从"时间优先"和"价格优先"的原则，即较高的买入价优于较低买入价；较低卖出价优于较高卖出价；同等申报条件下，按委托指令的先后顺序达成交易。

3）清算交割。碳债券的清算是对同一经纪人公司在同一交割日对同一种债券的买卖相互抵消，确定最后需要交割的债券余额和应当交割的价款余额，然后按照"净额原则"办理债券和价款的交割。"净额原则"目前普遍被国外市场采用。具体而言，一般由清算机构在闭市之后，依据当天"场内成交单"记载的经纪商买入和卖出某种债券的数量和价格，计算出应收应付价款相抵后的净额以及各债券相抵后的余额，编制当日"清算交割表"，并在规定的交割日办理交割手续。

交割是将债券所有权由卖方向买方让渡，将价款由买方向卖方转移。按照交割日不同可以分为当日交割、普通日交割以及约定日交割三种。其中，T+1 交割是债券交割的主要形式。

4）过户。过户是指债券的所有权从一个所有者转移到另一个所有者名下。碳债券原所有者在完成清算交割后，可携过户通知书和债券到经纪公司处。在手续齐全之后，原债券所有者相应的债券数额会被注销，同时在其现金账户上会增加这笔交易款项。对于债券的买方，其证券账户会增加相应的债券数量，现金账户上减少总价款。

（2）碳债券场外交易程序。从国际经验来看，绝大多数碳债券交易都是依托已有债券交易系统进行的，场外交易市场也是其主要的参与场所。由于交易制度有所不同，场外交易市场的交易程序与场内交易市场略有不同，场外交易市场碳债券交易程序包括提出买卖意愿、成交、清算交割和结算以及过户。

1）提出买卖意愿。在场外交易市场中，投资者可以采用自营买卖或代理买卖的形式进入市场。采用自营买卖时，投资者将个人买卖意愿传递给做市商。采用代理买卖时，在与代理机构确立委托关系后，投资者便可以向做市商发出"委托"指令，对买卖债券的数量和报价进行描述，再由代理人代为执行委托指令。

2）成交。做市商交易制度下，做市商作为报价主体，报出买价和卖价，并按其提供的价格接受投资者的买卖要求，以其自有资金和债券与投资者进行交易，从而为市场提供即时性和流动性。投资者在买卖意愿和报价符合做市商所提出的双向报价和债券余额时，即可达成交易。

3）清算交割和结算。碳债券的清算是对做市商、证券公司以及投资者在同一交割日对同一种债券的买卖相互抵消，确定最后需要交割的债券余额和应当交割的价款余额，采用"净额原则"办理债券和价款的交割。这一步骤由清算机构在闭市之后完成，计算出应收应付价款相抵后的净额以及各债券相抵后的余额，编制当日"清算交割表"，并在规定的交割日办理交割手续，依照"清算交割表"中的汇总数据完成结算。

4）过户。债券和资金的所有权从一个所有者转移到另一个所有者名下，债券所有权由卖方向买方过渡，价款则反方向转移。原债券所有者相应的债券数额会被注销，同时在其现金账户上会增加这笔交易款项。

4.1.4 碳债券产品设计

1. 设计原则

（1）规模适量原则。规模适量原则要求碳债券发行人在确定发行债券规模时处于适度水平。适度水平可以从两个层面来考量：一是根据低碳项目或企业每期投入的资金量与既有资金的缺口，确定举债的总体水平，或根据总体项目或企业投入资金总量，平摊至各个生产阶段，再扣除预期可投入资金数后得出；二是从公司资本结构的安全性考虑，债务资本占举债公司的资本结构维持在国家规定的范围之内，将财务风险有效控制。

（2）成本合理原则。成本合理原则要求碳债券的发行人在设定票面利率和相关条款的同时，考虑资金成本以及对投资者的吸引力，将票面利率保持在合理范围之内。在资金成本方面，考虑债券期限、市场利率、信用等级、利息支付方式等客观因素，并考虑项目方或企业的资金承受能力等主观因素。在投资者吸引力方面，一方面通过参考同等级债券的发行情况，另一方面通过市场调查了解投资者的需求，保证投资者取得合理的收益。

2. 设计流程

完整的碳债券产品设计流程主要包括市场需求分析、可行性分析和债券产品设计。债券市场反馈的产品交易数据，也为碳债券产品的下一步再设计或增发提供参考资料。

（1）市场需求分析。碳债券产品设计的首要工作是完成设计目标的确定，即通过了解客户的预算约束和成本约束，从中提炼出具体的、可操作性的目标。这有赖于充分的市场调研与需求分析。具体而言，对产品的目标市场群进行市场细分与定位，如进行风险偏好、目标客户群的收入情况等划分。根据客户需求，以及对市场潜力、销售前景等因素的判断，发行商能规划出碳债券产品的开发思路，对于是否嵌入低碳资产、是否加入选择权等条款做出评估，设计出差异化的结构性产品。

（2）可行性分析。可行性分析通常是由碳债券发行商的产品设计部门完成，是对市场调研和市场需求信息的汇总和提炼。根据所取得的客户需求、产品建议等信息，综合成本收益、政策监管、市场前景、风险管理、营销宣传等因素，设计、开发相应的产品结构。

这一阶段，发行商除了负责结合理论与实际市场情况完成对产品定价、收益测算、风险属性评估等工作外，还要负责与市场部门协同进行可行性分析、产品风险等开发论证工作，并最终形成产品说明书及可行性分析报告。

（3）债券产品设计。碳债券产品设计阶段是产品合约形成的关键阶段，具体包括产品结构设计、产品定价、风险收益特性分析、产品结构参数设定以及标准化。

产品结构设计是在政策约束、市场约束和技术约束条件下，对产品是复合还是单一形式、复合的程度有多深等问题进行评估和选择。一般而言，产品结构越简单，交易双方的信息越对称，就越容易被市场所接受。

产品定价是最关键的设计环节，应用债券定价的基本原理和特定条款的定价方法，对相应产品做出合理评估。风险收益特性分析则是对已定价的新产品进行风险收益特征分析，情景分析法、在险价值（Value at Risk，VaR）法和数据模拟法等是常用的分析方法。

在完成产品定价和风险收益特征分析后才能对具体的产品结构参数进行设定。其中一个重要环节就是标准化，对交易单位、计价单位、信息披露、交割方式、期限、仲裁机制等进行标准化，为其在债券市场交易提供便利。

3. 设计思路

债券的设计既要满足资金筹措需求，又要满足投资者的收益要求。不同的经济金融环境，不同的资金收益来源，对债券的设计有不同的要求。

通常，债券产品设置基本思路主要是从期限结构、利率决定、担保条件等基础条款着手。而对于碳债券而言，它是以可再生清洁能源为目标的债务融资工具，其核心特点是债券的设计应与清洁发展机制项目收益挂钩。

（1）**与碳减排项目挂钩**。在碳债券的设计思路中，将碳债券与项目本身的实际收益、回收期、项目资产及折旧、企业现金流等情况挂钩，结合项目的实际收益、回收期、项目资产及其折旧，确定碳债券的利率、期限结构、债券担保方式、利息支付方式等债券主要条款。特别地，在甄别项目时，优先考虑发行国家、世界主流社会所倡导的，在技术和经济等方面都优秀的，能够通过有效核证减排认证程序的节能减排项目。

（2）**考虑嵌入低碳资产**。嵌入低碳资产的债券，更加集中于可再生能源行业。这主要有两种方式：一是碳债券设计根据低碳企业股本结构、银行信贷比例等情况，进行合理的期限结构、利率水平设定，引导并调动更多的低碳资金尽快进入低碳经济领域，参与碳减排事业和利益分享；二是碳债券承载不同形式的碳金融资产，如以债券为基础，构建利率产品、附带核证减排额指标产品、附带低碳企业股票转换权的可转换债券等，或将到期交付碳资产实物和到期交付碳资产行使权利嵌入碳债券的合约。

（3）**采用灵活交割方式**。交割方式包括实物交割和现金交割。在实物交割的情况下，碳债券在设定到期日按每张碳债券交付一定数量的核证减排量；在现金交割的情况下，交割的对象是该数量指标所对应的市场价值，该市场价值由预先设定的计算方式确定。灵活的交割方式的采用，能够考虑到期交付碳资产和到期交付碳资产相应的对价。到期交付碳资产是指在碳债券条款设定的交付日期交付指定的碳资产，包括排放权指标、行使购买排放权指标的权利等。灵活的交割方式赋予债券持有人选择的权利，从而可以降低交割风险，提高债券流动性。

（4）**增加与其他市场的关联度**。碳债券设计的市场定位有多种选择。从内容上，与碳债券相关的资产有很多，债券合约条款也有很多。碳债券可以设计成复杂的债券型资产组合，以碳债券作为媒介连通债券、核证减排量现货、期货、期权等市场，以其为依托衍生出其他种类的关联性产品。从形式上，碳债券可以简单地设计成企业债券，也可以设计成新型绿色债券。根据低碳企业股本结构、银行信贷比例等因素，进行合理的期限结构、利率水平设定，引导并调动更多的低碳资金尽快进入低碳经济领域，参与碳减排事业和利益的分享过程。

综上所述，除传统的分期付款债券、一次性还本付息债券可以运用到碳债券的设计中外，其他债券类型如可转换债券、分离交易的债券、抵押债券等仍然可以运用到碳债券的设计中。国际上正在研究的运行模式包括：碳零息抵押债券、与通货膨胀或碳排放价格相关联的碳指数关联债券以及碳常规抵押债券。

4. 设计方案

碳债券的产品设计方案主要针对四个基本要素展开，即碳债券期限、碳债券面值、碳债券票面利率以及碳债券价格。基本要素的确定是在权衡发行人自身的运营状况和市场运行情况之后做出的决定。针对每个要素的含义和对债券发行交易的影响，有不同的参考要点，具体如下。

（1）**碳债券期限的确定**。碳债券的期限决定资金的使用期限，因而，发行人在确定碳债券发行期限时通常要考虑资金的运用周期、资金市场利率走势以及碳债券市场的流动性。

具体而言，对于资金运用周期的考量在于预估债券关联项目的开发期间以及资金运用周期，并保证债券期限与项目资金运用周期相匹配。既可以采用债券期限覆盖整体项目运行期间的形式，也可以采用多次发行债券使债券期限总和与项目运行期间对等。对资金市场利率走势的预测，有助于控制资金成本。如果预期利率下降，则应考虑采用发行短期债券的形式，反之则发行中长期债券。对于碳债券市场流动性的推测，可以采用具有相同或相近信用等级碳债券在市场中的交易频率作为参考。当债券交易市场流动性越低时，应尽量考虑发行短期债券，例如中广核风电在国内发行的首只"碳债券"的发行期限为 5 年。

（2）**碳债券面值的确定**。碳债券的面值相对于其他基本要素而言，其设置弹性最小。面值的设定一般考虑既有的设定惯例和投资者可接受度两方面因素。

设定惯例是从以往相同或同类债券的发行经验中总结得出的，是多次调整后得出的最为适宜的绝对数。如果发行的债券没有既有惯例可循或者需要做出相应的调整，那么投资者的可接受度将成为需要考虑的核心问题。投资者的可接受度决定碳债券是否能够有效发行，是否能在流通市场获得足够的流动性，是否对投资者有吸引力。投资者的可接受度可以通过承销商对发行人的会谈调研报告来确定，或以对二级市场的流动性预测结果作为参考。目前，碳债券的面值一般较大，如世界银行 2013 年发行的绿色债券面值为 1 000 美元。世界银行 2017 年 4 月初向瑞典保险公司 Folksam 发行了两只债券，其中一只面值高达 3 亿美元，另一只面值为 5 000 万美元。

（3）**碳债券票面利率的确定**。碳债券票面利率受发行债券本身的性质、期限、信用等级、利息支付方式以及市场供求状况等因素影响，同时发行人还需要权衡自身的承受能力和投资者的可接受程度，在不违反相关主管部门规定的前提下确定碳债券票面利率。具体而言，碳债券票面利率受以下几个因素的影响。

1）债券的期限。碳债券的期限越长，票面利率就越高；反之，期限越短，票面利率就越低。由于债券偿还期限越长，资金占用的期限越长，此时潜在的风险水平就越高。这些风险包括信用风险、利率风险、宏观经济风险等，而投资者承担的风险越大，就需要越高的利率给予回报。

2）市场利率水平。市场风险水平包括银行储蓄利率水平和流通市场上其他债券的利率水平。如果当前货币供应量偏紧，市场利率可能会逐步提升，银行存贷款利率及其他债券的利率水平也会随之上升，此时债券发行人应考虑设定较高水平的票面利率；反之，债券发行人就可以设定较低水平的票面利率。

3）债券信用等级。债券的信用等级是对债券发行人背景、关联项目质量等因素的综合化评定指标，能够在一定程度上代表发行人到期支付本息的能力。信用等级越高，意味着投资人承担的风险越低；反之，信用等级越低，意味着投资人承担的风险就越高。

4）挂钩资产或项目的运营状况。碳债券的核心特征就是将债券的利率与相关资产或项目挂钩，以项目产生的现金流作为债券还本付息或利息浮动的保证，现金流的大小直接影响投资者的收益水平。在其他条件一定的情况下，与运营状况预期较好的资产或项目挂钩，投资的风险相对较小，债券的票面利率可设置更低的数值；反之，如果运营状况预期较差，票面利率就要设置更高的数值。

5）利息支付方式。利息支付方式包括折扣利息和本息合一等方式。折扣利息，即通过以低于债券票面额的价格发行（即贴水发行），到期后按票面额支付，其中折扣额即为持券人的利息。本息合一，即通过债券到期后的一次还本付息而支付利息。采用不同的利息支付方式，对投资人的实际收益和发行人的筹资成本均有不同程度的影响。一般情况下，按单利计算的债券票面利率应高于按复利计算的票面利率；一次还本付息的票面利率应高于分期还本付息的票面利率。

6）投资者接受程度和发行者的承受能力。一般来说，高的票面利率更能吸引投资者积极购买，但同时也增加了发行者利息偿还的压力，使得筹资成本增加；而票面利率过低，则相对不会吸引投资者，从而阻碍债券的发行。因此，在确定债券的票面利率时，发行人必须评估投资者的接受程度（特别是目标投资者），并根据自身的成本承受能力，加以权衡比较，决定利率水平。

7）主管部门的相关规定。碳债券的票面利率反映了实际的低碳项目或企业融资市场的供求关系。为了稳定金融市场秩序、保持金融市场的融资结构以及配合相关的宏观调控政策，通常会给票面利率的设置框定范围，采用政府直接指导利率或设置最高上限的形式。干扰票面利率设置的国家行为更多出现在市场较不完备的发展中国家，对于发达国家而言，管制较为宽松。

2014年5月12日，中广核风力发电有限公司在国内发行的首只"碳债券"利率的确定，正是考虑了上述因素，该只债券的利率采用"固定利率+浮动利率"的形式。其中，浮动利率部分与发行人下属5家风电项目公司在债券存续期内实现的碳资产收益（即中国核证自愿减排量）正向关联，浮动利率的区间设定为5BP到20BP（BP为基点，1BP=0.01%）。

基于碳债券的创新性和吸引力，此次"碳债券"的发行利率为5.65%，较同期限AAA信用债的利率低46BP，这也充分体现了投资人对附加碳收益的信心。

（4）碳债券价格的确定。碳债券的价格包括发行价格和交易价格，其中交易价格是由二级市场或流通市场供求关系决定的。因此，碳债券设计中价格的确定实际上是指发行价格的确定。发行价格往往受碳债券票面利率和市场利率水平的直接影响，票面利率的核算方法在产品设计之初就已经决定，而市场利率随行就市的变动将使碳债券发行价格的确定复杂化。

一般而言，如果实际发行时市场利率低于碳债券的票面利率，按面值发行会使实际收益率高于市场收益率，此时债券发行人的筹资成本增加。反之，发行的市场利率高于碳债券的票面利率时，投资者实际收益水平低于市场收益率，此时债券也就失去了吸引力。因此，需要根据两种利率的现实差异和金融市场的变化趋势，并同时考虑期限、发行方式、付息方式等因素对价格进行调整。发行价格的基本计算公式为

$$P_i = \frac{P_f \times (1+i \times T)}{1+r \times T} \tag{4-1}$$

式中，P_i 为发行价格；P_f 为债券面值；i 为票面利率；T 为偿还期限；r 为市场利率。

总体而言，碳债券的发行价格参照债券的内在价值，根据不同的计息方式、条款界定，其具体的内在价值均有所不同。当市场利率水平和碳债券的票面利率相接近时，一般会以债券面值作为发行价格。发行价格与市场利率水平成反比。

4.1.5 碳债券价值评估

碳债券的价值评估是一项高度系统化的工作，其遵循收益现值原则和实际变现原则，且对于不同形式的债券采用不同的评估方法。

1. 价值评估原则

碳债券发行品种中绝大部分为中长期债券，其在价值评估中必须遵循收益现值原则和实际变现原则。

（1）**收益现值原则**。碳债券价格最终取决于发行主体的盈利状况，投资者购买债券的主要目的在于获取收益，由此评价或评估债券的价格，就需要把债券的预期收益折现。在该原则下，对于债券收益的准确估计，在于对发行主体的信誉、经营状况、财务状况和盈利能力等综合分析。

（2）**实际变现原则**。债券价格是通过收益水平确定的，但是在允许债券作为金融产品在市场上流通的情况下，其价格也会受到供给、需求以及投机等因素的影响。此时，对于债券的评估需要随行就市，不能排除市场的实际变现情况对债券估值的影响。

2. 价值评估方法

碳债券价值评估主要采用现行市价法和收益现值法。在评估非上市流通的碳债券时，通常侧重于收益现值法；在评估上市流动的碳债券时，通常侧重于现行市价法。

（1）**现行市价法**。采用现行市价法评估债券价值源于流通债券的高流动性。交易价格的高低取决于投资者对于债券的评价、市场利率以及宏观经济等因素，不需要考虑操纵市场、垄断和过度投机的行为。在较为有效的市场中，债券的市场价格基本能够反映债券的内在价值，因此可以用现行市价法评估碳债券的价值。随着债券规模的增大，投资者分散程度的增加，采用市场价格评估债券价值的准确度会逐步提高。

债券价格是预期未来现金流的现值，受折现率影响。采用平价发行时，以初始面值作为发行价格，此时的票面利率等于折现率（市场利率）。通常情况下，债券发行后实际市场利率会不断变化，二级市场中的价格也会发生相应变化。当市场利率下降时，债券价格上升；市场利率上升时，债券价格下降。市场利率和价格呈反向变动的关系，这是金融和经济领域的一个基

本变化规律。同时，债券价格的变动程度还与到期日有关，离债券到期日越远，其价格的变动越大。

值得注意的是，由于债券交易存在不止一种方式，且存在几种交易价格，评估时一般按交易所公布的卖出价为其重新估值。债券在流通市场流转时，其出售的实际价格取决于债券的实际收益和当时的利率水平，用公式表达为

$$P = \frac{R}{i} \tag{4-2}$$

式中，P 为债券的市场价格；R 为债券的收益额；i 为市场的一般利率。

综上得出的价值为债券的内在价值，可能和现实的交易市价有差距。存在差距时，该价值就作为债券的重估价值。

（2）收益现值法。收益现值法评估债券价值的原理：一是估计未来收益的现金流量；二是选取合适的折现率。未来收益的现金流量与债券的利率、还本付息的方式、距离债券到期日的时间等因素密切相关，不同种类的碳债券具有不同的计算方法。折现率又称必要收益率，包括无风险收益和风险价值补偿。折现率在债券资产的评估中具有举足轻重的作用，直接决定资产评估价值的大小。关于折现率的计算有多种方法，常见折现率计算方法如表4-2所示。

表4-2 常见折现率计算方法

折现率计算方法	含义
实际利率	扣除一年期存款利率中的通货膨胀因素。通货膨胀率采用居民消费价格指数或国内生产总值平减指数计算
同期限银行存款利率调整	以同期限的银行存款利率作为无风险利率，再加上一定的风险价值补偿率
同档次的国库券利率调整	以同档次的国库券利率作为无风险利率，再加上一定的风险价值补偿率
通货膨胀率	通货膨胀率的确定方法：一是用当年的居民消费价格指数；二是用国内生产总值平减指数

表4-2中前三种方法计算的折现率存在明显的大小关系，分别为第三种方法的折现率最大，第二种方法的折现率次之，第一种方法的折现率最小。而采用通货膨胀率作为折现率时，其波动较大，特别是在债券期限较长的情况下。由于碳债券的发行期限一般都在五年以上，属于中长期债券，所以选取合适的折现率对价值评估至关重要。

各类碳债券的价值评估方法：从碳债券的设计思路来看，既包括传统的零息债券、固定利息债券，也包括灵活调整利率、嵌入转换权等创新型债券。此处以零息碳债券、固定利率碳债券、浮动利率碳债券以及可转换碳债券四种代表性的碳债券产品为重点阐述价值评估方法。

1）零息碳债券价值评估。零息碳债券是指在发行期限内，不向投资者支付任何周期性的利息，而是把到期价值和购买价格之间的差额作为回报补偿给投资者，即投资者以相对贴水的价格获得债券，持有到期后从发行人手中获得等同于债券面值的货币。这类债券的到期期限一般较长，设定在10年到30年之间，比较适合于投资早期的新能源技术或者是风险较高的国家投资项目。零息碳债券存在的意义在于，帮助新兴行业和公司成长到风险较低、实力足够强大的阶段，再将公司卖出获得盈利，所以被学者们称为"孵化器"。上述效果的获得取决于债券期限较长的设计框架，更重要的是需要政府担保。

采用收益现值法评估零息债券时，每期现金流量为零，故而其估值公式可表述为

$$P = \frac{P_0}{(1+r)^n} \tag{4-3}$$

式中，P 为市场价格（债券的现值）；P_0 为债券面值；n 为债券的发行期限；r 为折现率。

进一步扩展到折现率可变的情形，持有期各年的折现率分别为 $r_1, r_2, \cdots, r_n$ 时，购入时债券的现值可表述为

$$P = \frac{P_0}{\prod_{k=1}^{n}(1+r_k)} \tag{4-4}$$

与零息碳债券具有相似原理的是采用折价发行的债券。由于该类债券的票面利息收入低于同类债券的利息，要使投资者实际收益率达到应有水平，就必须采用折价发行的方式。零息债券和折价发行的债券都是以折价形式发行，而不同之处在于零息债券不需要在债券期限内支付任何利息，而以到期价值和买入价格的差额补偿投资者，折价发行则需要支付一定金额的利息，采用折价方式补偿较低的利率。

2）固定利率碳债券价值评估。固定利率的碳债券为碳债券中采用较少的一种形式，与传统的固定利率债券大致相同。固定利率碳债券中的典型代表为国际金融公司在中国香港发行的第一只以人民币计价的债券，是年利率为 1.8% 的 5 年期债券，共筹集到 1.5 亿元人民币资金，用以支持开发提高能源利用率和减少温室气体排放的新技术。

通常情况下，固定利率碳债券采用分期付款的形式。分期付款债券不计算复利，因此应按照单利贴现。假设债券的固定票面利率为 i，采用分期付息方式付息，且不计复利。购买时和购买后某一时点债券现值采用如下两个公式进行评估：

$$P = P_0 \left(\sum_{s=1}^{n} \frac{i}{1+rs} + \frac{1}{1+nr} \right) \tag{4-5}$$

$$P = P_0 \left(\sum_{s=1}^{n} \frac{i}{1+rs} + \frac{1}{1+mr} \right) \tag{4-6}$$

式中，s 为到期的年份；i 为债券的票面利率；m 为实际持有期限；其余符号含义同前。

进一步扩展分期付款，按单利贴现的情形，假设折现率可变，即持有期各年的折现率分别为 $r_1, r_2, \cdots, r_n$ 时，购入时债券资产评估的表达式则为

$$P = P_0 \left(\sum_{s=1}^{n} \frac{i}{1+\sum_{k=1}^{n} r_k} + \frac{1}{1+\sum_{k=1}^{n} r_k} \right) \tag{4-7}$$

3）浮动利率碳债券价值评估。采用浮动利率的碳债券占有相当高的比例，一般均为中长期的附息债券。浮动利率通常根据某一市场的基准利率加上一定差额来确定，差额的大小取决于关联低碳项目（主要为清洁发展机制项目）的现金流、关联碳资产（如核证减排量）的价格或碳交易指数，并在事先约定的时间间隔内进行调整。

浮动利率碳债券价值评估时，包括两个部分：一是计算每期计息利率水平；二是根据计息利率确定每期现金流，再贴现到当期确定债券价值。

实践中代表性浮动利率的确定方式主要有两种：一是按照基准利率加上固定的基点确定，利率水平随着基准利率的变动而变动；二是采用联动的方式，直接挂钩项目现金流、碳资产价

格或相关资产价格组合，按照公式或条款要求进行调整。

4）可转换碳债券价值评估。可转换债券是指依据持有者的意愿可以转换为一定数量股票的债券。债券发行时，企业通常为其发行的债券附加转换的条款以降低债券的利率。对于上市公司和非上市公司而言，由于转股价格具有差异性，债券的价值评估方式也有所不同。在碳债券的发行中，将可转换条款加入债券合约中多被用于上市公司。上市公司采用可转换债券是为了进一步改善债务水平，减少利息支出和流动资金。英利绿色能源控股有限公司作为一家领先的太阳能公司，在2009年与Trust Bridge合作伙伴签订可转换债券协议，协定以固定转换率进行转换，有效期至2012年。上市公司可转换债券的价值评估需要考虑分红和股权稀释两种情形。

【情形一】上市公司可转换债券的价值评估（分红和不分红的情形）

随着股票价格升高，投资者转换债券可以获得股票的差价收益，此时的转换权具有较大吸引力。企业发行可转换债券的利率较低，降低了上市公司的资金使用成本，同时也丧失了部分股票的控制权。此时，转换价值为债券可以转换为股票的当前市场价格。转换选择权是看涨期权，因此价值的决定可参照看涨期权的变量计算方法。这些变量包括：标的股票的价格、转换比率（决定执行价格）、可转换债券的期限、股票价格波动的方差和利率水平等。

可转换债券价值由两部分构成：一是债券本身价值；二是转换选择权的价值。具体方法如下：

步骤一：可转换债券纯债券的价值评估

假定可转换债券期限为 n 年，面值为 P，采用分期付息方式付息，年利率为 i，按单利计息，则纯债券的价值可采用前文提到的评估公式计算，如下：

$$P_1 = P_0 \left[\sum_{s=1}^{n} \frac{i}{(1+r)^s} + \frac{1}{(1+r)^n} \right] = \frac{P_0 \times i}{r} \left[1 - \frac{1}{(1+r)^s} \right] + \frac{P_0}{(1+r)^n} \tag{4-8}$$

步骤二：可转换选择权价值评估

可转换选择权价值评估存在三个特征：可转换选择权的期限较长，可转换选择权将导致股权稀释，可转换选择权经常在到期前被执行。可转换选择权期限较长，使得关于标的股票价格波动的方差固定和股利支付固定的假设不成立。因而，运用看涨期权的布莱克－斯科尔斯期权定价模型时，应允许标的股票价格波动方差、提前执行规则以及股权稀释效应使评估更贴近现实。

不进行分红处理时，单一可转换选择权的价值为

$$P_2 = sN(d_1) - ke^{-rt}N(d_2) \tag{4-9}$$

$$d_1 = \frac{\ln\left(\frac{s}{k}\right) + (r+\sigma^2/2)t}{\sigma\sqrt{t}}$$

$$d_2 = d_1 - \sigma\sqrt{t}$$

式中，s 为上市公司股票的当前价格；k 为可转换选择权的执行价格；t 为距离选择权到期日的时间；r 为转换期的无风险利率；σ^2 为上市公司股票价格波动的自然对数的方差 $N(x)$ 为标准正态分布。

当进行分红处理时，单一可转换选择权的价值为

$$P_2 = se^{-yt}N(d_1) - ke^{-rt}N(d_2) \tag{4-10}$$

$$d_1 = \frac{\ln\left(\dfrac{s}{k}\right) + (r-y+\sigma^2/2)t}{\sigma\sqrt{t}}$$

$$d_2 = d_1 - \sigma\sqrt{t}$$

式中，y 为股利收益率；其余符号含义同前。

步骤三：面值为 P_0 的可转换债券价值评估

$$P = P_1 + P_2 \times \varepsilon \tag{4-11}$$

式中，ε 为可转换债券的转换比率。

大多数可转换债券都具有在企业以低于转换价格发行新股、对股票进行分割或向股东支付股利的情况下，允许对转换比率进行调整的条款，转换价格的设定也可能降低到新股发行价，因而此处不将确切的转换比率列举出来，可转换债券的价值也受到这些条款的影响。

【情形二】上市公司股权稀释调整

首先，对预期股票价格进行除权处理。

对于上市公司而言，可转换债券转换成股票后增加了总股本，稀释了每股收益，转股后每股价值就会发生变化。因而，需要对预期股票价格做相应的除权处理，稀释后除权的流通股价格 s' 的计算公式如下：

$$s' = \frac{sn_s + cn_c}{n_s + n_c} \tag{4-12}$$

式中，s 为上市公司股票的当前价格；n_s 为当前流通股的股数；n_c 为认股权证的数量；c 为认股权证的市场价值。

其次，在执行期权时进行分红处理，那么可转换选择权的价值为

$$P_2 = s'e^{-yt}N(d_1) - ke^{-rt}N(d_2) \tag{4-13}$$

$$d_1 = \frac{\ln\left(\dfrac{s}{k}\right) + (r-y+\sigma^2/2)t}{\sigma\sqrt{t}}$$

$$d_2 = d_1 - \sigma\sqrt{t}$$

再次，对认股权证做如下除权处理：

$$c = P_2 \times \frac{n_s}{n_s + n_c} \tag{4-14}$$

$$P_2 = c \times \frac{n_s + n_c}{n_s} \tag{4-15}$$

将 s' 代入式（4-13）可以求出 P_2 的值，再将 P_2 代入式（4-14），就可以解出 c。值得注意的是，式（4-14）难以求出 c 的显式解时，可以通过逐步逼近法求出 c 的值。

最后，可以求出每张可转换债券的价值，得

$$P = P_1 + n_c \times c \tag{4-16}$$

式中符号含义同前。

4.2 碳资产抵质押融资

4.2.1 碳资产抵质押融资概述

1. 碳资产抵质押融资基本原理

在企业碳减排过程中，必然需要消耗相应的资源，而这些资源的占用会增加企业日常经营的负担。当然企业可以选择将减排所获得的富余碳资产直接出售以获利，但如果交易市场缺少合适的买方或者价格难以达到预期，企业便不能及时从减排中获取对等的收益，资金压力必然增大，这也会妨碍后期减排工作的顺利开展，甚至会对日常生产活动产生不利影响。缺乏碳减排所必需的资金支持，是许多企业选择不减排或者消极减排的原因之一。而碳资产本身就具有很大的价值，如果选择合适的金融机构将碳资产进行质押取得授信，便能获取一定数额的资金。在碳资产充足或企业减排前景较好的条件下，融资规模将十分庞大，甚至可能超过碳资产本身价值，这充分体现了碳资产质押融资的"杠杆"作用。

减排企业能够从碳资产质押融资中获得减排所需资金，从而在一定程度上缓解企业压力，为下一轮开展减排"蓄力"，同时有利于企业进行更合理、更优化的资源配置。在此情景下，企业有足够的资本和精力投入减排工作，减排效果会不断改善，企业内部也会形成良好的减排循环。久而久之，减排企业的减排能力会不断提高，产生更多可供交易和质押的碳资产。近年来，国内一些商业银行（如兴业银行、上海银行等）均陆续开展碳资产质押担保融资业务，为企业提供较大便捷，实现了经济和环境的双重效益，也充分说明了碳资产质押融资具有实际可行性。从根本上来说，碳资产质押融资得以开展的基础是碳资产的交易机制。虽然目前银行、信托等金融机构大多是风险厌恶型的，特别是对新兴的碳资产持有更为谨慎的态度，但是碳资产可以在市场上实现自由交易，具有较强的变现能力，即使在企业不能偿还贷款的情况下，也能通过拍卖、转让等途径弥补相关机构的损失，因而能被接受作为融资质押物。

2. 碳资产的可质押性

传统意义的质押或抵押贷款，金融机构都会要求企业提供具有一定价值的固定资产，如厂房、设备，或者股票、债券等权利资产，有时也会要求第三方进行担保。而在碳资产质押融资中，碳资产已经被金融机构所认可，视同为具有价值的一般资产，虽然在会计科目归类方面尚且存在分歧，但是碳资产仍然可以被自由质押，具有可担保的价值，那么碳资产的可质押性从何而来？

（1）**碳资产本身的特性**。碳资产具有四个方面的基础属性，这些特性从各方面综合决定了碳资产具有可质押性，在质押融资选择时可以考虑。第一，碳资产能够以被持有或被交易的方式消耗，以不同方式给企业带来经济利益流入，说明碳资产的价值并不局限于单个企业。第二，减排能力的差异导致碳资产只为少数企业所持有，稀缺性导致的价值体现满足了质押物具有价值的要求。第三，碳资产的反外部性有利于解决碳减排环节的重要问题，使得高排放企业以购买碳资产的方式完成减排任务，减排企业也会得到相应的减排回报。第四，随着我国碳交易市场逐年活跃发展，碳资产逐渐成为企业投资决策时所必须考虑的因素之一，已然彰显了碳资产具备金融资产的属性。这些均表明碳资产不仅具有一般资产所具备的基本属性，而且衍生出的其他属性也完全符合质押物的要求。

(2) 碳资产在法律层面的准物权和财产权特性。一方面，从碳资产的基本含义来看，碳资产是企业由于减排而拥有的碳排放权剩余，即权利人对环境容量的使用和收益而所拥有的权利。虽然这与一般物权有所差异而被定性为准物权，但按照《中华人民共和国民法典》的规定视同为物权而准用。另一方面，《中华人民共和国担保法》规定用来质押担保的质押物，出质人必须对其拥有所有权或处置权。质押担保的核心内容在于财产权的交换，即债权人在债务人不履约时有权处置质押财产，以维护自身债权的实现。而根据前面的分析，不管是从自身减排还是购买所得，碳资产已经为企业所拥有并可以用于消耗或投资，且没有任何第三方争议，明显具有财产属性，完全达到了质押物的规定。

(3) 企业间碳资产的自由流通转让。在碳资产发展初期，可以允许试点企业之间买卖碳资产，而随着近几年碳交易的不断盛行，专业交易机构的兴起，碳资产逐渐实现企业间的自由流通转让，这就是碳资产能够作为质押物的最实际保证。在传统的银行质押或抵押贷款业务中，不动产、动产和权利资产等均可以被银行或企业用来交易，只是企业暂时没有出售意愿而是选择贷款。倘若不具备这一条件，企业将碳资产向银行质押融资时，银行就会担心款项的安全性问题。一旦企业违约导致贷款无法收回，即使银行持有企业的碳资产，也无法将其出售或者转让手续极为繁琐，银行则会面临损失。这样，银行会在信用审核时拒绝质押贷款业务，即在这种情况下碳资产不具备可质押性。因此，碳资产的可转让性和未来持有待售的收益，保证了碳资产目前的内在价值，提高了质押融资的信用度，显然具备所要求的可质押性。

4.2.2 碳资产抵质押融资流程

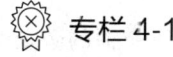

专栏4-1

碳资产抵质押业务

碳排放权质押贷款业务

2014 年，湖北省发展改革委等相关部门向湖北宜化集团及下属子公司核定发放碳配额400万吨，配额市值8 000万元。

同年9月9日，兴业银行武汉分行、湖北碳排放权交易中心和湖北宜化集团有限责任公司（以下简称"宜化集团"）三方签署了碳排放权质押贷款和碳金融战略合作协议，宜化集团利用自有的210.9万吨碳排放配额在碳金融市场获得兴业银行4 000万元质押贷款，该笔业务单纯以国内碳排放权配额作为质押担保，无其他抵押担保条件，成为国内首笔碳配额质押贷款业务。

碳排放权抵押贷款业务

2014 年 12 月 24 日，国内首单碳排放配额抵押融资业务落地广州大学城。广州大学城华电新能源公司以广东省碳排放配额获得浦发银行500万元的碳配额抵押绿色融资。

该笔业务由广州碳排放权交易所作为业务支持机构，配合广东省发展改革委出具广东碳配额所有权证明，在广东省碳排放配额注册登记系统进行线上抵押登记、冻结，并发布抵押登记公告。放款成功后，广州碳排放权交易所每周为浦发银行提供盯市管理服务，严格管理业务风险。

2019 年中国建设银行股份有限公司广州花都支行与广州市花都区一家纸业公司向广州碳排放权交易所提交了碳配额抵押登记申请，该纸业公司将碳配额作为贷款抵押物中的一部分，其他抵押物为其固定资产，向中国建设银行股份有限公司广州花都支行成功融资 200 万元人民币。该控排企业原有银行抵押贷款利率超过 8%，由于在抵押品中配置了碳资产，中国建设银行股份有限公司广州花都支行以低于原利率 30% 的优惠利率为其发放贷款，该笔融资利率为 5.70%，大大降低了融资成本。此外，该笔业务中，中国建设银行股份有限公司广州花都支行联合广州人保财险、广州碳排放权交易所推出了国内首笔针对碳排放权抵押贷款的保证保险，实现了风险共担。

资料来源：碳排放交易网，http://www.tanpaifang.com/tanjinrong/2020/0513/70725.html。

碳资产作为企业的新型财产，具有融资应用价值，这就决定了企业是碳资产质押融资的最初发起者和最主要参与者。

首先，在进行质押融资决策时，企业以自身的资金情况为中心，结合各方面情况综合考虑，如碳资产的数量、碳市场情况、质押风险等，决定是否通过质押融资的途径获得资金。从多数情况看，规模越小、资金越有限的企业，对碳资产质押能够获得的资金数额越敏感。

其次，企业在决定开展碳资产质押融资后，会将碳资产凭证质押给银行，银行会派专人对企业的碳资产状况进行全面评估，同时会关注其他重要条件，如贷款的用途、目前的财务情况或者减排的计划安排等，也会向碳资产管理机构咨询、寻求企业减排的相关信息，经过多方位评估后再决定是否批准这笔业务。企业在取得银行的授信后，经过一系列手续办理，就能收到相应资金用于专项减排。

最后，质押贷款到期后，如果企业能够进行正常的还款，那么银行就会归还所质押的碳资产凭证，这笔业务也就宣告结束。但是，如果企业缺乏偿还能力，企业应该提前和银行申请款项的延期，如果银行对企业状况进行再评估后，发现企业在未来也缺乏还款的能力，就会拒绝贷款延期申请，要求企业立即还款。在这种情况下，企业若依然不能还款，银行则会将相当于贷款价值（本金、利息加滞纳金等）的碳资产在交易市场上公开拍卖，所得收入用于弥补银行的贷款损失，剩余的碳资产归还企业；如果全部碳资产拍卖后还存在未归还资金，则这部分会计入该企业的贷款账户。在这个过程中，部分银行可能会缺乏对碳资产的价值评估能力或没有碳资产交易的资质，在这种情况下，银行可以预先和碳资产管理机构签订协议，让管理机构代为行使拍卖、出售碳资产的权利。

4.2.3 供应链碳资产质押融资应用

1. 项目简介

在对公司现有情况进行全方位考察的基础上，M 公司管理层经过多次会议讨论后决定，公司于 2019 年 1 月开始试点进行模式的引入，以 1~3 月为一个试点期，旨在发现其中的重要问题和相应的解决办法。晋煤集团作为该供应链的核心企业，了解并分析了现有供应链企业的减排情况，决定从供应链中选择 10 家企业，其中减排主体和控排主体分别为 6 家和 4 家。包括 M 公司在内的供应链企业的日常交易较多，对彼此情况都比较了解，企业关系较为融洽。

在项目开始前，M 公司先对自身现有的组织架构进行优化，原先的安全环保部并未达到融资模式所需的基本要求，所以公司决定成立专门的碳资产融资项目组，小组成员分别来自财务部、安全环保部和生产部。小组成员多元化的专业背景使项目组既有融资必备的财务知识，又知悉公司的碳排放情况，具有评估碳资产的能力。另外，截至 2018 年年底，公司的碳资产剩余数量为 530 万吨。2019 年年初碳配额预分配数量为 350 万吨（每季度预计为 175 万吨）。结合公司近几年碳资产的消耗情况来看，公司第一季度生产预计所需碳资产 95 万吨，产生富余碳资产 80 万吨，这样 M 公司就会有 610 万吨碳资产用于第一季度的融资项目。

2. 主要运行过程

项目开始后，M 公司会将可质押的碳资产数量提交给核心企业汇总，出于对未来不确定性的考虑，公司决定留有 110 万吨碳资产的储备，以 500 万吨碳资产参与项目。同时，融资项目组负责对接核心企业、监督公司的碳资产使用进度、处理日常问题等。表 4-3 展示了融资模式开展过程中的主要工作。

表 4-3 2019 年 M 公司融资试点项目进展表

截止日期	主要工作	参与对象
1 月 10 日	分析减排情况、资金情况	晋煤集团、10 家试点企业
1 月 20 日	提交碳资产预计可交易量	晋煤集团、6 家减排企业
1 月 30 日	提交碳资产预计购买量	晋煤集团、4 家控排企业
2 月 20 日	进行供应链内部碳资产交易	晋煤集团、10 家试点企业、交易机构
2 月 28 日	评估富余碳资产价值	晋煤集团、10 家试点企业、银行、评估机构
3 月 10 日	办理质押贷款手续	晋煤集团、6 家减排企业、银行、政府部门
3 月 20 日	款项发放、资金分配	晋煤集团、6 家减排企业、银行

在供应链内部，和其他企业相比，4 家控排企业碳排放量较高、减排压力突出，因而被选为试点减排项目的成员，出于公司因素和项目情况的综合考虑，提出总计 2 000 万吨的初步减排目标。除 M 公司提交的 500 万吨碳资产外，其他 5 家减排企业共计提交 2 100 万吨碳资产，因此可供分配的碳资产合计为 2 600 万吨。然后，核心企业联合 10 家企业进行供应链内部碳资产的交易，该阶段需要碳交易机构辅助，以支持碳资产权属的转移，并按照一定比例、合理的价格从每家减排企业中划出碳资产，最终形成 600 万吨富余的碳资产。这样，4 家控排企业就完成了此次减排任务，取得了预期减排效果。下一步工作，就是将供应链整体的 600 万吨碳资产向银行进行质押贷款。

晋煤集团凭借自身良好的信誉，和建设银行湖北分行取得联系，该银行在对供应链贸易情况和参与的成员企业进行整体考察后，决定进行融资项目的合作。而早在 2018 年，该银行已经和宜昌市人民政府签订合作协议，未来三年内会提供充足的融资支持，而这次宜昌市人民政府的有关部门也出面参与碳资产质押业务的办理,以促成此次试点项目的完成。建设银行湖北分行也邀请了专业资产评估机构协助,对 600 万吨质押碳资产进行价值评估,结果表明该部分资产是 M 公司等主体合法拥有,具有一定价值且可转让,并出具了相应的评估报告。在此基础上,银行实施了信用评级、风险再评估、贷款审批等程序,最终给予 3.6 亿元的资金支持,按照各企业协商的碳资产质押比例将资金发放到对应账户上。

3. 交易定价过程

在将供应链碳资产向银行质押贷款前,供应链内部已进行过碳资产交易,即 4 家控排企业向 6 家减排企业购买碳资产,其中 M 公司在此环节出售了 350 万吨碳资产,涉及碳资产的交易定价问题,价格的公允与否直接关系到参与主体的意愿。结合前面的内容可知,此融资试点项目才刚刚起步,工作的重点在于调动减排主体的积极性,以促进融资模式的推广。因此,该情况下的碳资产价格 P_1 应满足:

$$P_1 > P_2 - \pi_2 - 2\sqrt{\frac{t\pi_1}{q}} \tag{4-17}$$

式中,P_2 表示碳资产市场价格;π_1、π_2 分别表示政府固定和变动补贴;t 为供应链减排成本分摊系数;q 为低碳产品产量。

据湖北省碳排放交易中心数据显示,2019 年 2 月 11 日到 20 日之间的碳资产市场价格波动较小,但为避免春节休市的影响,因而取 10 日内碳交易均价 30.58 元作为市场价格。此外,宜昌市人民政府较为关注此次试点项目,并给予一定的资金支持。区别于传统的固定补贴方式,政府部门还另外增加了变动补贴形式,预期的激励效果更佳,具体内容是每家减排企业先分别获得 100 万元的固定补贴,在此之外每单位碳减排量变动补贴为 1.5 元。对于 M 公司来说,所交易的 350 万吨碳资产包含了 525 万元变动补贴,且基于公司目前的减排能力可换算出低碳产品的产量是 700 万吨。最后,由于该供应链的协同减排尚未完全形成,只有少数减排成本能够分摊或转移,目前单位低碳产品减排成本分摊系数仅为 3。

因此计算可得出,$P_2 - \pi_2 - 2\sqrt{\frac{t\pi_1}{q}} = 27.77$,即供应链碳资产价格 P 需高于 27.77 元,M 公司在内的减排企业才会有参与意愿。同时交易定价还需要考虑控排企业等其他主体的利益,碳资产价格也不宜偏高,最终确定为 28.5 元。M 公司出售了 350 万吨碳资产,从中获得 9 975 万元,加上 625 万元的政府补贴,总共可获得现金收入 10 600 万元,而 M 公司将剩余的 150 万吨碳资产提交供应链质押银行,获得 9 000 万元贷款额度,这些都极大缓解了公司现有的资金困境。

4.3 碳资产回购

4.3.1 碳资产回购概述

碳资产回购一般是指碳市场的交易参与人向其他机构交易参与人卖出碳资产,并约定在一定期限后按照约定价格回购该碳资产,从而获得短期资金融通。碳资产回购融资包括初始卖出交易和购回交易两个子交易。目前，我国福建省已经出台了碳资产回购交易的相关规则。北京、深圳、湖北等碳市场虽然未出台相关规则，但也实际开展了碳资产回购交易业务。这些交易都以碳配额回购交易为主，只有福建碳市场明确规定国家核证自愿减排量、福建林业碳汇（Fujian Forestry Certified Emission Reduction，FFCER）也可以作为碳资产回购交易标的，与碳配额回购交易适用同一个交易规则。

国内首例碳资产回购交易出现在2014年的北京环境交易所，当时中信证券股份有限公司向北京华远意通热力科技股份有限公司购买了1 330万元的碳配额。2016年，我国完成第一单跨境碳配额回购交易，交易标的为400万吨碳配额。在该交易中，英国石油公司（以下简称"BP"）以约定价格购买深圳妈湾电力有限公司（以下简称"妈湾公司"）400万吨碳配额，妈湾公司将这笔境外资金用于企业的低碳发展。此后，妈湾公司再按照约定价格从BP手中回购400万吨碳配额，从而完成此次跨境碳配额回购交易。在本案例中，妈湾公司得以利用BP提供的资金投入本公司可再生能源的生产，优化发电产业结构，构建自己的低碳能源体系。

将碳配额回购融资交易的结构进行拆解，可以发现这种回购融资其实可以理解为一种让与担保。目前我国立法和司法实践普遍认为，只有在不违反"禁止流质流押"规定的前提下，让与担保具有法律效力，即担保双方不能约定，若担保方不能按约履行债务，担保物归担保权人所有。因此，在碳配额回购交易项下，若碳资产卖出方无法在约定的时间购回碳资产，碳资产买入方可能不能直接成为碳资产的所有权人，仅能就碳资产折价、拍卖或变卖所得价款优先受偿。碳资产回购交易合同中若有此类"流质流押"的约定可能会被法院认定为无效。

4.3.2 碳资产回购流程

碳资产回购（一般指碳排放配额回购）指重点排放单位或其他配额持有者向碳排放权交易市场其他机构交易参与人出售配额，并约定在一定期限后按照约定价格回购所售配额，从而获得短期资金融通的碳融资工具。碳资产回购也是为了融资，企业先低价卖给碳资产机构获取资金，到期后再按照约定好的价格高价赎回。

目前国内只有福建碳市场专门出台了碳资产回购交易的规则。福建碳市场中碳资产回购交易被称为约定购回交易，交易中的购买方必须申请约定购回交易业务资格，且单笔约定购回交易的数量应当为1万吨或其整数倍，不可进行拆分。交易双方将向交易所共同提出初始交易申请，提交交易申请表和书面约定购回交易合同用于备案；在购回交易时，再共同向交易所提交交易申请表，提出购回交易申请。除此之外，福建碳市场对碳资产回购交易还采取了风险控制措施，如要求控排企业参与的回购交易，交易日和到期日必须在同一履约年度内。同时福建碳市场会结合初始交易价格等因素冻结碳资产购买方账户中一定比例的碳资产，以保障碳资产购买方能在约定的时间交付足额的碳资产。鉴于碳资产价格的波动性特征，在约定购回日碳资产的价格可能已经高于约定的购回价格，如果碳资产购买方需要临时购买碳资产以履行回购交易下的交付义务，可能会受到损失，因此这种风险控制措施也反向保护了碳资产购买方。

4.4 碳资产托管

4.4.1 碳资产托管概述

　　碳资产托管是指碳资产持有主体（包括控排企业和投资机构）将其持有的碳资产委托给经碳排放权交易中心审核的、具有托管业务资质的会员进行集中管理并代为交易的碳资产管理方式。狭义的碳资产托管主要是指碳配额托管。具体而言，双方签订碳配额托管协议，约定接受托管的碳配额标的、数量和托管期限、可能获取的资产托管收益的分配原则、损失共担比例以及约定交易目标无法兑现时的补偿方式等内容。而广义的碳资产托管是指控排企业将与碳资产相关的工作交给专业的托管机构托管，包括国家核证自愿减排量开发、碳资产账户管理、碳交易委托与执行、低碳项目投融资、相关碳金融咨询服务等。第4.4节讨论的对象是狭义的碳资产托管。

　　由于控排企业通常为实业企业，对碳资产交易市场以及交易规则并不熟悉，且往往由于缺少金融市场的分析和交易能力，一般不了解如何在交易市场通过碳配额的买卖或者利用碳远期等金融衍生品工具带来额外收益并降低碳价波动带来的风险，由此碳资产托管业务应运而生。碳资产托管机构可以利用其在资产管理方面的知识，在控排企业保证履约的情况下，帮助企业形成利用市场管理风险的经验和基础，以盘活碳资产，实现资产增值。

　　2014年12月9日，全国首单碳资产托管业务在湖北省落地。湖北兴发化工集团股份有限公司将其名下的100万吨碳配额交由武汉钢实中新碳资源管理有限公司和武汉中新绿碳投资管理有限公司托管。2015年1月23日，超越东创碳资产管理（深圳）有限公司与深圳市芭田生态工程股份有限公司也签订了深圳碳市场首单碳资产托管服务协议。此后，碳资产托管业务在我国逐渐发展起来。尽管目前全国碳市场并未出台关于碳资产托管业务的规范性文件，但广州、深圳、湖北等地的碳交易中心已经发布相应的碳资产托管业务指引和实施细则。

4.4.2 碳资产托管流程

1. 资质门槛

　　由于碳资产托管服务带有很强的理财属性，各地碳市场对托管机构的资质要求都很高，一般需要申请者有足够的资金实力和在碳交易方面有丰富的从业经验。例如，广州碳排放权交易所在《广东省碳排放配额托管业务指引》中除要求需要向广州碳排放权交易所申请托管业务资质，并签署业务承诺书外，还要求托管机构净资产不得低于500万元人民币。湖北省碳排放权交易中心发布的《配额托管业务实施细则（试行）》不仅要求申请认证的托管机构注册资本不低于1 000万元，还要求托管机构经营管理团队中含有至少一名拥有湖北碳交易员从业资格证的成员，还要满足申请单位及其股东或其母公司近2年内无重大违法违规行为记录等其他要求。其余碳市场对托管机构的资质要求也远远高于普通的自营会员。

2. 业务流程

　　根据各地的碳资产托管业务规则或操作指引，碳资产托管业务流程（见图4-2）大致分为以下几个步骤：

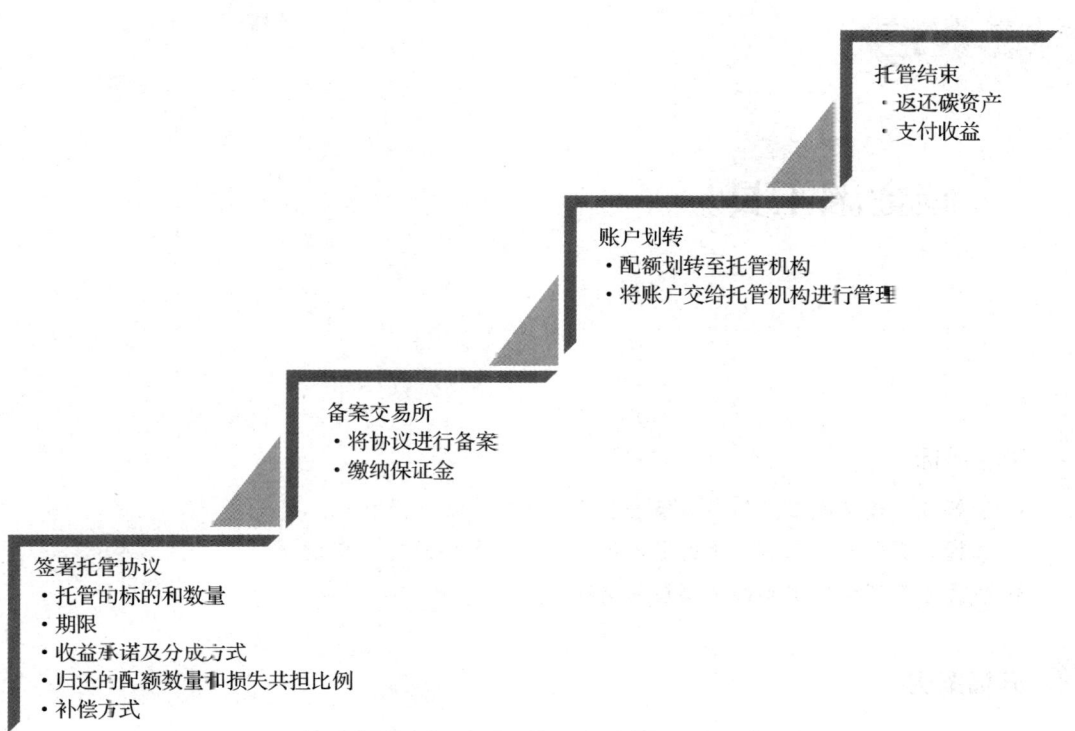

图 4-2　碳资产托管业务流程

首先，委托方与托管机构签署托管协议。一般托管协议都必须包括托管的标的和数量、期限、收益承诺及分成方式、归还的配额数量和损失共担比例以及约定交易目标无法兑现时的补偿方式等内容，具体细节以双方约定为准。对于控排企业，需要注意的是地方碳市场可能对其可用于托管的碳配额有数量限制。例如《广东省碳排放配额托管业务指引》规定"控排企业当年度发放的免费配额可用于托管的数量比例应限制在50%以内，其他年度履约后剩余的配额不受此限制"。

其次，委托方和托管机构要将托管协议提交给交易所进行备案。此外大部分碳市场均要求托管机构缴纳保证金，当托管机构未能按照协议返还给委托方相应的碳资产，造成委托方无法按时完成履约或造成其经济损失，或者托管机构未能兑现收益承诺时，该保证金可以用来补偿委托方损失，协议双方可对保证金的用途及补偿范围在协议中做出更详细的规定。

再次，委托方交易账户中的碳配额将划转至托管机构的账户中，由托管机构进行运作。除直接划转配额外，湖北碳市场还允许委托方直接将交易账户交给托管机构进行管理。

最后，托管协议约定的期限届满后，托管机构将按照协议将碳资产划转至委托方账户，并支付收益；委托方直接将账户交给托管机构管理的，应按照协议的约定将资金转至托管机构指定的银行账户。

第 5 章
CHAPTER 5

碳金融工具

学习目标

1. 了解各类碳金融工具的基本概念、交易的基本原理及特征。
2. 掌握各类碳金融工具定价的基本原理、假设条件及定价模型。
3. 熟悉各类碳金融工具的现实应用情况。

开篇案例

全国两会代表委员热议碳金融产品创新

在我国碳排放权交易市场发展如火如荼的同时，碳金融市场也成为 2023 年全国两会代表委员聚焦的关键词。多位代表委员在今年的建议提案中建议完善多层次碳市场建设，丰富包括碳远期、碳期权、碳期货等碳金融产品体系。

全国人大代表、阳光电源董事长曹仁贤建议，扩大碳市场覆盖范围，鼓励民间自愿交易。市场主体交易的活跃度是碳市场能否发挥减排效果和作用的关键，这对防止碳泄漏、提高出口产品竞争力，实现公平减排，最终实现"双碳"目标意义重大。为此，他提出要坚持先立后破，逐步扩大碳市场的覆盖范围，建议"十四五"期间将更多行业纳入全国碳市场，尽早将水泥、钢铁和电解铝等高能耗行业纳入，并尽快明确纳入的时间节点及碳配额分配原则。同时，他建议完善并丰富全国碳市场的交易品种和交易方式。在当前现货交易的基础上，可借鉴国际碳市场经验，进一步增加如碳远期、碳期权、碳期货等碳金融产品种类，并引入远期交易、展期交易、互换交易等更多交易方式。

全国政协委员、中国证券监督管理委员会广东监管局局长杨宗儒在提案中提出，我国碳市场建设近年来取得积极进展，市场运行框架基本建立，初步打通了各关键环节间的堵点、难点。从成熟经验看，碳交易市场是一个多层次市场体系，一般包括现货市场和期货等衍生品市场。为了提高碳定价效率、促进我国碳市场高质量发展、服务绿色低碳转型，建议在完善碳现货市场制度建设、加强碳市场数据质量建设的基础上，强化期现联动，研究推出与碳排放权相关的期货品种，加快建设中国特色多层次碳市场，服务绿色低碳转型。在杨宗儒看来，需要研究推出碳排放权相关的期货品种，建设一个价格有效、功能完备的全国碳市场。碳排放权期货市场通过各类交易者的撮合交易、中央对手方清算等方式，可提供连续、公开、透明、高效、权威的远期价格，进而提升碳市场运行效率，并为企业提供风险管理工具。建议推动期货市场适度先行，依托广期所积极推进碳期货市场发展，进一步完善碳定价体系，提高碳定价效率，促进我国碳市场高质量发展。

全国政协委员、上海市政协副主席钱锋在关于完善我国碳交易市场机制的提案中表示，当前，我国碳交易市场面临企业碳排放监测体系较弱，未形成有效的碳市场价格机制，市场参与主体单一、交易不活跃、交易品种有限、碳交易法规体系不完善等问题。对此，他建议，完善碳排放核算、报告与核查机制；提升碳市场价格杠杆功能，扩大市场参与主体、提升市场活跃度；丰富碳金融产品体系，完善碳交易市场法律法规，研究出台碳排放权交易管理条例；更好地发挥碳交易机构服务和管理功能。

总的来看，我国碳市场自 2021 年 7 月推出以来，市场机制逐步建立并运转，定价机制逐渐完善，但同时也存在着交易方式原始、流动性不足、风险管理工具缺乏等发展局限。在此背景下，与碳现货市场的发展相辅相成的碳金融衍生品市场的推进备受市场期待。

谈及目前我国碳金融市场的发展情况，中信建投期货金属首席分析师江露表示，随着我国碳市场的形成，为了推进企业碳资产管理、活跃碳市场交易，各地对碳金融市场的创新也层出不穷，涵盖了除碳期货以外的各类主要碳金融工具。但从目前来看，我国碳金融市场仅培育出依托碳配额和碳信用两种基础碳资产开发的部分金融工具，还没有形成一个完整的体系，参与市场的金融机构和企业也十分有限。

方正中期期货金融衍生品资深研究员彭博认为"碳排放权市场目前发展加速，但仍然局限在扩大现货市场多元参与主体的阶段，目前的措施包括允许金融机构自营碳排放权交易以及鼓励试点碳基金"。

探索完整的碳金融市场发展对现货市场有何意义？在江露看来，结合欧盟碳衍生工具的运用情况，衍生品在碳市场中发挥着核心作用。其中，控排企业和其他存在碳风险敞口的企业，可以利用碳衍生品来管理碳价波动风险。此外，衍生品市场通过提供有关碳资产的前瞻性信息，在提高透明度、价格发现和市场效率方面扮演着重要角色，这有助于实现长期可持续发展目标，并向决策者提供有关碳价监管的有用信息。投资者可以依靠碳衍生品的价格信号来评估其投资组合中的气候变化风险，进而管理风险并分配资本，从能源转型机会中受益。

在业内人士看来，未来我国碳期货的上市值得期待。2021 年至今，监管部门多次发声支持推进碳期货上市。2022 年年底以来，广东省发展改革委、广东省人民政府也相继印发相关方案，提出在广州期货交易所（以下简称'广期所'）研究上市碳排放权期货品种。

"当前广期所已经把碳排放权期货作为重点品种在推进，但客观来说目前上市的条件仍不太成熟。一方面，全国统一现货市场并未完全形成，市场参与主体仍然非常有限，比如目前钢铁、有色等企业还未能充分介入碳排放现货市场；另一方面，市场对于碳排放的运营机制以及制度体系仍需培育以及建设。"彭博认为，总体来说，目前碳期货市场建设仍然处于准备阶段，碳期货的上市恐怕仍需等待一段时间。

江露表示，后续建议有关部门加快推进碳期货等衍生品的相关筹备工作，未来碳衍生品市场的构建可以弥补现货市场流动性不足、交易信息不透明、价格信号失真等问题，从而积极助力国家应对气候变化挑战。

资料来源：《期货日报》。

5.1 碳远期市场

5.1.1 碳远期概述

1. 碳远期的界定

远期合约（Forward Contract）是指交易双方约定在未来某一确定的时间，以当前约定的价格购买或者出售一定数量某种资产的合约。该资产被称为基础资产（Underlying Asset），也称标的资产，约定的价格被称为交割价格（Delivery Price），确定的时间被称为交割时间（Delivery Date）。远期合约的购买方称为多头（Long Position），出售方称为空头（Short Position）。当合约到期时，交易双方必须进行交割，空头方付给多头方合约规定的基础资产，多头方付给空头方按约定价格计算出来的金额。

碳远期合约在本质上与一般远期合约相同，特殊的是交易的基础资产为碳单位。所以，碳远期合约是基础资产为碳额度或碳排放权的一种特殊的远期合约。

以碳远期合约为基础而进行的交易就是碳远期交易。碳远期交易源于碳金融市场上的投资者对自己所持有的碳资产保值或避险的需求。由于碳交易市场上碳排放权的价格不单单取决于供求因素，同时还受能源市场波动、政治事件、极端气候的影响，所以价格波动剧烈。为了规避价格波动可能带来的损失风险，投资者需要一种能为碳排放权保值避险的工具，于是碳远期交易应运而生，碳排放权或碳信用便成为远期交易的标的资产，形成了碳远期合约。

目前市场上，有限排、减排需求的国家参与的 CDM 项目大部分为 CDM 远期项目。通常在 CDM 项目之初，项目开发商一般会与碳信用的需求方，签订以核证减排量为标的资产的碳远期合约，约定在未来某一时间将 CDM 项目产生的一定数量的核证减排量按照一定的价格进行交割。碳远期合约为非标准化合约，一般不在交易所中进行交易，而是在场外交易市场进行交易，交易双方根据自身的需要就碳远期合约交割的核证减排量的未来交易价格、交易数量、交易时间及地点等进行洽谈。碳远期交易一方面解决了碳减排项目产生的核证减排量的销售问题，另一方面也使碳信用的需求方可以以固定的成本获得碳信用，避免未来碳价格上涨可能带来的损失。

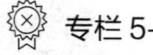 专栏 5-1

加利福尼亚州 Cap-and-Trade 项目的第一笔碳远期交易

美国洲际交易所成立于 2000 年，总部位于美国佐治亚州的亚特兰大，该交易所由全球的一些大能源公司和金融机构组建，然后陆续收购了伦敦石油交易所、纽约期货交易所、加拿大期货交易所及清算公司等机构，成为美国第二大期货交易所。该交易所提供原油、天然气、电力和碳排放权等期货合约的交易。美国洲际交易所是一个全球领先的监管期货交易、清算和场外交易市场的运营商。

2011 年 8 月 30 日，美国洲际交易所公布了一份基于加利福尼亚州排放限额与交易计划（Cap-and-Trade，该计划是加利福尼亚州 2006 年通过立法所规定的 70 项措施之一，旨在到

2020 年把加利福尼亚州温室气体排放降低到 1990 年的水平）的碳配额的远期交易，这次交易包含了 100 份合约，标的资产为 2013 年加利福尼亚州的碳配额，交割数量为 100 000 标准单位，交割日期为 2013 年 12 月份，交割价格为每单位碳配额 17 美元。这一交易是 2011 年 8 月 10 日在 NRG 电力营销有限公司与壳牌能源北美的附属公司之间达成的。这是加利福尼亚州的 Cap-and-Trade 项目的第一份碳远期合约。

壳牌能源环保产品的副总裁 Tom 认为：这个远期合约是意义重大的，不是因为它是第一个，而是因为该远期合约将为加利福尼亚州正处于发展中的碳市场提供一定的流动性，这些额外的流动性使该州的实体企业能够利用有秩序的、可测量的方法去管理自身的减排目标、时间规划和相关成本。由此可以看出，该碳远期合约为加利福尼亚处于起步阶段的碳市场提供了资金，促进了该地区企业的碳减排项目的进行和发展。

资料来源：碳排放交易网。

专栏 5-2

碳远期交易保函业务

2021 年 7 月 16 日，举世瞩目的全国碳市场正式启动交易，华夏银行与国家能源集团龙源（北京）碳资产管理技术有限公司合作落地的碳远期交易保函业务于当日通过全国碳排放权交易系统完成实物交割，这是全国碳市场首笔实现交割的远期交易，是碳金融领域的又一创新。华夏银行为全国碳市场首创的专项碳金融服务，能够帮助碳交易双方提前锁定交易价格，防范有关风险。该模式是金融服务碳资产管理的新路径，是绿色金融在价格发现、风险管理、信用中介等方面发挥作用的集中体现。

资料来源：华夏银行官网。

2. 碳远期交易的基本原理

碳远期交易的基本原理与商品远期交易同出一辙。商品远期交易之所以产生是因为当时的销售商希望通过锁定商品未来的销售价格来规避风险、固定收益。远期合约的购买方通过远期交易规避未来价格上升的风险；远期合约的出售方则通过远期交易避免未来价格下降的风险。例如粮食的销售商从农场收购粮食以后，在零售的过程中面临粮食价格下降可能带来的损失，所以销售商要利用远期合约来确定未来的销售价格，以此来规避风险。同理，碳远期交易的基本原理也是为了规避碳交易市场价格未来波动的不确定性，为了规避价格向不利于投资者的方向发展所带来的风险。投资者期望通过锁定未来的交易价格来减少损失，而碳远期合约就可以实现投资者锁定未来价格的期望。所以，与一般的远期合约一样，碳远期合约的多头方通过碳远期交易来规避碳价格上涨的风险，碳远期合约的空头方通过碳远期交易来规避碳价格下降的风险。我们可以通过一个例子来解释碳远期合约的交易原理。

例如，假定当前碳交易市场上碳排放权的价格是 5 欧元/吨，碳减排项目的开发商为避免碳排放权价格下降可能带来的损失，现在卖出一份一年后到期的以 5 欧元/吨交割 1 000 单位的碳排放权的远期合约。如果一年后碳排放权的市场价格下跌到 4.8 欧元/吨，那么碳减排项目的开发商仍然可以以 5 欧元/吨的价格出售 1 000 单位的碳排放权。这样该项目开发商就成功避免了碳排放权价格下跌所带来的损失,即通过碳远期交易锁定了碳排放权的未来价格,避免了 200 欧元的损失。反之,如果一个投资商在一年后打算购买 1 000 单位的碳排放权,为了规避一年后碳排放权价格上涨的风险,他可以现在购买上面所提到的那一份一年后到期的远期合约。如果一年后碳排放权价格上升到 5.2 欧元/吨,而通过碳远期交易该投资商就可以以低于市场价格 200 欧元的金额购买 1 000 单位的碳排放权,这样投资商就避免了未来价格上涨可能带来的损失。

正是由于碳远期具有锁定未来价格的功能,碳远期交易才被投资者用于碳资产的保值或投资操作之中,以规避风险,锁定收益。

3. 碳远期交易功能

碳远期交易主要有三大功能:保值功能、投机功能和价格发现功能。

(1) 保值功能。在碳现货市场上,碳价格会受多种因素的影响而发生波动,如供求关系、能源市场的价格、气候变化及特殊事件等。

首先,碳排放权的供求关系是影响碳现货价格的决定性因素。碳排放权的供给增加,需求下降,则碳排放权价格下降;反之,碳排放权的供给减少,需求增加,则碳排放权价格上涨。例如欧盟排放交易体系在第一阶段由于发放的配额超出当时排放实体的实际排放量,导致供过于求,使得碳排放权价格一路走低,现货 EUA 的价格由 2006 年最高的每吨 30 欧元降到 2007 年年初的每吨 3 欧元。

其次,能源市场的价格也是影响碳现货价格的重要因素。碳价格与石油、煤炭、天然气等化石能源的价格紧密相关。由于温室气体的排放主要是由能源消耗所产生的,因此化石能源价格的变化会影响消费者对此类能源的消费,进而影响碳排放权的供求以及碳排放权的价格,致使碳价格随着相关能源价格的变化而变化。

再次,碳现货价格也受气候变化的影响。一方面天气会引起碳现货价格的波动,而且出现季节性的波动;另一方面投资者对冬夏冷暖的预期也会影响碳价格的走势。例如 2005 年整个欧洲的雨量骤减,使得水力发电量减少,从而使碳排放权需求增加,推动了碳排放权价格上涨。2003 年的冬天异常寒冷,导致暖气电力消费量猛增,使得该部门碳排放量增加,同样引起了碳现货价格的上涨。

最后,特殊事件对碳现货价格也会产生冲击,例如战争、动乱和局势的急剧变化等。伊拉克战争致使石油和天然气等能源价格居高不下,从而使碳排放权需求量有所下降,从而引起了碳现货价格的下跌。

碳现货市场上的碳价格可能受上述各种因素的冲击而发生剧烈的波动,如果不采取规避措施,则碳价格的波动将会给碳资产的投资者带来无法估量的损失。为规避和转移由碳现货市场上价格波动带来的风险,投资者希望采取措施降低价格变化给其带来的损失,将投资收益固定在一定的水平上。在这种情况下,投资者可以利用碳远期交易来锁定未来碳资产的价格,消除价格波动带来的不确定性,利用远期合约进行保值。

利用碳远期合约进行保值的策略主要分为两种:多头保值策略和空头保值策略。当然投资者也可以根据自身的需要综合运用这两种策略。

多头保值策略通常是指买入碳远期合约,一般是为了避免碳价格上涨,而用碳远期合约的多头来对冲碳现货市场上的空头。例如某一投资者在将来某一时间要支付一定量的碳单位，而投资者担心将来因碳现货价格上涨而需要付出更高的成本。为避免这种损失，该投资者可以选择买入一份碳远期合约，与交易方约定将来相应的时间以一定的价格购买所需的碳单位，从而锁定购买碳单位的成本。

空头保值策略通常是指卖出碳远期合约，一般是为了避免碳价格下降，而用碳远期合约的空头来对冲碳现货市场上的多头。例如投资者将来某一时间会获得一定量的碳单位，而投资者担心到时碳价格下降会给自己造成损失，为此投资者便可以选择卖出一个碳远期合约，即与交易方约定在未来相应的时间以一定的价格将获得的碳单位出售，从而锁定碳单位的收益。

（2）投机功能。在碳交易市场上，投机者通常根据对未来碳市场价格的判断，利用碳远期合约来赚取碳远期价格与到期日碳即期价格之间的差额进行投机获利。当投机者通过对碳排放权的供求关系、能源市场的价格、气候变化及人们的预期等可能影响碳价格的因素进行客观分析之后，发现目前碳市场上碳价格（包括即期价格和远期价格）被低估了，预期将来碳价格将上涨，于是投机者便进入一份碳远期合约的多头。当碳远期合约到期时，如果碳价格如投机者所预期的一样上涨了，那么投机者可以用较低的交割价格买入碳单位，然后以较高的市场价格出售，从而获取价差所带来的收益。反之，当投机者认为市场上碳价格被高估了，则可以进入一份碳远期合约的空头，在合约到期时，如果碳价格如期下降，则投机者可以以市场上较低的碳价格买进碳单位，对交割价格较高的碳远期合约的空头进行平仓，从而获取价差所带来的收益。所以，投机者可以利用碳远期合约在碳市场上投机获利。

假设在 6 月 1 日，欧盟碳排放权交易市场上单位 EUA 的价格为 7 欧元。但是此时市场上的碳资产投机商甲，通过信息的收集和分析，认为市场上单位 EUA 的价格被低估了，将来单位 EUA 的价格会上升，假设该投机商预期在 3 个月后单位 EUA 的价格会上升到 7.5 欧元。为了进行投机获益，该投机商选择进入一个期限为 3 个月、交割数量为 1 000 单位的 EUA 且交割价格为 7.2 欧元的碳远期合约，成为碳远期合约多头头寸的持有者。在 9 月 1 日时，如果单位 EUA 的价格如投机商甲的预期一样上升到 7.5 欧元，则投机商甲通过支付 7 200 欧元获得 1 000 单位的 EUA，在碳交易市场上出售后获得 7 500 欧元，净获利 300 欧元。但是如果在 9 月 1 日时，单位 EUA 的价格上升到 7.1 欧元，此时投机商可以做出两种选择：第一，若预期单位 EUA 的价格不会上升到 7.2 欧元以上，则可以将交割后获得的 1 000 单位的 EUA 出售，发生净损失 100 欧元；第二，若预期单位 EUA 的价格会继续上升并最终超过 7.2 欧元，则可以继续持有该碳单位，待其单位价格上升到大于 7.2 欧元时再进行出售获利。

（3）价格发现功能。价格发现（Price Discovery）是指通过远期交易的交割价格来预测未来现货市场的价格。由于碳远期交易的双方都是直接的生产者和消费者，对市场供求有合理的预期且对利率、汇率等的变化有自己的看法，因此可以通过远期交易将交易者的预测及预期等信息在远期交易的价格中反映出来。所以，交易双方在合约中达成的交割价格和预期的现货价格之间存在某种对应关系。在有效市场中，远期价格是未来现货价格的最佳估计。

在碳衍生品市场上，碳远期合约最早开始进行交易。此后，随着交易所开始提供标准化碳远期合约及碳远期交易的结算服务，碳远期交易便得到了更为迅速的发展。目前碳远期市场相当活跃，参与者众多，流动性较强，由此形成的碳远期价格反映了市场参与者对未来碳现货价格的预期，在一定程度上反映了碳现货价格的未来走势，市场参与者可以利用碳远期的交割价格来预测未来特定交易日的现货价格。

若碳金融市场上的参与者都是风险中性的，则碳远期价格就等于未来的预期即期价格。显然，碳金融市场并不是完全有效的市场且市场参与者也不完全是风险中性的，所以碳远期的预期价格与未来的现货价格存在一定的偏离，但是随着新信息的不断获得，交易者对交割价格的不断调整，碳远期价格会逐渐趋于未来的现货价格，依然对市场参与者具有一定的参考价值。所以，碳远期市场具有一定的价格发现功能。

4. 碳远期的特征

远期交易在世界范围内相当普遍，并形成了一定的规模。远期交易的优点是将事后的市场信号调节转变为事前的市场信号，因此远期交易既可以稳定供求关系又可以减少或避免一定程度的市场风险。

碳远期交易的主要特征有：场外交易（OTC）、非标准化合约、以实物交割、流动性较差、信用风险较高。

（1）碳远期合约的交易属于场外交易。场外交易没有集中的交易场所，属于开放型交易。由于碳远期交易在场外市场进行，所以参加交易的主体不再受交易所会员资格的限制，从而投资者既可以委托相关的中介机构代为买卖碳远期合约，也可以自己寻找交易对手直接与对手进行协商定价以签订碳远期合约，且不受交易所大厅地理位置的限制。

不同于场内交易仅有固定种类的标准化合约，场外交易者可以根据交易双方的协商谈判交易各种各样的合约和标的资产，不受标准化合约的限制。所以，交易者可以交易多种多样的碳远期合约。

场外交易主要以协商定价方式成交。由于碳远期合约场外交易的价格取决于交易双方的协商，而不是采用交易所内的计算机撮合成交，因此具有更强的自主性和适应性。

场外交易不受场内交易严格的程序和法律的限制，管制较为宽松。场外交易的突出优点是自由程度较高，致命缺点是风险较大。

（2）碳远期合约是非标准化合约。碳远期合约是非标准化合约，所以碳远期合约的交易价格、交易时间、交易数量、交易方式等是由交易双方根据自身的需要而自行约定的，具有很强的灵活性。由于非标准化合约是选择交易，所以碳远期合约的交易成本较高。碳远期合约的交易成本主要是搜寻成本和议价成本。

碳远期合约的搜寻成本主要是寻找交易对手而产生的成本。交易者根据自身保值或投机的需要，计划交易的标的资产的种类、规模和期限都有一定的特殊性，要想找到恰当的交易对手需要付出一定的搜寻成本。若交易者自己直接寻找交易对手，由于信息不充分、专业知识的匮乏及其他方面的限制，搜寻成本较高。所以，通常交易者利用中介机构寻找合适的交易对手，而为此交易者需要支付中介机构一定的费用，当然这笔费用也属于碳远期交易的搜寻成本。

由于碳远期合约是非标准化合约，合约的交割价格、交割方式、标的资产的质量等由双方协商确定，为此双方需要付出一定的时间和精力。所以，碳远期合约的议价成本较高。

（3）以实物交割。碳远期合约的标的资产为碳信用，所以通常是以碳减排单位和现金进行实物交割而且以总量进行结算，并不像期货及其他衍生品那样多数以收益或亏损的净额进行现金结算，很少涉及实物。例如，2007年11月，新加坡与日本签署了新加坡的第一份碳交易合约。该合约的交易方是新加坡的 eco-Wise 公司和日本的 Kansai 电力公司。该合约约定 eco-Wise 将在 2008 年到 2012 年间交付 95 000 单位的 CER 给 Kansai 电力公司。该合约标的碳单位是新加坡政府 2006 年 3 月批准的京都机制下的清洁发展机制碳减排项目所产生的 CER，以远期交易的方式交割结算，每单位碳信用的价格在 8~12 欧元之间。由此可以看出碳远期合约是以实物进行交割的。

（4）流动性较差。碳远期合约流动性较差的原因主要有两方面：一方面，碳远期合约是非标准化的，所以交易双方为了适应各自特殊的要求，签订的远期合约可能千差万别，原来的交易双方签订的合约几乎很难满足其他交易者对碳远期合约个性化的需要；另一方面，碳远期合约在签订以后，一般交易双方要持有至到期然后进行交割结算，如果某一方在期限内想要撤销合约，就只能再签订一个相反的合约进行对冲，所以碳远期合约的处置程序比较烦琐。上述两方面的因素共同导致了碳远期合约流动性较差。

（5）信用风险较高。任何金融衍生产品都有信用风险，对金融衍生产品而言，信用风险（也称违约风险）是指金融衍生工具的某一方当事人不愿意或无力履行合约构成违约，而使另一方遭受损失的风险。从风险的来源来看，信用风险可分为对手风险和发行者风险，其中对手风险是指在金融合约的交易中某一方当事人违约所引起的风险；发行者风险是指标的资产的发行者可能出现违约所引起的风险。对碳远期合约来说，其信用风险主要表现为对手风险。

对于碳远期合约的多头方而言，当合约到期时，若标的碳资产的现货价格低于交割价格，多头方就有义务以高于市场的价格购买该标的碳资产，多头方很可能不愿意以交割价格履行该合约。同理，对于碳远期合约的空头方而言，当合约到期时，若现货价格高于交割价格，空头方可能不愿意以低于标的碳资产市场价格的交割价格履行合约。由于未来碳单位价格变化是不确定的，交易双方都不能确定未来对方或自己能不能履行合约，所以碳远期合约的对手风险较高。例如 2012 年 2 月 18 日，《印度时报》的相关报道称：在碳信用的价格持续下跌至历史新低后，许多欧洲购买商开始进入印度清洁发展机制项目的远期合约，此时的碳信用的市场价格低于 4 欧元，而这些远期合约的交割价格约为 10 欧元，所以印度的企业开始担心由于远期合约使得交割时间进一步延迟可能会引起买家违约，如果这些买家违约，则那些依赖碳信用收益的印度企业将会受到重创。许多主要由能源贸易商、金融机构和欧洲能源实体企业组成的碳信用的购买商，正在寻找方法从印度的远期合约中退出。由此可以看出：在现实市场中，随着碳单位价格的变化，碳远期合约存在很大的违约风险。

碳远期合约属于场外交易，没有交易所的各种保障制度的保证，交易双方都承担着较大的信用风险。所以要采取一定的措施来防范信用风险，例如对交易对手进行信用核查、要求提供担保或银行信用证等。目前我国上海、广东、湖北试点碳市场都进行了碳远期交易的尝试，其中广州碳排放权交易所提供了定制化程度高、要素设计相对自由、合约不可转让的远期交易，湖北、上海碳市场则提供了具有合约标准化、可转让特点的碳远期交易产品。然而，国内的碳远期交易仍然有待进一步完善：由于成交量低、价格波动等原因，广东、湖北均已暂停相关业务。

2017 年 1 月，上海碳配额远期产品上线，以上海碳配额为标的，由上海环境能源交易所完成交易组织，上海清算所作为专业清算机构完成清算服务。截至 2020 年 12 月 31 日，上海碳市场碳远期产品累计（双边）成交协议 4.3 万个，累计交易量 433.08 万吨，累计交易额 1.56 亿元。

专栏 5-3

丹麦森讷堡市的"零碳项目"

位于丹麦南部的森讷堡市拥有 500 平方千米土地和 8 万人口。2007 年，该市开始实施"零碳项目"，设定了在 2029 年之前成为"零碳城市"的目标。如今，森讷堡市已成为欧洲著名的绿色生态示范城市。"零碳项目"于 2010 年获得欧盟委员会颁发的"最佳可持续性能源奖"，并被纳入克林顿全球气候友好发展计划的 18 个合作伙伴城市之一。该市已与我国低碳试点城市之一的保定结为友好城市，在集中供热和建筑节能等领域展开合作。

"零碳项目"的诞生要追溯到 2004 年，当时，总部位于森讷堡的丹佛斯集团时任总裁雍根·柯劳森提出："我们的思维一定要超前，一定要放眼未来，充分考虑到我们这个城市的可持续发展，做到世界一流。"基于这个理念，由一个名为"南丹麦未来智囊团"的组织策划，形成了"零碳项目"的路线图，设定了在 2029 年之前（比丹麦"2050 年实现全国零碳"的目标至少早 21 年）率先成为"零碳城市"的目标。"南丹麦未来智囊团"由政府部门、企业界以及能源供应公司等 80 多方共同组成，并获得包括森讷堡市政府和丹佛斯集团、丹麦国家能源公司等知名企业在内的五大基金的支持，最终在 2007 年正式付诸实施。"零碳项目"由公共领域的市政和私人领域的公司进行商业合作，一切资金的流向完全透明，成为丹麦公私合作的一个典型范例。

项目启动初期，森讷堡居民人均碳排放量为 12 吨/年，跟丹麦总体平均数持平。"零碳项目"的目标是：到 2029 年，城市能耗与 2007 年相比降低 38%，同时通过开发利用可再生能源，实现零碳排放。实现这个目标主要通过三条路径：①提高能源效率；②加强对可再生能源的综合利用，包括大力推广集中供热技术；③使能源价格根据能源供应量浮动，合理控制能源消耗。

垃圾焚烧是森讷堡目前热能供应的主要来源之一。当地垃圾焚烧厂每年焚烧约 7 万吨废物，包括食品包装、纸盒和塑料等生活垃圾。通过采用最新技术，实现了燃烧效率高达 98%，焚烧炉实现了 1 000℃的稳定高温燃烧，减少了二氧化碳等有害气体排放，净发电效率达 49%。发电后产生的尾气被输送到余热锅炉以蒸汽的形式通过管道用于区域供暖。同时，森讷堡还在探索如何更好地利用太阳能、地热能、风能及生物质能等多种可持续能源。森讷堡目前有 3 个太阳能发电站。其中一个面积为 6 000 平方米，年供电达 2 736 兆瓦时。

"零碳项目"的一项创举是大力推广和发展"被动式正能源屋"，使房屋产生的能量大于消耗的能源。被动式正能源屋最主要的能源来源是太阳，通过屋顶覆盖的太阳能电池板给房屋供暖供电，并通过绝佳的隔热层减少屋内热量的损失，最大限度降低能耗。在森讷堡，这样一个安装了太阳能电池板的"被动式正能源屋"平均每年可发电 6 000 千瓦时。

按照"零碳项目"规划，森讷堡地区的企业在 2015 年以前每年要降低 5%的能耗，并逐步淘汰对化石燃料能源的使用。此外，该地区还将大力扶持绿色产业来创造新的发展机遇。"零碳项目"将在该地区创造至少 5 000 个绿色工作岗位。"零碳项目"的意义在于实现能源自给自足和零碳排放的同时，通过大力发展绿色环保产业创造更多的绿色工作机会，实现经济效益、社会效益和环境效益的多赢。

资料来源：国家能源局官网。

5.1.2 碳远期合约

1. 碳远期合约构成要素

碳远期合约作为一种特殊的远期合约,其合约内容既与一般的远期合约类似,又有其自身的特殊性。碳远期合约的构成要素主要包括:碳远期合约的交易方、标的资产、报价单位、最小变动价位、到期日、合约期限、交割价格、交付方式等。

(1) 碳远期合约的交易方。每份远期合约都有买方和卖方,买方即多头,是指按照碳远期合约的规定,到期按约定的价格买进确定数量碳单位的交易者。若碳交易市场上碳单位价格上涨,使得即期价格高于远期价格,此时市场为反向市场即差价,则买方获利;卖方即空头,是指按照碳远期合约的规定,到期按约定的价格卖出确定数量碳单位的交易者。若碳交易市场上碳单位价格下降,使得即期价格低于远期价格,此时市场为正向市场即溢价,则卖方获利。

由于碳远期合约的主要功能是保值避险,因此碳远期合约的交易者一般是企业、政府和非营利性机构等,主要是通过锁定未来碳单位的交易价格来规避风险。当然也有一些投机商利用价差获取收益。

(2) 标的资产。标的资产是区分不同种类的远期合约的关键要素。碳远期合约中的标的资产是碳信用或碳排放权,例如欧盟排放配额、核证减排量、减排单位、加利福尼亚州排放限额和其他各交易体系下的碳配额等。

(3) 报价单位。报价单位是指碳远期合约中约定的标的碳资产的结算价格的单位,即报价的货币单位。在欧盟排放权交易体系中一般采用欧元作为报价单位。

(4) 最小变动价位。最小变动价位是指在碳远期合约中对最小的价格波动值所做的规定,远期交易中交易双方每次所报的价格必须为该最小变动价位的整数倍。如在伦敦清算所的 EUA 远期合约中,最小变动价位为 0.01 欧元/EUA。

(5) 到期日。碳远期合约一般持有至到期日,进行实物交割。

(6) 合约期限。在合约的到期日,碳远期合约的多头方支付合约约定的对价并获得合约空头方提供的约定数量的碳单位,以此结清交易。

(7) 交割价格。碳远期合约的交割价格分为两类:固定的交割价格和浮动的交割价格。因交割价格的类型不同,碳远期合约有两种不同的定价方式:固定定价方式和浮动定价方式。在碳远期合约的定价中将对此进行详细介绍。

(8) 交付方式。在碳远期合约的到期日,交易双方按照合约的规定和程序,交付约定数量的资金和碳单位。

由于碳远期合约是由交易双方协商确定的,所以碳远期合约一般没有标准化的内容。但是目前也有很多碳远期交易在交易所内进行结算,为了提高效率,各交易所开始提供可在本交易所交易或结算的标准碳远期合约。表 5-1 和表 5-2 是由伦敦清算所提供的分别以欧盟排放配额和核证减排量为标的资产的碳远期合约。

表 5-1　伦敦清算所的 OTC EUA 远期合约

名称	OTC EUA 远期合约
简介	按照指令 1003/87/EC 交付欧盟排放配额的远期合约，1EUA 允许排放 1 吨的二氧化碳当量
合约对象	EUA
最小交易规模	一手（等于 1 000 单位的 EUA）
报价单位	欧元/EUA
最小变动价位	0.01 欧元/EUA
结算价格	伦敦能源经纪人协会（London Energy Brokers' Association，LEBA）提供的 EUA 的收盘价或由清算所确定的其他价格
合约期限	以年为周期的 6 个 12 月的远期合约的期限为 2010 年 12 月到 2015 年 12 月
到期日	合约的到期时间为合约到期当月的最后一个周一的 18:00，如果这个合约到期月份的最后一个周一不是工作日，且其后连续四天都没有工作日，则到期日是合约到期月份的倒数第二个周一。如果在合约到期月份的倒数第二个周一和其后连续四天也不是工作日，则到期日是当月的倒数第三个周一
交付 EUA	将 EUA 从出售者在指定注册系统中的托管账户转移到伦敦清算所在指定注册系统中的托管账户，然后再转移到购买者在指定注册系统中的托管账户

表 5-2　伦敦清算所的 OTC CER 远期合约

名称	OTC CER 远期合约
简介	交付可能是为了实现欧盟碳排放交易体系的限排承诺且符合《京都议定书》第十二条规定的核证减排量（排除发电量超过 20 兆瓦的水力发电项目产生的碳单位）的远期合约，1CER 允许排放 1 吨的二氧化碳当量
合约对象	CER
最小交易规模	一手（等于 1 000 单位的核证减排量）
报价单位	欧元/CER
最小变动价位	0.01 欧元/CER
结算价格	伦敦能源经纪人协会提供的 CER 的收盘价或由清算所确定的其他价格
合约期限	以年为周期的 6 个 12 月的远期合约的期限为 2010 年 12 月到 2015 年 12 月
到期日	合约的到期时间为合约到期当月的最后一个周一的 18:00，如果这个合约到期月份的最后一个周一不是工作日，且其后连续四天都没有工作日，则到期日是合约到期月份的倒数第二个周一。如果在合约到期月份的倒数第二个周一和其后连续四天也不是工作日，则到期日是当月的倒数第三个周一
交付 CER	将符合欧盟标准的 CER 从出售者在指定注册系统中的托管账户转移到伦敦清算所在指定注册系统中的托管账户，然后再转移到购买者在指定注册系统中的托管账户

 专栏 5-4

上海碳配额远期

上海碳配额远期介绍

上海碳配额远期是以上海碳排放配额为标的、以人民币计价和交易的，在约定的未来某一日期清算、结算的远期协议。交易所为上海碳配额远期提供交易平台，组织报价和交易；

上海清算所为上海碳配额远期交易提供中央对手清算服务，进行合约替代并承担担保履约的责任。

协议要素

产品种类：上海碳配额远期

协议名称：上海碳配额远期协议

协议简称：SHEAF

协议规模：100 吨/个

报价单位：元/吨

最低价格波幅：0.01 元/吨

协议数量：为交易单位的整数倍，交易单位为"个"

协议期限：当月起，未来 1 年的 2 月、5 月、8 月、11 月月度协议

成交数据接收时间：交易日 10:30 至 15:00（北京时间）

最后交易日：到期月倒数第五个工作日

最终结算日：最后交易日后第一个工作日

每日结算价格：上海清算所发布的远期价格

最终结算价格：最后 5 个交易日日终结算价格的算术平均值

交割方式：实物交割/现金交割

交割品种：可用于到期月协议所在碳配额清缴周期清缴的碳配额

持仓限额

产品号：SHEAF

全部：3 000

次到期月卖持仓限额：2 250

到期月卖持仓限额：1 500

（备注：次到期月卖持仓限额：次到期月协议净卖持仓上限；到期月卖持仓限额：到期月协议净卖持仓上限。）

上述持仓限额为上海清算所提供给清算会员的参考值，清算会员有权根据客户情况为客户设置在参考值范围内的持仓限额。

参与交易

上海碳排放配额远期交易在交易所交易平台开展。

资料来源：《上海碳配额远期业务规则》，上海环境能源交易所。

2. 碳远期的结算过程

碳远期合约的结算有两种方式：一种是交易双方直接结算；另一种是由交易所或其他金融机构作为中介与双方进行结算。

在第一种结算方式下，碳远期交易的空头方在到期日将约定数量的碳单位转移到多头方在指定注册系统中的托管账户，同时多头方将约定数量的合约资金交付到空头方的银行账户，交易双方直接完成碳单位和资金的实物交割。

在第二种结算方式下，由于交易所作为碳远期交易的中介机构或者结算机构，当碳远期合

约到期时，如上面所说的合约到期当月的倒数第一个或第二个或第三个周一，合约的空头方将约定数量的碳单位转移到结算机构在指定注册系统中的托管账户，然后再由结算机构将该碳单位转移到多头方在指定注册系统中的托管账户，合约资金同样以结算机构为中介进行转移支付。

现在大部分碳远期交易均通过交易所进行结算，所以第二种结算方式是碳远期交易结算的主要方式。在此以伦敦清算所提供的碳远期合约的结算服务为例来介绍碳远期合约的结算。

伦敦清算所成立于1888年，是国际商品清算所的前身。伦敦清算所为5个交易所进行远期、期货和期权等合约的清算，分别是：波罗的海期货交易所、国际石油交易所、伦敦国际金融期货交易所和伦敦金融交易所。伦敦清算所的主要职责是为其会员提供登记注册、结算交割、财务管理、实物交割管理和风险管理等服务，同时还负有担保这5个交易所合约履行的义务。

伦敦清算所为碳远期交易提供清算服务。碳远期交易作为场外交易，交割从场外交易的经纪商直接流入到结算系统，消除了通过交易所间接交易的必要过程，所有需要清算的交易通过OTC经纪商自动进入清算。

（1）相关术语。伦敦清算所在交割结算碳远期合约的过程中所涉及的相关各项目的具体含义如下所示。

注册规则（Registry Regulation）：产品特定合约条款（Product Specific Contract Term）及资格标准手册（Eligibility Criteria Manual）规定的注册规则。

转移要求（Transfer Request）：注册规则中对转移标的工具所做的要求。

注册：依据注册规则进行注册。

授权代表：被授权根据注册规则发起转移要求的自然人。

额外授权代表：被授权根据注册规则核准转移要求的自然人。

买方：在伦敦清算所的OTC合约中是购买方的场外交易清算会员。

卖方：在伦敦清算所的OTC合约中是出售方的场外交易清算会员。

CER：满足碳远期合约的条款且符合产品特定合约条款及资格标准手册中的合格标准的核证减排量。

EUA：满足碳远期合约的条款且符合产品特定合约条款及资格标准手册中的合格标准的欧盟排放配额。

伦敦清算所场外交易清算会员：为了参与场外排放权交易服务而与清算所签订清算扩展协议的伦敦清算所场外交易清算会员。

远期合约：标的资产为EUA或CER的伦敦清算所OTC远期合约。

标的工具（或标的资产）：根据伦敦清算所的碳远期合约需要交付的工具，EUA或CER。

OTC排放权服务：与OTC排放权产品相关的伦敦清算所场外交易服务的一部分。

PPS（Protected Payment System）：伦敦清算所场外交易清算会员收支账户的保证支付系统。

交易账户：作为交易账户的一个账户。

（2）交付的规范。在伦敦清算所OTC合约中标的工具的交付必须符合相关转移条款的规定。根据OTC远期合约，应该将标的工具从卖方的交易账户转移到清算所的交易账户，然后从清算所的交易账户转移到买方的交易账户。

(3) 对交易账户和可信账户列表（Trusted Account List）的要求。为了参与场外排放权交易的服务，每一个场外交易清算会员必须拥有一个可操作的交易账户，这个账户可以根据 OTC 远期合约的规定交付碳排放权到清算所相关的交易账户，或者接收从清算所相关交易账户交付过来的碳排放权。每一个清算会员必须把这个交易账户与清算所指定的交易账户关联并且将清算所指定的交易账户保持在清算会员的可信账户列表中，同时保证能够按照规定的时间表进行交付。

(4) 交付的标的工具的性质。交付的标的工具必须满足产品特定合约条款及资格标准手册中相关的合格标准。清算会员必须确保其在履约中所交付的任何工具都是自己交割且无障碍转移的。

(5) 日期和时间。如果没有特殊规定，日期一般是指工作日，所有具体时间或日期均是指伦敦时间。

(6) 交付的步骤。合约的到期时间为合约到期当月的最后一个周一的 18:00，如果这个合约到期当月的最后一个周一不是工作日，且其后连续四天都不是工作日，则到期日是合约到期月份的倒数第二个周一。如果在合约到期月份的倒数第二个周一和其后连续四天也不是工作日，则到期日是当月的倒数第三个周一。

1) 中止交易日（到期日前一天）。在到期日前一天的 18:00，交易中止。到 18:30 伦敦清算所 OTC 清算会员必须确保所有的结算和支付都已经在清算所的清算系统执行。

在合约的到期日，必须计算出每一个结算账户需要交付的或应该从清算所或其他清算所会员那里收到的每一种产品的多头头寸或空头头寸的净额。交付的头寸是指从清算所的交易账户中交付或接收的合约数量。

2) 交付日。在合约到期日当天 9:00，买方通过保证支付系统支付将要从卖方转移到清算所交易账户的标的工具的合约规定的总价值。

到期日当天 10:00，卖方必须递交适当的卖方交付确认表给伦敦清算所；买方也必须递交适当的买方交付确认表给伦敦清算所。

到期日当天 14:30，卖方必须确保必要的转移要求（如同卖方交付确认表中的表述）已经实现，从而使标的工具能够从卖方的交易账户中转移到清算所的交易账户中。

到期日当天 14:30 之后，在卖方交付的标的工具进入清算所交易账户之后，清算所必须随机地选择顺序实现标的工具的转移要求（如同买方交付确认表中的表述），使标的工具能够从清算所的交易账户转移到购买者的交易账户。然后，卖方将从清算所收到该标的工具的合约总价值。

如果在到期日当天的 14:30 之后，卖方仍没能交付相应标的工具，其将会收到一个要求在到期日后一天的 11:00 前交付该标的工具的买入通知提醒。

清算所在到期日的 14:30 之后才收到卖方交付的标的工具，则该交付被当作是延迟交付，并且直到第二天 13:00 才能交付给买方。卖方直到第二天 13:00 才能收到对该标的工具的支付。若发生延迟交付或不能交付，则按清算所的相关规定进行处理。

(7) 支付。中止交易后一天的 10:30 之后，结算单将可以在清算所会员报告网站上查询到。中止交易后两天的 10:30 之后，销售账单可以在清算所会员报告网站上查询到。

(8) 结算单。结算单（Invoice）和销售报告账单提供了卖方和买方应收应付的数量。结算金额与计算如下：

$$P_f = EUA_s/CER_s \times FSP \tag{5-1}$$

式中，EUA_s/CER_s 为实际交付的标的碳单位的数量；FSP 为最终结算价格（Final Settlement Price）。

伦敦清算所碳排放权的结算价格是基于伦敦能源经纪人协会提供的价格来确定的，伦敦能源经纪人协会提供的价格是通过收集该协会成员的评价信息而得出的。

（9）交付文件的概括。在碳远期合约的交割结算中涉及的交付文件有两种：一种是卖方的交付确认表；另一种是买方的交付确认表。

1）卖方的交付确认表。卖方将该表递交给清算所，该表必须包含如下内容：在每一个转移要求中具体规定合约的交易数量（手）；每个实现转移要求的交易账户的详情；转移要求具体规定的各个交易账户所涉及的授权代表和额外授权代表的名字、联系方式等相关信息；确保会员在交付期间维持在该表中所列的相关交易账户，任何原因都不能妨碍相关远期合约的转移要求的实现；清算所要求的其他相关的详细信息。

2）买方的交付确认表。买方递交该表给清算所，该表应该包含以下内容：在每一个转移要求中具体规定合约的交易数量（手）；每个实现转移要求的交易账户的详情；转移要求具体规定的各个交易账户所涉及的授权代表和额外授权代表的名字、联系方式等相关信息；确保会员将会在交付期间维持在该表中所列的相关交易账户，任何原因都不能妨碍相关远期合约的转移要求的实现；清算所要求的其他相关的详细信息。

在碳远期合约的到期日，该清算所的远期合约的所有净头寸均是以实物进行交割的，即空头方交付碳远期合约中约定数量的标的碳单位且收到多头方支付的合约结算价格，同时多头方支付合约结算价格且获得空头方交付的标的碳单位，其中结算价格即为结算单中的结算金额：$EUA_s/CER_s \times FSP$。伦敦清算所为碳现货交易和碳远期交易提供结算服务，从而收取一定的服务费用，其收费标准如表5-3所示。

表 5-3 伦敦清算所碳交易合约的收费标准

合约种类	收费标准（欧元/手）
EUA 远期合约	1.5
CER 远期合约	1.5
EUA 现货合约	2.5
CER 现货合约	2.5

3. 碳远期的实施过程

碳远期合约所具有的保值和投机功能实质上都是对相关的碳资产的风险进行管理，将现实中的风险转化为投资者能承受的风险。碳远期合约与碳期货合约都可以用于构造碳资产保值的组合。由于碳远期合约在内容、交易额的大小和合约期限方面具有灵活性，因此在某些情况下利用碳远期合约进行保值更有优势。

利用碳远期合约进行保值分为以下几个步骤。

首先，确定碳远期合约的标的资产。为实现有效的保值，碳远期合约的标的资产要和实际的基础碳资产具有一定的相关性。因为碳单位本身的特殊性，不同类型的碳单位的性质和变化情况差异较大。所以要进行碳资产的保值，必须使选择的碳远期合约的标的资产尽可能与实际的基础碳资产的性质类似且变化趋同。在选择碳远期合约的标的资产方面存在两种情况。第一种情况，若存在与基础碳资产相应的碳远期合约，则应该选择以基础碳资产为标的的碳远期合约。如投资者要对核证减排量进行保值，则可以进入一份 OTC CER 远期合约的多头或空头。如果要对欧盟排放配额进行保值，则可以进入一份 EUA 远期合约的多头或空头。第二种情况，若投资的基础碳资产不存在与之相应的碳远期合约，则应该选择与之联系密切或变化趋势相同的碳资产的远期合约或者选择用多种碳资产的远期合约进行组合，从而对该基础碳资产进行保值。

其次，确定碳远期合约的期限。保值者为最大限度地降低风险，其选择的碳远期合约的期限必须尽可能地接近于需要保值的基础碳资产的期限。由于碳远期合约是由双方协议签订的非标准化合约，碳远期合约的期限可以根据具体需要确定，只要确定基础碳资产的投资期限就可以随之确定碳远期合约的期限。但是随着碳远期合约的标准化，交易所仅提供固定期限的碳远期合约，若保值者利用交易所提供的碳远期合约进行保值，则要在各种期限的合约中进行选择或通过各种期限的远期合约进行对冲和组合，形成一个与基础碳资产的投资期限近似的保值期限。

最后，决定多头还是空头。利用碳远期合约能否实现对基础碳资产保值的关键是要确定进入碳远期的多头还是空头。如果进行了相反方向的操作，例如本来应该进入多头保值但是却进入了空头保值或反之，则不仅会导致风险翻倍而且最后的收益或损失也会翻倍。

保值者对于空头或多头的选择主要基于两个方面的判断：可能导致现货头寸损益的现货市场波动和利用碳远期交易来规避风险的方法。在对基础碳资产进行保值时，选择卖出还是买进碳远期合约的方法有三种。

（1）现时现货头寸法。首先，确定保值者现在在碳现货市场上的现时头寸，即空头头寸还是多头头寸；然后，保值者选择持有与现时碳现货头寸相反的碳远期头寸。例如，保值者现在持有一定数量的标的碳资产，即持有现货多头头寸，则其应该持有一定数量的碳远期空头合约。

（2）最坏情况法。首先，假定碳现货市场与碳远期市场同方向波动，确定碳市场上行（或下行）时碳远期多头和碳远期空头哪个更有利；其次，确定碳现货市场可能发生的最坏的情况是上行还是下行；最后，在假定最坏的情况发生的条件下，选择在此条件下仍然能获利的碳远期的头寸。

（3）预期下的未来即期交易法。首先，确定保值到期时现货交易的类型，是买入碳资产还是卖出碳资产；其次，保值到期时，做一笔与现货交易相反的碳远期交易；最后，现在需要进入的是与到期日远期交易相反的碳远期合约。假设保值者在到期时准备卖出一定数量的碳资产，则根据预期下的未来即期交易法，他应该在到期时买入碳远期合约，而现在他应该卖出相应的碳远期合约。

例如，现在投资者拥有 1 000 单位的 CER，现在的单位 CER 的现货价格为 10 欧元，该投资者准备在一年后将这 1 000 单位的 CER 出售。那么，现在该投资者为了对这 1 000 单位的 CER 进行保值，规避未来价格变化可能带来损失的风险，应该进入怎样的碳远期合约？首先，确定碳远期合约的标的资产为 CER，则投资者应该进入一份以 CER 为标的资产的碳远期合约。其次，确定碳远期合约的期限，由于本例中投资者打算在一年后出售这 1 000 单位的 CER，所以投资者应该进入合约期限为一年的碳远期合约（假设存在）。最后，确定要进入碳远期合约的头寸，根据现时现货头寸法，该投资者应该进入一份碳远期合约的空头；根据预期下的未来即期交易法，该投资者也应该进入一份碳远期合约的空头；根据最坏情况法，由于此时最坏的情况是碳现货市场 CER 的价格下降，即现货市场下行，而在碳现货市场和碳远期市场都下行的情况下，则碳远期空头更有利，所以投资者应该进入碳远期合约的空头。综上所述，投资者应该进入一份一年期的标的资产为 1 000 单位 CER 的碳远期合约的空头，以实现其拥有的碳资产的有效保值。

在上例中，假设碳远期合约中单位 CER 的交割价格为 10.5 欧元，且一年后到期时单位 CER 在碳现货市场的价格和碳远期市场的价格均为 9 欧元。根据上面的判断，投资者进入了一份碳远期合约的空头，则到期时投资者以 9 欧元/CER 的价格在现货市场上出售了这 1 000 单位的 CER，出售得到 9 000 欧元，现货市场上损失了 1 000 欧元。但在碳远期市场上，投资者可以以 9 欧元的单价购买 1 000 单位的 CER，碳远期合约多头（假设存在此碳远期合约）抵消其拥有的碳远期空头合约，在碳远期市场上获利 1 500 欧元，则在两个市场上共得到 10 500 欧元。当然该投资者也可以在碳远期合约到期日交割这 1 000 单位的 CER，获得 10 500 欧元。无论采取哪一种策略，该投资者最终都得到 10 500 欧元，都相当于以 10.5 欧元/CER 的价格出售了 1 000 单位的 CER。

5.1.3　碳远期定价

1. 远期价格界定

在讨论碳远期合约的定价之前，我们首先界定交割价格、远期价格和远期价值。

交割价格是指远期合约中约定的在到期日多头方需要支付的固定价格。交割价格在合约签订时确定，在合约到期之前不会发生改变。

远期价格是指在当前时刻使远期合约的价值为零的交割价格。远期价格是随着时间或市场价格的变化而变化的。对于一份合理的合约而言，其签订时的远期价格即为其交割价格。合约签订以后，使合约价值为零的交割价格一般不再是签订时的交割价格，而是根据当时的市场价格确定的公允的交割价格。也就是说远期价格是使远期价值固定为零的交割价格，或者说是理论上公允的交割价格。

远期价值是指远期合约的价值，分两种情况：远期合约签订时，如果交易双方的信息是对称的且签订的是一份合理的合约，则合约的交易双方约定的交割价格是使远期合约的价值为零的一个价格，即对于一份合理的远期合约而言，签订时，其合约价值为零；远期合约签订以后，由于标的资产的市场价格不断变化而交割价格是固定不变的，此时远期合约的价值会随着市场价格的变化而变化，可能不等于零。

2. 定价原理与基本假设

（1）定价原理。碳远期合约的定价原理是无套利定价理论。无套利定价理论既是一种定价方法，也是金融资产定价理论中最基本的原则之一。无套利定价理论是根据无风险套利和无套利均衡产生的。

1) 无风险套利。通过买进和卖出不同时点或不同市场上的相关资产，在不发生现金流出的情况下，确保最终赚得无风险利润的活动。

2) 无套利均衡。当市场偏离均衡状态时，价格可能也偏离了其真正的价值而处于失衡状态，此时存在无风险套利的机会，理性的市场参与者可能会利用这种机会进行套利活动，直至市场恢复均衡，无风险套利的机会消失。

无套利定价的本质是通过市场力量消除价格失衡。构建两种资产组合，若其终值或终值的期望是相等的，则其现值也是相等的，否则就存在套利机会。理性的投资者就可以通过卖出现值较高的资产组合同时买入现值较低的资产组合，持有至到期，以获取无风险利润，即进行无风险套利。若投资者都采用无风险套利，则会使得现值较高的资产组合价格下降，同时现值较低的资产组合价格上升，直至市场恢复到无套利均衡状态，无风险套利机会消失。

（2）基本假设。对于碳远期合约的定价，首先要考虑的是碳远期合约的标的资产的特性，无论是碳排放权还是碳配额在到期之前都不会产生现金流，所以碳远期合约的标的资产是不提供中间收入的资产。为了确定无中间收入的碳单位的远期价格，在此做出以下假设。

1) 无交易费用和税费（市场无摩擦）。碳远期合约的签订和执行的过程中无税费、交易费用或手续费等费用，因为这些费用相对于交易额而言微不足道，可忽略不计。

2) 可进行无风险借贷。碳远期交易的参与者能在资本市场上以相同的无风险利率借入或贷出任何资金。

3) 允许卖空。卖空是指卖出投资者并不拥有的资产。当投资者认为某种资产或者证券的价格将会下降，想要进行卖空的交易时，需要先在经纪商那里开设一个保证金账户，并在保证金账户中存入一定的资金或可出售证券，作为初始保证金以保证其不会违约，然后通过经纪商将借入的该资产或证券先卖出，等到价格如预期一样下跌到一定程度的时候，再买回这些证券或资产进行平仓。投资者在此过程中因买卖的差价而获取收益。但目前一些市场禁止卖空活动。

4) 市场上无套利机会存在。当市场出现套利机会的时候，市场参与者可以马上利用套利机会进行套利活动。只要有套利机会，投资者就会进行套利活动，这样市场中的套利机会就会迅速消失，所以也就意味着市场上无套利机会，则要求市场价格就是无套利机会的价格。

（3）碳远期合约的定价方法。目前碳远期市场上有两种主要的碳远期合约定价方法，分别是固定定价方法和浮动定价方法。固定定价方法是指碳远期合约买卖双方在签订合约时约定一个固定的碳单位交割价格，该价格不随市场的变动而变动；浮动定价方法是指碳远期合约买卖双方在签订合约时不约定固定的交割价格，仅确定碳单位交割的保底价格，在此基础上参照相关碳市场上碳单位的价格（例如欧盟碳排放市场上标准碳单位的价格）来决定远期合约的交割价格。在浮动定价方法下，碳远期合约的交割价格由两部分组成：基础价格和浮动价格。

固定定价方法下的碳远期合约，其标的碳单位的价格在合约签订时就确定了，在该合约的期限内，该支付价格不会发生变化。该类碳远期合约规定的买卖双方的义务分别是：卖方的义务是交割一定数量的标的碳单位，该数量可能是固定不变的数量也可能是拥有最大值和最小值界限范围的数量；买方的义务是为得到标的碳单位支付固定的金额（一般是以美元或欧元计量），这一固定的金额有时也会基于一定的通货膨胀系数，随着时间的推移而结构性地增长。

浮动定价方法下的碳远期交易，买方支付的价格是不固定的，会随着有关市场价格的变化而变化。这类碳远期合约要求卖方支付事先确定的固定数量的标的碳单位，但是买方所支付的价格却是基于某一指数而确定的。在浮动价格下卖方无法确定未来的现金流量，如果将来价格下降可能导致卖方入不敷出，产生亏损。因此，当市场参与者预期碳单位的价格将会上涨时，浮动定价方法下的碳合约对卖方而言更有吸引力。

1）符号约定。为方便碳远期定价建模，做出以下符号约定。

S：碳单位现在的市场价格（现在，即碳远期合约的签订时间假设为0时刻）；

T：碳远期合约的期限（以年计）；

S_T：碳远期合约到期时碳单位的价格（现在这个值是未知的）；

K：碳远期合约中约定的碳单位的交割价格；

F：现在标的碳单位的远期价格；

f：碳远期合约的价值；

r：期限为Z年的连续复利的无风险年利率；

k：远期合约浮动定价方式下约定的基础价格；

U：现在欧盟的标准碳单位的参照价格；

U_T：碳远期合约到期时欧盟的标准碳单位的参照价格。

2）固定定价方法。假设有以下两组资产。

第1组：由一个碳远期多头合约f+一笔数额为Ke^{-rT}的现金构成。

第1组资产表示投资者现在做多一份碳远期合约（假设该碳远期合约的标的资产为一个标的碳单位），同时再将自己的一笔数额为Ke^{-rT}的资金在资本市场上以无风险利率进行投资。

第2组：一个标的碳单位。

在碳远期合约到期时，第1组资产的价值$V_{T1}=S_T$，第2组的价值$V_{T2}=S_T$，根据无套利定价原则，若两组资产的期末价值相等则这两组资产的期初价值也相等，否则就存在套利机会，这与假设相违背。由于$V_{T1}=V_{T2}=S_T$，所以这两组资产现在的价值也相等，由于现在第一组资产的价值为$f+Ke^{-rT}$，第二组资产的价值为S，所以有：

$$f+Ke^{-rT}=S \tag{5-2}$$

由此可以得出：

$$f=S-Ke^{-rT} \tag{5-3}$$

为使交易双方签订的碳远期合约是合理的，则要求合约的交割价格等于现在的远期价格，即$F=K$。所以，这份合理的远期合约现在的价值为零，即$f=0$。因为$f=0$，所以由式（5-3）可得到公允的远期合约的交割价格：$K=Se^{rT}$。由于碳远期合约在签订时的远期价格F就是使得$f=0$的K值，所以可得：

$$F=K=Se^{rT} \tag{5-4}$$

式中，碳远期合约的远期价格F等于碳单位现在价格的未来值K。若$F>Se^{rT}$，则投资者现在可以以无风险利率r借入金额为S的资金，用来购买一个碳单位，同时进入期限为T的碳远期合约空头，在 T 年后碳远期合约到期的时候，卖出该碳单位获得资金 F，然后偿还所借资金 Se^{rT}，这样投资者在该时刻就可以无风险地获得 $F-Se^{rT}$ 的收益；若 $F<Se^{rT}$，则投资者可以现在卖空一个碳单位，用所得资金 S 进行无风险投资，同时进入一份期限为 T 的碳远期合约的多头。当碳远期合约到期时，无风险投资获得收益 Se^{rT}，投资者支付资金 F 买入一个碳单位对卖空进行平仓，这样投资者在 T 时刻就可以无风险地获得 $Se^{rT}-F$ 的收益。

一旦出现上述这两种套利机会，投资者都会竞相进行套利，使得被错误定价的碳远期合约和碳单位的价格不断变化，例如当 $F>Se^{rT}$ 时，碳远期合约的价格会因大量做空而不断下跌，而碳单位的价格会因需求的增加而不断上涨，最终会使得 $F=Se^{rT}$，此时套利机会消失。根据无套利定价理论，当碳远期合约的远期价格 $F=Se^{rT}$ 时，排除了套利的可能，则该碳远期合约的远期价格就是 Se^{rT}。

所以碳远期合约现在的远期价格为 $F=Se^{rT}$。由于合约签订时的远期价格是公允远期合约的交割价格，因此碳远期合约的固定交割价格为 $F=K=Se^{rT}$。

3）浮动定价方法。在浮动定价方法下，碳远期合约的交割价格由两部分组成：基础价格和浮动价格。采用这种定价方法的碳远期合约在合约条款中已规定如何根据基础价格和参照市场的碳单位价格来决定交割价格，为简要介绍此定价方式，在此假设：

在浮动定价方法下，碳远期合约的交割价格为

$$K=gk+yU_T \tag{5-5}$$

式中，g 和 y 均是根据远期合约约定而确定的外生参数；k 为基础价格；U_T 为欧盟碳市场的参照价格。

式（5-5）表明在浮动定价方法下，交易双方约定的交割价格是基础价格 k 和欧盟碳市场的参照价格 U_T 的比例函数。例如，若碳远期合约中交易方约定平均分配参照价格对基础价格的溢出部分，且固定价格与浮动价格的比率是 1∶1，则合约的交割价格 $K=k+\left(\dfrac{U_T-k}{2}\right)/2=3/4k+U_T/4$。在交割价格中未知的是基础价格部分，所以在浮动定价方法下，需要确定的是交割价格中的基础价格。

与固定定价方法一样，首先假设两组资产：

第一组：一份碳远期多头合约 + 一笔金额为 gke^{-rT} 的现金 + y 单位的欧盟标准碳单位。

该组表示投资者现在拥有 y 单位的欧盟标准碳单位和一笔金额为 gke^{-rT} 的现金，投资者此时做多一份碳远期合约且将这笔现金在资本市场上以无风险利率进行投资。

第二组：一个标的碳单位。

在碳远期合约到期时，第一组的价值是 $V_{T3}=S_T$，第二组的价值也是 $V_{T4}=S_T$。与固定定价方法下相同，由无套利定价原则可知，第一组与第二组现在的价值相等，因此有：

$$f+gke^{-rT}+yU=S \tag{5-6}$$

即

$$f=S-gke^{-rT}-yU \tag{5-7}$$

由于远期价格就是使远期合约价值为零的公允的交割价格，所以在一个签订一个合理的远期合约时，合约规定的交割价格应该等于此时的远期价格，且此时碳远期合约的价值为零，即 $f=0$。所以碳远期价格中的固定价格部分就是使 $f=0$ 的 k 值。由此可以得出：

$$k=(S-yU)\mathrm{e}^{rT}/g \tag{5-8}$$

同样可以证明该固定价格就是排除了套利可能的碳远期合约的公允的交割价格中的基础价格部分。

若 $k>(S-yU)\mathrm{e}^{rT}/g$，则投资者可以现在卖空 y 单位的欧盟标准碳单位，得到资金 yU，把这笔资金以无风险利率贷出，同时在资本市场上以无风险利率借入金额为 S 的资金，用来购买一个标的碳单位，同时做空一份碳远期合约。在碳远期合约到期时，即 T 时刻，投资者按交割价格 $K=gk+yU_T$ 卖出这一标的碳单位，然后偿还所借资金 $S\mathrm{e}^{rT}$，同时收回所贷出的资金 $yU\mathrm{e}^{rT}$，再买进 y 单位欧盟碳标准单位进行平仓。这样投资者在 T 时刻就可以无风险地获得净利润：$gk-(S-yU)\mathrm{e}^{rT}$。

若 $k<(S-yU)\mathrm{e}^{rT}/g$，则投资者可以现在卖空一单位标的碳单位，用所得资金 S 以无风险利率 r 进行投资，且购买一份碳远期合约，同时在资本市场上借入 yU 的资金，购买 y 单位的欧盟标准碳单位。在 T 时刻，用投资所得资金 $S\mathrm{e}^{rT}$ 支付碳远期合约的交割价格 $K=gk+yU_T$ 买入一单位标的碳单位对卖空进行平仓，同时卖出所购买的 y 单位的欧盟标准碳单位得到资金 yU_T，然后偿还所借资金 $yU\mathrm{e}^{rT}$。这样投资者在 T 时刻就可以无风险地获得净利润：$(S-yU)\mathrm{e}^{rT}-gk$。

由上面的分析可知，只要基础价格 $k\neq(S-yU)\mathrm{e}^{rT}/g$，则碳远期合约就存在套利机会，投资者就会利用这种机会不断进行套利，直到套利机会消失。

所以，碳远期合约在浮动定价方法下，其远期价格中的固定价格为 $k=(S-yU)\mathrm{e}^{rT}/g$。

同样，利用上面的方法可以在碳远期合约签订以后确定某一时刻的远期价格。在求出该时刻的远期价格以后，便可以用远期价格求出该时刻碳远期合约的价值。

为利用远期价格来确定碳远期合约价值，在此做出以下规定。

t：当前时刻到碳远期合约到期日的时间（以年计）。

r：连续复利的无风险年利率。

碳远期合约在签订时，远期价格 F 等于碳远期合约的交割价格，其碳远期合约的价值为零，但在进入合约以后，随着时间的推移，交割价格 K 保持不变，而远期价格 F 将会变动，碳远期合约的价值可正可负。

假设现在有两个碳远期合约多头头寸，除了交割价格不同之外其他的条件均相同，其中一个交割价格为 F，而另一个交割价格为 K。在合约到期时，两个碳远期合约分别以价格 F 和价格 K 买入相同的标的碳单位，产生的现金流量差为 $F-K$，将此现金流量差折现的现值为 $(F-K)\mathrm{e}^{-rt}$，也就是说这两个碳远期合约现在价值的差异为 $(F-K)\mathrm{e}^{-rt}$，而我们知道如果碳远期合约的交割价格等于其远期价格，则该合约的价值为零，所以可以得出交割价格为 K 的碳远期合约多头头寸现在的价值 f_{long} 为

$$f_{\text{long}}=(F-K)\mathrm{e}^{-rt} \tag{5-9}$$

相应地也可以得出，交割价格为 K 的碳远期合约的空头头寸现在的价值 f_{short} 为

$$f_{\text{short}}=(K-F)\mathrm{e}^{-rt} \tag{5-10}$$

如果把远期价格假设为标的碳单位在碳远期合约到期时的价格，则该远期合约到期时，得到的收益为 $(F-K)$，其贴现值为 $(F-K)\mathrm{e}^{-rt}$，恰好等于现在该远期合约的价值。

5.2 碳期货市场

5.2.1 碳期货概述

1. 碳期货的界定

期货交易（Futures Transaction）是指交易双方就未来对合约附属的某种标的资产交易达成的标准化协议。期货合约是一种衍生资产，其价值依赖于合约附属标的资产的现货价值与特性。

碳期货（Carbon Future）是以碳排放权或碳信用为标的资产的碳金融衍生品，其价值依赖于碳现货的价值与特性。碳期货的交易双方按事先约定的未来特定的交易时间、地点和价格，交割一定数量的碳资产。交易者可以利用碳期货做与碳现货市场"方向相反、数量相等"的反向操作进行套期保值，对冲碳现货市场价格波动的风险。

2. 碳期货的起源

期货市场萌芽于 12 世纪的欧洲，现代意义的期货交易始于 19 世纪的美国芝加哥。1825 年起，美国火车逐渐普及，运输业迅速发展。每年丰收时节，粮商将大量的粮食从西部运往芝加哥以便高价出售，导致短时间内芝加哥粮食供过于求，价格下跌。然而，到了播种时节，粮食又由于短缺价格开始上涨。为避免剧烈价格波动所带来的损失，粮食销售商产生了先签订买卖合约到期再进行实物交割的需求。

1848 年，82 位商人在芝加哥建立了美国第一家中心交易所——芝加哥期货交易所（Chicago Board of Trade，CBOT）。1851 年，芝加哥期货交易所引进远期合同，主要用于保护粮商利益，避免粮食运到芝加哥的时候因价格下跌或需求不足等给粮商造成损失。芝加哥期货交易所发挥了稳定农产品产销、规避季节性价格波动的作用。由于交易制度不完善及缺乏对交易对手信誉的调查，到期拒绝履约的现象经常发生。为了进一步规范交易，1865 年芝加哥期货交易所开始实行保证金制度并推出标准化合约，对一份期货合约所代表的商品数量、品质、交货时间、交货地点以及保证金等进行统一规定，以避免交易双方不能按时履约的情况。1882 年，芝加哥期货交易所提出允许通过对冲合约的方式结束交易而无须再进行实物交割。此时，大量投资者进入期货市场，增强了期货市场的流动性。1925 年，芝加哥期货交易所结算公司成立，所有交易都进入结算公司清算，从此现代意义上的统一结算基本形成。随着交易制度的完善、合约的标准化、保障金制度的建立、对冲机制与统一结算的实行，现代期货市场得到迅速发展。

> **专栏 5-5**
>
> ### 美国第一家中心交易所：芝加哥期货交易所
>
> 美国芝加哥期货交易所于 1848 年 4 月 3 日成立，是世界上第一个近代期货交易所。芝加哥期货交易所是当前世界上交易规模最大、最具代表性的农产品交易所。四大类交易产品中以农产品期货和利率期货最为出名，农产品期货价格是全球最权威的农产品价格，对农产品的国

际贸易价格和其他农产品交易所的交易价格有着巨大的影响；利率期货交易量在2005年占世界交易总量的53%。

19世纪初，芝加哥依靠其优越的地理位置，发展成为美国重要的交通枢纽、最大的谷物集散地和加工中心。但是当时农产品价格波动异常剧烈，在收获季节市场供过于求导致价格暴跌，而到了春天谷物匮乏时，价格飞涨。为了解决这个问题，最好的办法是"未买先卖"，以远期合约的方式与谷物的需求方联系，来转移价格风险，市场的需求催生了期货这种全新的交易方式的产生。芝加哥市位于五大湖的下端，紧靠中西部肥沃的农业区，又是重要的交通枢纽，芝加哥期货交易所成立之后，农产品期货得到迅速发展，交易的农产品品种也逐渐增加。经过175年的发展，芝加哥期货交易所已经发展成为美国第二大期货交易所和世界第一大谷物交易所，交易量日均达到310多万手。其主要交易产品由原来的单一农产品发展为四大类：①农产品，包括玉米、大豆、豆油、豆粕、小麦、燕麦、糙米等；②利率，包括美国国库债券、德国国库债券、利率互换、欧洲美元、市政府债券指数等；③金属，包括黄金和白银等；④道琼斯股价指数。

资料来源：李冀峰，周召辉. 美国芝加哥期货交易所［J］. 产权导刊，2006（12）：61-62.

碳期货交易源于碳排放权现货交易。2003年芝加哥气候交易所成立，以"限额与贸易"为基础，成为全球第一个具有法律约束力、基于国际规则的温室气体排放登记、自愿减排和交易平台。2005年欧盟建立了欧盟碳排放交易体系，从而成为世界上最大的碳排放总量控制与交易体系。此后，欧盟排放交易体系下的欧洲气候交易所、法国电力交易所、BlueNext交易所、欧洲能源交易所、意大利电力交易所以及英国排放权交易所等多个交易所和交易体系逐步建立。在政府实施低碳经济转型的政策和相关金融机构的推动下，碳现货交易市场迅速发展，交易量日益上涨。2022年全球碳市场交易金额约为8 650亿欧元，仅欧盟碳市场交易金额就有约7 500亿欧元；全球碳市场共交易125亿吨碳配额，仅欧盟碳市场配额成交量就有91亿吨，成交金额7 000亿欧元，涵盖了31个国家和欧盟温室气体排放总量的40%。

2005年4月，欧洲气候交易所推出第一只欧盟碳排放配额期货（EUA期货），并在伦敦国际石油交易所（IPE）的电子期货交易平台上运作。芝加哥气候交易所、欧洲气候交易所、欧洲能源交易所都相继推出了核证减排量期货合约，其中位于英国伦敦的洲际交易所（ICE）是最大的碳期货交易平台。碳期货合约一经推出，就得到众多投资者的追捧，交易量迅速增长，例如欧洲气候交易所在2008年3月推出核证减排量期货合约后，第1个月交易量就高达1 600万吨二氧化碳当量。目前，全球碳金融市场上主要的碳期货产品有：欧洲气候交易所的碳金融工具期货、欧盟排放配额期货、核证减排量期货、芝加哥气候交易所的碳金融工具期货。芝加哥气候交易所的碳金融工具期货采用自愿减排会员制，以排放总量为基准线，以补偿减排项目下补偿量相配合，一份碳金融工具期货合约对应100吨的二氧化碳当量。此外，欧洲气候交易所还推出基于核证减排量和欧盟排放配额基差的期货合约，以调整这两类碳资产价格波动。随着碳期货交易市场的发展与完善，碳期货年交易量逐步增加。

相关数据显示，截至2023年1月11日，在欧盟排放交易体系第四阶段，在全部欧盟排放配额期货和现货的交易中，碳期货交易量占比超99%，期货交易量是同期现货交易量的710倍，而2015年欧盟排放配额期货交易量仅是现货的30倍。在欧洲，欧盟排放配额期货刚推出不久时，欧盟排放配额现货曾出现供过于求的现象，市场价格出现较大回落，现货成交量出现较大萎缩，但是欧盟排放配额期货却始终保持稳定状态，发挥了期货市场稳定剂的作用。从欧盟排放配额期货交易数据来看，近年来，欧盟排放配额期货交易量的增长速度明显远超现货。可以看到，从欧盟排放配额期货上市以来，其交易量呈现加速增长趋势，欧洲碳期货市场的深度进一步扩张。

3. 碳期货的功能与特征

（1）碳期货的功能。碳期货市场的基本功能主要包括：价格发现，规避和转移价格风险，降低交易成本、增加市场流动性，减缓价格波动。

1）价格发现。期货市场的价格发现功能是指期货市场通过其完善的交易运行机制，形成具有真实性、预期性、连续性和权威性的期货价格，从而可以在期货价格的变化中看出现货的供求情况及价格变动趋势。碳期货交易的价格发现功能主要体现在以下三个方面。

第一，碳期货交易透明度高，竞争公平、公开。碳期货交易采取集中公开竞价制，交易指令在高度组织化的期货交易所内运行，不允许进行场外交易。碳期货交易所的价格报告制度有助于价格信息的公开，交易者可以不断调整其对价格走势的预测从而提高价格预期的准确性。

第二，供求集中，市场流动性强，会员交易规范。供求集中，有助于理性价格的形成。碳期货交易的参与者众多，如生产商、销售商、加工商、进出口商以及各大金融机构等，交易者必须在期货交易所注册会员，交易时间固定，交易规则规范，避免了垄断欺诈行为。

第三，交易者熟悉交易行情，信息质量高。碳期货交易中的参与者大部分是碳配额调控下的大型企业和各类金融机构等，具有丰富的经验，能够运用多种量化分析方法，对碳资产价格预测能力强。

碳期货合约对碳现货未来的价格进行了有效预测，并且以公开、公平、公正的竞价方式不断进行调整，最终形成合理、连续、权威的价格预期。而且，套期保值者的碳期货交易有助于促进碳现货价格与碳期货价格的统一。因此，碳期货市场的价格信息能够综合多方面影响因素，从而反映碳现货资产的供求关系与理性价格。

2）规避和转移价格风险。转移价格风险是期货市场重要的功能之一。作为一个对管制高度依赖的市场，碳金融市场存在诸多缺陷，其运行面临着诸多风险。各国在减排目标、监管体系以及市场建设方面的差异，导致了市场分割、政策风险以及高昂交易成本的产生，进而使得碳现货价格产生剧烈波动。这些风险因素包括以下几方面。

①政策、制度和政治风险。碳排放作为典型的负效用产品，其市场完全依赖于法律的强制实施来保证有效运行。任何相关的政策和制度变化，以及影响政策和制度的潜在间接因素都会对市场产生至关重要的影响。《京都议定书》在2008年正式实施，在一定程度上改善了国际碳金融市场高度分割的现状，但是，《京都议定书》的实施期仅涵盖2008—2012年，各国对其有关规定仍存有广泛争议。2015年在巴黎气候大会上通过的《巴黎协定》是继《京都议定书》之后的第二份具有法律约束力的协议，全球气候治理问题已经从以"自上而下"为主的减排目标分摊模式逐渐演变为以"自下而上"为主的国家自主贡献模式。2023年是自2015年《巴黎协定》达成后的首个"全球盘点"之年，完成了《巴黎协定》生效后的首次全球盘点，全面

"考核"了全球落实《巴黎协定》的进展与差距。从制度风险看，由于欧盟在欧盟排放交易体系第一阶段分配的 EUA 供过于求以及随后也未出台补救措施，导致碳市场价格巨幅波动，为解决危机，2013 年更多欧盟成员国开始采用拍卖方法分配 EUA，废除原有的免费分配制度，个人可以通过购买 EUA 期货参与市场，在此期间 57% 的排放配额在交易期间通过拍卖分配，剩余配额则通过基准分配。当前正处于欧盟排放交易体系发展的第四阶段，欧盟排放交易体系覆盖的行业和分配方式没有发生变化（57% 拍卖；43% 免费分配）。然而，作为 2030 年气候目标计划的一部分，欧盟排放交易体系可能会在第四阶段中期改变。

②经济风险。宏观经济周期波动显著影响企业的生产扩张和收缩，也间接影响能源消耗和碳排放总量。繁荣期企业生产开工率高，能源消耗和碳排放量高，对碳排放单位的大量需求推高了碳价格；经济衰退期则正好相反，2008 年金融危机使得大部分地区的企业削减产量、停工，甚至倒闭，导致碳需求量萎缩。在东欧，某些企业甚至由碳排放量的需求方转换为供给方，进一步加剧了供过于求的状况，导致了碳价格进一步下跌。

③市场风险。碳交易绝大多数集中于国家或区域内部（如欧盟），统一的国际市场尚未形成。开展的碳金融交易市场多种多样，在交易机制、市场管制、地域范围、交易品种以及不同国家或地区的相关制度安排上存在很大差异，导致不同市场之间难以进行直接的跨市场交易，形成了高度分割的国际碳金融市场。此外，碳价格与能源价格紧密联系，其中石油和天然气的价格对碳价格有重要的先导影响，石油和天然气价格的暴涨暴跌，对碳价格的单向溢出影响非常显著。

④技术风险。低碳技术包括风能、太阳能、生物能源、二氧化碳的捕获和储存（Carbon Capture and Storage, CCS）等技术。低碳技术属于高新技术，目前尚处于研发阶段，尚未成熟，其发展的不确定性较高。技术变化与减排成本密切相关，低碳技术发展不仅影响发达国家的减排成本，也影响发展中国家清洁发展机制（CDM）项目的实施成本。减排成本是影响碳价格的关键因素。低碳技术的不确定性是低碳经济和碳金融发展最本质和不可控的风险。

⑤道德风险。目前，在国际碳金融市场中，尤其是基于项目的市场中，涉及较多的跨国监管机构和注册机构对 CDM 项目报批和技术认证，这决定项目的成败。由于目前缺乏对指定经营实体（Designated Operational Entity, DOE）的监管和专业技术的封闭性，造成信息不对称导致的道德风险。有些中介机构在材料准备和核查中存在一定的道德风险，甚至提供虚假信息。

⑥交付风险。在项目市场的原始减排单位的交易中，交付风险（Delivery Risk），即减排项目无法获得预期的核证减排单位是最主要的风险。由于核证减排单位的发放需要由专门的监管部门按既定的标准和程序来进行认证，因此即使项目获得了成功，其能否通过认证而获得预期的核证减排单位仍然具有不确定性。从过去的经历来看，由于技术发展的不稳定以及政策意图的变化，有关认定标准和程序一直都处于变化当中。此外，由于项目交易通常要涉及两个以上的国家（包括认证减排单位的国家和具体项目所在的国家），减排单位除了需要符合认证要求外还需要满足项目东道国的政策和法律限制。

上述这些风险因素都是通过影响碳排放权的供需而引起现货价格的波动。对于碳排放权的供需企业及纯粹的市场中介来说，用期货的形式转移这种风险就显得尤为必要。期货市场能够帮助企业规避现货价格风险。企业利用 EUA 期货或 CER 期货交易进行套期保值，即在期货市场上做一笔与现货交易品种相同、数量相等、方向相反的期货合约，以规避现货市场价格波动的风险。

期货交易能够实现套期保值的作用，主要有两个原因。第一，同种碳资产的期货价格走势与现货价格走势基本一致。碳现货与碳期货价格会受到相同经济因素的影响，变动趋势逐步趋于一致。套期保值实际上是利用在两类市场中相反的操作，以收益抵消亏损，达到锁定成本的目的。第二，随着碳期货合约到期，碳现货与碳期货价格趋同。由于碳期货合约到期时，交易者必须进行实物交割或对冲平仓。一般而言，如果碳期货价格低于碳现货，套利者会买入碳期货，并在现货市场高价卖出，实现不同市场套利交易，直至两类市场价格趋于一致。

3）降低交易成本、增加市场流动性。碳期货市场为碳排放权供需双方提供了媒介，交易者可以在标准化、透明化的交易平台上，利用信息优势，锁定价格波动的风险，降低交易成本。碳期货交易采用标准化的期货合约，交易双方无须对合约中利益分配、交易条款进行协商，交易手续并不烦琐，从而节约了一定的交易成本和时间成本。此外，碳期货交易实行保证金交易，以较低成本完成期货合约的买卖行为。CER 期货以 CDM 项目为基础，有利于增加市场流动性。由于 CDM 项目周期长、技术水平高、风险大，企业可以通过 CER 期货锁定风险；相应地，CER 期货交易增加了企业参与 CDM 项目的积极性。碳期货交易完善了全球碳交易价值链，带动了相关企业、中介机构、金融机构、政府参与，其交易成本（包括交易佣金与手续费、保证金占用的机会成本、交割费用）远远低于现货的交易成本，再加上高杠杆效应，进一步扩大了碳市场规模，充分提高了流动性。

碳期货市场的套期保值者利用碳期货合约，实现套期保值，转移价格风险，明显节约了交易成本；而市场投机者频繁、大量买卖碳期货合约，在承担套期保值者让渡的价格风险的同时，获得投资收益，保障了市场有效运行所必需的流动性。

4）减缓价格波动。碳期货交易中，套期保值者利用碳期货进行与现货反向的操作，有利于减缓碳现货市场的价格波动。同时，适度的碳期货投机也能够减缓价格波动。投机者可以利用同一种商品或同类商品在不同时间、不同交易所之间的差价变动来进行套利交易。碳期货的投机交易对市场的稳定发展有积极意义，其不仅提供了风险对冲的机会，也有助于促进合理价格水平的形成。然而，碳期货投机交易发挥减缓价格波动作用需要两大前提：第一，投机者需要理性化操作，违背市场规律操作的投机者最终会被淘汰出碳期货市场；第二，投机适度，操纵市场等过度投机行为不仅不能减缓价格的波动，而且还会人为地拉大供求缺口，破坏供求关系，加剧价格波动，增大市场风险，使碳期货市场丧失其正常功能。

（2）碳期货的特征。与传统期货交易相比，以碳排放权为基础的碳期货交易主要表现出三大特征。

1）碳期货价格与碳现货价格的波动周期相符程度高。据 BlueNext 统计，从长期来看，碳期货价格与碳现货价格的运动趋势基本一致，但波动幅度不同，碳期货合约距到期日越近，其价格越接近于碳现货价格。碳期货价格与碳现货价格的动态关联性反映了碳期货市场的运行效率。一旦碳期货价格和碳现货价格之间存在套利机会，大量投机者会迅速进行操作，最终使得两者价格趋于一致。碳期货交易成本低、流动性高、信息透明、竞价连续高效等特点使碳期货能迅速反映市场信息，这使得碳期货价格变动趋势领先于碳现货价格变动，从而碳期货价格对碳现货价格具有引导作用。

2）碳期货手续费的高低与所在地区、期货公司实力、客户资金量、成交量都有较大的相关性。碳期货交易一般面临多门类的手续费（例如管理费、交易费和清算费等）和佣金，如BlueNext交易所的管理费为750欧元/年，场内和场外交易费分别为0.002欧元/吨、0.0015欧元/吨，欧洲气候交易所的碳期货交易佣金为0.04欧元/吨，欧洲能源交易所的碳期货交易佣金为2.5欧元/份。碳期货交易手续费可按单向和双向两种方式收取，其中开平仓交易的手续费多为双边收取，其实际金额为碳期货成交后合约总价值的一定比例。

3）碳期货的价格对碳期权本身价格以及期权合约的交割价格有重要影响。目前碳期货作为碳期权唯一的基础资产，在碳期权履约时，买卖双方可取得相应的碳期货合约。碳期权交割价格是以碳期货合约确定的远期买卖同类商品交割价格为基础确定的，而权利金的大小由两者价格差确定。碳期货买卖双方权利与义务是对称的，其合约的标的资产是碳排放权。碳期货市场的价格波动，将随时影响碳期权合约的交割价格。

4. 碳期货的基本原理

碳期货属于标准化交易工具，交易原理在于套期保值。套期保值理论是研究期货市场风险管理与交易策略的核心，理论的演变与发展可分为三类：传统套期保值理论、基差逐利型套期保值理论、现代套期保值理论。

（1）传统套期保值理论。传统套期保值理论由凯恩斯和希克斯在1930年创立，他们认为，在同一商品的期货市场上建立与现货市场部分相反的头寸，可以规避现货价格风险。此时，套期保值者参与期货交易的目的不是获取高额利润，而是要用期货交易中的盈亏补偿现货交易。由于期货产品和现货产品的价格都受相同因素的影响，价格走势基本一致，在期货合约临近到期时，期货价格和现货价格基本趋同。因此，在期货市场与现货市场中，做数量相同、方向相反、时间相近的头寸配置可以达到消除风险、对资产保值的目的。传统套期保值适用于商品属性较强的市场。该套期保值理论忽略了基差风险、预期价格的判断能力，且实现过程中受到期货与现货存在升贴水、价格波动趋势变化剧烈、现货定价多样化等因素制约，实际操作性并不强。

（2）基差逐利型套期保值理论。基差逐利型套期保值理论由美国期货专家霍布鲁克·沃金（Holbrooke Woking）在20世纪50年代提出，沃金认为，套期保值的结果不一定能将风险全部转移出去，而在于通过寻求相对较小的基差风险，避免现货价格大幅变动的风险。套期保值也是一种投机，只不过它是对价格的投机、对基差的投机。基差逐利型套期保值的原理是：利用现货价格和期货价格的差额即基差，判断基差的大小，以获取利润。买卖双方通过协商，由套期保值者确定协议基差的幅度和选择期货价格的期限，由现货交易者在一定时期内选择期货价格为计价基础，在所确定的计价基础上加上协议基差计算得到现货商品的协议价格。交易双方未来以协议价格交割现货，而不考虑现货市场上该商品在交割时的实际价格。套期保值者通过协议，将基差风险转移给现货交易对手，达到完全保值的目的。一般而言，投资者持有现货头寸，基差大于零且极小，预期一定时期后基差将增加，故采取套期保值操作，期初卖出期货合约，期末买进期货合约且卖出现货对冲，获取收益。只有结束套期保值时的基差等于交易期初的基差，那么两个市场盈亏相抵，不存在经济盈利与损失，才能实现最佳保值状态。在实际交易中，基差的大小影响了套期保值的效果。套期保值结束时基差会出现各种变化，基差增大，多头套期保值者就会出现损失，空头套期保值者在保值的同时可获取额外收入；基差减小，多头套期保值者就会获取额外收入，空头套期保值者会出现一定损失。该套期保值理论适合于金融属性较强、产业链链条较长、单位利润率较低的市场或领域。

（3）现代套期保值理论。现代套期保值理论由 Johnson（1960）和 Ederington（1979）等根据马科维茨组合投资理论提出。他们认为，交易者进行套期保值实际上是对现货市场和期货市场的资产进行组合投资。交易者通过配置一定的现货和期货头寸，根据组合投资的预期收益和方差，使风险最小或效用最大。在现代套期保值理论下，交易更加灵活，交易品种可不同但相关联，价值可不相等但方向相反。现代套期保值理论中，套期保值比率的确定方法可分为三种类型：最小方差套期保值、均值方差分析以及风险—收益权衡分析。

最小方差套期保值是指利用马科维茨投资组合理论，在持有现货头寸的情况下决定期货头寸的大小。现货与期货的投资组合必须满足最小方差的套期保值比率，从而使风险最小。最优套期保值比率一般小于 1，即介于 0~1 之间。

均值方差分析要求同时考虑收益与风险，以套期保值组合的均值和方差共同分析套期组合的预期收益和风险，目标是在风险最小的同时使组合的预期收益最大，即目标函数的预期效用最大化。值得注意的是这种分析中所需的效用函数是投资者主观意愿的表达，很难用数学方程精确描述。

风险—收益权衡分析方法是指设计某种同时考虑风险与收益的权衡指标，求出最优套期保值比率。在这种分析方法中，权衡指标可以根据投资者的不同需要进行设计和求解。风险—收益权衡分析方法认为风险和收益之间存在一个权衡关系，投资人必须对收益和风险做出权衡，为追求较高收益而承担较大的风险或者为降低风险而接受较低的收益。如果两个投资机会除了收益不同以外，其他条件（包括风险）都相同，人们会选择收益较高的投资机会，这是自利行为原则所决定的；如果两个投资机会除了风险不同以外，其他条件（包括收益）都相同，人们会选择风险小的投资机会，这是风险厌恶所决定的。如果人们都倾向于高收益和低风险，而且都在按照他们自己的经济利益行事，那么竞争结果就产生了风险和收益之间的权衡。

5. 碳期货与碳现货和碳远期

（1）碳期货与碳现货的比较。碳期货交易是指在碳交易所内集中买卖期货合约的交易活动。碳期货与碳现货存在明显区别（见表 5-4）。第一，交易对象不同，碳现货的交易对象是碳排放权，而碳期货的交易对象是标准化合约。第二，交易目的不同，碳现货交易目的是获得或出售碳资产，以完成定量碳排放计划，平衡利益，避免高额罚款；碳期货交易目的是转移碳现货市场价格波动的风险，投机或者套期保值。第三，交易场所和交易方式不同，碳现货交易不受交易规则、交易场所、交易方式的限制，可以进行场外交易，交易条款可由交易双方商议确定；碳期货交易必须在固定的碳期货交易所以公开竞价方式进行。第四，结算方式不同，碳现货交易一般采用一次性结算全部资金，而碳期货交易采用的是保证金结算方式。第五，交割时间不同，在碳现货交易中，碳资产所有权转移与交易达成在同一时间；在碳期货交易中，碳资产实物转移滞后于期货合约的达成。

表 5-4 碳期货与碳现货的比较

比较内容	碳期货	碳现货
交易对象	标准化合约	碳排放权
交易目的	转移碳现货市场价格波动的风险	完成定量碳排放计划
交易场所和交易方式	在固定的碳期货交易所以公开竞价方式进行	不受交易规则、交易场所、交易方式的限制
结算方式	采取保证金结算方式	一般采用一次性结算全部资金
交割时间	碳资产实物转移滞后于期货合约的达成	碳资产所有权转移与交易达成在同一时间

（2）碳期货与碳远期的比较。碳期货与碳远期有着一定的联系，两者都属于基于合约下的规定碳资产未来买卖数量与价格的交易方式。但两者也存在明显的不同。碳期货交易更加趋于规范化、标准化，属于场内交易管理。碳期货交易采用实物交割与对冲平仓两种履约方式，以保证金制度为基础，实行每日无负债结算制度，信用风险较低。碳远期交易实际上是一种现货交易延续的方式，并没有标准化合约，可中途转让，已签订合约的最终履约方式是实物交割。通常，清洁发展机制项目产生的核证减排量多采用碳远期进行交易，项目启动之前，交易双方签订合约，规定碳额度或碳单位的未来交易价格、交易数量以及交易时间，其为非标准化合约，一般不在交易所中进行交易，而是在场外市场进行协商达成交易。由于监管结构较为松散，碳远期交易面临较大的违约风险。碳期货与碳远期的比较如表 5-5 所示。

表 5-5 碳期货与碳远期的比较

比较内容	碳期货	碳远期
功能	为企业规避、转移价格波动风险，价格公开、透明、可信度高	流动性低，分散风险作用相对较弱
交易对象	标准化期货合约	非标准化合约
交易场所	场内交易	场外交易
履约方式	实物交割与对冲平仓	实物交割
风险特征	信用风险较低	信用风险较高
保证金制度	比例保证金和定额保证金	双方商议

5.2.2 碳期货合约与定价

1. 碳期货合约

（1）碳期货合约的基本概念。碳期货合约是由碳期货交易所统一制定、规定未来某一特定时间和地点、交割一定数量和质量碳资产的标准化合约。碳期货合约以现货合约和远期合约为基础发展起来，其本质区别在于合约条款的标准化。碳期货合约具有以下主要特点：

1）碳期货合约以碳资产为标的，买卖双方是碳资产的需求方与供给方。碳排放权是碳期货合约的基础资产，例如欧洲期货交易所的欧盟排放配额合约，其交易标的就是一定数量的欧盟排放配额。

2）碳期货合约是在场内交易的标准化合约。碳期货合约必须在交易所内进行交易，其合约名称、交易单位、报价单位、最小价格变动、涨跌停板幅度、交割地点、交割月份、交割日期、交割数量、交割品级、交割方式、最低交易保证金等都有严格规定。但碳期货价格是公开竞价形成的。

3）碳期货合约采取逐日盯市制度，期货交易所结算部门在每日闭市时计算交易者的盈利或损失，并调整交易者可动用保证金额度。

4）碳期货合约的交易者可采取平仓、现金交割、实物交割等交易方式。欧美的碳期货交割最终以在官方排放贸易登记处的核证减排量"过户"为标记。

（2）碳期货合约基本条款。碳期货合约是由交易双方签署的、规定双方权利义务的凭证，由 15 个要素构成，分别为：交易品种名称与代码、交易单位、报价单位、最小变动价位、涨跌停板幅度、合约交割月份、到期日、交易系统、交易模式、交易时间、清算价格、增值税及其他税项、交割方式、清算及合约保证以及保证金。下面对部分要素进行介绍。

1）交易品种名称与代码。对合约交易品种的名称进行界定，并以符号作为代表方式。国际上现有的相关碳期货品种名称与联合国清洁发展机制在术语规范上保持了严格的一致，均称为核证减排量期货。欧洲气候交易所、芝加哥气候期货交易所、纳斯达克商品事业部、美国绿色交易所、印度泛商品交易所等推出的与京都机制相联系的期货品种均称为核证减排量期货。

2）交易单位。交易单位即每张碳期货合约交易的碳资产的数量。例如欧洲期货交易所规定，一张 EUA 期货合约的交易单位为 1 吨，即一单位欧盟排放配额等同于 1 吨二氧化碳排放权。一般而言，碳期货标的碳资产市场规模越大，交易者资金额度越高，期货合约的交易单位越大。在国际上，除了印度泛商品交易所的 CER 期货使用了每手 250 吨 CER 交易单位以外，其他诸如欧洲气候交易所、芝加哥气候期货交易所、纳斯达克商品事业部、美国绿色交易所的交易单位均为每手 1 000 吨 CER 交易单位。国际上同类碳期货交易单位要求均以欧洲气候交易所的要求为准，该交易所要求可供交割的核证减排量必须是由联合国清洁发展机制理事会签发，但拒绝其中装机容量超过 20 兆瓦的水电项目、土地利用、土地利用变化和林业（Land use，land use change and forestry，LULUCF）项目、核电项目。

3）报价单位。碳期货交易主要采用公开集中竞价，在此过程中对期货合约采用的报价单位一般根据交易所所属地来确定，如芝加哥气候期货交易所以美元为报价单位，印度泛商品交易所以卢比为报价单位，其他诸如欧洲气候交易所、纳斯达克商品事业部和美国绿色交易所的报价单位均为欧元。

4）最小变动价位。最小变动价位是指碳期货合约每次变动报价的最小幅度。国际上一些主要交易所的最小变动价位分别是欧洲气候交易所的 0.01 欧元/吨、芝加哥气候期货交易所的 0.01 美元/吨、纳斯达克商品事业部的 0.01 欧元/吨、美国绿色交易所的 0.01 欧元/吨、印度泛商品交易所的 50 派士/吨。

5）涨跌停板幅度。对于碳期货市场最大波动的限制较为宽松，欧美核证减排量期货不限制每日价格波动范围，印度则执行了日内 4%、6% 和 9% 的阶梯式限制。

6）合约交割月份。碳期货合约的交割月份并不是每个月都可以交割，通常会在合约中做具体规定。例如欧洲期货交易所、芝加哥气候期货交易所、美国绿色交易所、纳斯达克商品事业部 EUA 期货合约交割月份为季度合约月份（3月、6月、9月及12月）。通常碳期货合约的交割月份可由交易者选择，而较少合约进行实物交割。印度泛商品交易所核证减排量期货的合约交割月份设定为2月、5月、8月和11月。

7）到期日。到期日是指碳期货合约可交易月份中的最后一个星期一，即最后交易日。欧美交易所普遍设计到期日为最后一个星期一（如果该日是非交易日，那么最后交易日为上一个星期一），印度泛商品交易所则把交割月的日历日期25日作为最后交易日（如果该日为非交易日，那么最后交易日为上一个交易日）。如果最后一个星期一为非营业日，那么最后交易日为倒数第二个星期一。超过最后交易日未平仓期货合约的交易者，必须进行实物交割。

8）交易系统。不同的碳期货合约会使用不同的交易系统。欧洲期货交易所EUA期货合约通过ICE欧洲期货交易电子平台进行交易。芝加哥气候期货交易所的交易系统分为三大部分：交易登记注册系统、交易平台、结算平台，三者相互联系，有机结合进行运作。交易平台是碳期货交易中使用的系统，以Internet连接登记用户，执行用户交易指令，成交确认并公布交易结果信息，以完全电子化平台和匿名的方式记录买卖碳期货合约的报价和交易流量。

9）交割方式。交割方式主要有两种：现金交割和实物交割。若采取实物交割，欧美、印度的同类碳期货必须以官方排放贸易登记处的核证减排量或碳配额"过户"为标记，交易所仍然扮演买卖双方履约对手的角色。现金交割是指对到期未平仓的碳期货合约，以结算价计算盈亏，用现金支付了结期货合约。

10）保证金。最低交易保证金有比例保证金和定额保证金两种形式。欧美碳期货交易保证金的规定采用确定金额，例如美国绿色交易所投机客户的开仓保证金是743欧元，维持保证金是675欧元；套期保值客户开仓保证金和维持保证金均为675欧元。

ECX-CER碳期货合约的基本条款如表5-6所示。

表5-6 ECX-CER碳期货合约的基本条款

交易品种名称与代码	ECX-CER Futures OTC14
交易单位	1 000单位CER，每单位CER具有排放1吨二氧化碳或同等气体的权利
报价单位	欧元
最小变动价位	每吨0.01欧元（即每张合约10欧元）
涨跌停板幅度	无限制
合约交割月份	合约以季度为周期列出，由2009年3月至2012年12月的16个交易月份按3月、6月、9月和12月列出
到期日	合约月份最后一个星期一。如果最后一个星期一是非营业日或该星期一之后又有一个非营业日，则最后交易日为交割月的倒数第二个星期一。若该倒数第二个星期一为非营业日，或该倒数第二个星期一之后又有一个非营业日，则最后交易日应为交割月的倒数第三个星期一。交易所应经常确定在每个交割月份的停止交易日期
交易系统	交易在欧洲期货交易所期货电子交易平台完成
交易模式	于交易时间内连续交易
交易时间	07:00—17:00，英国本地时间
清算价格	在每日收市期间（16:00—16:15）交易加权平均价格
增值税及其他税项	英国税务海关总署已确认会员与欧洲气候交易所清算，由欧洲气候交易所核定排放量以及中期批准，按照终端市场指令，为零增值税率

(续)

交割方式	合约物理上可被交割。核定排放量从在注册处的卖方清算会员个人持有账户转移到欧洲期货交易所清算系统的买方个人持有账户，交割是在清算会员与欧洲期货交易所清算系统之间进行的。交割期是由最后交易日第二天的 19:00 开始到最后交易日后第三天 19:30 结束。欧洲期货交易所交割规则中有延迟交割和交割失败的条款
清算及合约保证	欧洲气候交易所清算系统会充当所有交易会员的交易对手，并担保以其会员名义注册的期货合约的财务状况
保证金	保证金及起初保证金以 LCHC（伦敦清算所）的惯常做法索取

在芝加哥气候期货交易所交易的期货产品合约内容包括：产品名称、合约规模、计量单位、最小单位增量、交易时间、第一个交易日、最后一个交易日、价格限制、可报告的头寸限制、最近到期月份的头寸限制。芝加哥气候期货交易所 CER 期货合约条款如表 5-7 所示。

表 5-7 芝加哥气候期货交易所 CER 期货合约条款

产品名称	CER FUTURES
合约规模	1 单位 CER 代表 1 000 吨二氧化碳当量
计量单位	美元/吨二氧化碳
最小单位增量	每单位 0.1 美元，即每份合约 10 美元
交易时间	美国中部时间上午 7:00—下午 3:00
第一个交易日	一个标准周期合约的第一个交易日在一个标准周期合约到期日之后的首个营业日
最后一个交易日	除了 4 月份的合约，其他月份的合约最后交易日为到期月份的倒数第三个营业日；4 月份的最后一个交易日为该月倒数第五个营业日。这样做的目的是与欧盟碳排放交易机制每年 4 月 30 日的最终期限相一致
价格限制	没有价格限制
可报告的头寸限制	25 份合约，等于 25 000 单位的 CER
最近到期月份的头寸限制	1 000 份合约，等于 1 000 000 单位的 CER

专栏 5-6

首只碳期货 ETF——中金碳期货 ETF 上市

2023 年 3 月 23 日，港交所表示，首只碳期货 ETF——中金碳期货 ETF 上市，将香港上市的商品 ETF 涵盖范围进一步扩展至碳信用产品。

这只新上市的 ETF 由中国国际金融香港资产管理有限公司管理，追踪 ICE EUA 碳期货指数，该指数通过计量一篮子欧盟排放配额期货合约的多头持仓表现来跟踪市场。

截至收盘，中金碳期货 ETF 的涨幅达 2.6%，收报 70.08 港元，成交额为 170.4 万港元，总市值为 6 727.68 万港元。

"大宗商品交易者将有更多的碳交易投资工具。中金碳期货 ETF 跟踪的是 ICE EUA 碳期货指数，该指数定价体系相对成熟。中金碳期货 ETF 上市首日成交量已较高，且交易价格平稳，可见市场需求较大，随着碳交易配套的完善，交易量将有所上升。"一家北京私募机构的期货交易员对记者表示。

港交所买卖产品主管罗博仁表示，气候变化及减碳是全球投资者越来越重视的议题。碳期货ETF在香港市场的推出，不但为投资者提供崭新机遇，让他们以更便捷及具成本效益的方式参与碳排放市场，也为香港的ETF产品生态圈增添活力。

中金香港资管董事总经理林宁认为："该ETF彰显了我们致力于开发气候主题投资产品的决心以及开发创新型投资产品的能力。投资者可通过该ETF参与世界上最大、流动性最好、交投最活跃的碳市场。"

碳排放权交易是实现"碳达峰、碳中和"的重要政策工具，碳排放权期货作为一种价格发现和风险管理工具，将深入实体经济领域，为企业实现绿色发展保驾护航。业内专家认为，随着碳交易市场的完善，我国将构建碳排放权期货交易市场。

2021年12月5日，时任证监会副主席方星海在2021年第17届中国（深圳）国际期货大会上表示，要以产业链需求为导向，不断拓展已上市品种相关产业链新品种，推进碳排放权、新能源金属等期货品种创新工作。而这些创新品种的研发推进，有赖于2021年揭牌成立的创新型期货交易所——广州期货交易所。

广州期货交易所总经理朱丽红表示，未来碳期货上市后，中国有潜力成为全球最大的碳衍生品市场。朱丽红认为，碳排放权期现货市场形成合力才能促进碳减排。当前碳排放权现货市场的工作重点是要建立一套完善的运行机制，在总量确定、配额分配、注册登记、核查、清缴、抵销、信息披露等各环节，形成相对稳定、透明的制度体系，确保现货交易顺畅；碳排放权期货市场则是通过引入流动性实现公开透明的碳定价，为控排企业提供有效的风险管理工具。

不少行业人士认为，碳排放权期货市场是一个正在悄悄崛起的巨大金融市场。

资料来源：《中国证券报》。

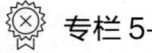 专栏5-7

自愿碳减排量交易协议

中国石油国际事业伦敦公司（以下简称"国际事业公司"）与BP碳贸易公司签订自愿碳减排量交易协议。这是中国石油采购的首单VER期货标的，标志着中国石油碳交易业务从配额场内交易向VER场内交易延伸。国际事业公司正以交易能力建设为载体推进国际贸易业务绿色低碳转型。

在欧盟碳排放权交易体系下，2008年以来，国际事业公司为中国石油海外炼厂客户提供碳配额场内交易服务。近年来，随着碳交易在全球范围内日益发展、逐渐成熟，自愿碳减排市场已成为国际能源企业布局的重要领域。

此次协议成功签署后，国际事业公司将正式开展自愿碳减排市场场内期货合约交易活动。根据协议内容，国际事业伦敦公司将采购BP碳贸易公司在印度光伏项目所产生的部分自愿碳减排量，同时判断其是否符合纽约商业交易所全球碳排放抵消（Global Emissions Offset，GEO）合约交割要求，并通过该合约进行保值和交割。

未来，国际事业公司计划与BP等国际能源企业在CCUS、生物质固碳、社区固碳等碳减排领域展开深入合作，在全球范围内加大 VER 项目投资力度，加快全球碳资源池的开发和建设，为实现"双碳"目标贡献力量。

资料来源：新华网。

2. 碳期货定价

碳期货价格是指交易双方根据达成的期货合约所确定的在未来交割碳资产的价格。对于碳期货价格的确定，通常采用两种方法：一种是用碳远期价格确定碳期货价格；另一种是依据碳现货价格和碳期货价格的关系推出碳期货价格。

（1）用碳远期价格确定碳期货价格。碳远期价格与碳期货价格的定价原理保持一致，其区别主要是交易机制和交易费用。碳期货价格与碳远期价格非常接近，在到期日相同且无风险利率恒定的情况下，碳期货价格等于碳远期价格。

通常，碳远期价格和碳期货价格存在差异，价格差取决于标的碳资产与利率的相关性。在标的碳资产价格与利率呈正相关时，碳期货价格高于碳远期价格。在碳资产价格上涨时，碳期货价格通常也会上涨，碳期货合约的多头方可每日结算获得利润，并可将利润再投资。在标的资产价格下降时，碳期货合约的多头方当日会出现亏损，交易者可以以较低利率获得融资补充保证金。碳远期合约的多头方不会受利率变化的影响，因此，碳期货多头方较碳远期交易者更容易获利，碳期货价格高于碳远期价格。相反，在标的碳资产价格与利率呈负相关时，碳远期价格高于碳期货价格。碳远期价格与碳期货价格之间的差异也可以由合约期限长短、交易费用、保证金、流动性等因素决定。

在多数情况下，都会合理假设碳远期价格与碳期货价格相等。基本假设如下：
1）没有交易费用和税费。
2）市场参与者能以相同的无风险利率借入和贷出资金。
3）远期合约没有违约风险。
4）允许现货卖空。
5）碳期货合约保证金账户按无风险利率支付利息。

根据无套利原理，碳期货（碳远期）价格可以表示如下：

$$F = Se^{(r-q)(T-t)} \tag{5-11}$$

式中，F 为 t 时刻碳期货（碳远期）价格；S 为标的碳资产在 t 时刻的价格；r 为无风险利率；q 为标的碳资产现货在期货合约期限内的收益率；T 为期限（年），$T-t$ 表示剩余时间。

当碳期货合约价格与 $Se^{(r-q)(T-t)}$ 出现偏离时，市场上大量套利者将以买卖现货、期货的方式获取无风险利润，直至碳期货价格与碳现货价格的关系满足式（5-11）。若套利行为受到制约，不存在买空卖空，那么无套利平价等式不成立。

以碳远期价格确定碳期货价格存在一定的局限性。第一，碳期货交易采用逐日结算制度并且存在期间现金流，碳远期价格计算不存在期间现金流。第二，持有期限越长，碳远期价格与碳期货价格差异越大。由此，依据现货价格推导期货价格为碳期货定价应运而生。

（2）依据碳现货价格和碳期货价格的关系推出碳期货价格。

1）碳现货价格与碳期货价格的关系。碳现货价格决定并制约了碳期货价格。同一碳资产的期货价格与现货价格受相同因素的影响，虽波动幅度不同，但价格的变动方向与趋势一致。

随着碳期货合约接近到期日,碳期货价格与碳现货价格逐步趋同,在到期日时,两者大致相等。碳期货价格与碳现货价格之间的关系表现在两方面:一是即期碳期货价格与碳现货价格的关系;二是碳期货价格与未来碳现货期望价格的关系。

在实际交易中,碳现货与碳期货价格之差可用基差表示。

基差=碳现货价格-碳期货价格

在碳期货合约有效期内,基差是波动的,可为正值或负值。碳期货到期日基差应为零。基差的不确定性可称为基差风险。碳期货在实现套期保值功能时,必须选择适当的对冲期货合约,降低基差风险。套期保值者必须实时关注基差变化情况,基差增加时,空头套期保值者获利,多头套期保值者会出现相应亏损;基差缩小时,空头套期保值者会出现亏损,多头套期保值者会获利。基差交易是指在套期保值无法充分转移价格风险时,按一定基差用期货市场价格来确定现货价格及相应进行现货商品买卖的交易方式。基差交易通常是碳资产进口商采用的定价和套期保值策略。

碳期货价格收敛于标的碳现货价格,以套利交易为基础。如果交割期间碳期货价格高于碳现货价格,大量的套利者就会买入碳现货、卖出碳期货合约,并进行交割获利,从而促使碳现货价格上升,碳期货价格下降。相反,如果碳期货价格低于碳现货价格,大量的套利者就会选择买入碳期货合约,促使碳期货价格上升。

碳期货价格与未来碳现货期望价格的关系可用预期收益率表示:

$$E(S_T) = S e^{y(T-t)} \tag{5-12}$$

式中,$E(S_T)$ 表示未来 T 时刻现货的期望价格;T 表示到期时间;y 表示资产的连续复利预期收益率;t 表示当前时刻。

未来碳现货期望价格是指交易者估计碳现货的价格。碳期货价格与未来碳现货期望价格的大小取决于 y 与无风险利率 r 的比较。如果标的碳资产系统性风险为零,则 $r=y$,碳期货价格与未来碳现货期望价格相等。如果标的碳资产系统性风险小于零,则 $y<r$,碳期货价格大于未来碳现货期望价格。反之,标的碳资产系统性风险大于零,碳期货价格小于未来碳现货期望价格。

综上所述,碳期货是规避碳现货价格波动的避险工具,两者价格之间存在着内在联系。碳期货价格的确定一般基于无套利定价与风险中性定价方法。

2)合理期货价格的确定。这里的合理期货价格是指在满足一系列前提假设的情况下,由现货价格所决定的无套利的期货价格。

假定碳现货资产在 t 时刻价格为 S_t。买方希望在未来 T 时刻获得该碳资产,那么可采用两种方法。第一种方法,在 t 时刻买入以碳现货为标的在 T 时刻交割的碳期货合约;第二种方法,在 t 时刻直接购买碳现货资产,并持有至 T 时刻。假设投资者采用第一种方法时需要支付 F;采用第二种方法时需要支付 $S_t+I+C-R$,合理的碳期货价格可以避免出现套利行为,使得两种策略下支付成本相等。

$$F = S_t + I + C - R \tag{5-13}$$

式中,F 表示碳期货价格;I 表示购买碳现货放弃的利息收入;C 表示持有碳现货的保管、仓储等费用;R 表示持有碳现货得到的收益;$I+C-R$ 通常为(净)持有成本。

上述碳期货价格与碳现货价格关系被称为持有成本模型。持有成本的大小与合约标的资产的性质相关联。消费性标的资产的持有收益只包含相关便利收益,而投资性标的资产的持有收益包含了现金收益。在碳期货中,持有成本并不包括商品的仓储费用,相对于商品期货而言,持有成本较低。随着交割日临近,碳期货价格收敛于碳现货价格,持有成本趋近于零,同时基差收敛于零。持有成本可大于零或小于零。正常市场下期货价格大于现货价格,基差为负;而倒置市场下期货价格小于现货价格,基差为正。

①持有成本模型。持有成本模型通常作为期货定价的基础。作为购买期货合约的替代方法,在现货市场买入相关金融资产并持有至到期日。在期货交易中,持有成本等于融资成本和相关资产收益之差。

1890年,马歇尔提出了期货价格是现货价格与持有该现货至期货到期交割所需成本之和,即

$$F = S + C \tag{5-14}$$

式中,F 表示期货价格;S 表示现货价格;C 表示持有成本。

该理论较难解释价格倒挂,即期货价格低于现货价格的现象。1930年,凯恩斯引入风险溢价概念,修正了持有成本理论,提出期货价格的表达式:

$$F = S + C \pm R \tag{5-15}$$

式中,R 表示风险溢价。

持有成本模型基于如下假设:

第一,碳期货和碳现货交易均无交易成本;

第二,假设相关碳排放权可以卖空,可以储存;

第三,卖空现货与期货所得金额可以自由利用;

第四,投资人的借贷利率为回购利率。

根据持有成本理论,碳期货合约价格与碳现货价格关系如下:

$$F_{t,T} = S_t(1+\mu) \tag{5-16}$$

式中,$F_{t,T}$ 表示到期日为 T 的碳期货合约在时刻 t 的价格;S_t 表示时刻 t 现货的交易价格,μ 表示持有成本与现货价格的比值,即包括交易费用、仓储费用、运输费用、保险费用和利息等持有成本的总和除以现货价格 S_t。

如果 $F_{t,T} > S_t(1+\mu)$,表明碳期货价格大于碳现货持有成本与碳现货价格之和。交易者会选择买入碳现货,卖出碳期货,导致碳现货需求上升,价格提高,直至达到均衡。

如果 $F_{t,T} < S_t(1+\mu)$,表明碳现货持有成本与碳现货价格之和大于碳期货价格。交易者会选择买入碳期货,卖出碳现货,导致碳期货需求上升,价格提高,直至达到均衡。

若持有成本为 c,期货价格为 F,到期时间为 T,现货价格为 S。则有:

$$F = Se^{cT} \tag{5-17}$$

持有成本模型的假设条件在实际交易中并不合理。与假设条件不同,投资者在碳期货交易中需要支付一定的佣金。实际的借贷利率是存在差异的,通常贷款利率高于借款利率。碳期货中卖空交易一般受到交易所限定,在特定价位以上才可以进行卖空操作。因而,持有成本模型也存在一定偏差。

②无偏估计模型。在一个有效的碳交易市场中,即期碳期货价格对未来碳现货价格具有预测和发现功能。根据无偏估计,碳期货价格等于未来碳现货价格的期望值,即

$$F_t = E(S_T \mid I_t) \tag{5-18}$$

式中，F_t 为 t 时刻碳期货的价格；S 为现货价格；T 为碳期货到期时刻；t 为当前时刻；I_t 为 t 时刻的信息集；$E(S_T \mid I_t)$ 表示 t 时刻的条件期望。

在实际交易中，一旦碳期货价格与碳现货价格出现偏离，交易者会主动买卖期货合约，直至两者价格达到均衡。无偏估计模型的前提是风险中性，市场上不存在套利可能性，金融产品的价格与投资者风险态度无关，不存在任何风险补偿或风险报酬，并且金融产品预期收益率恰好等于无风险利率。然而，实际市场交易存在较大风险，承担风险者会要求得到补偿，因而存在风险溢价。此时，碳期货价格等于未来碳现货价格的期望值与风险溢价之和，即

$$F_t = E(S_T \mid I_t) + \alpha \tag{5-19}$$

式中，α 表示风险溢价。

无偏估计结果建立在有效的碳市场基础上。随着协整检验和 Granger 因果检验的应用，碳期货价格 F_t 与同期碳现货价格 S_t 关系的检验可由此获得。从即期碳期货与碳现货价格之间的滞后相关性可推导出碳期货的价格发现功能。通过检验 F_t 与 S_t 是否存在协整、Granger 因果关系，可考察碳期货市场的有效性。碳期货市场的有效性包括两个层面：定价效率和信息效率。定价效率应通过碳期货价格与同期碳现货价格之间的关系进行检验，而信息效率则应通过碳期货对收益率残差序列的性质加以考察。

③碳排放便利收益模型。Benz 和 Truck（2006）的研究提出碳排放交易与股票交易不同，股票价值与公司预期利润有紧密关联，而碳排放权价格主要由交易市场中碳排放权供求总量引起的预期碳排放量稀缺程度决定。碳排放的稀缺性容易受到政府气候管制政策变化、碳减排技术进步与扩散、能源利用效率、能源价格、极端气候等因素影响，诱发碳排放权价格剧烈波动。Truck 和 Borak（2006）、Chevallier（2009）发现，在恒定便利收益和利率下，运用持有成本理论证实碳排放权现货持有者可以获得额外的便利收益。

在碳交易中，碳现货价格波动较大。碳排放便利收益表示碳现货持有者承担价格风险而获得额外隐含收益，且碳期货合约持有者无法实现。碳排放便利收益以碳排放产品的稀缺性为基础，由风险溢价带来额外收益。碳排放权稀缺性程度越大，其价格波动越大，碳现货持有者预期得到的便利收益越大。

碳排放便利收益模型是持有成本模型的延伸。假设碳排放市场不存在套利行为、无交易成本，且不存在储存成本。碳现货价格与碳排放期货价格关系如下：

$$F_t = S_t e^{(r-\delta)(T-t)} \tag{5-20}$$

$$\delta = r - \frac{1}{T-1} \ln(F_t / S_t) \tag{5-21}$$

式中，碳排放期货合约交割日期为 T；在 t 时刻碳排放现货价格为 S_t；碳期货价格为 F_t；市场无风险利率恒定为 r；便利收益为 δ。

通过式（5-20）就可以得到碳期货的价格。

④均衡期限理论。均衡期限理论基于以下三个假设：

第一，碳交易市场交易成本为 0，不考虑税费，不存在市场摩擦；

第二，交易是连续的；

第三，市场存在卖空交易，且借贷利率相等。

在单因素模型中，碳期货价格主要由几何布朗运动的现货价格决定。几何布朗运动是描述资产价格的常用模型，其随机变量满足布朗运动。

$$dS_t = \mu S_t dt + \sigma_s S_t dZ_s \tag{5-22}$$

$$dS_t/S = d(\ln S_t) = \mu dt + \sigma_s dZ_s \tag{5-23}$$

式中，S 表示碳现货价格；S_t 表示 t 时刻碳现货的交易价格；μ 表示碳市场现货价格漂移率；σ_s 表示碳现货价格波动率；dZ_s 表示布朗运动增量。

假设碳现货价格服从均值回复运动，此时均衡模型可建立为

$$dS = \kappa(u - \ln S)Sdt + \sigma_s dZ_s \tag{5-24}$$

式中，S 表示碳现货价格；κ 表示回复速度；u 表示长期均值。碳现货价格长期围绕均值 u 波动。在碳现货价格高于长期均值时，碳现货交易者预期价格会下降，因而投资者减少购买碳现货，最终碳现货价格下跌至均值。

在双因素模型中，增加便利收益作为影响现货价格变动的因素，可以较好拟合碳期货市场价格波动。Schwartz(1997) 构建的双因素模型如下所示，其操作性更好。

$$dS = (\mu - \delta)Sdt + \sigma_s SdZ_s \tag{5-25}$$

$$d\delta = \kappa(\alpha - \delta)dt + \sigma_\delta dZ_\delta \tag{5-26}$$

式中，S 表示碳现货价格；κ 表示瞬时便利收益均值回复速度；α 表示便利收益长期均值；σ_δ 表示市场中瞬时便利收益的波动率；dZ_δ 表示瞬时便利收益几何布朗运动的增量；σ_s 表示现货价格波动率；dZ_s 表示现货价格几何布朗运动的增量；μ 表示现货价格漂移率；δ 表示瞬时便利收益。

5.3 碳期权市场

5.3.1 碳期权概述

1. 碳期权的界定与特征

（1）碳期权的界定。期权（Option）是交易者在未来确定的期限内，按照事先约定的价格，买入或卖出某项金融现货或期货合约的权利。与期货交易不同，期权交易买卖双方权利义务并不对等。买方支付权利金后，获得买进或卖出的权利，而不负有必须买进或卖出的义务。卖方收取权利金后，负有应买方要求，必须买进或卖出的义务，而没有不买或不卖的权利。因此，期权是一种单向合约。

碳期权是 21 世纪发展起来的新兴的金融衍生品，它是指在某一确定的时期内按事先约定的价格买进或卖出其一碳期货合约的权利。与传统的期权合约不同，现存的碳期权实际是碳期货期权，即在碳期货基础上产生的一种碳金融衍生品。碳期权的价格依赖于碳期货价格，而碳期货价格又与基础碳资产的价格密切相关。

碳期权交易是一种买卖碳期权合约权利的交易。碳期权的买方在支付权利金后便取得履行或不履行买卖期权合约的选择权，而不必承担义务；碳期权的卖方在收取买方的权利金之后，在期权合约规定的特定时间内，只要期权买方要求执行期权，期权卖方必须按照事先确定的执行价格向买方买进或卖出一定数量的碳期货合约。卖出期权合约的一方称为期权卖方，卖出期

权未平仓者称为期权空头；买入期权合约的一方称为期权买方，买入期权未平仓者称为期权多头。

（2）碳期权的特征。与其他金融衍生品相比，碳期权具有明显的特征。

首先，碳期权合约的基础资产是碳期货合约，所以碳期货合约价格对期权价格以及期权合约中交割价格的确定均具有重要影响。碳期货价格与碳期权价格的周期波动一致，具有"涨时同涨，落时同落"的特征。

其次，碳期权交易具有很强的时间性。期权合约只有在规定的时间内才有效，或执行期权，或放弃转让期权；超过规定的有效期，期权合约自动失效，期权购买者所拥有的权利随之消失。买方只能在期权到期日向对方宣布执行或不执行期权合约。

再次，碳期权投资具有极强的杠杆效应，可以以小搏大，即支付一定的权利金就可获得巨额盈利的机会。例如：欧洲 A 公司在碳市场买入 EUA 看涨期权的执行价格为 9 欧元/吨，支付的权利金为 0.6 欧元/吨，购买标准化合约 100 000 手。当合约到期，如果市场 EUA 期货价格为每吨 12 欧元时，行使期权每吨可获利 3 欧元，扣除权利金 0.6 欧元/吨，购买者的纯利润为每吨 2.4 欧元，共获利为 240 000（2.4×100 000）欧元，可见投资者只付出 60 000 欧元，即可获净利 240 000 欧元，充分说明了期权投资的杠杆效应。

最后，与碳期货交易不同，碳期权交易是非线性盈亏状态，买方的收益随市场价格的波动而波动，其最大亏损只限于购买期权的权利金；卖方的亏损也随着市场价格的波动而波动，最大收益（即买方的最大损失）是权利金。碳期货的交易是线性的盈亏状态，交易双方都面临着无限的盈利和无止境的亏损。正是期权的非线性的损益结构，才使期权在风险管理、组合投资方面具有了明显的优势。通过不同期权与其他投资工具的组合，投资者可以构造出具有不同风险收益状况的投资组合。

 专栏 5-8

互助县完成首笔碳指标期权交易

2021 年 1 月 26 日，青海碳谷零碳经济服务中心与青岛恩利钢构有限公司签署碳排放指标期权交易协议，并完成该笔碳指标期权 43 万元的交易，意味着海东市"双碳"战略正式在互助土族自治县（以下简称"互助县"）率先拉开帷幕。

青海碳谷零碳经济服务中心于 2021 年 12 月 29 日在互助县绿色产业园举行揭牌活动，入驻互助县绿色产业园后，青海碳谷信息科技有限公司抢抓碳市场机遇，深挖碳交易制度核心机制，熟悉指标核算相关依据，争取有利资源最大化，通过低碳技术创新，主动控制碳排放，发展双碳产业，积极参与碳市场交易的同时，致力建设碳中和领域创新示范基地。

近年来，互助县绿色产业园管委会始终坚持走"低碳、绿色、循环、集聚"的新型工业化道路，按照产业集群、布局合理、特点突出、优势互补、差异化发展原则，全力推进构建清洁低碳、安全高效的能源体系和绿色低碳循环发展的经济体系，着力将绿色产业园建设成为互助县乃至海东市零碳工业主战场。

资料来源：青海日报。

2. 碳期权的起源与发展现状

（1）碳期权的起源。据亚里士多德记载，公元前 332 年，泰勒最早创造并使用了期权。泰勒运用天文知识预测次年橄榄将获得大丰收，橄榄油压榨机会出现供不应求的情况，于是决定支付少量定金，购买几乎所有的压榨机第二年使用权。等到第二年橄榄油丰收，压榨机需求巨大，泰勒以高价租出压榨机，获得高额利润。泰勒以低于压榨机成本的资金，购买了压榨机未来一年的使用权，即使判断错误，亏损也只是少量的定金（权利金）。

早期期权交易主要产生于场外市场。场内交易的期权合约的雏形是 1636 年狂热的郁金香交易。当年，荷兰阿姆斯特丹证券交易所开始推行郁金香球茎交易，交易所修订规则，买家有权利付出合约价格的部分金额，获得郁金香球茎的未来市场价格大于合约价格时以合约价格买进的权利。期权合约的场内交易由此出现。17 世纪末，基于发达的证券市场，英国出现了股票期权，然而 1733 年，英国政府就颁布法律宣布期权交易非法，直至 1860 年才取消该法令。

1973 年芝加哥期权交易所（Chicago Board Options Exchange，CBOE）的建立预示着场内期权交易的正式合法化。芝加哥期权交易所首先推出了 16 只股票的看涨期权，1977 年股票的看跌期权开始交易。1983 年，芝加哥期权交易所开始发行股指期权合约；1982 年，芝加哥期权交易所开始发行美国国债期权合约；1989 年，芝加哥期权交易所开始发行利率期权合约。期权作为广泛使用的金融工具，股票期权、利率期权、股指期权、汇率期权、商品期权等多种产品成交量稳步上升。1973 年，费希尔·布莱克（Fischer Black）、迈伦·斯科尔斯（Myron Scholes）、罗伯特·默顿（Robert Merton）提出了期权定价问题，从理论上支持了期权交易。1979 年，二项式期权定价模型发表，期权价值合理度量的能力进一步提高。投资者可利用期权定价模型，管理交易风险，提高交易能力。20 世纪，期权交易已经形成国际化格局，发展速度超过了期货交易，新加坡、马来西亚、瑞典、法国、日本、加拿大等国家都推出了期权交易。

2006 年 10 月欧洲气候交易所推出第一只 EUA 期权，作为公认的工业基准合约在 ICE 欧洲期货交易所（原伦敦国际石油交易所）上市。在 2008 年 5 月，欧洲气候交易所上市以 CER 期货为标的的 CER 期货期权合约（ICE ECX CER Options），通过 ICE 电子期货平台（WebICE）交易，最初为执行价格为 14 欧元的看跌期权，数量相当于 25 万吨 CER 交易单位。欧洲气候交易所与 ICE 欧洲期货交易所达成协议，由欧洲气候交易所负责设计产品与产品推广，后者提供电子化的交易平台。所有合约由 ICE 欧洲清算所（ICE Clear Europe）清算，并由英国金融服务监督局（Financial Service Authority，FSA）监管，后续设立了市场稳定储备机制来应对配额供给过剩的问题，碳金融合约都是标准化交易产品，一般不包括非标准化的远期合约产品。欧洲气候交易所碳金融合约的市场份额较大，超过了欧洲整个场内碳金融产品交易额的 80%，目前已是欧盟碳交易市场中极为重要的交易品种。2010 年美国绿色交易所（GreenX）在纽约商业交易所（The New York Mercantile Exchange，NYMEX）上市的环境减排产品，月交易总额为 4 375.3 万吨，较 2010 年增长了 137%，其中最高月交易 CER 期权 1 270 万吨，EUA 期权持仓量月增加额达到 1 100 万吨。2009 年芝加哥商业交易所推出即期交割月份（Delivery Month）的 EUA 期权和 CER 期权，基本设定为欧式期权，提前标的期货合约三个交易日到期，原有的 EUA 和 CER 期货期权合约没有按月到期的可长期交易，直至碳排放权自身失效。随着市场的发展，各种类型的期权产品不断被创新和推出，包括股票期权、指数期权、商品期权等。这些创新丰富了期权市场的产品种类，满足了不同投资者的需求。

（2）碳期权的发展现状。目前，在碳期权市场上呈现出交易规模上升、交易品种多样化、交易结构趋向平衡的特征。

1）交易规模上升。尽管全球经济增速在2008年放缓，碳排放市场规模仍扩大至1 260亿美元，较2007年增长一倍。但2011年全球碳排放交易市场规模为1 760亿美元，与2005年正式引入碳排放交易制度时的108亿美元相比，6年间全球碳排放交易市场规模增长了15倍以上。金融危机后，市场对避险需求提升，金融衍生品碳期权交易额呈现大幅增长趋势。2009年碳期权市场成交额超过107亿美元，交易量超过5亿吨CO_2，EUA期权交易量为4.17亿吨CO_2。2011年EUA期货交易额高达1 308亿美元，占EUA交易总额88%；EUA期权的交易额为142亿美元，较2008年增加了136亿美元。欧盟的碳市场交易规模目前位居全球首位。2022年，欧盟ETS的碳交易额达8 220.21亿美元，占全球总量的87%。

2）交易品种多样化。碳期权交易品种趋于多样化，其标的产品包括欧盟排放配额期货合约、核证减排量期货合约、区域温室气体排放配额期货合约、加利福尼亚州碳配额储备调控拍卖期货合约、碳金融工具期货合约等。作为二级碳市场，金融机构、中间商、能源企业、工业客户等逐渐成为碳期权交易中活跃的参与者。例如美国银行、花旗银行、国际商业机器公司（International Business Machines Corporation，IBM）、美国联合技术公司、福特（Ford）、霍尼韦尔国际公司（Honeywell International Inc）、国际纸业（International Paper）等都参与碳期权交易。金融机构通过推出碳期权、碳信用互换等避险产品，促进市场快速发展。中间商接受委托，代表小客户、工业客户等参与碳市场的交易，增强市场流动性。发电厂商、能源供应商和纵向一体化的公用事业是现货市场上主要的流动性提供方。大量使用能源的工业客户作为避险者参与其中。

3）交易结构趋向平衡。在碳期权交易结构中，EUA期权价格、交易额均高于CER期权，且EUA流动性较好。2009年EUA期权交易额为89亿美元，份额占比83%，CER期权交易额仅为18亿美元。2008年金融危机后，CER价格跌至8欧元/吨，最大跌幅达到65%，价格见底后不断攀高，CER卖方为了规避未来价格上涨的风险增持CER看涨期权，使得CER看涨期权的占比较高。2009年CER看涨期权占比达到56%，看涨期权的执行价格也高于看跌期权。与此同时，EUA看涨期权的购买比例却有所下滑，但从历史数据来看，EUA看涨期权的购买比例仍然始终超过看跌期权。EUA看涨期权在碳期权总额中的市场份额，从2006年的89%跌至2009年的59%。2010年第一季度，EUA看涨期权的市场份额进一步跌至54%。《京都议定书》第一承诺期要求37个发达国家在2008—2012年实现温室气体排放量较1990年平均降低5.2%的减排目标，后来由于美国没有批准这项协议导致实际减排要求降低至4.2%。随着第一承诺期的结束，2011年一级经核证减排量、减排单位和排放配额市场市值再度下降。2011年12月，加拿大宣布退出该协议，CER价格由2011年的12欧元/吨下跌至2013年年初的0.35欧元/吨。《京都议定书》第二承诺期于2013年开始执行。2013年，全球碳市场交易总量为104.2亿吨，交易总额约为549.8亿美元，较2012年交易总额缩水近36.18%。2013年CER价格持续低位运行，价格区间在0.03欧元/吨到0.72欧元/吨之间，而EUA价格也一路下跌至2欧元/吨以下，ERU更是大幅缩水，暴跌至0.5欧元/吨左右。欧盟碳市场的供求关系未从根本上得到改善，供过于求使碳价仍持续走低。在价格持续下跌的趋势下，看跌期权的需求量增加。2012年6月—2014年7月碳期货交易量均高于相应碳期权交易量，并且EUA期权交易量高于CER期权。2015年EU-ETS期货交易量达到现货的30倍以上。2018年EUA期货交易量达到77.6亿吨，交易额从2017年同期的约50亿美元大幅跃升至2018年一季度的约250亿美元，市场前景广阔。2022年，EUA现货与期货结算价走势趋同，基差基本为负，市场整体看涨。

3. 碳期权的分类

由于期权交易方式、方向、标的物等方面的不同，产生了众多的期权品种。对期权进行合理的分类，更有利于我们了解碳期权产品。

（1）看涨期权与看跌期权。根据买方权利不同，碳期权可以分类为看涨期权（Call Option）和看跌期权（Put Option）。碳期权合约中规定固定的到期日和执行价格。期权的购买者能够通过区别购买看涨期权或者看跌期权，锁定收益水平。看涨期权是指碳期权持有者在将来一定时刻以一定价格买入碳资产的权利。看跌期权是指碳期权持有者在将来一定时刻以一定价格卖出碳资产的权利。以EUA期权为例，在预测未来EUA价格上涨时，EUA的卖方会购买看涨期权对冲未来价格上升的机会成本，如果未来EUA价格上升，通过行使看涨期权获得收益。通常，当到期日碳资产价格高于执行价格时，碳期权持有人就应行使看涨期权。对于标的资产为期货合约的碳期权，看涨期权持有者获得碳期货合约的买权，以及碳期货价格超出执行价格的现金额；看跌期权持有者获得碳期货合约的卖权，以及执行价格超出期货价格的现金额。

为了建立温室气体长期减排机制，政府出售长期看跌碳期权，鼓励实体企业对碳减排项目进行长期投资，保障碳信用供给方从碳减排项目中获得稳定的碳排放投资价值。在碳市场发展初期，碳信用价格呈现剧烈波动，碳信用供需双方无法准确预测未来投资价值。政府可以尝试出售长期看跌碳期权合约，承诺未来特定时间以约定价格买入一定数量的碳信用，促进碳信用长期价格稳定，为碳减排项目业主降低投资风险。出售长期看跌碳期权有利于政府实现长期碳减排目标，并获取经济收益。

（2）美式期权与欧式期权。根据买方执行期权的时间不同，碳期权可以分为碳美式期权和碳欧式期权。一般来说，碳期权的到期日是交割月份的最后3个交易日。碳美式期权可在到期日之前的任何时刻行使，交易更为灵活，交易量相对更高。而碳欧式期权只能在到期日才能行使，且不超过最后交易日。碳欧式期权的最后交易日是期货合约到期日之前的第2个工作日，且实值期权在最后交易日会被自动平仓。

（3）实值期权、平值期权、虚值期权。根据碳期权执行价格与标的资产市场价格关系的不同可以分为实值期权（In the Money）、平值期权（At the Money）、虚值期权（Out of the Money）。其中，只有实值期权具有内在价值。当看涨期权标的资产市场价格大于执行价格，或者看跌期权的标的资产市场价格小于执行价格时，则表示买方执行碳期权均会获利，此项碳期权为实值期权。虚值期权的内在价值等于零，它是指如果碳期权立即执行，买方发生亏损的期权。当看涨期权或看跌期权的执行价格等于标的资产的市场价格时，该碳期权为平值期权。随着时间变化，标的资产价格出现波动，同一碳期权在不同时点会出现不同状态：实值期权、平值期权、虚值期权。例如,某投资者购买一份 3 个月期看涨期权的 EUA 期货期权合约,执行价格为 6 欧元/吨,如果 EUA 期货的市场价格为 8 欧元/吨,那么该期权为实值期权。如果 EUA 期货市场价格为 5 欧元/吨,那么该期权为虚值期权。如果 EUA 期货市场价格为 6 欧元/吨,那么该期权为平值期权。它们之间的关系如表 5-8 所示。

表 5-8 实值期权、平值期权、虚值期权与看涨期权、看跌期权的关系

期权类型	看涨期权	看跌期权
实值期权	市场价格>执行价格	市场价格<执行价格
平值期权	市场价格=执行价格	市场价格=执行价格
虚值期权	市场价格<执行价格	市场价格>执行价格

(4)特殊期权——路径相关期权。路径相关期权(Path-dependent Option)是最终收益与整个期权有效期内标的资产价格的变化都有关的一种特殊期权。按照其最终收益对标的资产价格路径的依赖程度可将路径相关期权分为两大类:一类是其最终收益与在有效期内标的资产价格是否达到某个约定水平或几个约定水平有关,称为弱路径相关期权;另一类是期权的最终收益依赖于标的资产的价格在整个期权有效期内的信息,称为强路径相关期权。

弱路径相关期权中最典型的一种是关卡期权(Barrier Option)。严格意义上讲,美式期权也是一种弱路径相关期权。强路径相关期权主要有两种:亚式期权(Asian Option)和回望期权(Lookback Option)。亚式期权在到期日的收益依赖于整个期权有效期内标的资产经历的价格的平均值,又因平均值意义不同分为算术平均亚式期权和几何平均亚式期权;回望期权的最终收益则依赖于有效期内标的资产价格的最大(小)值,持有人可以"回望"整个价格演变过程,选取其最大(小)值作为执行价格。

(5)交易所交易碳期权与柜台交易碳期权。根据交易场所的不同,碳期权可以分类为交易所交易碳期权和柜台交易碳期权。交易所交易碳期权为场内交易,具有标准化合约和集中公开竞价机制,交易所指定碳期权合约的交易单位、执行价格、到期日、交易时间等条款。交易所交易碳期权采取做市商制度,由实力雄厚的交易所报出买价和卖价,促成碳期权交易,并从中赚取买卖价差。同时,交易所会设定买卖价差的上限要求,并由独立结算机构进行清算。做市商确保买卖指令在某一价格执行,以增强市场的流动性。柜台交易碳期权通常采用场外交易,其交易合约并不是标准化的,且流动性较差,部分交易指令由于缺乏交易对手而无法成交。柜台交易碳期权交易依赖双方信用,风险较高,但交易程序简洁方便。由于柜台交易由买卖双方达成,交易者不需要公开有关信息。

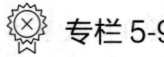 专栏 5-9

Evolution Markets 经纪人第一次选择欧洲排放市场做期权交易

2005 年 9 月 27 日,Evolution Markets 公司宣布已经安排在欧盟排放市场进行第一次碳期权的经纪业务。这次期权交易在两个欧洲能源公司——法国电力贸易公司和挪威国家电力公司之间进行,同时标志着进化市场有限责任公司进入强大的碳金融衍生品市场。在此次碳期权交易中,由法国电力贸易公司的批发贸易部门出售给挪威国家电力公司在阿姆斯特丹的碳交易部门

16 万手 EUA 期货合约。

"这次期权交易显示，碳市场的发展步伐稳定。"Evolution Markets 公司总裁安德鲁·厄特尔表示。他说："我们认为，贸易往往是事情的一个预兆。随着市场参与者对风险管理越来越精细，积累的历史价格数据越来越多，我们应该看到相当多的这类交易的发生。"

欧盟已于 2015 年立法市场稳定储备机制，并于 2019 年开始运作，旨在解决历史上碳配额过剩、碳价低迷的问题，增强欧盟排放交易体系应对未来冲击的韧性。在 2022 年公布的"Fit for 55"计划中，总量配额的线性折减系数（LRF）再次升高，从 2.2% 提升到了 4.2%，同时一次性减少总量配额 1.17 亿吨，进一步收紧市场上碳配额供给量，向市场释放出减排决心，刺激对碳配额需求，利好碳价。

5.3.2 碳期权定价

1. 碳期权的定价原则与影响因素

期权价格（Option Price）是指每份期权合约的市场交易价。也可以理解为，在期权交易过程中，开设看涨期权仓位的持有者（Holder）向开设看跌期权仓位的立权者（Writer）支付的权利金。期权价格通常由期权交易双方在交易所内通过竞价方式达成。在同一品种的期权交易行市中表现为不同的敲定价格对应不同的期权价格。

碳期权的符号规定如下：

F_0：期初标的资产碳期货的市场价格；

F_T：碳期权合约到期时标的资产的价格；

K：碳期权的执行价格；

r：无风险利率；

T：碳期权合约的期限（以年计）；

f：期初期权的价格；

P：看跌期权的价值；

C：看涨期权的价值。

（1）碳期权定价的基本原则。与其他期权定价所蕴含的风险中性定价原则和无套利定价原则类似，碳期权定价也遵循这两项基本原则。

1）风险中性定价原则。风险中性定价原则是 1976 年约翰·考克斯和斯蒂芬·罗斯在推导期权定价公式时建立的原则。风险中性理论是指在市场不存在任何套利机会的条件下，如果衍生证券的价格依赖于可交易的标的证券，那么衍生证券的价格与投资者的风险态度无关。理性投资者一般是风险厌恶型，在投资过程中均要求风险补偿或风险收益，于是风险资产的预期收益率中包含风险补偿。风险厌恶程度越高，投资者要求的风险补偿越大。如果市场中资产价格与投资者的风险偏好无关，那么不存在风险补偿问题。因此，风险中性假设下不需要考虑风险补偿。假定风险中性成立，此时所有证券的预期收益率都等于无风险利率，所有现金流量都可以通过无风险利率进行贴现求得现值。风险中性理论在一定程度上简化了衍生证券的定价分析。利用无风险利率贴现的风险中性定价过程是鞅（Martingale），现值的风险中性定价方法是鞅定价方法（Martingale Pricing Technique）。

由于不存在任何风险补偿或风险收益，市场的贴现率等于无风险利率。期权未来现金流可通过无风险利率贴现计算现值。交易者也可按照无风险利率无限制借贷资金。风险中性定价原则简化了期权定价的计算过程，支持了期权平价模型的推导，为二项式模型和布莱克-斯科尔斯（Black-Scholes）期权定价模型的建立奠定了良好基础。

2）无套利定价原则。无套利定价原则是指在交易市场上，金融资产的价格趋于均衡，不存在套利机会。无套利成立的前提是市场是有效的，不存在摩擦，即交易不需要成本。一旦存在套利机会，投资者就可以获得无风险收益，使得市场失衡。不同交易市场上，同种金融资产的价格差异会吸引投资者进行跨市场套利，低价买进高价卖出，赚取差价。有效的交易市场则能够使投资者迅速发现同种产品在不同市场价差的信息，从而及时采取大量买卖操作，迅速消除套利机会，产品价格回归理性水平。

在无套利市场上，隐含着两大基本假设：第一，允许交易者在市场上进行卖空，可利用资金进行做多或做空，不需要从其他渠道融通资金；第二，期初投资者可利用历史价格信息，以相同的投资成本购买不同产品，未来这些产品的持有成本和利润基本一致，无套利机会。总的来说，金融资产的合理定价尤为重要。在期权定价过程中，为了规避套利交易行为，看涨期权和看跌期权存在价格限制，通常被称为"无风险套利限制"。

无风险套利限制期权定价理论前提是不存在无风险套利机会。不满足此条件，期权价格的计算与推导就没有意义。基于无风险套利限制，看涨期权和看跌期权的价格上下限必然会受到约束。

（2）碳期权价格的构成。根据持有成本理论，碳期权理论价格由标的资产价格和持有成本构成。期权执行价格与标的资产市场价格的关系可用内在价值表示，与未来标的资产价格的关系可用时间价值表示。因此，碳期权价格等于期权的内在价值加上期权的时间价值。

1）期权的内在价值。期权的内在价值（Intrinsic Value）是指多方行使期权时可以获得的收益的现值。在看涨期权中，内在价值=标的资产市场价格-合约执行价格；在看跌期权中，内在价值=合约执行价格-标的资产市场价格。实值期权的内在价值大于0，而虚值期权和平值期权的内在价值等于0。

例如，EUA期货期权合约市场价格为8欧元/吨，执行价格为7欧元/吨的看涨期权的内在价值为1欧元/吨；执行价格为9欧元/吨的看涨期权是虚值期权，内在价值为0；执行价格为8欧元/吨的看涨期权，内在价值也为0。

对于美式期权，看涨期权和看跌期权的内在价值可用标的资产的市场价格与期权合同的执行价格表示。

$$CI_A = \max(0, F_t - K) \tag{5-27}$$

$$PI_A = \max(0, K - F_t) \tag{5-28}$$

式中，F_t 为 t 时刻标的资产碳期货的市场价格；CI_A 为美式看涨期权的内在价值；PI_A 为美式看跌期权的内在价值。

对于欧式期权，期权的执行日期为到期日。期权持有期限为 T，考虑到货币的时间价值，期权的执行价格需要折现为当前时刻。通常，以无风险利率进行计算期权执行价格的折现值。欧式看涨期权和欧式看跌期权的内在价值可以表示如下：

$$CI_E = \max(0, F_0 - Ke^{-rT}) \tag{5-29}$$

$$PI_E = \max(0, Ke^{-rT} - F_0) \tag{5-30}$$

式中，CI_E 为欧式看涨期权的内在价值；PI_E 为欧式看跌期权的内在价值。

2) 期权的时间价值。期权的时间价值是指当期权的多头方希望随着时间的延长，标的资产价格变动可能使期权合约价格增值时所愿意支付高于内在价值的权利金。碳期权合约剩余有效期越长，时间价值也就越高，呈现正向变动关系，但不是正比例关系。期权的时间价值与标的资产市场价格变动趋势成正比，与标的资产市场价格反复波动的程度成正比。时间价值是确定碳期权交易策略的关键。相同执行价格的碳期权，有效期较长的权利金越高，到期时时间价值为零。

例如，假设 EUA 期货的市场价格为 7 欧元/吨，执行价格为 5 欧元/吨的 EUA 期货看涨期权的价值为 3 欧元/吨，其中内在价值为 2 欧元/吨，时间价值为 1 欧元/吨。1 欧元/吨的时间价值是剩余期限下看涨期权投资者相机抉择的价值。看涨期权的购买方可根据市场信息预测未来碳期货价格走势，判断涨跌方向，从而决定是否执行期权。一旦碳期货市场价格上涨，碳期权的内在价值会上升，随着时间推移未来碳期权的价值具有不确定性。比较执行价格为 6 欧元/吨的看跌期权，内在价值为零，但距离到期仍然存在一定期限，其时间价值大于零，并且碳期货的市场价格可能跌至 6 欧元/吨以下，因而此看跌期权具有价值。

3) 时间价值、内在价值与期权价格的关系。标的资产的市场价格直接影响权利金的大小，并决定执行价格的选择，从而影响内在价值。标的资产市场价格的波动，导致碳期权既有可能成为实值期权也有可能成为虚值期权。碳期权合约的执行价格影响内在价值和时间价值。同一品种相同到期日的两份碳期权合约，执行价格不同，一般平值期权存在向其他类型期权转化的可能性，风险越高，时间价值越大。如果执行价格偏离市场价格过远，碳期权的时间价值很小，几乎为零。

在执行价格确定时，标的资产的市场价格决定内在价值。在市场价格确定时，执行价格决定内在价值。通常，执行价格与市场价格差距越大，时间价值越低，反之，时间价值越高。

(3) 影响碳期权价值的因素。碳期权价值受以下五种因素的影响。

1) 相关标的资产的市场价格。碳期权的标的资产为碳期货，标的资产的价格对碳期权的价格产生直接影响。在其他条件不变时，标的资产价格上升，看涨期权价格随之上涨，而看跌期权价格随之下降。例如，以 CER 为标的资产的碳期权，碳期权价值受到 CER 价格波动的影响，而 CER 价格与经济发展水平、气候变化、能源价格波动相关。经济发展水平越高，极端异常天气越多，原油价格上升，CER 需求越多，CER 价格越高，就会带来看涨期权价格的提升。

2) 执行价格。在看涨期权中，执行价格越高，投资者在未来愿意以更高的价格购买标的资产，只有在标的资产价格提高至一定水平时，碳期权持有者才能获得收益。在看跌期权中，执行价格越高，碳期权价值越高。

3) 距离到期时间。在欧式看涨期权中，碳期权距离到期时间对其价值影响较大。看涨期权距离到期时间越长，标的资产的价格波动可能性越大，碳期权持有者承担风险越高（包含短期看涨期权的投资机会），相应的潜在收益越大。相反，看涨期权距离到期时间越短，标的资产价格变动幅度越小，持有者获利可能性越小。

在美式看涨期权中，持有者在合约到期日或之前都能执行碳期权，碳期权价值与距离到期期限成正相关，距离到期时间越长，碳期权价值越高。

在欧式看跌期权中，碳期权的价值与距离到期时间的关系比较复杂。若不存在其他收益（例如股利、利息），根据看跌-看涨平价公式：

$$C+Ke^{-rT}-F_0e^{-rT}=P \tag{5-31}$$

式中，C 为欧式看涨期权的价格；P 为欧式看跌期权的价格；K 为期权的执行价格；r 为无风险利率；T 为距离到期时间；F_0 为标的资产的远期价格。

欧式看跌期权距离到期时间越长，即 T 越大，C 越高，而 $(K-F_0)e^{-rT}$ 越小。总而言之，距离到期时间长短对欧式看跌期权价值影响不确定。

在美式看跌期权中，同样有看跌-看涨平价公式：

$$C-F_0+Ke^{-rT}<P<C-F_0e^{-rT}+K \tag{5-32}$$

式中，C 为美式看涨期权的价格；P 为美式看跌期权的价格；K 为期权的执行价格；r 为无风险利率；T 为距离到期时间；F_0 为标的资产的远期价格。

T 与 P 之间的关系并不能确定。碳期权的期限长短与美式看跌期权的价值关系不确定。

4）标的资产价格稳定性与风险大小。碳期权的标的资产价格波动幅度越大，碳期权避险需求越强烈，期权价值越高。此外，看涨期权最大损失为权利金，但收益是无上限的，因而，标的资产价格越稳定，碳期权价值越低。看跌期权随碳期货市场价格上涨出现损失是有限的，而价格下跌导致收益较大，标的资产价格波动越大，看跌期权价值越大。与碳现货交易不同，碳现货价格波动幅度越大，其资产价值越低，而碳期权恰好相反，这反映出碳期权对于现货价格剧烈波动的规避作用。

对于 CDM 项目，因其周期长、技术水平要求高，且面临运营风险、政策风险、融资风险等，发展中国家作为 CER 供给方议价能力低，且市场中越来越多的企业加入 CDM 项目，供过于求导致 CER 价格偏低，发展中国家隐形损失较高。以 CER 或 CER 期货为标的资产的碳期权，面对标的资产的高风险性，其投资者获得收益的可能性也较大。因此，标的资产风险性越高，其碳期权价值越高。

5）无风险利率。碳期权的投资者在购买碳期权时需要支付一定的权利金。如果不投资碳期权，这部分权利金对应的资金可以无风险利率投资从而获得收益。显而易见，无风险利率可以作为购买碳期权付出的机会成本。在看涨期权中，无风险利率越高，机会成本越高，投资者未来可获得的收益越大。其他条件不变时，无风险利率与看涨期权的价值成正相关。然而，在看跌期权中，无风险利率与看跌期权的价值成负相关。

（4）看涨期权与看跌期权的平价关系。研究表明，看涨期权与看跌期权之间存在平价关系。为了简化推导过程，基于欧式期权进行研究。假设 F_0 为期初碳期货的价格，F_T 为到期日碳期货的价格。

组合 1：一份欧式看涨期货期权加上数额为 Ke^{-rT} 的现金。

组合 2：一笔数额为 K_0e^{-rT} 数额的现金加上一份期货合约，以及一份欧式看跌期货期权。

期权到期日，组合 1 的价值为

$$\max(F_T-K,0)+K=\max(F_T,K) \tag{5-33}$$

期权到期日，组合 2 的价值为

$$F_0+(F_T-F_0)+\max(K-F_T,0)=\max(F_T,K) \tag{5-34}$$

当欧式期权到期时，两个组合价值相等。由于欧式期权不能提前行权，其初期价值也相等，期初期货合约价值为 0，推导可得出平价公式：

$$C+Ke^{-rT}=P+F_0e^{-rT} \tag{5-35}$$

对于美式期货期权，看跌-看涨期权平价公式为

$$F_0e^{-rT}-K<C-P<F_0-Ke^{-rT} \tag{5-36}$$

2. 碳期权定价主要模型

碳期权定价的主要模型包括：布莱克-斯科尔斯期权定价模型、二项式期权定价模型、风险中性期权定价模型以及鞅定价模型。

(1) 布莱克-斯科尔斯期权定价模型。1973 年费希尔·布莱克（Fischer Black）在《政治经济学杂志》中发表了一篇名为《期权定价与公司债务》的文章，阐述了期权定价模型，后期逐步发展成为布莱克-斯科尔斯期权定价模型。该模型是一个基于套期组合策略下关于欧式股票看涨期权的定价模型，广泛应用于金融理论、商业实践和经济运行及其他相关领域。

1）布莱克-斯科尔斯期权定价模型的假设条件有以下几点。
①期权标的资产的价格服从对数正态分布。
②期权有效期内，除价格变动产生资本损益外，不存在其他收益（如股息、利息等）。
③期权交易中税费和交易成本为 0。
④标的资产收益率的方差和无风险利率为常数。
⑤期权为欧式期权。
⑥交易者可自由借贷资金，且借贷利率相等。
⑦标的资产的卖空无限制，卖空所得资金可自由使用。

2）布莱克-斯科尔斯期权定价模型变量。布莱克-斯科尔斯期权定价模型中涉及了 5 个影响变量，分别为标的资产市场价格 S、期权的执行价格 K、期权合约的期限 T、无风险利率 r 以及标的资产收益的波动率 σ。这 5 个变量与期权的价格存在内在相关性。标的资产的市场价格、期权的期限、无风险利率和标的资产收益的波动率与看涨期权的价格成正相关，执行价格与看涨期权的价格成负相关。标的资产的市场价格、无风险利率与看跌期权的价格成负相关，执行价格、期权的期限和标的资产收益的波动率与看跌期权的价格成正相关。

以上 5 个变量主要基于定性分析和风险角度定量分析，影响期权价格的因素是保值率 δ、保值率 δ 对于标的资产价格的敏感程度 γ、期权价值对期权期限缩短的敏感程度 θ、期权价格对标的资产价格波动的敏感程度 υ、期权价格对无风险利率变动的敏感程度 ρ 以及其他敏感性与杠杆效应指标。

保值率 δ 表示期权价格对于标的资产价格变化的敏感程度。针对无分红的标的资产看涨期权，布莱克-斯科尔斯期权定价模型中 $C=e^{-rT}[F_0N(d_1)-KN(d_2)]$，求关于标的资产市场价格 F_0 的偏导数，得到欧式看涨期货期权 δ_{call} 的表达式：

$$\delta_{\text{call}}=\frac{\partial C}{\partial F_0}=N(d_1)e^{-rT}>0 \tag{5-37}$$

在无风险资产组合中，由 δ 份额标的资产多头和一单位看涨期权的空头头寸构成，δ 表示保值率。式（5-37）中也表明标的资产的市场价格每变动 1 单位，看涨期权的价格也会变动 δ，δ 越大，期权价格对于标的资产价格变化的敏感程度越高。取值在-1 到 1 之间。随着标的资产价格的上升，看涨期权的 δ 也逐步由 0 上升至 1；看跌期权的 δ 也逐步由-1 上升至 0。当期权的价格等于内在价值时，$\delta=1$。

γ 表示 δ 对标的资产价格的敏感程度。在布莱克-斯科尔斯期权定价模型中，为了保持中性，投资者不断调整头寸比例。一旦时间或价格出现变化，δ 也会相应改变，构造新的套期保值，即动态套利：

$$\gamma = \frac{\partial \delta}{\partial F_0} = \frac{\partial^2 C}{\partial F_0^2} = \frac{\partial^2 P}{\partial F_0^2} > 0 \tag{5-38}$$

γ 可用于动态套利，γ 值与 δ 的敏感程度呈正相关。其他条件不变时，γ 越大，δ 对标的资产价格变化的敏感程度越高，保证投资组合中性头寸越困难。如果标的资产的价格接近执行价格，那么 δ 和 γ 都接近于 0。虚值看涨期权不具有内在价值，执行价格高于标的资产市场价格，δ 越接近于 0，则 γ 越接近于 0；实值看涨期权具有内在价值，执行价格低于标的资产市场价格，δ 越接近于 1，则 γ 越接近于 0。平值看涨期权，执行价格等于标的资产市场价格，γ 达到最大值。

θ 表示其他条件不变时，随着时间推移、期权期限缩短、期权时间价值下降、期权价值对期权期限缩短的敏感程度，即期权价值下降的速率。只要期权未到期，就存在一定的时间价值。在时间变化幅度很小时，θ 才是有效的。根据布莱克-斯科尔斯期权定价模型，θ 可表示为期权价值对 T 的偏导数。

无分红的欧式看涨期权，θ_{call}、θ_{put} 表示为

$$\theta_{call} = -\frac{\partial C}{\partial T} \tag{5-39}$$

$$\theta_{put} = -\frac{\partial P}{\partial T} \tag{5-40}$$

v 是指期权价格对标的资产价格波动的敏感程度，即交易组合价值变化与标的资产波动率变化的比率，可表示为布莱克-斯科尔斯期权定价模型中期权价格对 σ 的偏导数。

$$v = \frac{\partial C}{\partial \sigma} = \frac{\partial P}{\partial \sigma} > 0 \tag{5-41}$$

一般来说，标的资产价格波动率越大，期权的价格越高。期权的存在虽规避了标的资产价格波动的风险，但在标的资产的价格波动过于剧烈时，期权就无法正常交易，市场中涨跌停板限制对此进行了一定约束。

ρ 是指期权价格对无风险利率变动的敏感程度，可表示为布莱克-斯科尔斯期权定价模型中期权价格对无风险利率的偏导数。

$$\rho_{call} = \frac{\partial C}{\partial r} = -Te^{-rT}[F_0 N(d_1) - KN(d_2)] < 0 \tag{5-42}$$

$$\rho_{put} = \frac{\partial P}{\partial r} = -Te^{-rT}[KN(-d_2) - F_0 N(-d_1)] < 0 \tag{5-43}$$

其他条件不变，无风险利率越高，看涨期权的价格越低。看跌期权的价格与无风险利率呈负相关，其他条件不变，随着无风险利率的上升，看跌期权价格下降。

3）布莱克-斯科尔斯微分方程。利用微分方程，建立由期权和标的资产组成的无风险交易组合，推导布莱克-斯科尔斯期权定价模型。假设标的资产碳期货每变动 ΔF，引起欧式看涨期权价格变动 ΔC，且存在关系式 $\Delta C = 0.6\Delta F$。那么，无风险交易组合为 0.6 份标的资产和一个看涨期权的空头头寸，标的资产价格每增加 1 单位，看涨期权价格增加 0.6 单位，标的资产的收益恰好等于期权交易的损失。无风险交易组合的构建基于瞬间平衡，而无风险交易组合的收益率恒等于无风险利率。此模型建立在风险中性定价原则的基础上，方程与预期收益 μ 必须与投资者的风险选择无关，标的资产的预期收益率为无风险利率，并且可用无风险利率对预期收益进行贴现。碳期货价格的漂移率为 0。

根据维纳过程与蒙特卡罗模拟，标的资产碳期货的价格满足方程：

$$dF = \sigma F dz \tag{5-44}$$

式中，dz 服从标准维纳过程；σ 为常数。

假设 f 为期初期权的价格，碳期货的价格满足微分方程。

$$\frac{\partial f}{\partial t} + \frac{1}{2}\frac{\partial^2 f}{\partial F^2}\sigma^2 F^2 = rf \tag{5-45}$$

由边界条件可知，欧式看涨期权满足 $C \geq \max(F_0 e^{-rT} - K e^{-rT}, 0)$；欧式看跌期权满足 $P \geq \max(K e^{-rT} - F_0 e^{-rT}, 0)$。

4）欧式看涨期货期权。欧式看涨期权的定价公式可表示如下：

$$C = e^{-rT}[F_0 N(d_1) - K N(d_2)] \tag{5-46}$$

$$d_1 = \frac{\ln\left(\frac{F_0}{K}\right) + \frac{\sigma^2 T}{2}}{\sigma\sqrt{T}} \tag{5-47}$$

$$d_2 = \frac{\ln\left(\frac{F_0}{K}\right) - \frac{\sigma^2 T}{2}}{\sigma\sqrt{T}} = d_1 - \sigma\sqrt{T} \tag{5-48}$$

式中，σ 为标的资产收益率的标准差或碳期货价格的波动率；$N(x)$ 为在 x 处累积的正态分布函数或累积的正态分布概率。

在布莱克-斯科尔斯期权定价模型的五个变量中，F_0、K、T 容易获取，无风险利率 r 可以根据政府债券利率确定，而标的资产收益率的标准差 σ 是唯一不可观测的估计量。波动率体现了市场信息，交易者在对未来标的资产价格走势的不确定性进行决策时，波动率越大表明市场对价格走势判断越困难。

5）欧式看跌期货期权。根据看跌-看涨期权平价关系，可推导得到欧式看跌期货期权的布莱克-斯科尔斯期权定价模型。

$$P = e^{-rT}[K N(-d_2) - F_0 N(-d_1)] \tag{5-49}$$

$$d_1 = \frac{\ln\left(\frac{F_0}{K}\right) + \frac{\sigma^2 T}{2}}{\sigma\sqrt{T}} \tag{5-50}$$

$$d_2 = \frac{\ln\left(\frac{F_0}{K}\right) - \frac{\sigma^2 T}{2}}{\sigma\sqrt{T}} = d_1 - \sigma\sqrt{T} \tag{5-51}$$

（2）二项式期权定价模型。1979年，考克斯、罗斯和鲁宾斯坦共同提出了二项式期权定价模型，又称为二叉树期权定价模型。通常，二项式期权定价模型是由多个期限下未来每期现金流或标的资产价格波动构建的模型。

1）二项式期权定价模型的假设条件有如下几点。

①没有分红的欧式看涨期权。

②市场是完全竞争的，市场具有效率。

③不存在交易成本和税费。

④交易者可以用无风险利率无限制借贷资金，利率在有效期内保持不变，不存在信用风险或违约风险。

2）单期二项式期权定价模型。单期二项式期权定价模型是离散型模型，假设任意单位时间内的资产的价格变动取值为两个。为了构造无风险对冲，考虑一份碳期权空头头寸，δ 份碳期货多头头寸组成的交易组合。期初碳期货价格为 F_0，在时间段 T 以后，标的资产碳期货价格可能上涨至 $F_0 u$ 或下跌至 $F_0 d$，u 和 d 分别表示变量数值的上升和下降的幅度，为原数值的倍数，且满足 $u>1$，$d<1$。碳期权的初始价值为 C，执行价格为 E，下一期看涨期权的价值可能上涨为 C_u 或下跌为 C_d。到期日，当碳期货价格上涨时，碳期权的收益为 f_u；当碳期货价格下跌时，碳期权的收益为 f_d。

由以上分析可推导出期权定价的通用公式。根据无套利原理，等式 $(F_0 u - F_0)\delta - f_u = (F_0 d - F_0)\delta - f_d$ 成立。由此可知，碳期权的持有量 δ 如下：

$$\delta = \frac{f_u - f_d}{F_0 u - F_0 d} \tag{5-52}$$

资产组合在 T 时刻的价值为 $(F_0 u - F_0)\delta - f_u$。以无风险利率折现得到资产组合的现值为 $[(F_0 u - F_0)\delta - f_u]e^{-rT}$。资产组合的现值同时也等于 $-f$。

$$[(F_0 u - F_0)\delta - f_u]e^{-rT} = -f \tag{5-53}$$

将 δ 表达式代入式（5-53），可简化期初期权价值：

$$f = e^{-rT}[qf_u + (1-q) \times f_d] \tag{5-54}$$

式中，$q = \frac{1-d}{u-d}$。

3）两期二项式期权定价模型。碳期货合约的多头头寸或空头头寸交替时，投资者没有支付费用。风险中性假设中，碳期货的预期增长率应为 0。假设 q 为碳期货价格上涨的概率，u 为价格上涨的比率，d 为价格下跌的比率。碳期货的初始价值为 F_0，那么，第一步 Δt 时间后碳期货的价格期望值仍然为 F_0。

$$qF_0 u + (1-q)F_0 d = F_0 \tag{5-55}$$

由此可计算得到 q。

$$q = \frac{1-d}{u-d} \tag{5-56}$$

根据风险中性假设，期货价格上涨与下跌的参数满足：

$$u = e^{\sigma\sqrt{\Delta t}} \tag{5-57}$$

$$d = e^{-\sigma\sqrt{\Delta t}} \tag{5-58}$$

式中，Δt 为步长。

通过上述推导，整理期初看涨期权通用定价公式如下：

$$C_0 = e^{-2r\Delta t}[q^2 \times C_{uu} - 2q \times (1-q) \times C_{ud} + (1-q)^2 \times C_{dd}] \tag{5-59}$$

期初看涨期权的价值或价格 C_0 是基于风险中性与无套利定价原则下推导完成的。两期模型中，q^2、$2q(1-q)$、$(1-q)^2$ 可解释为欧式看涨期权在到期日价值在三个不同（高、中、低）水平可能值的概率；$e^{-2r\Delta t}$ 表示对期权在到期日的期望值连续两期贴现的结果。

欧式看跌期权与欧式看涨期权不同，到期日价值等于执行价格减去标的资产的市场价格，同样可运用两期二项式期权定价模型为其定价。推导中，P_{uu}、P_{ud}、P_{dd} 表示看跌期权在第二期价值的三种可能性，与看涨期权的数值不同。看跌期权的期初价值计算如下：

$$q = \frac{1-d}{u-d} \tag{5-60}$$

$$P_u = e^{-r\Delta t}[q \times P_{uu} + (1-q) \times P_{ud}] \tag{5-61}$$

$$P_d = e^{-r\Delta t}[q \times P_{ud} + (1-q) \times P_{dd}] \tag{5-62}$$

$$P = e^{-rT}[q \times P_u + (1-q)P_d] = e^{-2r\Delta t}[q^2 \times P_{uu} + 2q(1-q)P_{ud} + (1-q)^2 \times P_{dd}] \tag{5-63}$$

（3）风险中性期权定价模型。

1）风险中性定价原理。风险中性定价是利用风险中性假设的分析方法进行金融产品的定价，其核心是构造风险中性概率。风险中性假设是指资产价格波动与投资者的风险偏好无关，排除风险厌恶与风险偏好的可能性，投资者对其承担的风险并不要求风险补偿，因而，其预期收益率等于无风险利率。利用风险中性假设，期权等衍生品的定价可以得到简化。这表示以标的资产价格的函数表示期权的价格时，投资者的风险偏好对于碳期权的价值没有影响，因此，碳期权的定价公式中并不包含标的资产的预期收益率。在风险中性环境中，所有资产的预期收益率均是无风险利率，并且无风险利率适用于任意未来预期现金流的折现。

2）风险中性定价的假设条件有以下几点。

①在风险中性环境中，所有证券的预期收益率都等于无风险利率 r。

②用无风险利率对投资者的预期收益进行贴现，可以得到任何现金流的现值。

3）风险中性概率测度。

利用风险中性假设对金融衍生品定价的核心环节是构造出风险中性概率，然后按照风险中性概率算出未来收益的预期值，再以无风险利率折现。无套利和风险中性概率之间存在相互依存的关系，所以风险中性定价原理和无套利均衡定价原理之间存在密切的关系。在一定的假设条件下，风险中性期权定价模型与无风险套利定价模型等价。

在有效期 T 内，碳期货的价格可能上升为 F_u，或者下降至 F_d。当碳期货价格上升为 F_u 时，假设碳期权的收益为 f_u；当碳期货价格下降至 F_d 时，假设碳期权的收益为 f_d。在风险中性世界中，碳期货价格上升的概率为 p，下降的概率为 $1-p$。由于碳期货未来价格预期值按无风险利率贴现的现值必须等于该碳期货目前的价格，故风险中性概率可通过下式求得：

$$F_0 = e^{-rT}[F_u p + F_d(1-p)] \tag{5-64}$$

$$p = \frac{e^{rT}-d}{u-d} \tag{5-65}$$

碳期权的即期价格可表示为

$$f = e^{-rT}[f_u p + f_d(1-p)] \tag{5-66}$$

(4) 鞅定价模型。

1) 鞅定义。鞅是一类特殊的随机过程，是关于金融资产价格的最古老的模型。"鞅"源于法语单词 martingale 的意译，原意是指控马带或船的索具。在数学领域，鞅是对公平赌博过程的数学描述。即在赌博过程中，如果赌徒到最后既未赢钱也未输钱，其财产是一个鞅。

将鞅引入数学建模得益于法国的概率学家 Levy，而美国数学家 Doob 对鞅基本收敛定理的证明是鞅论发展过程中的一个重要里程碑。

Harrison 和 Kreps (1979) 及 Harrison 和 Pliska (1981) 的两篇经典的论文开拓了将鞅引入资产定价的先河：当且仅当金融市场上不存在"免费午餐"时，所有金融资产的贴现价格都是一个鞅。利用等价鞅测度将随机过程转化成鞅后，就可以直接采用求数学期望的方法求出金融衍生品的价格，由此开启了鞅在金融资产定价中的应用。

若价格随机过程 $\{P(t+1)\}$ 满足下述条件：

$$E(P(t+1) \mid P(t), P(t-1), \cdots) = P(t) \tag{5-67}$$

即

$$E(P(t+1) - P(t) \mid P(t), P(t-1), \cdots) = 0 \tag{5-68}$$

则称价格随机过程 $\{P(t)\}$ 为鞅。

或者也可以这样描述：若一个随机变量的时间序列没有表现出任何可辨认的趋势性或者周期性，就称之为鞅。每一个鞅既是下鞅又是上鞅，反过来任何既是下鞅又是上鞅的随机过程都是鞅。

我们考虑赌徒的例子，若硬币正面向上，赌徒赢得 1 美元，若硬币反面向上，赌徒输掉 1 美元。设此时硬币是有偏的，则硬币正面向上的概率为 P。

若 $P = 1/2$，平均起来，赌徒既未赢钱也未输钱，则随着时间的流逝，赌徒的财产是一个鞅。

若 $P < 1/2$，平均起来，赌徒输了钱，则随着时间的流逝，赌徒的财产是一个上鞅。

若 $P > 1/2$，平均起来，赌徒赢了钱，则随着时间的流逝，赌徒的财产是一个下鞅。

2) 鞅的特性。首先，存在一个概率空间 $\{\Omega, \varphi, P\}$，其中，代数 φ 是 P 完备的，是指对于任何 $A \in \varphi$ 且 $P(A) = 0$，对于所有的 $N \subset A$ 都有 $N \in \varphi$。

其次，随机过程 $\{S_n, n \in Z_+\}$，如果对于所有的 $n \geq 0$，S_n 的值都包含在 φ_n 中，则称 S_n 是 φ_n 可测的，或说 S_n 是 φ_n 适应的。

最后，用 φ_n 来预测 S_n 未来的运动形式，存在条件数：

$$E(S_N) = E(S_N \mid \varphi_n), \quad n < N$$

3) 离散鞅与连续鞅。随机过程 $\{S_n, n \in Z_+\}$ 是概率空间 $\{\Omega, \varphi, P\}$ 上的一个 φ_n 的适应过程，如果满足 $E_n(S_{n+1} \mid \varphi_n) = S_n$ 且 $E(S_n) < +\infty$，$\forall n \in Z_+$，则称 $\{S_n, n \in Z_+\}$ 为离散时间鞅（简称离散鞅）。

如果 $E_n(S_{n+1}|\varphi_n) > S_n$，$\forall n \in Z_+$，则称 $\{S_n, n \in Z_+\}$ 为下鞅；

如果 $E_n(S_{n+1}|\varphi_n) < S_n$，$\forall n \in Z_+$，则称 $\{S_n, n \in Z_+\}$ 为上鞅。

随机过程 $\{S_t, t \in [0, +\infty)\}$ 是概率空间 $\{\Omega, \varphi, P\}$ 上的适应过程，如果 $E(S_t) < \infty$，$t \in [0, +\infty)$ 且 $E_t(S_T|\varphi_t) = S_t$，$\forall T > t$，则称 $\{S_t, t \in [0, +\infty)\}$ 为连续时间鞅（简称"连续鞅"）。

如果 $E_t(S_T|\varphi_t) > S_t$，$\forall T > t$，则称 $\{S_t, t \in [0, +\infty)\}$ 为下鞅；

如果 $E_t(S_T|\varphi_t) < S_t$，$\forall T > t$，则称 $\{S_t, t \in [0, +\infty)\}$ 为上鞅。

4）欧式看涨碳期权的鞅定价。假设标的碳单位的价格服从几何布朗运动，则在等价鞅测度下，碳单位的贴现价格过程为一个鞅过程，由鞅过程的性质可以推出碳期权的价格，这便是碳期权的鞅定价方法。

欧洲看涨期权的价格为

$$C = e^{-rT} E^P[\max(S_T - K, 0)] \tag{5-69}$$

设 $A = \{S_T | S_T > K\}$，其示性函数 $I_A = \begin{cases} 1, & A \text{ 发生} \\ 0, & A \text{ 不发生} \end{cases}$

则：

$$C = e^{-rT} E^P[S_T I_A] - K e^{-rT} E^P[I_A] \tag{5-70}$$

假设碳期权标的碳单位的价格过程为：$dS = \mu S dt + \sigma S dW^R$，其中 dW^R 代表在风险环境下的概率测度 R 下的布朗运动。根据 Girsanov 定理，进行测度变换：$dW^R = dW^P + \left(\dfrac{\mu - r}{\sigma}\right) dt$，该价格过程可转换为风险中性下的价格随机过程：$dS = rS dt + \sigma S dW^P$，其中 dW^P 是风险中性下的概率测度 P 下的布朗运动。由伊藤定理可得：$d\ln S_t = \left(r - \dfrac{\sigma^2}{2}\right) dt + \sigma \Delta W_t^P$。则在 P 测度下，标的碳单位价格的动态过程为

$$S_T = S \cdot \exp\left(r - \dfrac{\sigma^2}{2}\right) T + \sigma \Delta W_T^P \tag{5-71}$$

式中，$\Delta W_T^P = W_T^P - W_0^P$，$\Delta W_T^P \sim N^P(0, T)$。

利用 Girsanov 定理再次进行测度变换：$dW^P = dW^Q + \sigma dt$，则在风险中性测度 Q 下，标的碳单位的价格过程为：$dS = (r + \sigma^2) S dt + \sigma S dW^Q$。同样利用伊藤定理可得：$d\ln S_t = \left(r + \dfrac{\sigma^2}{2}\right) dt + \sigma dW^Q$。则由此可得 Q 测度下，标的碳单位价格的动态过程为

$$S_T = S \cdot \exp\left[\left(r + \dfrac{\sigma^2}{2}\right) T + \sigma \Delta W_t^Q\right] \tag{5-72}$$

其中，$\Delta W_T^Q \sim N^Q(0, T)$。为求出期望值 $E^P(S_T | S_T > K)$，由式（5-72）可得：$\ln S_T = \ln S + \left(r + \dfrac{\sigma^2}{2}\right) T + \sigma \Delta W_T^Q$，结合 $\ln S_T > \ln K$，可得出：

$$-\dfrac{\Delta W_T^Q}{\sqrt{T}} \leq \dfrac{\ln(S/K) + (r + \sigma^2/2) T}{\sigma \sqrt{T}} \triangleq d_1$$

由于 $\Delta W_T^Q \sim N^Q(0,T)$,所以 $-\dfrac{\Delta W_T^Q}{\sqrt{T}} \sim N^Q(0,1)$,期望值:

$$E^P(S_T \mid S_T > K) = Se^{rT} P_r^Q\left(-\dfrac{\Delta W_T^R}{\sqrt{T}} \leqslant d_1\right) = Se^{rT} N(d_1) \tag{5-73}$$

式中,$N(d_1) = \displaystyle\int_{-\infty}^{d_1} \dfrac{1}{\sqrt{2\pi}} e^{-\frac{x^2}{2}} \mathrm{d}x$。

$E^P[I_A] = P_r^P(S_T > K) = P_r^P(\ln S_T > \ln K)$,同理利用 P 测度下的标的碳单位价格的动态过程式(5-70)可得出:

$$E^P[I_A] = P_r^P\left[-\dfrac{\Delta W_T^P}{\sqrt{T}} \leqslant \dfrac{\ln(S/K) + \left(r - \dfrac{\sigma^2}{2}\right)T}{\sigma\sqrt{T}}\right] = N(d_2) \tag{5-74}$$

式中,$d_2 = \dfrac{\ln(S/K) + \left(r - \dfrac{\sigma^2}{2}\right)T}{\sigma\sqrt{T}}$。

所以由此可得出欧式看涨期权的价格为

$$C = SN(d_1) - Ke^{-rT} N(d_2) \tag{5-75}$$

5)欧式看跌碳期权的鞅定价。欧式看跌期权的价格为

$$P = e^{-rT} E^P[\max(K - S_T, 0)] \tag{5-76}$$

设 $B = \{S_T \mid S_T < K\}$,其示性函数 $I_B = \begin{cases} 1, & B\ \text{发生} \\ 0, & B\ \text{不发生} \end{cases}$

则:

$$P = Ke^{-rT} E^P[I_B] - e^{-rT} E^P[S_T I_A] \tag{5-77}$$

欧式看跌期权的标的碳单位的价格过程和欧式看涨期权的相同,如式(5-72)所示。为求出期望值 $E^P(S_T \mid S_T > K)$,由 $\ln S_T = \ln S + \left(r + \dfrac{\sigma^2}{2}\right)T + \sigma \Delta W_T^Q$,其中 $\Delta W_T^Q \sim N^Q(0,T)$,结合 $\ln S_T < \ln K$,

可得出:$-\dfrac{\Delta W_T^Q}{\sqrt{T}} \geqslant \dfrac{\ln(S/K) + \left(r + \dfrac{\sigma^2}{2}\right)T}{\sigma\sqrt{T}} \triangleq d_1$。

所以可得:

$$E^P(S_T \mid S_T < K) = Se^{rT} N(-d_1) \tag{5-78}$$

式中,$N(-d_1) = \displaystyle\int_{d_1}^{+\infty} \dfrac{1}{\sqrt{2\pi}} e^{-\frac{x^2}{2}} \mathrm{d}x$。

$E^P[I_B] = P_r^P(\ln S_T < \ln K)$,同样利用 P 测度下碳单位的价格的动态过程式(5-71),可以得出:

$$E^P[I_B] = N(-d_2) \tag{5-79}$$

式中,$N(-d_2) = \displaystyle\int_{d_2}^{+\infty} \dfrac{1}{\sqrt{2\pi}} e^{-\frac{x^2}{2}} \mathrm{d}x$

所以，由此可得欧式看跌期权的价格为

$$P=Ke^{-rT}N[-d_2]-SN(-d_1) \tag{5-80}$$

5.4 碳互换市场

5.4.1 碳互换概述

1. 碳互换的界定

互换（Swap），又称掉期，是交易双方依据预先约定的协议，在未来确定的期限内，相互交换一系列现金流量（本金、利息、价差等）的交易。根据基础产品的不同，互换可分为利率互换、货币互换、商品互换、股票互换、外汇互换等。本节所指的碳互换是一种与碳信用资产有关的互换。

碳互换是交易双方依据预先约定的协议，在未来一定时期内，按照约定的价格和数量互换不同性质或不同内容的碳排放权，或者碳排放权与其他真实资产之间的互换。

2. 碳互换的分类

依据碳互换标的物的不同，碳互换可以分为两种类型。一种是不同性质或不同内容的碳排放权之间的互换，又称碳权互换。例如 CER 与 EUR 之间的互换，CER 与 EUA 之间的互换以及 EUR 与 EUA 之间的互换。另一种是碳排放权与其他真实资产之间的互换，本节后面所提到的碳互换指的就是此类互换。这一类型的互换包括两种形式的制度安排：一是债务与碳信用互换交易制度，二是温室气体排放权互换交易制度。

碳权互换是交易双方在约定的时间按照确定的条件相互交换不同性质或不同内容的碳排放权的行为。碳权互换的双方参与的目的主要有两种：一是履约，即为了完成政府或者微观企业自身所承担的减排任务；二是交易，通过不同性质或不同内容的碳排放权之间的互换可以在相应不同的市场中进行交易，以获取收益。例如在欧盟排放交易体系下，具有减排义务的企业或政府可以利用清洁发展机制或联合履约机制所产生的减排单位 CER 和 EUR，通过碳权互换，实现 CER 与 EUA 之间的互换、EUR 和 EUA 之间的互换，以完成减排任务或在欧盟排放交易市场上进行交易。碳权互换给负有减排义务的国家提供了新的履约方法而且增加了碳交易市场的灵活性和流动性，加速了国际碳交易市场的一体化。

债务与碳信用互换交易制度是指债务国在债权国的要求下，将一定的资金投资于碳减排项目，由此获得的碳排放权归债权国所有，以此来抵消债务国所欠的债务，其实质是债权资产和碳信用的互换。债务国与债权国之间的债务，对债权国而言是一种资产，预计会给债权国带来经济利益的流入，对债务国而言是一种负债，承担该义务将导致经济利益的流出。债务国生产的碳信用具有价值，是一种资产，所以债务国可以以碳信用清偿所欠债权国的债务。因此，碳互换就是债权资产与碳信用资产之间的互换。

温室气体排放权互换交易制度是指某一政府机构或私人主体，通过资助其他国家的碳减排项目来获取相应的碳信用，其实质是投资资产与碳信用的互换。

无论是哪一种机制下的碳互换交易都是基于碳减排项目所产生的碳排放许可权，又称为碳信用或碳资产。碳减排项目在形成建设过程中形成碳抵消额，该碳抵消额要在项目中通过验证和核准、核证签发之后才能用于冲减碳排放量，具有类似于商业信用的非同步性。在碳排放抵消方面，与碳排放权没有差别，都允许排放一定当量的二氧化碳或其他排放物。

碳互换本质上可以看作一系列碳远期合约的组合，例如债务与碳排放权的交易制度，其实就是以不同期限的固定债务的本金和利息去交换未来相应时间的特定数量的碳排放权，实质上就是一系列碳远期合约的组合。

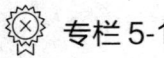

专栏 5-10

碳互换案例

碳互换即交易双方交换资产或资产等价现金流的合约，互换本身以场外交易为主，碳互换也不例外。实践中，碳配额场外互换通常有两种形式：①以现金结算标的物即期与远期差价，碳市场交易场所主要负责保证金监管、交易鉴证及交易清算和结算；②不同标的资产间的互换交易，如试点碳市场中常见的配额–CCER 互换交易。

典型案例 1：2015 年 6 月 15 日，中信证券股份有限公司、北京京能源创碳资产管理有限公司、北京绿色交易所在第六届地坛论坛正式签署了国内首笔碳配额场外互换合约，交易量为 1 万吨。互换合约交易双方以非标准化书面合同形式开展互换交易，并委托北京绿色交易所负责保证金监管与交易清算工作。2016 年，北京碳市场发布场外碳互换合约参考模板，场外碳互换成为北京碳市场的重要碳金融创新工具之一。

典型案例 2：2015 年 6 月 9 日，壳牌能源（中国）有限公司（以下简称"壳牌"）与华能国际电力股份有限公司广东分公司（以下简称"华能国际"）开展全国首单碳互换交易，交易中华能国际出让一部分配额给壳牌，交换对方的核证减排量等碳资产。

资料来源：北京绿色交易所。

3. 碳互换的功能和特征

（1）碳互换的功能。作为一种碳金融衍生品，碳互换交易在碳金融市场上主要的功能包括：碳信用功能、风险管理功能、筹资和投资功能、辅助价格发现功能和促进可持续发展的功能。

1）碳信用功能。随着全球气候变暖问题的日益严重，旨在减少碳排放的碳金融得到了迅速发展。碳互换作为碳金融市场上的金融衍生品，具有促进碳减排产生碳信用的功能。即碳互换可以促进碳信用的产生，减少碳排放。碳信用功能是碳互换首要和最直接的功能。

首先，在债务与碳信用互换交易制度中，债务国在债权国的要求下，将资金投入到碳减排项目之中，促进了债务国碳减排项目的产生和发展，进而促进了碳信用的产生。其次，在温室气体排放权互换交易制度中，投资方资助其他国家碳减排项目的发展，使得该国的碳减排项目拥有了足够的资金支持，得以顺利发展并最终生产出碳信用。由此可以看出无论是哪种碳互换制度都直接或间接地促进了碳信用的产生，减少了温室气体的排放。

2）风险管理功能。碳交易市场风险主要表现为碳交易价格风险。碳资产的价格不仅与能源市场高度相关，而且与一国的政治环境和极端气候等息息相关。不同国家、不同行业、不同投资者受到的影响不同，风险承受能力也不相同，所以需要通过碳金融市场来转移和分散其风险。碳金融衍生工具是一种新的风险管理手段，可以通过对冲、财务杠杆、套期保值等方式转移和分散风险。碳互换作为一种新型碳金融衍生工具，它的产生和发展也为碳交易市场的风险管理提供了新的方法和手段。通过碳互换，投资者可以将这种不确定性风险转移给其他愿意承担此类价格波动风险以期从中获益的交易对手，即投资者可以通过碳互换规避风险，锁定自身的成本或者收益。例如通过发展中国家与发达国家合作的清洁发展机制，发展中国家将碳价格波动的风险转移给发达国家，规避了将来碳价格下降而遭受损失的风险，得到发达国家投资的固定资金和项目带给本国的环境效益。当然发展中国家也放弃了未来碳价格上升可能带来的丰厚收益。

3）筹资和投资功能。金融衍生工具的出现为企业筹资提供了新的手段，各种各样的金融衍生工具满足了企业不同的筹资需要。金融互换，例如货币互换和利率互换等不仅为企业提供了便捷的筹资方式，而且还大大降低了企业的筹资成本。碳互换的出现主要为碳减排项目提供了新的筹资方式。

在温室效应导致全球气候恶化日益严重的今天，发展中国家也深受其害，尽管发展中国家正积极努力地采取措施缓解环境恶化，但是由于其金融市场和资本市场的不成熟导致了其环保项目融资成本过高和筹资困难，资金严重不足。通过碳互换，发展中国家可以相应地解决筹资困难的问题。在温室气体排放权互换交易中，发达国家投资者可以为发展中国家的碳减排项目提供资金，解决其筹资困难的问题。在债务与碳信用的互换交易中，根据互换合约的规定，保证了债务国的碳减排项目能够获得多样的筹资渠道和充足的资金来源。

由于互换交易是一种衍生金融工具的表外业务，其变化不会引起资产负债表内业务的变化，因此可以不增加资产总额却能增加收益，所以互换成为投资者及时调整资产投资组合的理想工具。碳互换不仅具有互换一般的调整投资组合的功能，而且由于碳互换一般是跨国的交易行为，债权人或投资者在利用自身的专业知识和丰富信息的基础上，通过对碳排放权价格、利率和汇率的准确预测，可以利用碳互换进行投机投资并获取丰厚利润。

4）辅助价格发现功能。虽然碳金融市场上提供碳价格发现机制的主要是碳期货产品的交易，但是碳互换在一定程度上也能够辅助碳价格的发现。碳互换的交易双方在充分收集和分析碳信用供求、价格及其走势相关信息的基础上，根据自身对价格的预测，与交易对手达成碳互换合约。单一的碳互换交易或许并不能准确反映碳信用的价格信息，但是随着碳互换交易不断发展，大量的碳互换交易则能体现出市场参与者对价格的预期，能够对碳期货交易中发现的碳价格进行补充和纠正，在一定程度上可以体现出未来碳价格的走势，这就是碳互换的辅助价格发现功能。由此所发现的价格通过各种方式传向市场，为生产者、投资者和消费者提供了较为准确的价格信号，基于正确的价格预期，生产者可以做出合理的生产计划，投资者可以做出正确的投资决策，消费者可以做出最优的消费选择，从而使社会资源得到合理有效的配置，提高社会的整体效用。

此外，由于目前全球碳金融市场的发展参差不齐，例如欧洲、美国、日本等发达国家和地区的碳金融市场日趋成熟，而我国碳金融市场才处于起步阶段，部分发展中国家甚至还未建立碳金融市场。这样的不平衡导致了某些碳金融市场错误的定价。碳互换一般要涉及两个国家或市场，所以碳互换的发展增强了世界各国碳金融市场之间的联系，促进了碳金融市场间的信息传播和共享，增强了某些碳金融市场的有效性和公平性，从而提高了碳市场正确定价的能力，消除或修正了某些碳市场的错误定价，这也是碳互换辅助价格发现功能的体现。

5) 促进可持续发展的功能。碳互换交易一方面使发达国家以较低的成本获得了碳信用，实现了企业和国家的减排成本最小化；另一方面促进了发展中国家或债务国的可持续发展。碳互换交易对发展中国家可持续发展的促进作用主要体现在以下三个方面：第一，发达国家将先进的技术转移到发展中国家，促进了发展中国家的清洁发展技术的进步及清洁能源的开发和利用，减少了对碳基能源的依赖程度，改善了发展中国家的能源结构；第二，由于清洁发展机制下的发达国家为发展中国家提供资金，通过其形成的投资拉动效应，增加了发展中国家的收入和就业机会，而在债务与碳信用的互换机制下，外债的部分减免使得本国拥有更充裕的资金改善本国居民的生活质量和水平；第三，因碳互换交易而进行的碳减排活动，减少了对本国环境的污染和破坏，在一定程度上改善了本国的自然环境。

由此可见，通过碳互换交易，发展中国家的清洁技术得到了进步，能源结构得到了优化，收入就业得到了提高，环境质量得到了改善。因此，碳互换可以促进发展中国家的可持续发展。

(2) 碳互换的特征。作为一种新型的互换交易，碳互换既具有互换的一般特点，如属于场外交易，也具有碳互换自身的独特之处，如碳互换交易具有周期较长、风险较大、以实物结算的特点。

1) 场外交易。碳互换是一种场外交易，一般在交易所外进行，没有类似于碳期权、碳期货的标准化合约形式。由于缺乏标准化的合约形式，一方面使得碳互换合约免除了固定内容和形式的束缚，合约的具体内容可以根据交易双方具体的需要协商确定，具有较强的灵活性；另一方面双方在每次进行互换交易时都要就合约的每项内容进行磋商，交易成本较高。由于碳互换在交易所外进行交易，缺乏相应的保证金制度及会员资格等制度，合约的履行仅依赖于交易双方的信用水平，所以碳互换交易的实现较为困难。而且碳互换一般涉及多个国家、各种国际组织或机构，交易的达成或执行过程受多方面条件和标准的限制，这就进一步增加了碳互换的交易成本。例如一个清洁发展机制项目，开发商要承担的交易成本主要包括以下几个方面：项目搜寻、发展或选择基准线方法学、准备相关技术文件、注册费、核查和核证费用、适应性费用和清洁发展机制的管理费用等，对于一个大型的清洁发展机制项目而言，交易成本可能达到20万至25万美元。

2) 周期较长。互换交易一般期限较长，大多为 2~10 年，少数交易也有更长的期限，所以互换交易可用在资产负债的长期管理中。而碳互换交易的期限则更长，主要是因为碳互换的执行涉及碳减排项目的开发和建设、碳信用的生产等程序，这是一个漫长的过程。一方面，碳互换涉及的参与者和机构较多，例如清洁发展机制涉及的经济主体和机构一般有项目业主、东道国政府、投资者或债权国政府、指定经营实体、清洁发展机制执行理事会等，碳互换交易的进行则需要各个相关主体的批准和审核；另一方面，碳互换中碳减排项目的实施要历经多个程序和阶段，清洁发展机制的碳减排项目一般要经过包含项目识别、项目设计、参与国批准、项目审定、项目注册、项目实施监测、减排量的核查和核证及 CER 的签发等多个复杂程序的周期。项目的开发需要经历两个阶段：第一阶段，项目的识别到注册，一般需要一年半左右的时间；第二阶段，项目开始进行监测到签发 CER，一般需要一年左右的时间。再加上项目开始生产减排量后进行互换交易也要经历数年的交易期，由此可以看出碳互换交易一般周期较长。

3）风险较大。碳互换交易的风险主要来自碳减排项目，主要的风险有：政策风险、道德风险、交付风险、市场风险、违约风险。

①政策风险。碳互换合约所涉及的碳减排项目通常涉及两个以上的国家（碳减排项目所在的东道国或者债务国和投资国或者债权国），而碳减排项目的建设和运行，需要满足各参与国的法律法规和政策要求后才有可能得以进行。碳互换交易参与国的社会和政治是否稳定也会影响碳互换交易的正常进行。例如在债务与碳信用互换交易中，债务国政局不稳定，则其可能不能按照碳互换合约的约定建立碳减排项目来生产碳信用以偿还债务。此外，国际政策对碳互换市场的发展也有很大的影响。

②道德风险。碳减排项目的实施和核证阶段主要是对减排项目的减排量进行检测和确定，保证碳减排项目的减排量真实可查，并由核查机构进行周期性评估，保证该项目实现了核证的碳减排量。在此过程中，涉及较多的跨国监管机构和国际核查组织，但是目前对于碳减排项目的核查机构缺乏适当的监管，导致该类机构在碳减排项目的材料准备和核查过程中可能存在一定的道德风险。

③交付风险。碳减排项目的审核和注册程序复杂、标准严格、核证减排单位需要监管部门的认证，由于技术发展的不稳定、政策意图的变化及有关认定标准和程序的变化，减排项目可能无法获取预期的核证减排单位，使得碳互换最终得不到碳信用。例如，截至2010年3月，世界银行收到约1 151份项目申请书，经过审查其中只有一半能被接受，而被批准的开发项目概念表中却只有40%能进入到世界银行的项目投资组合里，其余的60%被废除。

④市场风险。碳减排项目所获得的碳信用在交付后才能获得现金流。而互换合约中的碳减排权的价格取决于碳减排项目业主的议价能力及碳排放权市场供求情况。碳交易市场上碳排放权的供求情况与宏观经济波动密切相关，例如2008年金融危机导致了碳需求量的萎缩，一些企业由碳排放权的需求方转为供给方，进而导致了碳价格的下跌。碳排放权价格的波动导致了最终现金流具有很大的不确定性。

⑤违约风险。正如前面所说，碳互换交易属于场外交易，双方在签订互换协议的时候不需要支付任何保证金，从而缺乏对交易双方严格履约的限制。当发生某些重大的变化或事件时，出现了不利于交易一方的情况，则其可能出现违约。所以，碳互换交易的违约风险较大。

碳互换的可行性还依赖于双方的交易意愿，其受多种因素的影响，具有很大的不确定性。例如在债务与碳信用的互换交易制度中，首先，债权国只有在通过债务互换得到的收益高于债务未来可能得到的偿付时，才愿意折价出售或者减免债务进行互换。其次，债务国政府有意向和资金支持环境保护和碳减排项目，当然其也要求碳互换所得到的收益高于债务重组的债务减免所得到的收益。此外，正如上面所说的，由于碳互换交易周期较长，其间各种法律法规的变更、国际环境的变化、价格波动等各种不可控事件的发生都会增加碳互换交易顺利完成的风险。由此可以看出，碳互换交易从始至终都充满了各种各样的不确定性因素，所以风险较大。

4）以实物结算。互换大多数采取净额结算的方式，只涉及现金流的交换，较少涉及实物的交换，而碳互换则是以资金、债权或碳信用这样的资产或权利等实物进行结算。一方面，无论是在债务与碳信用的互换交易中,还是在温室气体排放权互换交易中,债权人或者投资者都给债务人或东道国提供了资金或者免除了债务;另一方面,碳互换最终是以交易对手(债务人或项目东道国)向债权人或投资者提供碳互换合约约定的碳信用来结算的,投资者或债权人进行互换的目的是获得碳信用这一权益性资产。所以,碳互换交易双方互换的是资本、债务或碳排放权等实物,即碳互换是以实物结算的。

5.4.2 碳互换合约与市场定价

1. 碳互换合约

碳互换交易缺乏标准的合约形式,通常交易双方根据各自的需求,签订详细的碳互换协议书,具有保密性、特殊性和灵活性。一份完整的碳互换合约非常复杂和冗长,其基本要素包括:

1) 合约的交易方。即碳互换合约的交易对手,债务与碳信用互换交易中的交易方为债务国和债权国,温室气体排放权互换交易中的交易方为投资国和东道国。当然,合约中也要明确指定实际执行该互换合约的机构,例如债务互换中由债务国成立的为碳减排项目提供资金的基金组织或按合约规定专门成立的机构,或者是 CDM 项目中的项目业主等。

2) 标的资产。碳互换合约的标的资产一般为碳排放权。多数情况下,作为碳互换交易的标的资产的碳排放权来自项目。基于此类项目的碳排放权主要有两种:核证减排量和自愿减排量。

3) 互换的期限。互换的期限即互换的有效期。从合约生效时间起至合约的终止时间止。碳互换合约必须明确规定合约的生效期(即碳互换双方签订合约并开始执行生效的时间)以及互换交易结束合约终止的时间。碳互换的期限一般较长,通常为 5~10 年。

4) 周期性结算日。即合约执行期间按照合约约定的支付方式,定期进行交割结算的日期。互换与远期最大的差别就在于:远期是一次性的交割结算,而互换则是在整个合约期间内周期性地多次交割结算。由于碳减排项目的存续周期一般较长,所以在此期间,交易双方会按照碳互换合约的约定,就产生的碳减排单位进行周期性的交割结算。

5) 交割价格。交割价格是指合约规定的在合约周期性结算日交割的标的资产的价格。例如合约规定,在交割日,买方应向卖方交付每一单位合约核证减排量的单价,该单价可以是约定的固定价格,也可以等于现货价格的一定比例、固定的基础价格加上现货价格的一定比例或拥有上下限的现货价格的一定比例。而买方应向卖方支付的款项总额或年度付款为:

年度付款=单价×本年交付的合约核证减排量-本年应摊的项目开发费-本年应摊的预付款

6) 结算和支付。结算是指在碳减排项目产生碳信用以后,按照合约约定的方式或比例在交易双方之间进行分配的过程。例如在温室气体排放权互换交易中可能将产生的碳信用全部或部分交割给交易对手。支付是指碳互换中投资者向东道国碳减排项目投资的金额和方式,以及债务国按债权国要求成立相关基金和机构向国内碳减排项目支付资金的数量和方式。

CDM 项目的结算和支付按照双方签订的核证减排量买卖合同的规定进行,这类合同目前主要有国际减排交易协会的"减排量交易协议"、荷兰政府的"核证减排量采购招标协议"及世界银行原型碳基金的 CER 和 VER 通则等。该类买卖合同规定的买卖双方各自的交割支付义务如下。

卖方的义务：首先，卖方不能在项目所产生的核证减排量上附带有任何索赔、债务负担或第三方权益；其次，按照协议规定，卖方每年应将注册或上一次核实之后所产生的全部核证减排量交付给买方或交付给买方每年的保证数量，直至交付了全部的合约核证减排量；最后，核证减排量应在每一年的约定日期或之前交付。一旦交付且卖方收到付款之后，核证减排量在法律上的所有权或收益权均转移给买方。

买方的义务：首先，买方必须在卖方交付当年的核证减排量及收到卖方就年度付款额发出的账单后，在一定的时间内向卖方支付年度付款额；其次，买方应通知卖方已设立且能接受核证减排量的交付注册账户，逾期则认定卖方已经交付了核证减排量；最后，买方必须保证自己的到期付款能力，并且当卖方要求时能够提供符合法律规定的已审计的年度财务报告。

当然在一定的条件下，该减排量交易协议也会终止。首先，履约终止，即在所有的合约核证减排量已经交付，所有的应付义务已经履行，相关责任已经清偿之后，该合约终止；其次，违约中止，即出现重大违约事件或在此之后的持续时间里，守约方书面通知违约方后中止，但中止有一定的时间限制；最后，非违约终止，经买卖双方同意，协议终止。

 专栏5-11

全球首单1万吨规模碳配额互换交易业务

中国南方航空公司创新性地首次采用生物航油执行洲际飞行，推动全球首单1万吨规模欧盟碳配额与广东碳配额互换交易业务。2019年3月18日，广州碳排放权交易所与欧洲能源交易所（EEX）同步上线业务推介。此举促进了跨境碳市场合作，支持境外机构参与中国（广东）碳市场，加强了中国和欧洲碳市场的有效连接。2019年11月12日，广州碳排放权交易中心（简称"广碳所"）发布《广东省碳排放配额与欧盟碳排放配额互换交易业务指引》，规范配额互换交易，维护碳市场秩序。交易业务指引如下：

第一条 为规范广东省碳排放配额与欧盟碳排放配额互换交易（以下简称"互换交易"）业务，维护碳市场秩序，保护交易参与人合法权益，根据国家有关法律、法规、规章和《广东省碳排放管理试行办法》，制定本指引。

第二条 在广碳所从事的互换交易业务，应遵守中华人民共和国和广东省的法律、法规和政策规定，遵循自愿平等、诚实信用和公开、公平、公正的原则，不得侵犯他人的合法权益和损害社会公共利益。

第三条 互换交易是指交易参与人卖出一定数量的广东省碳排放配额，同时买进一定数量的欧盟碳排放配额，或卖出一定数量的欧盟碳排放配额，同时买进一定数量的广东省碳排放配额的交易行为。

第四条 参与互换交易业务的交易参与人应满足以下条件：

（一）应为具有自营或托管业务资质的广碳所机构会员；

（二）在欧盟登记簿（European Union Registry）上拥有账户。

第五条 互换交易业务的交易时间为每周一至周五的10:00至14:00（以交易系统服务器时间为准）。国家法定节假日和广碳所公告的休市日休市。

根据市场发展需要，广碳所可以调整交易时间，并予以公告。

第六条 互换交易的基本要素如下：

（一）交易单位：吨广东省碳排放配额与个欧盟碳排放配额（tGDEA&EUA）；

（二）报价单位：吨广东省碳排放配额/个欧盟碳排放配额（tGDEA/EUA）（保留小数点后两位）；

（三）最小交易量：100个欧盟碳排放配额及其对应数量的广东省碳排放配额；

（四）最小价格波动单位：0.01吨广东省碳排放配额/个欧盟碳排放配额。

第七条 交易参与人应向交易系统提交互换交易的挂单申报。申报应包括互换交易的数量、价格和买卖方向等信息。交易参与人可自行选择是否录入意向方信息。无意向方信息的申报，由其他交易参与人点选并经广碳所审核后成交；有意向方信息的申报，由意向方在系统中确认并经广碳所审核后成交。

第八条 交易申报经意向交易对手方确认后，广碳所冻结交易参与人相应数量的广东省碳排放配额。在审核确认交易参与人已划转相应数量的欧盟碳排放配额后，广碳所将确认互换交易成交，并划转对应数量的广东省碳排放配额。

第九条 互换交易的开盘价根据以下公式确定：

$PO = PE/PG \times E$，其中：

PO 为互换交易开盘价；

PE 为洲际交易所（ICE）欧盟碳排放配额最近一个结束的交易日每日期货（Daily Futures）交易的收盘价（欧元/EUA）；

PG 为广东省碳市场上一个交易日广东省碳排放配额的收盘价（元人民币/吨）；

E 为外汇市场上一个交易日中国外汇交易中心公布的银行间外汇市场欧元兑人民币的汇率中间价（欧元/元）。

第十条 互换交易的成交价格应在开盘价±30%区间内。

第十一条 互换交易的收盘价为当日所有成交的加权平均价。

第十二条 互换交易的交易经手费根据以下公式确定：

$F = VG \times PG \times R$，其中：

F 为交易经手费；

VG 为互换交易中成交的广东省碳排放配额数量（吨）；

PG 为互换交易在交易系统中进行挂单申报的前一个交易日的广东省碳排放配额的收盘价（元/吨）；

R 为广东省碳排放配额交易经手费费率。

第十三条 交易参与人在发起或确认挂单申报前，应当确保拥有满足成交条件的碳排放配额和资金。如出现在明知不具备成交条件的情况下恶意申报的，广碳所应采取书面警示、通报批评、限制交易、暂停或终止交易及其他相关业务资质或会员资格等处罚措施。

第十四条 本指引由广碳所负责解释与修订。

第十五条 本指引自公布之日起实施。

资料来源：广州碳排放权交易中心。

2. 碳互换市场定价

（1）影响碳互换定价的因素。碳衍生品市场中影响碳互换价格的因素有很多，其主要影响因素可以归纳为四个方面：远期价格、交易成本、信用风险和环境因素。

1）远期价格。影响碳互换价格的最主要的因素是标的碳单位的远期价格，它影响了碳互换每期所能实现的实际现金流量，决定了碳互换的均衡价格。当碳交易市场上套利机会消失时，远期价格就一定反映了市场对未来价格的预期。碳互换可以分解成一组碳远期的叠加，由于远期价格因素反映了市场对未来价格的预期，所以在碳互换的定价中假设远期价格在未来会得以实现具有一定的合理性。

2）交易成本。交易成本是影响碳互换价格的重要因素。由于碳互换交易一般涉及的国家和主体较多，且交易的内容、程序都相当繁杂，所以交易成本较高。此外，碳互换的参与者要在市场直接找到交易对手非常困难，一般要借助第三方即金融辅助机构的力量，例如担任中介角色的金融中介机构、国际金融组织等。该类金融中介机构在促成碳互换交易时，一般收取一定佣金和手续费等，作为其为交易双方提供信息资源和服务的报酬，这也构成碳互换的部分交易成本。

3）信用风险。碳互换交易属于场外交易，没有期货交易中的保证金制度作为保障，交易双方可能会发生违约行为，导致碳互换交易的信用风险较高，进而会影响碳互换的价格。由于碳互换信用风险的大小与交易对手信用等级密切相关，所以信用风险溢价因不同交易对手而有所不同。一般交易对手信用等级越高，则信用风险溢价越小。此外，信用风险的大小取决于碳互换交易动机，若交易对手是为了投机而参与碳互换，则当市场产生不利变化时，其违约的可能性就会增加，相应的风险溢价也会增加；而如果交易对手进入碳互换交易仅为了避险，则违约的可能性就较低，相应的风险溢价也较小。

4）环境因素。影响碳互换价格的环境因素一般包括两种：政策环境因素和市场环境因素。政策环境因素主要是指一国能不能与其他国家进行碳互换首先取决于本国的政策，若政策鼓励环境保护和可持续发展，则可能会积极促进本国碳互换交易的发展；反之，若政策不支持碳互换交易，则根本谈不上碳互换的价格问题。市场环境因素主要是指碳交易市场和资本市场的状况对碳互换定价的影响。若碳交易市场和资本市场均机制健全且发展成熟，则碳互换的价格可能是合理竞争性的价格，能够真正反映其供求情况和预期。此外，碳互换市场竞争的激烈程度，在一定程度上也影响碳互换的价格，若市场存在大量竞争性的经营者或中介机构，它们可能为了获得大批量交易的高额收益而有意降低价格。

（2）碳互换合约的定价。碳互换合约的定价包含两种：第一种是在签订碳互换合约时，将碳互换的价格确定为一个使碳互换的初始价值为0的固定价格；第二种是在碳互换合约签订以后，根据合约的内容、市场价格水平和市场利率水平等确定碳互换合约的价值。

对于碳互换合约的第一种定价有两种方法：一种是根据成本确定执行价格；另一种是在考虑便利性收益的情形下对碳互换进行定价。对于碳互换合约签订后的碳互换合约的价值，则可以将其分解为碳远期合约进行定价。

1）根据成本确定执行价格。执行价格是在碳互换中定期交割结算时买方支付给卖方的碳排放权的单价。只有合约事先确定的执行价格是公平合理的，整个碳互换交易才有可能是公平合理的交易，才能真正实现共赢。下面以清洁发展机制为例来说明应该如何确定碳互换的执行价格。

在清洁发展机制下，项目开发商生产碳减排权所发生的成本主要有两种：交易成本和减排成本。

首先，交易成本。在整个清洁发展机制下碳减排项目从始至终发生的交易成本可分为三类：前期交易成本、中期交易成本和后期交易成本。前期交易成本是项目执行前发生的交易成本，包括搜寻成本、协商谈判成本及批准和注册成本等；中期交易成本是项目执行过程中发生的交易成本，包括追踪成本、核实成本、强制执行成本及签发认证成本等；后期交易成本是转移核证减排量发生的贸易成本，包括转移碳排放权的管理成本、交割结算成本等。

其次，减排成本。碳减排项目的决策者很可能仅注意碳排放权交易所获得的经济收益大于项目的实际交易成本，而忽略另外一个重要的成本即实际的碳减排成本。以我国的减排成本为例，据高鹏飞、陈文颖和何健坤的估计：当减排率在 0~45 个百分点之间时，碳边际减排成本在 0~250 美元/吨之间，而且碳减排约束实施得越早，等量的减排量边际减排成本越高。所以碳减排项目的决策者要充分认识到项目实际的减排成本。

假设清洁发展机制项目的签约周期为 n 年，在 t 年时（$t<n$），核证减排量的执行价格为 F_t，清洁发展机制项目产生的单位核证减排量的减排成本为 C_{mt} 且单位交易成本为 C_{st}，通过清洁发展机制执行委员会核准的核证减排量为 a（常数）。假设项目产生的碳减排额度全部转移给买方，则项目开发商转让碳排放权获得的总收益为

$$\text{TR} = \max\left[\sum_{t=1}^{n}(F_t - C_{mt} - C_{st})a\right] \tag{5-81}$$

项目开发商要得到最大化的总收益，则式（5-81）对 a 的一阶导数为零，即满足：

$$F_t - C_{mt} - C_{st} = 0 \tag{5-82}$$

在清洁发展机制下，项目开发商与买方签约最佳的碳排放权执行价格为

$$F_t = C_{mt} + C_{st} \tag{5-83}$$

虽然最优的碳排放权的执行价格等于单位减排成本与单位交易成本之和，但是现实签订的 CDM 项目合约的执行价格一般不等于该最优价格。中国核证减排量的交易价格一般较低，主要是因为：首先，碳排放权交易是由国外买方主导的，其根据成本最小化原则选择 CDM 项目，控制项目的主动性，对碳排放权拥有实际的定价权；其次，中国 CDM 项目开发商与碳排放权购买者之间存在严重的信息不对称，中国的实施减排项目的实体企业对 CDM 市场、CER 的交易价格、市场供求情况和相关的标准认识都不够深入，以致在交易价格方面存在一定盲区；最后，CDM 项目周期较长，风险较大，签约或申报时交易双方事先约定了未来合约的执行价格，其间未来市场价格可能存在较大的波动而导致执行价格偏离最优价格。从上面的分析可知，目前市场上 CDM 项目合约约定的执行价格存在一定的不合理性，买方利用自己的主导地位及信息优势，从交易中获得较多的经济利益，而卖方的经济收益却相对有限。

2）在考虑便利性收益的情形下对碳互换进行定价。在考虑便利性收益的情形下，通常把碳互换交易中支付资金的一方看作是支付固定价格的定量商品的一方，在此我们称为投资方；把交付碳信用的一方看作是支付浮动价格的定量商品的一方，我们称为项目开发方。由于标的碳信用的未来市场价格是不确定的，所以我们在价格是随机变化的情形下建模，并且做出如下

假设：

首先，市场是完全竞争的，其不确定性由概率空间 (Ω, F, P) 来刻画。价格过程表示为 $X_t = [X_t^{(1)}, \cdots, X_t^{(n)}]$，$\{\psi_t\}_{t \geq 0}$ 是与 X_t 相应的滤子，由 $B_t = [B_t^{(1)}, \cdots, B_t^{(n)}]$ 所生成，其中 B_t 遵循维纳过程。

其次，连续复利利率 r 为常数。这虽然不太合理，但是为简化分析，我们可以这样假设，且根据有关学者证明，利率的随机性对互换的定价没有影响。

再次，便利收益率为常数 δ。便利收益率是指当市场存在交易限制的时候，远期定价模型对持有成本进行的调整，它反映市场对未来商品可获得性的预期。若商品可获得性越高，则便利收益率越低，反之，若商品短缺的可能性越大，则便利收益率越高。

最后，标的碳排放权的价格 $\{S_t, t \in [0, T]\}$，服从随机微分方程：

$$dS_t = \mu S_t dt + \sigma_s S_t dB_t^{(s)} \tag{5-84}$$

式中，$B_t^{(\cdot)}$ 是概率空间 (Ω, F, P) 中的标准维纳过程。

假设该碳互换每次交割支付一单位标的碳信用，在碳互换合约到期之前（合约期限为 T），分别在时刻 $t_1, t_2, \cdots, t_n$ 进行交割支付。假设投资方支付的固定价格为 F_t，项目开发商支付给投资方的浮动价格为此时碳信用的市场价格，即 S_{t_i}, $i = 1, 2, \cdots, n$。由于市场是无套利的，所以市场必定存在等价鞅测度（充要条件），又因为市场是完全竞争的，所以该等价鞅测度不仅存在而且唯一。设该概率测度为 Q，这样我们就可以在概率测度 Q 下，根据鞅定价的方法确定该碳互换的价格。

对于上述的价格过程 $\{S_t, t \in [0, T]\}$，在 Q 下所满足的随机微分方程为

$$dS_t = (r - \delta) S_t dt + \sigma_s S_t d\hat{B}_t^{(s)} \tag{5-85}$$

其中，$\{\hat{B}_t^{(s)}, 0 \leq t \leq T\}$ 是 Q 下的标准维纳过程。现在该碳互换合约对项目开发商的价值为 V_t，则：

$$V_t = \sum_{i=1}^{n} F_t e^{-r(t_i - t)} - \sum_{i=1}^{n} E_t^Q [e^{-r(t_i - t)} S_{t_i}] \tag{5-86}$$

由无套利原则知道，式（5-86）等号左边应等于 0，故我们可以得出：

$$F_t = \frac{\sum_{i=1}^{n} e^{-r(t_i - t)} E_t^Q(S_{t_i})}{\sum_{i=1}^{n} e^{-r(t_i - t)}} \tag{5-87}$$

因为 $dS_t = (r - \delta) S_t dt + \sigma_s S_t d\hat{B}_t^{(s)}$，所以将 $E_t^Q S_{t_i} = S_t \exp[(r - \delta)(t_i - t)]$，代入 F_t，则我们可以得到：

$$F_t = S_t e^{(\delta - r)t} \frac{\sum_{i=1}^{n} e^{-\delta t_i}}{\sum_{i=1}^{n} e^{-r t_i}} \tag{5-88}$$

3）碳互换合约的价值。由于互换合约可以看作是一系列远期合约的组合，基于同样的原理，碳互换合约也可以看作一系列碳远期合约的组合。在债务与碳信用互换交易制度下，碳互换期间每次合约约定价款的支付都是由特定的基金组织负责的，交换的是碳减排项目所产生的

约定数量的碳减排额度；在温室气体排放权互换交易制度下，是投资者用现金支付交换东道国碳减排项目的碳减排额度。无论是采取哪种制度的碳互换交易，都相当于两个交易者之间签订了一系列期限不同的以现金购买碳排放权的碳远期合约。

为确定碳互换合约的价值，我们分为三个步骤。首先，识别碳互换交易的现金流。根据碳互换合约的规定，交易双方在规定的时间间隔里，支付和交割规定的现金流量和碳减排额度，即辨别现金支付日期现金支付量 K、碳排放权交付量 Q（假设为 1 单位）。其次，把该碳互换合约转换成一个碳远期合约的组合。将碳互换合约进行分解，把每个到期日所支付的现金量 K 和碳排放权的交付量 Q 看作一个单独的碳远期交易。这样，碳互换合约就可以被视为各种到期日的碳远期合约的组合。最后，利用碳远期合约的定价理论对碳互换合约进行定价。

5.5 碳信贷市场

5.5.1 碳信贷市场概述

1. 碳信贷、绿色信贷与传统信贷

碳信贷是一种具有特殊目的的信贷形式。广义的碳信贷是以支持低碳经济发展、节能减排等环保活动或者项目作为对象，为碳减排项目和技术改造提供资金支持。狭义的碳信贷则专指银行对拥有清洁发展机制（CDM）项目的低碳企业的贷款。本节中的碳信贷采用广义的概念，即为绿色环保项目或者发展低碳经济提供资金支持。

（1）碳信贷与绿色信贷。碳信贷与绿色信贷是属于不同层面的两个概念，绿色信贷是指金融机构依据国家环境经济政策和产业政策，对研发和制造污染治理设施，从事生态保护与建设，开发利用新能源，从事循环经济生产、绿色制造和生态农业的企业或机构提供贷款扶持并给予优惠利率，而对污染生产和污染企业的新建项目的投资贷款和流动资金进行贷款额度限制，并实施高利率的组合式政策手段。

碳信贷是绿色信贷的一种，是绿色信贷在温室气体减排方面的具体实践，也是国际上绿色信贷最重要的形式之一。碳信贷是以商业银行为主的金融机构为减少全球温室气体排放，而对碳减排企业或其他减排项目的相关方提供的贷款。碳减排可以分为两个方面，一个方面是《京都议定书》体系之内的减排，另一个方面是《京都议定书》体系之外的减排。与之对应的是，金融机构也会分别向这两个方面的碳减排提供碳信贷。对《京都议定书》体系之内的减排提供的碳信贷，主要是对 CDM 项目提供的贷款，其他形式的碳信贷，如对低碳企业提供优先或优惠贷款，以及对非 CDM 项目提供的贷款，都是对《京都议定书》体系之外的减排提供的碳信贷。对碳减排企业或项目提供贷款，有利于促进先进的节能减排技术与节能减排资金的利用，促进企业对能源的高效利用和清洁开发，减少温室气体排放。而对低碳企业提供优先或优惠贷款，有利于扩大低碳企业与产业的规模，也会降低温室气体排放量。

绿色信贷是国际社会实践减排的重要途径，而碳信贷是绿色信贷的一个分支。碳信贷在商业银行绿色信贷制度基础上融入低碳概念，将原有绿色信贷模式进一步专业化为低碳信贷体系，核心在于将碳减排的动机转交给商业银行，形成对碳排放交易机制公共管制的补充。碳信贷与绿色信贷的区别如表 5-9 所示。

表 5-9 碳信贷与绿色信贷的区别

主要内容	碳信贷	绿色信贷
操作工具	向低碳企业提供贷款,支持其实现减排目标	对高污染企业项目进行贷款额度限制,对环境友好企业的研发、投产提供关于贷款的相关优惠;主要操作工具是贷款利率
信贷内容	内容主要源于《京都议定书》中规定的三大机制:清洁发展机制、联合履约机制、国际排放交易机制	环境风险评估、可持续金融和企业社会责任
执行对象	主要集中于新能源、林业、有机农业等部门	涉及高耗能、高污染的企业和项目
交易主体	商业银行对特定低碳企业的贷款支持,主要是拥有 CDM 项目的企业	金融机构对企业的贷款支持或限制

相较于绿色信贷政策性的规定,碳信贷具备更可行的操作流程,是绿色信贷的深化。

(2) 绿色信贷与传统信贷。传统信贷通常是指商业银行根据安全性、流动性、盈利性三项原则,为实现其经营目标而向政府、企业和个人发放的信贷。

与传统信贷不同,绿色信贷在限制高污染、高耗能的"两高"企业发展上有着不可忽视的作用。在绿色信贷的商业模式中,银行的信贷投向于倡导环保、清洁能源和可再生能源的企业。从信贷政策、经营理念、风险流程、业务管理等方面来看,传统信贷与绿色信贷还存在一定的差异,具体如表 5-10 所示。

表 5-10 传统信贷与绿色信贷的区别

主要内容	传统信贷	绿色信贷
信贷政策	商业银行为实现其经营目标而制定的指导贷款业务的各项方针和措施,根据安全性、流动性、盈利性三项原则的具体方针实施贷款投放	在赤道原则的基础上,根据国家相关的绿色信贷指导意见,在传统信贷活动基础上,把符合环境检测标准、污染治理效果和生态保护作为信贷审批的重要前提,提高了企业贷款的门槛
经营理念	主要强调自身的盈利、资金的安全和流动,自身的经济利益高于一切	注重人类社会生存环境的长远利益和长远发展,以绿色利润为自己的长远目标
风险管理	由利率决定信贷投放,不考虑环境因素,短期风险较小,但从长期来看风险较大	新技术、新能源、新材料以及循环经济,这些市场的不确定性大,短期内信贷风险随之增加,但长期风险较小,且社会风险较小
业务流程	由银行自身决定贷款的投放对象和投放资金量	向政府环保部门查询融资企业的环保情况,再进一步决定是否投放贷款以及投放资金量

2. 碳信贷的特点与功能

(1) 碳信贷的特点。

1) 商业银行是碳信贷的主要资金供给者。随着低碳经济的发展,作为碳信贷市场的资金主体——商业银行,通过创新价值链,调整其竞争策略,确保其能适应环境变化,提高其内部价值链的整体协同效应,并获得竞争的核心能力。

由于低碳环保产业发展快速并具有良好表现,商业银行投资低碳环保产业也会增加自身新的盈利增长点,因此在碳金融快速发展的大背景下,国际大型商业银行都敏锐地捕捉到这一新的发展机遇,纷纷开展丰富多样的与碳信贷有关的业务,以推动低碳经济在全世界的推广和深入发展,促进机构自身的持续盈利能力的提升,以实现可持续发展。例如,作为全球最大的商业银行之一的美国银行在发展碳信贷业务方面进行了积极的探索。为了促进低碳经济的发展，美国银行发起一项期限为 10 年、信贷规模为 200 亿美元的环境可持续性贷款行动，支持环境友好型项目和低碳技术开发。

2）低碳环保类企业及项目是碳信贷的主要需求者。作为促进低碳发展的金融工具，碳信贷是以具体的金融产品与机制来实现节能减排、绿色环保的共同目标，并引领了绿色信贷的一个发展方向。低碳环保类企业及项目也通过商业银行碳信贷来获得资金支持，以此优化资源配置，促进资本形成和技术进步，为参与者分散风险、降低资金成本。

例如，西班牙、英国、美国等国低碳环保类企业及项目通过发行债券用于能效提高项目、可再生能源项目、绿色建筑项目等，如西班牙能源巨头 Iberdrola 公司在 2020 年通过发行 5 亿欧元债券用于能效提高项目以提高公司的能源效率；苹果公司、谷歌、亚马逊等互联网公司也发行了碳减排债券，如亚马逊在 2021 年发行 50 亿美元债券用于可再生能源、清洁交通等项目。

3）非政府组织及银行大股东是碳信贷的主要推动者。越来越多的发达国家的非政府组织（Non-Governmental Organization，NGO）和银行大股东要求信贷市场的"绿色化"，要求金融机构必须将可持续银行业政策和实践落实到位。例如，发达国家 NGO 会定期在网络上对金融机构的全球运营部门以及金融机构对环境可持续性的影响进行跟踪，这些 NGO 主要通过调查研究、国际宣传活动、社会和环境监察、战略制定以及与银行合作等方式，来对银行的活动产生影响。

由联合国支持的"奔向零碳"行动启动至 2024 年已满四周年，目前，已有来自全球 92 个经济体的超 4 500 个非政府参与方加入其中，共同致力于实现到 2030 年将碳排放减少一半的目标，为子孙后代建设一个更加健康、安全、清洁和具有抵御力的世界。

4）碳信贷是商业银行践行社会责任的重要途径。商业银行作为具有特殊信托责任的营利性经营机构，不是单单靠股东投入资金获得发展，银行客户、员工都为银行的持续发展提供了自己的资源。银行作为金融的枢纽，为企业、社会传导核心价值理念。基于此，为了更好地增加社会福利，大力宣扬和发展环境保护，参与碳信贷、发展碳信贷就成为银行主动把环境、社会纳入其发展目标的一个重要途径，以便更好地发挥调控和配置资源的作用。

商业银行加大社会责任的投入，开展碳金融服务，有助于打造和培养品牌知名度，产生良好的公众效应。这种以可持续发展为宗旨的投入，必然会进一步激发员工的凝聚力和责任感。它是一种重要的软性竞争力，是造就、扩大、培养优秀员工和优质客户的原动力。在良好的社会环境特别是金融生态环境下，才能获得"社会稳定溢价"，从而保证融资的回归。它不但有利于增加商业银行的利润，还能提高商业银行股票的价值。

（2）碳信贷的功能。从信贷市场具备的一般功能来说，碳信贷市场主要包括以下功能。

1）为国民经济可持续发展提供资金支持。碳信贷市场不仅为低碳环保类项目的推行提供了强大的资金支持，而且满足了低碳环保类企业流动资金需求和融资需求，运用信贷杠杆推动企业技术进步和产业升级，从根本上增强了企业竞争力，带动了经济可持续发展。碳信贷市场促进了资本的再分配和利润的平均化。经济的可持续发展注重的是经济和自然环境的协调发展，而碳信贷市场可以引导资本合理配置在低碳环保类企业和项目上，从而确保经济增长和保护环境两个目标的同时实现。

除此之外，碳信贷市场引导资本从高耗能、高污染的行业向低碳、环保类行业流动，以保证企业在获得最大利润的同时,环境可以得到最大限度的保护。资金可以通过碳信贷市场投资于类似低碳环保等朝阳行业,在实现资金保值增值的目标下,也为经济的可持续发展注入强大动力。

2)引领经济产业结构的调整与优化。碳信贷市场在原有信贷市场具备的功能基础上,更加突出的功能体现在重点为低碳环保项目提供资金支持,促进环保产业发展与升级。

碳信贷市场通过资金的投放,有针对性地支持低碳环保基础设施建设、基础产业和企业的减排技术改造、公众低碳环保消费等,引领经济产业结构的调整优化。例如,低碳运输交通贷款为低碳排放汽车及运输提供贷款和帮助,如低碳汽车优惠贷款、卡车公司节油技术及设备贷款,先行机构有温哥华城市商业银行、美国银行和英国劳埃德银行。

3)为能源链转型提供融资。能源链转型是各国经济发展的必经阶段,要想实现经济发展与节能减排相适应,就必须增大低碳产业份额,降低企业对碳素能源的依赖性。碳信贷增加了资金的投资渠道,优化资源从高碳能源向低碳能源转换。商业银行碳信贷业务的发展有利于加大资金对低碳产业、低碳企业规模化信贷的投放力度,推进低碳经济信贷化转型,为能源链转型提供融资。

在全球变暖的压力下,低碳项目有益于减缓气候变化速度,推进低碳技术的改革。全球各大碳市场与碳排放交易制度为低碳项目做铺垫,有效刺激新能源的开发与利用。碳信贷资金量大,为低碳项目提供融资支持,促进低碳企业对能源的高效利用和清洁开发。

4)改善商业银行信贷客户和资产结构,实现商业银行利润的进一步增长。随着高耗能、高排放、高污染的产业被整治和压缩,新型的低碳绿色产业得到扶持和鼓励,商业银行将大量信贷额度投放于国家支持倡导的低碳环保及相关行业,拓展碳信贷业务。碳信贷业务有利于商业银行调整信贷客户和资产结构,提高竞争力,增加其社会责任感。发展低碳经济、调整经济结构、实现经济转型是未来长期的趋势,碳信贷业务具有广阔的市场前景。商业银行通过密切跟踪碳交易市场的发展情况,对其合作模式和风险收益评估进行研究,从而为低碳项目提供财务顾问、开发担保、碳贷款、托管结算等一系列服务,加快碳市场的资金流动性。随着碳交易市场的逐步成熟,低碳金融衍生品、低碳金融工具的逐步丰富,碳信贷业务将成为商业银行的利润增长点。

 专栏 5-12

中国建设银行碳信贷业务

宁波分行光伏项目

宁波市某地区太阳能资源丰富,当地某企业将渔业与光伏电站结合在一起,采用"渔光互补"模式建设滩涂光伏电站,该项目具有良好的发展前景,不仅能够推动国家太阳能光伏发电产业和设备产业的发展,也对我国温室气体减排和能源安全有重要的影响。宁波分行在了解到客户需求后第一时间组建成立专家团队,通过上下联动,针对当地能源发展优势与该企业资产规模、生产管理、技术研发、项目建设、融资能力等方面进行综合研究,出具了绿色金融综合服务方案。该项目的投放有力促进了生态环境保护和生态文明建设,引导社会资本流向绿色环保、清洁能源等领域,更好地发挥了财政资源对生态保护和环境治理的支持作用。通过本次项目合作，建设银行也更加清楚地认识到自身地位和职责，增强推进生态文明建设的责任意识和服务意识，树立正确业绩观，加大对绿色金融业务的支持，发挥"加速器"作用。新增绿色信贷投放为后续营销公司其他太阳能发电项目奠定基础；优化了信贷结构，提高了绿色信贷在各项业务中的占比，有利于在未来市场竞争中建立优势地位，提升同业竞争能力。

云南分行绿色超短期融资券

澜沧江作为国家实施"西电东送"战略重点开发的水电基地和国家"十四五"重点规划的"风光水储一体化基地"（澜沧江云南段水风光一体化可再生能源综合开发基地），在国家战略规划层面具有举足轻重的地位。云南分行是首批绿色金融试点分行，充分考虑到清洁能源项目给公众带来的社会经济效益，打通三级联动绿色通道，以实际行动支持绿色低碳发展，于2021年6月28日独立承销发行"华能澜沧江水电股份有限公司2021年度第二期绿色超短期融资券（碳中和债/乡村振兴）"，发行金额为5亿元。这是我国首只"碳中和+乡村振兴"双贴标超短期融资券，募集资金帮助华能澜沧江水电股份有限公司减少碳排放、助力环境保护等。按照投资比例折算，本期募集资金对应的募投项目二氧化碳减排量为13.61万吨/年，节约标准煤8.19万吨/年，二氧化硫减排量为50.01吨/年，氮氧化物减排量为52.15吨/年，烟尘减排量为10.16吨/年。云南分行用资金的力量，保护了云南省的自然生态系统，并促进社会相关人员共同构建"以自然之道，养万物之生"的新的生物多样性保护模式。

重庆分行应收账款债券融资项目

重庆市某公司从创立之初就以"生态优先、绿色发展"作为经营主旋律，把"共抓大保护、不搞大开发"当作口号，期望在绿色发展道路上走出自己的特色，为同业树立典范。但由于公司有大量闲置的林权资产，且用其作为抵押物的抵押贷款价值比偏低，这些闲置的林地无法变成流动资金被有效利用，这成为公司发展的一个难点。重庆分行对于该客户的资产负债结构、发展现状、经营痛点和资金需求等方面进行了详细的分析，向上级机构抽调专业人才组建项目团队，迅速与现有信贷产品相匹配，结合目前对于绿色企业的优惠政策，最终为客户制定出独有的绿色融资方案。该方案将该公司未来二十年的近5万亩林权租金应收账款当作资产基础，主承销商为重庆分行，在北京金融资产交易所为该公司注册了绿色应收账款债券融资计划，总金额合计8亿元，资产盘活率高达72%。该公司林地树种包括柏树、马尾松、慈竹、杉木等，经测算，这些树种平均每亩林地可转化二氧化碳含量高达60.7吨。该项目的成功落地，对于转化氧气、净化空气、调节气候、滋养水土等方面发挥了积极作用。

资料来源：中国建设银行官网。

5.5.2 主要碳信贷产品定价

1. 碳信贷产品的定价原则

碳信贷产品的定价原则包括：保护环境原则、利润最大化原则、扩大市场份额原则以及保障贷款安全原则。

（1）保护环境原则。从定价方面来看，这是碳信贷与普通信贷的最大区别。因为碳信贷本身专注于满足低碳项目或者低碳企业的融资需求，其本身就具有支持环保产业发展、保护环境的特质。所以，碳信贷产品在定价时要考虑到融资项目或融资方对环境的贡献程度与保护程度，综合考虑各种因素，确定合理的信贷价格，从而真正实现碳信贷的功能与使命。

目前世界经济从"高碳"向"低碳"转型，低碳环保类产业需要巨额的资金投入，碳信贷市场起着集聚资金、调剂资金余缺的作用。碳信贷在定价中体现的保护环境原则为其真正推动低碳环保产业发展奠定了基础。

（2）利润最大化原则。商业银行是经营货币信用业务的特殊企业。作为企业，实现利润最大化始终是其追求的主要目标。信贷业务是商业银行传统的主要业务，存贷利差是商业银行利润的主要来源。因此，银行在进行贷款定价时，首先必须确保贷款收益足以弥补资金成本和各项费用，在此基础上，尽可能实现利润最大化。同时，对于单个银行来说，参与碳信贷市场可以使其维持好的声誉，有利于其他业务的发展，从而实现利润增长的规模效应。

（3）扩大市场份额原则。在金融业竞争日益激烈的情况下，商业银行要想求生存、求发展，就必须在信贷市场上不断扩大其市场份额。同时，商业银行追求的利润最大化的目标，也必须建立在市场份额不断扩大的基础上。在传统信贷业务利润率下滑、市场饱和的大背景下，碳信贷业务作为新兴业务，还处于高速发展阶段，国际各大商业银行也在积极布局以此谋求实现新的业务增长点。此时，碳信贷的定价在很大程度上体现着各商业银行的竞争策略。

影响一家银行市场份额的因素非常复杂，但贷款价格始终是影响市场份额的一个重要因素。如果一家银行的贷款价格过高，就会使一部分客户难以承受，这家银行最终会失去这部分客户，市场份额也会缩小。因此银行在贷款定价时，必须充分考虑同业、同类贷款的价格水平，不能盲目实行高价政策，除非银行在某些方面有特别的优势。

（4）保障贷款安全原则。银行信贷业务是一项风险性业务，保证贷款安全是银行贷款经营管理整个过程的核心内容。除了在贷款审查发放等环节要严格把关外，合理的贷款定价也是保证贷款安全的重要方面。不能不顾贷款的安全，一味追求高价格。

贷款定价最基本的要求是使贷款收益能够足以弥补贷款的各项成本。贷款成本除了资金成本和各项监督管理费用外，还包括因贷款风险而带来的各项风险费用。如为弥补风险损失而计提的贷款损失准备，为管理不良贷款和追偿风险贷款而花费的各项费用。可见，贷款的风险越大，贷款成本就越高，贷款的价格也就越高。因此银行在贷款定价时，必须进行风险与收益的权衡，以确保贷款的安全性。

2. 碳信贷产品的价格影响因素

对于银行而言，用于发放贷款的资金是通过负债业务获得的。银行必须为此付出一定的代价，在信贷资金的发放过程中，银行还要面临各种风险；在贷后，银行对于资金用途的监督与把控都需要付出人力物力，对此银行要求得到相应的回报，这些都是在为贷款定价时需要考虑的因素。

（1）贷款成本。贷款成本包括贷款资金成本、贷款管理成本以及一般风险费用。其中贷款资金成本是指银行为筹集用于贷款的信贷资金所花费的代价成本，它包括利息成本和各项非利息成本（办公费用、折旧费用等）。贷款管理成本是指对借款人进行信用分析以及各种与贷款发放、管理和回收有关的开支（工资报酬、差旅费等）。一般风险费用是指按照贷款的种类、期限、抵押或保证的一般特征所确定的风险补偿。如贷款可能面临损失的风险，银行要根据其历史上贷款的平均损失率情况确定一个补偿额计入贷款成本（如贷款损失准备）。

（2）基准利率。基准利率是指在整个利率体系中起主导作用的利率。一般把中央银行的再贴现率或再贷款率作为商业银行发放贷款的基准利率。碳信贷产品的定价不能超越基准利率所规定的浮动范围。

（3）预期利润。商业银行作为以追求利润最大化为目标的金融企业，按照安全性、流动性和盈利性的原则进行贷款业务的经营，在保证贷款本金和利息安全收回的前提下，尽可能实现利润的最大化。

同时银行贷款利润作为银行主要利润来源之一，它也是股东获得股息收入的重要保证。而银行股东根据市场一般法则也应根据其投资额按社会平均利润率获取回报。这种预期的股权回报分摊到贷款部分就是银行贷款业务的预期利润，成为银行定价必须考虑的一个重要因素。

（4）贷款的风险程度。由于贷款的期限、种类、保障程度及贷款对象等各种因素的不同，贷款的风险程度也有所不同。不同风险程度的贷款，银行为此所花费的管理费用或对可能产生的损失的补偿费用也不同，这种银行为承担贷款风险而花费的费用，称为贷款的风险费用，也是贷款的风险成本。银行在贷款定价时必须将风险成本纳入贷款价格之中（诉讼费用、律师费用、执行费用）。

碳信贷的风险费用受多种复杂因素的影响，如贷款的种类、用途、期限、贷款保障、借款人信用、财务状况、客观经济环境的变化等。所以，要精确预测一笔贷款的风险费用显然是比较困难的。在实践中，为了便于操作，银行通常根据历史上某类贷款的平均费用水平，再考虑未来各种新增因素后确定贷款的风险费用。

（5）借款人的资信状况及与银行的关系。借款人的资信状况是银行贷款定价时必须考虑的重要因素。因为借款人的资信状况表明了借款人的偿债能力和偿债意愿，这在很大程度上反映了银行贷款面临的风险程度。一般而言，银行面临的风险越大，它索取的风险补偿越高，在贷款定价时一般也越高；反之则越低。另外，借款人的资信状况往往也揭示了借款人的盈利能力，即借款人将贷款运用于其生产经营之后所能获得的盈利。银行贷款定价不能超过借款人的盈利，否则，借款人就会放弃借款。借款人与银行的关系密切程度也是金融市场上银行贷款所要考虑的重要因素之一。这种关系主要包括借款人以往在银行的存款情况、使用银行服务的情况以及贷款记录等。对于那些经常有存款、广泛使用银行服务、长期有规律地向银行借款并有良好信誉的借款人，特别是银行希望长期维护或希望进一步发展关系的借款人，银行在贷款定价时一般应该考虑给予适当的优惠。

（6）碳信贷资金的供求状况。在碳信贷市场中，碳信贷资金需求方为低碳环保类企业或项目，供给方为商业银行及其他少数金融机构。而利率是资金价格表现的重要形式之一，它会受资金供求状况的影响。一般来说，根据价格与供求关系的规律，当市场资金供不应求时，贷款利率会提高，反之就会下降。

（7）预期的通货膨胀率。在现代经济社会中，通货膨胀几乎是不可避免的，只是通货膨胀率高和低的问题。同样的名义贷款利率，在通货膨胀率高时，贷款的实际利率就低；反之，在通货膨胀率低时，贷款的实际利率就高。商业银行为了维护自身的经济利益，必然要考虑未来贷款期内的预期通货膨胀率，并对贷款的名义利率做相应的调整。这与贷款的期限有密切的关系，贷款期限越长，通货膨胀产生的影响就越大，贷款利率也就相应地提高。

3. 碳信贷产品定价

（1）碳信贷产品的价格构成。商业银行基于自身经营成本来确定信用贷款利率水平。在确定实施碳信贷产品价格时，一方面价格必须覆盖商业银行的筹资成本及相关管理费用，另一方面该贷款业务的利率应当能够与项目本身的风险相匹配，还能使银行能够获得一定的利润。而碳信贷产品价格的构成与传统信贷产品价格构成并无差别。基于以上分析可知，碳信贷价格应当覆盖的部分包括贷款利率、贷款承诺费、风险溢价、隐含价格四个方面，其中贷款利率包括了筹资成本、贷款费用和目标收益，即：

$$碳信贷价格 = 贷款利率 + 贷款承诺费 + 风险溢价 + 隐含价格$$

其中，
$$贷款利率 = 筹资成本 + 贷款费用 + 目标收益$$

1）贷款利率。贷款利率是指一定时期客户向贷款人支付的贷款利息与贷款本金的比率。它是贷款价格的主体，也是贷款价格的主要内容。贷款利率的确定应以收取的利息足以弥补支出并取得合理利润为标准。银行贷款所支付的费用包括资金成本、提供贷款的费用以及今后可能发生的损失等。合理的利润幅度是指应由贷款收益提供的、与其他企业和银行相当的利润水平，即目标收益。

2）贷款承诺费。贷款承诺费是指银行对已经承诺给客户而客户又没有及时使用的那部分资金收取的费用。也就是说，银行已经与客户签订了贷款意向协议，并为此做好了资金准备，但客户没有及时从银行贷出这笔资金。贷款承诺费就是对这笔已做出承诺但没有贷出的款项所收取的费用。贷款承诺费是由于客户为了取得贷款而支付的费用，因而构成了贷款价格的一部分。

银行收取贷款承诺费的理由是：为了应付承诺贷款的要求，银行必须保持高质量的流动性资产，这就意味着银行要放弃收益高的贷款或投资，从而使银行产生利益损失。为了补偿这种损失，就需要借款人支付一定的费用。支付了承诺费的贷款承诺是正式承若，当借款人需要贷款时，银行必须予以及时满足，否则，银行要承担经济责任。

3）风险溢价。风险溢价又称违约风险补偿费，通常可以这样理解，借款人存在不能按时还本付息的风险，商业银行针对这种可能所要求的风险补偿即风险溢价，它一般可以通过贷款人历史信用记录和有指导意义的信用评级综合得出。

4）隐含价格。隐含价格是指贷款定价中的一些非货币性的因素。银行在决定给客户贷款后，为保证客户能够偿还贷款，常常在贷款协议中加上一些附加条件。附加条件可以是禁止性的，即规定融资限额及各种禁止事项（禁止挪用贷款从事非法经营活动、转手贷款），也可以是义务性的，即规定借款人必须遵守的特别条款。附加条件不直接给银行带来收益，但可以防止因借款人经营状况的重大变化而给银行利益造成损失，因此它可以被视为贷款价格的一部分。

（2）碳信贷产品的定价。

1）传统信贷定价拓展模型。对于碳信贷产品的定价，可以参考一般的信贷产品定价模型，确定各种期限贷款的基本参考利率，同时在确定利率时考虑其低碳环保的性质。在考虑了各个因素后，建立传统信贷定价拓展模型，即碳信贷定价模型：

$$r_c = r_{ec} + r_{cc} + r_{lc} - r_{hc} \tag{5-89}$$

式中，r_c 表示碳信贷产品的贷款利率；r_{cc} 为碳信贷产品的贷款成本率；r_{ec} 为碳信贷产品的贷款预期利润率；r_{lc} 表示碳信贷产品的贷款归一化为一个财报年度的损失率；r_{hc} 表示碳信贷产品的环保补贴利率。

$$r_{ec} = h \times E(r) \tag{5-90}$$

式中，h 表示该笔贷款占用经济资本的匹配系数；$E(r)$ 表示预期资本收益率。

$$r_{cc} = r_{1c} + r_{2c} + r_{3c} \tag{5-91}$$

式中，r_{1c} 表示贷款资金成本率；r_{2c} 表示经营管理费用率；r_{3c} 表示贷款税金率。

$$r_{1c} = \frac{f}{t} \times 100\% \tag{5-92}$$

式中，f 表示该品种、方式和期限贷款预计本息损失率；t 表示该笔贷款期限（年）。

$$r_{hc} = c \tag{5-93}$$

式中，c 值为常数。根据地方政府对商业银行在对应碳信贷产品的财政补贴力度和申请贷款的项目所处的节能环保层级和清洁发展机制标准来综合确定其大小。

具体而言，首先，银行应对申请贷款企业进行授信得分测试，根据授信得分确定企业的授信等级；其次，对于符合条件的碳信贷申请，应根据环保部门和银行总行出台的碳信贷实施细则确定该碳信贷项目的节能环保层级，参考相应层级的利率优惠条件确定碳信贷产品的价格。

2）基于期权博弈的碳信贷定价模型。基于期权博弈的碳信贷定价模型认为碳信贷相当于赋予发放贷款的银行一份标准美式看跌期权，其隐含三个期权特点。

首先，碳信贷具有严格的贷后管理制度，一旦发现企业的项目有违反环保规定的行为，银行将停止继续提供贷款，这等同于在贷款到期前的任意时刻企业都有可能被迫中止项目，通过清算资产来偿还贷款，因此该期权属于美式期权。

其次，根据事先确定的贷款条件，可以确定作为执行价格的贷款余额，即期权执行价格为常数，该期权是标准美式期权。

最后，在提前终止贷款的情况下，只有项目的清算价值小于贷款余额的时候，银行才会决定收回贷款，故碳信贷的发放对银行来说相当于拥有一份看跌期权。

下面以标准美式看跌期权为模型从违约角度来研究碳信贷的定价。

初始时刻借款企业准备向银行借一笔款项，本金为 X_0，借款合同期限为 T。企业的可用现金流除了支付股东股息外，还要支付银行的连续利息，利率为 i。在借款合同期限 T 年内项目不再符合国家环保标准时，银行将会提前收回贷款，企业须将项目或其他资产变现归还贷款，令 β 为变现成本，变现后的归还银行的资产净值应为 $(1-\beta)V_B$，其中 V_B 是指碳信贷项目的清算价值。

上述贷款的过程可以用期权做如下描述。

首先，令项目的初始价值为期权标的资产，标的资产初始价格是 S_0；以一定的比率获得贷款 X_0。

其次，贷款必须在 $[0,T]$ 内还清，即期权的有效期限为 $[0,T]$，在 T 时刻（包括 t 时刻）之前的任意时刻，该美式期权都有被提前执行的可能；t 时刻贷款余额为 $X\{t\}$，标的资产的价格为 $S(t)$，银行具有将以 $S(t)$ 执行期权的权利。

假设示的资产 S 是一个随机变量，遵循一种带漂移的布朗运动，即 S 满足随机微分方程：$\mathrm{d}S=\mu S\mathrm{d}t+\sigma\mathrm{d}z$，其中 μ 为标的资产在单位时间内以连续复利表示的预期收益率，又称为漂移率；σ 为单位时间内标的资产收益率的标准差，又称资产价格波动率；S 服从标准布朗运动（也是一种随机过程），z 满足正态分布。且令标的资产在初始时刻与 t 时刻的执行价格之差为 $X'(t)$。

下面考虑构造两份期权。

期权 A：美式看跌期权，标的资产是 S，期权的执行价格是 X_0，持有者可在 $[0,T]$ 时间内，以 X_0 卖出标的资产 S。

期权 A 模拟企业不发生贷款违约的情况下企业与银行的行为；下面的期权 B 模拟当企业有可能发生贷款违约时，企业与银行各自的行为。

期权 B：美式看跌期权，标的资产是 S'，期权的执行价格是 X_0，持有者可在 $[0,T]$ 时间内，以 X_0 卖出标的资产 S'，其中 $S'=S(t)+X'(t)$，且 S' 也服从随机过程，$S(t)$ 为到期时标的资产的市场价格，$X'(t)$ 是在 0，t 两个时刻的执行价格差额。且有：

$$\mathrm{d}S'(t)=\mathrm{d}S(t)+\frac{\mathrm{d}X(t)}{\mathrm{d}t}=[\mu S-X'(t)]\mathrm{d}t+\sigma S\mathrm{d}z \tag{5-94}$$

令 $a=\mu S-X'(t)$，$b=\sigma S$，则由伊藤定理可知，期权 B 的价值 $V(S',t)$ 满足随机微分方程：

$$\mathrm{d}V=\left(\frac{\partial V}{\partial S'}\cdot a+\frac{\partial V}{\partial t}+\frac{1}{2}\frac{\partial^2 V}{\partial S'^2}b^2\right)\mathrm{d}t+\frac{\partial V}{\partial S'}\cdot b\cdot \mathrm{d}z \tag{5-95}$$

为了消除随机成分 $\mathrm{d}z$，考虑构造一个投资组合 G，含有一单位期权 B，且卖空 $\frac{\partial V}{\partial S'}$ 单位标的资产，即有：

$$G=V(S',t)-\frac{\partial V}{\partial S'}S' \tag{5-96}$$

可得：

$$\mathrm{d}G=\mathrm{d}V-\frac{\partial V}{\partial S'}\mathrm{d}S'=\left(\frac{\partial V}{\partial S'}\cdot a+\frac{\partial V}{\partial t}+\frac{1}{2}\frac{\partial^2 V}{\partial S'^2}b^2\right)\mathrm{d}t+\frac{\partial V}{\partial S'}\cdot b\cdot \mathrm{d}z-\frac{\partial V}{\partial S'}\cdot a\cdot \mathrm{d}t-b\cdot \frac{\partial V}{\partial S'}\cdot \mathrm{d}z$$

即：

$$\mathrm{d}G=\left(\frac{\partial V}{\partial t}+\frac{1}{2}\frac{\partial^2 V}{\partial S'^2}b^2\right)\mathrm{d}t \tag{5-97}$$

由于上式中不含 $\mathrm{d}z$，因此在一个很小的时间间隔后（$\Delta t \to 0$），该组合一定没有风险，其在 Δt 中的瞬时收益率一定等于无风险利率。令 r 为无风险利率，所以有：

结合式（5-96）、式（5-97），可得：

$$\left(\frac{\partial V}{\partial t}+\frac{1}{2}\frac{\partial^2 V}{\partial S'^2}b^2\right)\mathrm{d}t=r\cdot \left(V-\frac{\partial V}{\partial S'}S'\right)\mathrm{d}t \tag{5-98}$$

即：

$$\frac{\partial V}{\partial t}+\frac{1}{2}\frac{\partial^2 V}{\partial S'^2}b^2+\frac{\partial V}{\partial S'}S'=rV \tag{5-99}$$

3）模型的博弈路径分析。我们采用博弈路径分析来讨论碳信用贷款，博弈路径分析是博弈分析的简化形式，不假设支付矩阵及其他参数。正如前面分析的那样，碳信用贷款相当于赋予发放贷款的银行一份标准美式看跌期权。在期权有效期内的任一时刻，看跌期权的实值很大，或无风险利率 r 很高时，则应该提前执行看跌期权，否则不宜提前执行。

结合美式看跌期权的特性，对碳信用贷款过程中银行与企业的行为进行博弈分析。当企业的项目违规时，如果项目贷款余额大于清算价值，则企业将会对项目进行整改，使之符合相关规定，博弈继续；如果项目贷款余额小于清算价值，企业将会提前归还贷款，并从其他融资渠道募集资金，继续项目建设。因此，在碳信用贷款的过程中，确定项目贷款余额与清算价值的大小是进行博弈分析的前提。下面我们将分两种情况进行讨论。

第一，若企业的项目符合绿色信贷条件，且在项目的后续建设过程中没有发生任何违反国家相关节能减排要求以及信贷条件的行为，则银行将持续向企业发放贷款，到期时企业按事先规定的信贷条件还本付息。此时，在 $[0,T]$ 期间内，期权没有被提前执行，即期权价值为 0，碳信用贷款价值等于本金与利息之和。

第二，若起初企业的项目符合绿色信贷条件，但在项目的后续建设过程中发生了违反国家相关节能减排要求以及信贷条件的事件，银行需要比较分析项目清算价值与贷款余额大小。如果项目贷款余额大于清算价值，则企业将会对项目进行整改，使之符合相关规定，博弈继续；如果项目贷款余额小于清算价值，银行将会提前收回贷款，并从其他融资渠道募集资金，继续项目建设，假定清算变现成本为 0，银行收回资产净值为 $(1-\beta)V_B$。

对于提前执行期权的情况，需要运用隐式有限差分法以及二叉树期权定价模型进行推导。首先，利用有限差分法，求 $\frac{\partial V}{\partial t}$、$\frac{\partial V}{\partial S'}$、$\frac{\partial^2 V}{\partial S'^2}$ 的近似，设 $\Delta t = \frac{T}{N}$，在 $[0,T]$ 之间有 $N+1$ 个时间段，$\Delta S = \frac{S_{\max}}{M}$，则可得 $M+1$ 个资产价格，有：

$$\frac{\partial V}{\partial S'} = \frac{V_{i,j+1} - V_{i,j-1}}{2\Delta S} \quad \frac{\partial V}{\partial t} = \frac{V_{i+1,j} - V_{i,j}}{\Delta t} \tag{5-100}$$

$$\frac{\partial^2 V}{\partial S'^2} = \frac{\frac{V_{i,j+1} - V_{i,j}}{\Delta S} - \frac{V_{i,j} - V_{i,j-1}}{\Delta S}}{\Delta S} = \frac{V_{i,j+1} + V_{i,j-1} - 2V_{i,j}}{\Delta S^2} \tag{5-101}$$

将式（5-100）、式（5-101）代入式（5-98），整理得：

$$\alpha_j V_{i,j-1} + \beta_j V_{i,j} + \chi_j V_{i,j+1} = V_{i+1,j} \tag{5-102}$$

式中，$\alpha_j = \frac{1}{2}rj\Delta t - \frac{1}{2}\sigma^2 j^2 \Delta t$；$\beta_j = 1 + \sigma^2 j^2 \Delta t + r\Delta t$；$\chi_j = -\frac{1}{2}rj\Delta t - \frac{1}{2}\sigma^2 j^2 \Delta t$；$i = 0,1,2,\cdots,N-1$；$j = 0,1,2,\cdots,M-1$。

然后，从 t 时刻的期权价值向前推导，逐步求出二叉树期权定价模型各个节点上期权的价值，最终得到初始时刻的价值。

碳市场支持工具

学习目标

1. 了解碳市场工具的类型和定义。
2. 掌握碳指数的编制方法,碳保险的实施流程和碳基金的投资策略。
3. 了解如何有效使用碳市场支持工具。
4. 了解现阶段碳市场支持工具存在的不足。

开篇案例

碳基金的发展与演变历程

2005年《京都议定书》生效以后,全球碳交易市场迅猛发展,交易规模持续扩大,交易制度不断完善,市场参与主体日益增加;国际碳市场的繁荣直接推动了碳基金的发展,并呈现出独特的演变趋势。

1. 发展现状——数量的急剧扩张和规模的不断壮大

自 2000 年世界银行设立首个碳基金以来,2008 年全球碳基金的数量已达到 84 只,资金规模达到 128.7 亿美元(约合 89.08 亿欧元),另外 5 只筹备中的基金规模为 54.9 亿美元。而到 2009 年,国际碳基金的总数已达 87 只,资金规模为 161 亿美元(约合 107.55 亿欧元);此外还有 6 只酝酿中的基金,资金规模为 32.3 亿美元。

碳基金的累计担保资金和累计目标额的规模增幅巨大。2000 年碳基金成立之初,累计担保资金和累计目标额分别只有 267 百万欧元和 351 百万欧元;到 2008 年则分别增加到 8 908 百万欧元、12 170 百万欧元,近十年间的年平均增幅分别为 3.6 倍和 3.7 倍。这种趋势产生的原因在于:《京都议定书》框架下的相关政策目标明确,国际机构和相关国家积极推动全球碳市场发展完善,因此碳基金数目和规模随着碳市场的迅猛发展不断增加和壮大。

2. 股东结构——政府投资为主逐渐过渡到私人投资为主

国际碳基金的资金主要来源于:政府、私营企业或者是这两者共同出资。按投资者出资比例的不同,碳基金的股东结构主要有以下三种:

1)政府承担所有出资。此类基金也被称为公共基金。非常典型的公共基金有:英国碳基金、瑞典 CDM/JI 项目基金、奥地利碳基金、芬兰碳基金等。

2）由政府和私营企业按比例共同出资。此类基金在国际上被称为公私混合基金，这是碳基金最常见的一种股东结构。公私混合基金最典型的代表是世界银行参与设立的碳基金，此外还有意大利碳基金、日本碳基金、德国 KFW 等。

3）由私营企业承担所有出资。碳基金的股东结构之所以出现这种变化趋势，原因在于：碳市场是由国际金融机构与政府共同主导并发展起来的。在碳市场发展的早期，由于市场风险和政策风险因素，私营企业不愿涉足，只能由政府或国际金融机构出资成立碳基金；随着政策制度的逐步完善，私营企业因其收益最大化的逐利本性也逐渐参与到这个新兴的领域；减排项目及碳信用指标交易利润丰厚，导致了近年来私营企业组建的碳基金数量增长迅速。

3. 设立与管理模式——政府主导型转向市场驱动型

目前国际上的碳基金主要由国际金融机构、政府机构、私人金融机构单独设立和管理，或者是由上述几个机构共同设立或管理。管理方有政府机构、金融机构和私营企业；碳基金已从最初的政府主导型转向市场驱动型。因为从管理者角度来看，截至 2010 年 11 月，有 56%的碳基金由私营企业掌控；国际金融机构管理了 27%的碳基金，其中世界银行管理的碳基金比例为 13%，其他金融机构管理的比例为 14%；政府机构管理的碳基金比例只有 17%。

4. 地理分布——欧洲是碳基金的聚集地

欧洲是最早设立碳基金的地区。从碳基金数目的演变历程来看，虽然各个地区的碳基金数量一直处于增长态势，但欧洲地区的碳基金数量和增速一直领先于其他地区。从管理者角度来看，欧洲地区管理了 56%的碳基金；国际金融机构管理了 23%的碳基金；北美、亚洲、拉丁美洲地区只管理了 21%的碳基金。

资料来源：碳排放交易网．严琼芳，洪洋．国际碳基金：发展、演变与制约因素分析，2010．

6.1 碳指数

6.1.1 碳指数概述

1. 碳指数的界定

碳指数通常反映碳市场总体价格或某类碳资产价格变动及走势，是重要的碳价观察工具，也是开发碳指数交易产品的基础。碳指数也包括碳减排指数。碳减排指数（简称"孔氏碳指"），即通过构建关于各行业减排比例的边际减排成本函数，用碳强度因子将成本积分，再用非线性规划模型最小化整体成本，以确定各行业的最优减排比例目标。

2. 碳指数编制方法

以中国碳指数为例，首先进行样本选股和调整，其次进行碳指数的计算和修正。具体的选样方法为：

首先，将样本空间按照上一年的平均日成交额排序，剔除排在后面的股票，此外，上一年平均日市值小于一亿元人民币的股票也予以剔除。其次，对于剩下的股票，如果该股票清洁能源发电（太阳能、风能、核能、水电、清煤等）、能源转换及存储（智能电网、电池等）、清洁生产及消费（能源效率等）、废物处理（水处理和垃圾处理）等低碳业务上的收入在最近一个会计年度比重达到或者至少为一亿元人民币，则可成为低碳经济主题股票。最后，对低碳经济主题股票在盈利性、资本扩张、增长潜力、技术创新等方面进行综合评价，根据评价结果，选取排名靠前的几只公司股票构成中国低碳指数样本股。

中国低碳指数在每年 7 月、1 月的第一个交易日调整一次样本股，即每半年调整一次。但如果样本股公司有特殊事件发生，以致影响到中国低碳指数的代表性和可投资性时，也会对样本股进行相应调整。

在指数的计算和修正过程中，主要采用的是派许加权综合价格指数公式进行计算，公式为

$$报告期指数 = \frac{报告期成分股的总调整市值}{基期} \times 1\,000 \qquad (6-1)$$

其中， 总调整市值 $= \sum ($市价$\times$样本股调整股本数$\times$权重调整因子$\times$汇率$)$

权重调整因子大于 0 小于 1，这样使得样本股的权重合计为样本股个数×2.5%，而单个样本股的权重又不超过 5%。中国低碳指数采用分级靠档方法对样本股进行调整，即根据自由流通比例（即自由流通股本所占总股本的比例），赋予总股本一定的加权比例，以确保计算指数的股本保持相对稳定。自由流通比例和加权比例如表 6-1 所示。

表 6-1 自由流通比例和加权比例

自由流通比例（％）	≤10	(10,20]	(20,30]	(30,40]	(40,50]	(50,60]	(60,70]	(70,80]	>80
加权比例（％）	自由流通比例	20	30	40	50	60	70	80	100

注：自由流通比例是在上市公司总股本中剔除不流通股份，以及由于战略持股或者其他原因导致的基本不流通股份后的比例。

为了使中国低碳指数保证连续性，一般情况下，当样本公司发生可能影响其股票价格变化的事件时，或者发生由于公司行为和股东行为造成股本变动时，会对指数进行修正。通常采用"除数修正法"对原除数进行修正，修正公式为

$$\frac{修正前的调整市值}{原除数} = \frac{修正后的调整市值}{新除数} \qquad (6-2)$$

式中，修正后的调整市值比修正前的调整市值新增（减）调整市值；根据此修正公式可以计算出新除数，并由此计算出中国低碳指数。

样本公司发生可能影响股票价格变动的事件主要是除息和除权。当有样本公司进行分红派息（除息）时，不对指数进行修正；当有样本股进行配股或者送股（除权）时，在其除权基准日前对指数进行修正，按照新的股本和价格计算样本股调整市值。样本公司由于公司行为引起的股本变动情况有增发新股、配股上市等，此时应在样本股的股本变动日前修正指数。当某一个样本股停牌时，在其复牌之前，按照该样本股最后的成交价格计算指数；当样本股被摘牌时，应该在摘牌日之前对指数进行修正；只有当全部样本股都停市时，才停止对指数的计算，否则，如果样本股中只有一部分停市，仍要对指数照常计算。

3. 碳指数类型

欧盟碳市场相关的碳指数包括巴克莱投资银行全球碳指数（Barclays Investment Bank Global Carbon Index）、瑞银温室气体指数（Union Bank of Switzerland Greenhouse Gas Index）、道琼斯—

芝加哥气候交易所—CER/欧洲碳指数（Dow Jones Index-Chicago Climate Exchange-CER/European Carbon Index）和美林全球二氧化碳排放指数（Merrill Lynch Global Carbon Dioxide Emissions Index）、EEX 现货市场（European Energy Exchange）的 ECarbix 碳指数等。碳指数可以反映碳市场的供求状况和价格信息，为投资者了解市场动态并提供投资参考。EEX 在 2012 年 11 月发布的现货市场 ECarbix 二氧化碳指数，就是依据一级和二级现货市场的加权交易量权重，每日及每月底分别公布交易量和交易价格。

目前我国的碳指数类型相对较少，主要有中碳指数、中国低碳指数、中碳市值指数、中碳流动性指数以及以实现具体目标为主的指数，包括低碳发展指数等。

（1）中国低碳指数。2010 年 6 月 6 日，北京环境交易所与清洁技术投资基金 VantagePoint Partner 在北京共同推出首个中国低碳指数，尚德电力、新疆金风和比亚迪等成为这一指数的成分股。该指数成分公司的筛选对象主要是在中国大陆（不包括中国香港、中国澳门以及中国台湾）运营的企业，所有这些公司至少有 50% 的收入（或者达到 35 亿元人民币）来自于低碳产业业务。每家公司依据其市值不同，在中国低碳指数中所占权重从 0.47% 到 5% 不等。指数成分股的其他筛选标准包括个股市值、流动性、流通股比例等。此外，还有行业专家团队对企业未来的增长潜力等进行调查和综合考量。这个指数反映的是中国低碳产业定量化的表现，它将为政府相关政策的制定提供一个极好的参考。中国低碳指数将成为中国低碳产业发展现状和趋势的指针，该指数的推出将为中国低碳产业发展确立标杆，成为中国低碳产业发展和企业投融资的风向标。中国低碳指数由满足下列具体标准的上市公司组成。具体标准如下：

1）中国公司：只有总部在中国大陆（不包括中国香港、中国澳门以及中国台湾）的公司才符合指数纳入标准。

2）低碳业务要求：至少 50% 的总收入（或 35 亿元人民币）来自低碳业务。

3）市值：三个月的平均市值最少为 2 亿 5 千万美元。

4）流通股：至少拥有 20% 的流通股。

5）可投资性：确保有合适的可投资性，流动性因子必须为 0.5%。A 股、H 股、红筹股、N 股以及其他市场同类交易符合指数纳入标准。B 股不符合指数纳入标准。

6）权益证券：只有公共发行的在主要证券交易所的普通股本证券交易才符合指数纳入标准。债务证券，如可转换证券不符合指数纳入标准。

7）ADR：美国存托凭证（ADS）、全球存托凭证（GDR）和国际存托凭证（IDR）符合指数纳入标准。

中国低碳指数的计算主要包括：

1）中国低碳指数以 2006 年 12 月 31 日为基日，以该日所有股票样本的调整市值为基期，基点均为 1 000 点。

2）采用派许加权综合价格指数公式进行计算，公式如下：

$$调整市值 = \sum (股价 \times 调整股本数 \times 权重调整因子 \times 汇率) \qquad (6-3)$$

3）调整股本数的计算方法同沪深 300 指数。权重调整因子介于 0 和 1 之间，以使相应主题样本股的合计权重为主题样本数×2.5%，而单个样本股权重不超过 5%。

4）指数修正同沪深 300 指数。

5) 样本股定期和临时调整:中国低碳指数每半年调整一次样本股,样本股调整实施时间分别是每年 7 月、1 月的第一个交易日。当样本股公司有特殊事件发生,以致影响指数代表性和可投资性时,对指数样本股进行相应调整。

中国低碳指数的计算样本空间:符合下列三个条件之一,上市交易且上市交易时间超过 3 个月的股票构成样本空间。

1) 注册地在中国大陆(不包括中国香港、中国澳门以及中国台湾)。
2) 公司营运中心在中国大陆(不包括中国香港、中国澳门以及中国台湾)。
3) 公司主营业务收入 50%以上来自中国大陆(不包括中国香港、中国澳门以及中国台湾)。

选样方法是:首先,将样本空间中过去一年日均成交金额排名在上市地市场中后 20%以及过去一年日均总市值低于 20 亿元人民币的股票剔除。其次,在剩余股票中将最近一个会计年度在以下业务的收入占比达到 50%(或 35 亿元人民币)的公司股票纳入低碳经济主题。

1) 清洁能源发电(太阳能、风能、核能、水电、清洁煤等)。
2) 能源转换及存储(智能电网、电池等)。
3) 清洁生产及消费(能源效率等)。
4) 废物处理(水处理和垃圾处理)。

(2)中碳指数。2014 年,北京绿色金融协会发布的中碳指数,主要包括"中碳市值指数"和"中碳流动性指数"。

1) 中碳市值指数。"中碳市值指数"选取北京、天津、上海、广东、湖北和深圳 6 个已经开市交易的碳排放权交易试点地区的碳排放配额线上成交均价作为样本编制而成。该指数以成交均价为主要参数,衡量样本地区在一定期间内整体市值的涨跌变化情况。计算方法为:

$$中碳市值指数 = 总调整市值/基期市值 \times 1\,000$$

$$总调整市值 = \sum(碳配额均价 \times 配额数量)$$

2) 中碳流动性指数。"中碳流动性指数"选取北京、天津、上海、广东、湖北和深圳 6 个已经开市交易的碳排放权交易试点地区的碳排放配额线上成交量作为样本编制而成。该指数以成交量为主要参数并考虑各地区权重等因素,观察样本地区一定期间内整体流动性的强弱变化情况,样本地区根据配额规模设置权重。计算方法为

$$中碳流动性指数 = \frac{总调整换手率}{基期} \times 1\,000 \tag{6-4}$$

$$总调整换手率 = \left\{\sum\left(\frac{成交量}{权重}\right)\right\} \bigg/ 配额总量 \tag{6-5}$$

中碳指数的推出,既是对国务院 2014 年 5 月发布的《国务院关于进一步促进资本市场健康发展的若干意见》(新"国九条")中关于"发展商品期权、商品指数、碳排放权等交易工具,充分发挥期货市场价格发现和风险管理功能,增强期货市场服务实体经济的能力"精神的积极响应,也是为将来进一步开发指数型碳金融交易产品提供了依托。对于碳市场投资者,中碳指数主要包括以下潜在功能:①综合反映某个时点或一定时期内碳市场总体价格的变动方向和涨跌程度;②为碳市场投资者和研究机构分析、判断碳市场动态及大势走向提供基础信息;③为开发指数交易产品和其他碳金融创新产品提供必要的基础。中碳指数自 2014 年 1 月 2 日开始

计算以来，整体走势波幅较大，尤其是中碳流动性指数在每年履约期前后震荡比较剧烈，说明目前国内试点碳市场还处于早期发展阶段，履约仍是主要功能，投资功能尚在培育过程之中。

（3）华安碳中和指数。2022 年由华安基金管理有限公司发行的碳中和指数基金，以中证上海环交所碳中和指数作为投资标的，有望成为普通投资者参与碳中和主题投资的有力工具。Wind 数据显示，截至 2022 年 8 月底，碳中和指数自基日以来累计涨幅 96.87%，年化波动率 22.16%，最大回撤 −34.13%，业绩表现均优于同期中证环保、内地低碳、环保 50 等同类型指数。华安基金作为本次产品的基金管理人，于 1998 年 6 月经中国证监会批准设立，是国内首批基金管理公司之一，它积极响应国家战略，践行低碳投资。据了解，华安基金将出资 1 000 万元认购此次发行的碳中和指数基金，且三年内不赎回基金份额。

（4）城市低碳发展指数。"城市低碳发展指数"主要是为了评估低碳试点城市。一是结合国家发展改革委气候司开展的低碳试点的组织和评估工作；二是低碳试点相对有明确的政策和要求，所以在城市低碳发展中可能相对比较先进，因此想优中选优，打造低碳城市的标杆，挑选出比较好的城市做示范。构建原则主要是基于以下几方面。①典型性和普适性：反映城市低碳发展所引领和带动的方向成为能够广泛推广使用，衡量区域低碳发展水平的工具。②代表性和整体性：反映城市在低碳发展探索中的成就，打造富于创新、探索、务实的低碳发展精神，兼顾我国城市整体低碳发展水平，充分发挥低碳指数的标尺作用。③科学性和可操作性：科学地概括低碳社会的基本特征，指标易实施、易操作、易理解，数据易获取。④可测性和动态性：紧密跟踪国内低碳城市的最新进展。

6.1.2 碳指数的发展历程

2010 年 6 月 6 日，北京环境交易所与清洁技术投资基金 VantagePoint Partner 在北京共同推出首个中国低碳指数。2011 年 2 月 16 日，中证指数有限公司、北京环境交易所与优点资本正式发布的中国低碳指数，反映了中国相关领域境内外上市公司的整体表现，并为投资者提供了新的投资标的。中国低碳指数基日为 2006 年 12 月 31 日，简称为"中国低碳"。指数覆盖四大主题下的 9 项内容，如太阳能、风能、核能、水电、清洁煤、智能电网、电池、能效（包括 LED）、水处理和垃圾处理等。

2021 年 11 月 7 日，复旦大学经济学院推出了国内首个"碳价指数"——"复旦碳价指数"（Carbon Price Index of Fudan，CPIF）。该指数首批包括五项指数，分别为：全国碳排放配额价格指数，北京和上海、广州、其他地方试点履约自愿核证减排量价格指数以及全国 CCER 价格指数。2021 年 11 月 29 日，复旦大学可持续发展研究中心正式公布首期碳价指数。在各试点区域市场 CCER 交易中，CCER 价格预期均呈现上涨态势，且各地 CCER 价格差距较 10 月份的碳价指数大幅缩小。

2022 年 1 月 20 日上午，由上海证券交易所、上海环境能源交易所、中证指数有限公司共同举办了"中证上海环交所碳中和指数发布会"，"中证上海环交所碳中和指数"是碳市场和资本市场有机结合的代表性成果，有利于引导社会资金流向低碳转型的企业。

2022 年 8 月，由华安基金管理有限公司发行的碳中和指数基金，以中证上海环交所碳中和指数作为投资标的，有望成为普通投资者参与碳中和主题投资的有力工具。

随着2021年全国碳排放权交易市场正式开启上线交易,我国碳排放交易体系的总体设计已经基本完成,相关的法规体系和市场规则也正在加快建立。未来随着"双碳"战略的进一步实施,我国碳市场将持续加速发展,碳保险的发展前景可期。目前,中国人民保险集团股份有限公司已经开始在碳保险领域进行积极探索,创新开发了我国首个"碳汇保"林业碳汇价格保险,开创了"林业碳汇质押+远期碳汇融资+林业保险"的绿色金融新模式。

6.1.3 碳指数编制方法

1. 第一代指数

第一代指数也称为简单指数,即未加权的指数公式。这种价格指数用商品的单位价格直接计算,不涉及商品数量资料。这类指数公式从形式上和意义上看最简单,但没有考虑各类商品在经济生活中的地位、作用,缺乏经济内涵。简单指数法在其发展过程中,出现的计算公式主要有简单总和法、简单算术平均法、简单调和平均法、简单几何平均法、简单众数法。

简单总和法又称为简单综合法或总价法,即把报告期和基期各种商品价格分别加总后对比,以反映商品价格总的相对的变动情况的一种方法,其计算公式为

$$K = \frac{\sum p_1}{\sum p_0} \tag{6-6}$$

式中,K 代表价格总指数;p_0 代表基期商品价格;p_1 代表报告期商品价格。这种方法本身明显存在缺陷,实际中应用较少,其问题在于 ①如果是同一种类商品,因质量差异而存在较大的价格差别;②不同种类商品,用途不同、计量单位不同,价格简单相加,没有实际意义。

简单算术平均法即将各种商品不同时间上的价格之比,进行简单算术平均,以代表价格总的相对变动水平。计算公式为

$$K = \frac{1}{n} \sum \frac{p_0}{p_1} \tag{6-7}$$

式中,n 为商品个数;$\frac{p_0}{p_1}$ 为基期与报告期价格之比。

这种方法先求价格之比,再求比值的算术平均数,它是以相对指标为基础,克服了简单总和法的缺陷,明显前进了一步。这种方法表面上看没有加权,但实际上仍然存在隐含加权,相当于赋予每个商品同样的权数,即等权数或均权数。

简单调和平均法是根据商品单项价格指数,按照调和平均的算法计算的简单平均数,即等于各项价格之比倒数的算术平均数的倒数。计算公式为

$$K = \frac{1}{n \sum \frac{p_0}{p_1}} = \frac{n}{\sum \frac{p_0}{p_1}} \tag{6-8}$$

从经济意义上来讲,简单调和平均法也是一种可选用的计算方法,它和简单算术平均法表达的是同一种现象的结果。理论上,这两种方法的计算结果也应该一致。但由于两种方法的数学性质不一样,用一组商品数据计算,二者的计算结果就不一致了,调和平均法的结果要低于

算术平均法的结果,只有在每个单项商品的变化率相同的情况下,二者才是相等的。即

$$K_{算} = \frac{1}{n}\sum \frac{p_0}{p_1} \geqslant K_{调} = \frac{1}{n\sum \frac{p_0}{p_1}} \tag{6-9}$$

简单几何平均法先计算各个商品在不同时间上的价格之比,再计算这些价格之比乘积的 n(商品个数)次方根,以表明其价格总体变动程度的一种方法。计算公式为

$$K = \sqrt[n]{\prod_{j=1}^{n} \frac{p_{1j}}{p_{0j}}} \tag{6-10}$$

在商品较多的情况下,计算中要开高次方,为了计算上的方便,通常要利用对数,将上面的公式两边各取对数,则得到:

$$\log K = \frac{1}{n}\sum \log\left(\frac{p_0}{p_1}\right) = \frac{1}{n}\left(\sum \log p_1 - \sum \log p_0\right) \tag{6-11}$$

这种方法在相同条件下,计算结果介于简单算术平均法与简单调和平均法之间,数值适中。

简单众数法以商品价格指数的众数作为各项单项价格指数的总指数。即在所有单项价格指数中,找出出现次数最多者。其具体公式为

$$K = \left(\frac{p_0}{p_1}\right)_{m_0} \tag{6-12}$$

式中,m_0 代表众数。

如果商品单项价格指数按正态分布,其众数也接近平均数。但很多时候会出现如下情况:①在单项价格指数项数比较少的情况下,指数的分布不易产生众数;②在单项价格指数项数较多的情况下,众数指数缺乏平均性,灵敏度较差。

2. 第二代指数

第二代指数也称为加权指数,它们的共同点是注重结合经济内容,采用同度量因素,即权数,反映了各类商品在经济生活中的地位。从形式上看,加权指数多数为价格的数学期望的变形形式。这类指数公式中必然有物量或金额形式的信息,因此比未加权指数公式更符合经济现实。加权指数法主要以加权综合指数法、加权平均指数法为主。

(1) **加权综合指数法**。在统计计算中,用来衡量总体中各单位标志值在总体中作用大小的数值叫权数。加权综合指数法是物价指数的一种方法,它结合商品的重要性和影响力,来考察商品价格的变动,其特点是以物量作为同度量因素进行加权。

以基期物量为权数的拉氏公式,称为常数加权或固定加权综合法,即在综合公式的基础上,将两个时期的商品价格分别乘以权数(消费量),然后进行对比,计算总指数。1864 年德国统计学家拉斯贝尔(Laspeyres)主张用基期消费量加权来计算总指数,故称为拉氏公式。其计算公式为

$$K = \frac{\sum p_0 q_0}{\sum p_0 q_0} \tag{6-13}$$

以固定基期消费量为权数,将各期商品价格直接比较,其直接经济意义实质是:按基期的

消费量计算，因价格变化，报告期所需支付金额的变化率。

以固定期物量为权数的非拉非派公式，也可称为常数加权或固定加权综合法。其计算公式为

$$K = \frac{\sum p_1 q}{\sum p_0 q} \tag{6-14}$$

该方法在一个连续的计算期内使用固定权数，权数是某一时期消费量或某几期消费量的平均数。这种方式与以基期物量为权数的拉氏公式一样，有利于反映长期连续性的价格变动。

（2）**加权平均指数法**。英国政治数学家阿瑟·杨（Arthur Young）在 1978 年所著《英国币值递增的研究》一书中，首次提出加权平均法用来计算价格指数。他认为，为了求出价格水平的变动，在计算各种商品价格指数的基础上，应按照商品的重要性配以一定的权数计算指数。但是，杨格对商品重要程度的判断是凭主观感受，缺乏客观依据，即对商品权数的确定缺乏统一的衡量标准。加权平均指数法是在计算单项商品价格指数的基础上，以商品销售额作为权数进行加权平均计算总指数的方法。商品销售额包括价格（p）与销售量（q）两个因素，由于计算指数时价格和销售量均有计算期和基期的区别，按排列组合可出现 $p_0 q_0$、$p_1 q_0$、$p_0 q_1$、和 $p_1 q_1$ 四种形式，常用的加权平均指数法主要有加权算术平均指数法、加权调和平均指数法和加权几何平均指数法。

加权算术平均指数法公式为

$$K = \frac{\sum \left(\frac{p_1}{p_0} p_0 q_0 \right)}{\sum p_0 q_0} \tag{6-15}$$

$$K = \frac{\sum \left(\frac{p_1}{p_0} p_0 q_1 \right)}{\sum p_0 q_0} \tag{6-16}$$

$$K = \frac{\sum \left(\frac{p_1}{p_0} p_1 q_0 \right)}{\sum p_0 q_0} \tag{6-17}$$

$$K = \frac{\sum \left(\frac{p_1}{p_0} p_1 q_1 \right)}{\sum p_1 q_1} \tag{6-18}$$

加权调和平均指数法公式为

$$K = \frac{\sum p_0 q_0}{\sum \left(\frac{p_0}{p_1} p_0 q_0 \right)} \tag{6-19}$$

$$K = \frac{\sum p_0 q_1}{\sum \left(\frac{p_0}{p_1} p_0 q_1 \right)} \tag{6-20}$$

$$K = \frac{\sum p_1 q_0}{\sum \left(\dfrac{p_0}{p_1} p_1 q_0\right)} \qquad (6\text{-}21)$$

$$K = \frac{\sum p_1 q_1}{\sum \left(\dfrac{p_0}{p_1} p_1 q_1\right)} \qquad (6\text{-}22)$$

加权几何平均指数法公式为

$$K = \sum p_0 q_0 \sqrt{\prod \frac{p_1^{p_1 p_0}}{p_0}} \qquad (6\text{-}23)$$

$$K = \sum p_0 q_1 \sqrt{\prod \frac{p_1^{p_0 q_1}}{p_0}} \qquad (6\text{-}24)$$

$$K = \sum p_1 q_0 \sqrt{\prod \frac{p_1^{p_1 q_0}}{p_0}} \qquad (6\text{-}25)$$

$$K = \sum p_0 q_0 \sqrt{\prod \frac{p_1^{p_1 q_1}}{p_0}} \qquad (6\text{-}26)$$

6.2 碳保险

6.2.1 碳保险概述

1. 碳保险定义

碳保险是为了规避减排项目在开发过程中的风险，确保项目减排量按期足额交付的担保工具。它可以降低项目双方的投资风险或违约风险，确保项目投资和交易行为顺利进行。碳保险进一步可分为宏观碳保险和微观碳保险。宏观碳保险是指由碳排放权交易波动产生的保险，微观碳保险是指与低碳企业相关的保险。碳保险市场是为了适应低碳经济浪潮的崛起，为低碳企业及与碳排放权交易相关的各方提供资金筹集和风险规避的交易平台。主要业务分为两大类：一是利用保险的形式刺激各行业低碳减排，例如低碳汽车保险、绿色建筑覆盖保险、企业绿色商业保险；二是对碳排放权交易过程中可能发生的价格波动、信用危机和交易危机进行风险规避和担保，例如森林碳保险、碳交易政策风险保险、碳排放权信用保险。低碳保险伴随低碳经济而生，已成为低碳金融的重要组成部分，促进了低碳经济的持续发展。低碳保险体现了保险业发展的全新理念、方式与目标。

2. 碳保险类型

（1）**环境污染责任保险**。该险种承保被保险人在被保险场所的区域内从事保单载明的业务时，因突发意外事故导致污染水源、土地或空气等损害而造成的第三者损失。环境污染责任保险是一项国际上普遍采用的能够较为有效地应对环境污染问题的绿色保险。国际经验证明，一个有效的环境污染责任保险制度,能够带来经济发展和环境保护的双赢。

(2) **绿色汽车保险**。该保险最早在瑞士推出,车主可以根据汽车的排量和每年平均行驶里程计算出一年的碳排放量,然后通过付费使用瑞士再保险公司购买的减排证,从而象征性地中和自己汽车排放的二氧化碳。绿色汽车保险从环保的角度来看,关键在于节能和减排。而作为汽车保险产品设计,与节能和减排紧密相关的主要有以下四个因素:新能源汽车(与节能和减排都有关)、排放标准(主要与减排相关)、汽车排量(主要与节能相关)、行驶里程(与节能和减排都相关)。因此,绿色汽车保险产品的设计,一方面要从环保的角度考虑节能和减排的因素,另一方面要从客户的角度考虑客户对产品的接受程度,既能体现保险行业的绿色环保意识,又将对保险市场和客户产生的影响降低到最小,使这类保险产品对整个市场起到积极的促进和发展作用。英国保险公司对于采用混合动力系统的出租车等达到绿色评级 A 类的汽车给予 10%的保险费率优惠,创新型环保产品"按里程付费"汽车保险方案广受欢迎。该方案的汽车保险额并非固定保额,而是依据投保人所行驶的里程数计算的。这种方式使全美汽车驾驶里程数减少了 8%,汽油使用量减少了 4%,因汽车事故和交通堵塞带来的经济损失每年减少了 500 亿美元~600 亿美元。天平保险作为国内第一家专业的汽车保险公司,又是中国第一家碳中和的企业,以 27.76 万元的价格购买了北京奥运会期间北京绿色出行活动产生的 8 026 吨碳减排指标。天平保险通过与自身的保险主业相结合,研发了绿色汽车保险产品。对于这种具有明显的经济外部性的绿色保险产品,国家相关管理部门应当大力支持,因为这不仅能促进我国保险业的创新发展,更能够改变居民生活方式,起到节能减排的作用。

(3) **巨灾保险**。巨灾保险是针对巨大财产损失和严重人员伤亡产生风险所做的保险。巨灾风险中的地震、飓风、火灾、冰雹等影响森林正常碳吸收而影响碳减排的都可以看作是林木碳保险的承保范围。而林木碳保险是巨灾保险的一部分。林木碳保险是者以天然林、防护林、用材林、经济林及其他可以低碳减排的林木为保险标的,对整个成长过程中可能遭受的自然灾害和意外事故所造成的减碳量的损失提供经济赔偿的一种保险。

(4) **低碳科技险**。低碳技术主要集中于创新型制造技术、新型低能耗建筑材料等,其研发投入大、科技含量高,还面临众多不确定性风险。为了规避和减少研发和营运失败对市场经营主体带来的负面效应,可以在低碳技术的研发和运用中引入科技保险,通过低碳保险机制,大力支持先进煤电、核电等重大能源装备制造技术,二氧化碳捕集、利用与封存技术等低碳技术的发展。

(5) **森林保险**。森林保险主要以承担林业承保大户的商品性用材林为主,保险责任主要为森林火灾,保障程度以造林育林成本为主要依据。为配合传统林业向现代林业的转变过程,促进经济的可持续发展,近年来,各保险公司对原有林业保险产品进行了改造,推出了符合林业产业发展特点和市场需求的、新的林业保险产品和苗木保险产品。

(6) **碳信用支付担保保险**。很多大型清洁能源投资项目可以将自己未用完的碳信用出售给需要更多碳信用的企业,但由于新能源项目本身在整个运营过程中面临着各种风险,这些风险都有可能影响到企业碳信用支付的顺利进行。而建立碳信用支付担保保险则可以为项目业主或融资方提供担保和承担风险,将风险转移到保险市场,以保证碳减排额的交付。

(7) **碳减排项目保险**。碳减排项目保险主要分为两类。一是为碳减排交易合同中的买方提供保险,若出现买方无法如期交付符合要求的核证减排量或碳交易政策和法律突然发生改变的情况，则买方在合同到期时不能获得协议规定数量的 CER，保险公司将予以赔偿。二是为开发 CDM 或 JI 项目的企业，即 CER 或 ERU 买方提供保险，当 CDM 或 JI 项目无法达到预期收益或发生政策突变等意外损失时进行赔偿。

3. 碳保险特征

第一，发展方式集约化与内涵化。低碳保险注重经济、社会、环境三者的和谐发展，将粗放式与外延化的发展转变为集约化与内涵化，强调经济、社会和环境的协调发展。

第二，肩负环境与社会责任。作为生态环境的共同体，低碳保险不仅需要履行经济责任，更需要关注环境与社会责任的多重责任。

第三，发展方向的可持续性。低碳保险关乎千秋万代，既要满足当代人的需求，适应当前形势下的经济环境和经济规模，又不危及后代人满足其需求的能力，实现环境保护和社会和谐、促进保险业和经济的可持续发展。

4. 碳保险发展困境

目前，保险业受气候变化影响最大，也是最早介入应对气候变化领域的金融部门。现阶段碳保险的发展也存在一定的问题，需要在改进的基础上加以完善，能够有所创新。

第一，法律制度不完善。现有的碳保险制度依据较少，对保险公司并无法律约束力。其中大部分内容是框架性指导建议，规定粗疏，并无具体实施细则，对侵权主体缺乏有效的环境污染事故责任追究制度。而各种碳保险产品推陈出新，需要相应的法律制度对其进行规范和保障。

第二，政策支持单一。虽然部分试点地区给予了政策支持，但主要停留在给予投保企业保费补贴层面，缺乏税费优惠以及风险保障基金等深层次支持措施，导致投保企业缺乏投保积极性，制约尚处于起步阶段的低碳保险推广。

第三，低碳保险业务领域较窄。我国低碳保险业发展较为单一，销售形式简单，不能满足市场需求。同时，我国低碳保险业务的开展也仅仅是少数几家保险公司在低碳经营模式、环境污染责任保险、绿色汽车保险等方面的试点，覆盖范围狭窄，并未形成规模化经营。

第四，低碳保险产品标准不一、创新不足。低碳保险产品由各个公司开发、推出，保险业界并无统一标准，就环境污染责任保险而言，在尚未有统一的环境污染损害赔偿标准前提下，保险公司在查勘、定损与责任认定上存在困难，灾害损失风险难以把控，这进而影响到环境责任保险的费率厘定和产品开发。我国还处于试点前述几种低碳保险的阶段，远不及国外对于碳交易保险、碳信用交付担保保险、太阳能电池组件性能保证保险、太阳能电站营业收入保证保险等保险的成熟应用。通过以上对低碳保险现状的分析，能够在此基础上加以认真对待，得以完善，才能确保碳保险市场的有效发展与进步。

6.2.2 碳保险实施流程

1. 碳保险的投资特点

现阶段我国保险业虽然在快速发展，但是对保险公司而言，其主要的利润来源是投资业务而不是承保业务。随着"双碳"目标的实施,越来越多的碳保险业务被涉及,如何对保险公司积累的暂时不需要赔偿或给付的巨额保险资金进行合理投资,以获得最大收益,就成为未来碳保险投资研究的热点问题。保险资金的有效运用可以极大地降低保险公司整体经营和积累保险资金的机会成本,实现保险资金的保值和增值,增加保险公司的盈利;同时,还可以为降低保险费率提供物质条件。

2. 碳保险风险测度

目前,风险测度方法有方差、在险价值(VaR)、条件在险价值(CVaR)、投资优化模型等,其中,VaR 和 CVaR 是金融机构常用的衡量风险的指标。对于碳保险的风险测度可以参考以下模型进行计算。

(1) **方差和 VaR**。方差描述的是随机变量的离散程度。在金融组合投资决策分析中,方差度量的是随机变量围绕期望值的波动情况,即投资收益率偏离期望值的部分都会作为风险进行测算,因而用方差度量投资风险会把高于期望收益的部分也化作风险进行限制,进而高估风险,这显然不是投资者所期望的。

对于金融资产或资产组合,VaR 是指在特定持有期内、在一定置信水平 $100(1-\alpha)\%$ 下,其面临的最大可能损失。记碳金融资产 R 的损失 L 的累积分布函数为 $F_R(r)$,则 VaR 可以定义为

$$\mathrm{VaR}_L(1-\alpha) = \inf\{l \mid P_r(L \leq l) \geq 1-\alpha\} = Q_L(1-\alpha) = -Q_R(\alpha) \tag{6-27}$$

式中,$Q_R(\alpha)$ 为随机变量 R 的 α 分位数,与累积分布函数之间存在关系:

$$Q_R(\alpha) = F_R^{-1}(\alpha) \tag{6-28}$$

如果考虑一个带有随机收益的组合投资,其资产配置权重向量为 $\mathbf{x} = (x_1, x_2, \cdots, x_n)^T$,$\mathbf{y} = (y_1, y_2, \cdots, y_n)^T$ 为随机向量。记 $L(\mathbf{x}, \mathbf{y})$ 为与投资权重 $\mathbf{x}$ 有关的损失函数,则可以得到损失的累积分布函数:

$$\psi(\mathbf{x}, \xi) = \int_{L(\mathbf{x},\mathbf{y}) \leq \zeta} p(\mathbf{y}) d\mathbf{y} \tag{6-29}$$

式中,$p(\mathbf{y})$ 为 $\mathbf{y}$ 的概率密度函数。

对于置信水平 $100(1-\alpha)\%$,$\mathbf{x}$ 的投资组合的 VaR 可以定义为

$$\mathrm{VaR}_\alpha(\mathbf{x}) = \min\{\xi \mid \psi(\mathbf{x}, \xi) \geq \alpha\} \tag{6-30}$$

特别地,当置信水平为 α 时,设投资组合的期望和方差分别为 $E(\mathbf{x})$、$\sigma(\mathbf{x})$,则当收益率服从正态分布时,有:

$$\mathrm{VaR} = c_1(\alpha)\sigma(\mathbf{x}) - E(\mathbf{x}) \tag{6-31}$$

式中,$c_1(\alpha) = \phi^{-1}(\alpha)$,$\phi^{-1}(\alpha)$ 为标准正态分布函数。

由于 VaR 不满足次可加性,不能保证分散投资之后风险小于总体投资的风险,且 VaR 不能测度左尾风险,因此存在一定的缺陷。Artzner 在 1997 年提出了一致性风险测度 CVaR,弥补了 VaR 的不足。

(2) **条件在险价值 (CVaR)**。CVaR 是在一定的置信水平 $\beta = 100(1-\alpha)\%$ 下,损失超过 VaR 的条件期望,即超过 VaR 那部分的平均损失,具体可表示为

$$\mathrm{CVaR}_\beta(\mathbf{x}) = E\{L(\mathbf{x}, \mathbf{y}) \mid L(\mathbf{x}, \mathbf{y}) \geq \mathrm{VaR}_\beta(\mathbf{x})\} \tag{6-32}$$

式中，$L(\boldsymbol{x},\boldsymbol{y})$ 为与组合投资权重 $\boldsymbol{x}$ 有关的损失函数。

由此可知，CVaR 的值要大于 VaR 的值，是一个更为保险的风险测度。如果考虑收益分布，则需要计算其左尾的条件期望，定位 CVaR 为

$$\mathrm{CVaR}_\alpha(\boldsymbol{x}) = E\{L(\boldsymbol{x},\boldsymbol{y}) \mid L(\boldsymbol{x},\boldsymbol{y}) \geqslant \mathrm{VaR}_\alpha(\boldsymbol{x})\}$$
$$= \frac{1}{1-\alpha} \int_{L(\boldsymbol{x},\boldsymbol{y}) \leqslant \mathrm{VaR}_\alpha(\boldsymbol{x})} L(\boldsymbol{x},\boldsymbol{y}) p(\boldsymbol{y}) \mathrm{d}\boldsymbol{y} \tag{6-33}$$

假设 $L(\boldsymbol{x},\boldsymbol{y})$ 为某一投资组合的损失函数，$\boldsymbol{x} = (x_1, x_2, \cdots, x_n)^\mathrm{T}$ 为投资组合的向量，$\boldsymbol{y} = (y_1, y_2, \cdots, y_n)^\mathrm{T}$ 为随机向量，$p(\boldsymbol{y})$ 为 $\boldsymbol{y}$ 的概率密度函数，令

$$\psi(\boldsymbol{x},\xi) = \int_{L(\boldsymbol{x},\boldsymbol{y}) \leqslant \zeta} p(\boldsymbol{y}) \mathrm{d}\boldsymbol{y} \tag{6-34}$$

记

$$\mathrm{VaR}_\alpha(\boldsymbol{x}) = \xi_\alpha(\boldsymbol{x}) = \min(\xi \in R : \psi(\boldsymbol{x},\xi) \geqslant \alpha) \tag{6-35}$$

$$\mathrm{CVaR}_\alpha(\boldsymbol{x}) = E\{L(\boldsymbol{x},\boldsymbol{y}) \mid L(\boldsymbol{x},\boldsymbol{y}) \geqslant \mathrm{VaR}_\alpha(\boldsymbol{x})\}$$
$$= \frac{1}{1-\alpha} \int_{L(\boldsymbol{x},\boldsymbol{y}) \geqslant \zeta_\alpha(\boldsymbol{x})} L(\boldsymbol{x},\boldsymbol{y}) p(\boldsymbol{y}) \mathrm{d}\boldsymbol{y} \tag{6-36}$$

定义辅助函数

$$F_\alpha(\boldsymbol{x},\xi) = \xi + (1-\alpha)^{-1} \int_{\boldsymbol{y} \in \boldsymbol{R}} \max\{f(\boldsymbol{x},\boldsymbol{y}) - \xi, 0\} p(\boldsymbol{y}) \mathrm{d}\boldsymbol{y} \tag{6-37}$$

则对

$$\forall \boldsymbol{x} \in X, \quad \mathrm{VaR}_\alpha(\boldsymbol{x}) = \min F_\alpha(\boldsymbol{x},\xi) \tag{6-38}$$

因而，求解最优 CVaR 值，就是求解 $F_\alpha(\boldsymbol{x},\xi)$。

（3）投资优化模型。 假设有 n 个金融资产，其收益分别为 r_i，$i = 1, 2, \cdots, n$，则可以得到收益向量 $\boldsymbol{r} = (r_1, r_2, \cdots, r_n)^\mathrm{T}$。各资产收益的协方差矩阵为

$$\boldsymbol{\Sigma} = \mathrm{cov}(\boldsymbol{r}) = \begin{pmatrix} \sigma_{11} & \sigma_{12} & \cdots & \sigma_{1n} \\ \sigma_{12} & \sigma_{22} & \cdots & \sigma_{2n} \\ \vdots & \vdots & & \vdots \\ \sigma_{n1} & \sigma_{n2} & \cdots & \sigma_{nn} \end{pmatrix} \tag{6-39}$$

矩阵中主对角线元素为对应金融资产的方差，非对角线上的元素为两两金融资产之间的协方差。

假设投资者之间按照某一方案 $\boldsymbol{X} = (x_1, x_2, \cdots, x_n)^\mathrm{T}$ 进行组合投资，式中权重 $\boldsymbol{X}$ 满足 $\boldsymbol{X}^\mathrm{T}\boldsymbol{L} = 1$ 或 $\sum_{i=1}^n x_i = l$，其中 $\boldsymbol{L} = (l, l, \cdots, l)^\mathrm{T}$ 为 n 维单位列向量。进而，可以得到投资组合收益为

$$r_p = x_1 r_1 + x_2 r_2 + \cdots + x_n r_n = \boldsymbol{x}^\mathrm{T} \boldsymbol{r} \tag{6-40}$$

由于金融资产收益向量 $\boldsymbol{r}$ 的随机性，投资组合收益 r_p 也具有随机性，其期望收益与方差分别为

$$\mu_{r_p} \equiv E(r_p) = E(\boldsymbol{X}^\mathrm{T}\boldsymbol{r}) = \boldsymbol{X}^\mathrm{T} E(\boldsymbol{r}) = x_1 E(r_1) + x_2 E(r_2) + \cdots + x_n E(r_n) \tag{6-41}$$

$$\sigma^2(r_p) \equiv \mathrm{var}(r_p) = \mathrm{var}(\boldsymbol{X}^\mathrm{T}\boldsymbol{r}) = \boldsymbol{X}^\mathrm{T} \mathrm{var}(\boldsymbol{r}) \boldsymbol{x} = \boldsymbol{X}^\mathrm{T} \boldsymbol{\Sigma} \boldsymbol{x} \tag{6-42}$$

在均值-方差模型中，理性投资者的考虑，用均值即期望值度量收益，用方差度量风险，

通过组合投资选择，实现收益最大化与风险最小化。与之对应，存在两种现实情形。情形一：在给定期望收益的条件下，风险最小化。情形二：在给定风险条件下，期望收益最大化。为此，可以建立对应的均值-方差模型：

$$\min \sigma_{r_p}^2 = X^T \sum x \tag{6-43}$$

$$s.t. \begin{cases} X^T E(r) = r \\ X^T l = l \\ x_i \geq 0 \end{cases} \tag{6-44}$$

$$\max \mu_p = X^T E(r) \tag{6-45}$$

或

$$s.t. \begin{cases} X^T E(r) = \sigma \\ X^T l = l \\ x_i \geq 0 \end{cases} \tag{6-46}$$

对上述模型求解即可以得到碳保险的最优投资组合方案。

3. 实施步骤

如图6-1所示，碳保险的具体实施流程由以下五个步骤组成。

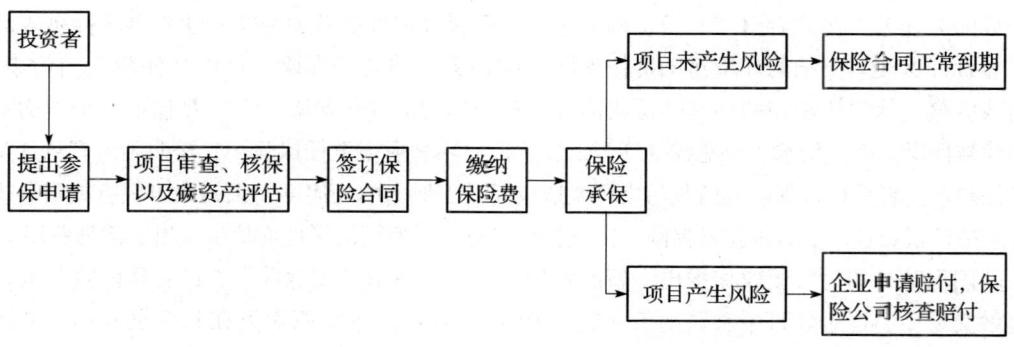

图 6-1 碳保险实施流程图

（1）**提出参保申请**。碳保险业务参与人应为纳入碳配额管理的企业或拥有碳配额的企业或其他经济组织。碳保险业务参与人向符合相关规定要求的保险公司提出参保申请。

（2）**项目审查、核保以及碳资产评估**。保险公司进行项目审查、核保，具备资质的独立的第三方评估机构对碳资产进行评估。碳资产评估价值通常根据第三方评估机构等的评估结果进行综合评定，保险公司可依实际情况设定保险期限和保险额度。

（3）**签订保险合同**。碳保险业务参与人与保险公司签订碳保险合同。

（4）**缴纳保险费**。碳保险业务参与人向承保的保险公司支付保险费。

（5）**保险承保**。在保险期内，碳保险业务参与人的参保项目产生风险，由保险公司核实后，对保险受益人进行赔付。保险期结束后，碳保险业务参与人未发生损失触发保险赔偿条款的，保险自动失效。

6.2.3 碳保险应用

碳保险产品结合保险的对象和领域可分为两大类：第一类是根据低碳和环保相关特征而制定的不同费率的保险产品；第二类是专门为清洁技术和减排活动设计的产品。随着碳保险的发展，保护生态环境的呼声越来越高，各大保险公司纷纷推出以低碳为目标的碳保险产品，如巨灾保险和气候衍生品，以此满足碳金融的需求，规避气候变化造成的不良影响。同时，在碳交易过程中存在的政策变化、参与者信用风险、整体经济态势波动、预先付款风险、价格波动风险、交付风险以及在特定监督体制下碳信用风险、多边投资担保机构风险、因特定政治事件所致违约风险，可通过碳保险进行补偿。由于保险机构的长期参与，不仅减少了长期碳市场中的不确定性，还降低了减排成本以及增强了气候变化的适应性，为综合性减排工具的推出奠定了基础。

1. 美国碳保险创新实践

美国注重低碳保险产品的经营和推广，在法律中进行了明确的规定。1970年美国颁布的《清洁水法》规定，所有进入美国的船只必须投保责任保险，以确保该法规定的、由于石油污染海洋的船只而应负担的责任。美国联邦环保局在有关危险废物储存、处理、处置的法规中也做出了强制保险的规定，要求管理者应在这些设施的运行期间内，因危险废物的管理和操作所造成的对他人人身或者财产的损害购买保险。所有管理者都必须为突发性或事故性事件购买第三者责任保险。美国的环境污染责任保险又称污染法律责任保险，是以被保险人因污染水、土地或空气，依法应承担的环境赔偿或治理责任为标的的责任保险。它主要包括两个方面：一是明确被保险人因污染水、土地或空气等依法承担的环境损害责任保险；二是明确自有场地治理责任保险。前者承担被保险人因其污染环境造成邻近土地上的任何第三人的人身损害或财务损失而发生的赔偿责任；后者承担被保险人因其污染自有或者使用的场地而依法支出的治理费用。

美国保险公司为气候改变推出了新的险种，如"碳排放信用保险""碳交易保险"等。在碳金融交易中，通过签订带有罚则条款的CDM项目合约，排放权卖方在到期没有达成减排额度时需要承担一定的赔偿责任。这种责任风险由排放权买方部分地转移到排放权卖方。保险公司为分担该类风险，对此进行承包。碳交易保险是指项目交易中存在许多风险，价格波动、不能按时交付以及不能通过监管部门的认证等，这些风险都可能给投资者或贷款人带来损失。因此需要保险或担保机构的介入，进行必要的风险分散，提供类似担保，以促进项目的流动性。碳交易保险可以同时为碳交易合同或者碳减排购买协议的买卖方提供保险。如果买方在缴纳保险后不能如期获得协议上规定数量的CER，保险公司将会按照约定提供赔偿；也可以为开发CDM项目的企业提供保险，如果企业在缴纳保险后不能将具有很大开发潜力的项目开发为CDM项目，将会获得保险公司提供的CDM项目开发保险。美国加利福尼亚州消防员协会开发了绿色建筑置换及升级产品。这个产品为顾客提供保险，以确保他们在新型高能效和高水利用率住宅及现有建筑翻新方面的投资，包括使用以下绿色器材进行重建：有EnergyStar评级的电力系统、达到LEED或Green Globe要求的内部灯光系统、高水利用率的内部管道以及符合EnergyStar标准的屋顶及隔离材料等。

2. 法国碳保险创新实践

2021年,包括法国安盛集团在内的八家全球性保险和再保险公司成立"净零保险联盟"(Net-Zero Insurance Alliance,NZIA),以实现碳中和的共同目标,加速向净零排放经济的过渡。联盟成员将通过倡导企业和行业行动以及支持经济部门低碳转型的公共政策,寻求实现其净零承诺,通过促进负责任的投资实践,将全球气温上升幅度控制在不超过1.5℃,并将致力于在2050年前将承保组合转向净零排放。

3. 德国碳保险创新实践

德国的环境污染责任保险采取强制责任保险与财务保证或担保相结合的制度。德国《环境责任法》规定,存在重大环境责任风险的"特定设施"的所有人,必须采取一定的预先保障义务履行的措施,包括与保险公司签订损害赔偿保险合同,或由州、联邦政府和金融机构提供财务保证或担保。该法直接以附件方式列举了"特定设施",不管规模和容量如何,都要求其所有者投保环境责任保险。德国保险公司的赔偿范围只包括企业生产运营的意外事故导致的责任,且被害人必须提出索赔。对那些明知相关法律法规而不遵守,从而造成环境损害的行为不在赔偿范围内。德国的绿色保险制度对那些对环境不关心的企业即使投保也无法得到经济补偿。德国安联保险公司在欧洲推出专门针对全球变暖和可再生能源投资的保险产品。其中"绿色汽车保险"把客户一年的行驶里程数作为核定下一年保费的一个决定因素。

4. 瑞士碳保险创新实践

针对减排交易、低碳项目评估和开发活动中存在的许多内在风险,瑞士的一些金融机构提供相应保险产品来帮助应对碳价格的波动。瑞士再保险公司提供一种以减排购买协议合同为基础的实物交易碳保险产品,AIG和Marsh提供覆盖所有传统风险及《京都议定书》相关风险的产品。瑞士再保险公司还创造了"具备或有上限的减排交易远期",该保险产品覆盖了EU排放权买家所面临的对手及交付风险,以确保碳交易在一定的成本限度内完成。

5. 日本碳保险创新实践

日本在绿色保险领域也有着突出的表现,尤其是在应对自然灾害、气候变化的风险领域有着成熟的保险制度。由于自然灾害频发,日本在地震保险、火灾保险以及巨灾保险的探索位居世界前列,截至2020年10月,日本的95家保险公司中有23家签署了日本金融厅发布的管理职责条例,3家签署了联合国可持续保险原则。

6. 国外碳保险业务发展经验

向低碳经济转型的过程中有大批传统产业改造、大量新兴产业成长,必将会产生巨大的低碳保险需求。保险公司应通过对现有保险产品进行低碳化改造,开发新的低碳险种,大力开展产品创新。

(1)主动调整产品结构。为适应低碳经济发展趋势,保险公司应深入分析险种经营情况,筛选淘汰部分不适应市场需要的保险产品,对传统保险产品进行低碳化改造,使之适应市场需求,增强吸引力,抢占市场先机。各国的承保范围均有差异,但都呈现扩大的趋势。例如,在承保初期,各国对环境责任保险的承保范围做出限制,只对非故意的、突发性的环境侵权事故(如意外事故)所造成的人身、财产损害承担保险责任,而对累积性的污染损害则不给予承保。随着环境责任保险市场的成熟,保险公司逐渐把累积性污染损害纳入承保范围。例如,法国自 1977 年成立污染再保险联营集团,承保范围由原来的仅限于偶然性、突发性的环境损害事故发展到反复性或继续性事故所引起的环境损害。在成立专业环境保护保险公司后,美国的承保范围也扩展为渐发、突发、意外的污染事故及第三者责任。综观各国低碳保险制度,鉴于各国发展水平、政府政策、市场环境不同,其各自的投保方式也不尽相同。对于大部分低碳保险,基于其商业保险的特征,大多采用自愿投保方式。在环境责任保险领域各国也略有不同。美国采用强制保险制度,是为了践行企业环保责任的需要。德国采用将强制责任保险与财务保证或担保相结合,以财务保证或担保的方式来保障受害人的权益。法国采用以任意保险为原则,强制责任保险为例外,更强调投保的自主性和自愿性。

(2)研发新型保险产品。保险公司应研发各类新型低碳保险产品,及时为新能源、新材料、新医药、生物育种、信息产业等行业提供保险服务,借鉴国外已成熟的制度经验,推出车险费率与环保指标联动的绿色车险、环境责任保险、碳交易保险、碳排放信用保险等低碳险种。发达国家保险市场较为成熟,环保理念深入人心,低碳保险产品也易于被公众所接受,间接促进了低碳保险产品的研发。例如,德国推出的专门针对全球变暖和可再生能源投资的保险产品,美国推出的碳排放信用保险及碳交易保险等。不断涌现的新型低碳保险产品揭示了低碳保险市场的巨大潜力,也进一步促进了保险经济的发展。

(3)拓展环境污染责任保险服务领域。环境污染责任保险是以企业发生污染事故对第三者造成的损害而依法应承担的赔偿责任为标的的保险。保险公司应利用保险工具来参与环境污染事故处理,有利于分散企业经营风险,促使其快速恢复正常生产;有利于发挥保险机制的社会管理功能,利用费率杠杆机制促使企业加强环境风险管理,提升环境管理水平;有利于使受害人及时获得经济补偿,稳定社会经济秩序,减轻政府负担,促进政府职能转变。国际经验表明,实施环境污染责任保险是维护污染受害者合法权益、提高防范环境风险的有效手段。随着低碳经济的发展,科学技术的日新月异,环境污染风险范围正在不断变化,大型城市污水处理厂、核电站、新型生物医药企业不断涌现,为环境保护带来新隐患。完善环境污染责任保险的条款,扩大保险范围,建立费率与安全环保管理水平挂钩的杠杆机制,可以强化企业责任,有效引导参保企业降低污染排放量。加快环境污染责任保险制度建设,是切实推进环境保护历史性转变的迫切要求,也是环境管理与市场手段相结合的有效尝试。

(4)全力拓展森林保险、巨灾保险和气候保险,增加森林碳汇,降低极端气候变化的恶劣影响。森林保险试点以来,仍然处于承保面低、规模较小、发展缓慢的现状。保险公司需要建立森林巨灾风险分散机制,创新森林保险险种,完善林业保险条款,提高保险保障水平。保险业是直接经营风险的行业,处于气候变化威胁的最前沿,因此应当采取积极行动,制定全面的应对气候变化战略,以适应和减缓气候变化。积极应对气候变化不仅关系保险业自身的发展,同时也是对股东和消费者负责任的体现。通过与同行、客户和政府合作,保险公司可以帮助社会避免气候变化对社会的最坏影响,还可以对减少温室气体排放的技术和行为变化发挥重要的激励作用。要想遏止温室气体排放造成气候变化,主要是通过提高能源效率和增加无碳能源的使用。保险公司可以开发与气候变化有关的新保险产品。保险公司一方面通过为绿色建筑设计、节能和可再生能源、环保汽车等项目提供新保险产品来规避气候风险,另一方面适应清洁发展机制对碳信用交割担保的需求,开发碳交易保险。如针对投资者或贷款人,因碳排放权交易中存在着许多风险,保险公司介入可以帮助其分散碳交易风险;对消费者进行激励和引导,鼓励他们降低温室气体排放量。

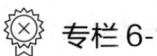

专栏 6-1

碳保险的应用

案例1:土耳其96%的国土位于地震带上,同时也是一个保险不发达的国家。全国只设立了一种地震保险,民众在办理房产登记手续或办理一些房屋必需品(水、电和煤气等)的合同时,政府就会强制民众对地震保险进行投保。2000年土耳其成立土耳其巨灾保险联合体(Turkish Catastrophe Insurance Pool,TCIP),这是一个类似于基金的机构。TCIP进行所有的巨灾保险的经营,将保单责任外包给保险公司,由保险公司进行保单的销售,保险公司则成为政府巨灾保险的中介机构,只能收取佣金。虽然这种巨灾保险的模式由政府全权负责,导致保险公司失去自主性和市场性,但对于保险业欠发达的国家或地区来说,强制手段不失为一种初步实践巨灾保险的模式。

案例2:新西兰是地震高发的岛屿国家,也是巨灾保险开展比较成功的国家之一。地震保险在新西兰由地震委员会经营管理,在参保者进行财产、房屋以及车辆的投保时会强制保户进行巨灾保险的投保。巨灾保险的份额会被保险公司递交给地震委员会,随后由地震委员会建立专门的巨灾基金,另外,居民每年缴纳的火灾保险的保费也被纳入该基金。保险公司则采用相对市场化的方式对巨灾保险进行承保,根据地区巨灾的历史记录以及发展趋势,对该地区的巨灾进行估计,然后再对承保客户的投保进行审核,对100万以上新西兰元的投保将有严格的限制。保险协会会在巨灾发生时,负责对信息进行收集整理,提供设备和资源,以及组织救援、定损、重建等工作。新西兰的巨灾保险模式已成为一个完整的体系,是值得借鉴的巨灾保险体系。

案例3:2006年,瑞士再保险公司的分支机构欧洲国际保险公司针对碳信用价格提供了一种专门管理其价格波动的保险。2006年,美国国际集团与达信保险经纪公司合作推出针对碳排放信贷担保与其他新的可再生能源相关的保险产品等,促使商业企业参与碳排放交易。2009年9月,澳大利亚承保机构Stuart Agnew & Co推出碳损失保险,为因森林大火、雷击、冰雹、飞机坠毁或暴风雨而导致森林无法实现已核证减排量所产生的风险提供保障。

案例4:2016年11月18日,湖北碳排放权交易中心、平安保险湖北分公司和华新水泥集团签署了"碳保险开发合作协议"和"中国首单碳保险服务协议",旨在帮助企业进行风险管理,规避碳排放交易企业在转型升级过程中因加强生产设备的升级换代、应用新技术而产生的风险。2018年,中国人民财产保险股份有限公司广州市分公司联合中国建设银行、广州碳排放权交易所推出针对碳排放权抵押贷款的保证保险,由控排企业将自身拥有的碳排放权作为抵押物实现融资。控排企业用碳排放配额向银行申请贷款,向保险公司购买贷款保证保险进行信用增级。保险期限内控排企业出现贷款违约时,保险公司将按照保单责任给予银行风险补偿。

案例 5：2022 年 9 月 6 日，豪顿集团表示，它已经帮助创建了世界上第一个针对自愿碳市场信用额度中的欺诈和疏忽的保险，这将成为扩大新兴行业的重要突破。碳信用额度可以用植树造林和保护生物多样性以抵消碳排放等做法，防止全球变暖计划。碳信用交易额在 2021 年约为 20 亿美元，但麦肯锡咨询公司表示，随着企业和国家寻求在实现净零排放的过程中抵消部分排放，到 2030 年，其年交易额可能超过 500 亿美元。

案例 6：苏黎世保险集团有限公司（以下简称"苏黎世保险"）推出的清洁发展机制（CDM）项目保险业务，可以同时为核证减排量的买方和卖方提供保险，交易双方通过该保险能够将项目过程中的风险转移给苏黎世保险。如果买方在合同到期时未能获得协议规定数量的核证减排量，苏黎世保险将按照约定予以赔偿；如果 CDM 项目未能达到预期收益，苏黎世保险也会进行赔偿。

案例 7：中国人寿财产保险股份有限公司福建分公司在 2021 年创新开发出林业碳汇指数保险产品，将因火灾、冻灾、泥石流、山体滑坡等合同约定灾因造成的森林固碳量损失指数化，当损失达到保险合同约定的标准时，视为保险事故发生，保险公司按照约定标准进行赔偿。保险赔款可用于灾后林业碳汇资源救助、碳源清除、森林资源培育和加强生态保护修复等方面。

资料来源：中国银行保险报网。

6.2.4　如何发展我国碳保险

1. 改进现有险种

保险公司可以通过修改现有险种达到促进技术进步，实现降低碳排放的目的。例如机动车辆保险是财产险中重要的组成部分，机动车尾气排放是大气中二氧化碳的重要来源之一。保险公司可以根据机动车尾气的二氧化碳排放量的不同来收取不同的保费，对尾气排放高于平均水平的机动车征收高费率，从而促进机动车行业改进生产技术，加速淘汰落后产品，降低二氧化碳排放量。又比如，随着人们保险意识的增强和近年来灾害事故的频发，企业财产险越来越受到人们的青睐。通过对高污染企业加收保费，势必会使企业意识到环境保护的重要性，进而增加对环保设备的投资。这里就对保险行业提出了更高的要求，碳保险的从业人员不仅要有普通从业人员的基本要求，还要有碳排放、碳交易等相关碳保险的专业知识，只有这样才能帮助企业改善现有技术，降低碳排放。

2. 开发新的碳保险产品

（1）建立碳交易信用保险。随着我国节能减排计划的实施和对污染企业打击力度的加大，越来越多的企业已经意识到减少碳排放的重要性。由于技术等一系列问题，不能达到碳排放标准的企业开始通过购买其他企业超额的减排量等手段降低自身的碳排放，碳交易市场应运而生。目前全球已经形成了几个主要的碳交易市场，如芝加哥气候交易所和欧盟气候交易所。碳交易信用保险是以碳排放权交易过程中合同约定的排放权数量为保险标的，对买方或卖方因故不能完成交易时权利人受到的损失提供经济赔偿的一种保险。该保险是一种担保性质的保险，为碳交易的双方搭建一个良好的信誉平台，有利于碳交易市场的积极发展。

（2）准许保险资金进入低碳技术研发领域。保险资金的运用渠道一直以来都受到严格的限制。虽然近几年增加了不动产和股权投资等渠道，但是资金运用的收益水平一直较低。而且保险资金收入与支出间的不匹配问题一直没有得到很好的解决。适当的开放保险资金进入低碳技术研发领域，加快建设以低碳排放为特征的工业、建筑、交通体系，支持风电、太阳能、生物能等能源发展，不仅可以为环保技术更新提供资金保障，而且可以解决保险资金运用中遇到的问题。低碳技术研发虽然风险大、周期长，但是一旦研制成功获得的收益也是巨大的，这就解决了保险资金收益低的问题，为投资找到了新渠道。而且，时间长、收益高的投资项目很符合人寿保险企业对资金流的要求，这也是解决保险资金收支不匹配的一条途径。

3. 建立完善碳保险法律制度

碳保险的发展是保险业发展的新领域，新的保险标的和风险种类、保险资金进入到新的投资领域，这些都给监管部门提出了更高的要求。企业是否能严格控制碳排放量，未达标的企业是否及时购买其他企业的碳排放量，这也需要一个有严格执法力度的环境。因此，想要发展低碳经济，加快经济的转型，必须努力营造一个有完善法律制度的环境，只有这样才能促进碳保险和碳经济的良性发展。保险业应紧跟时代发展的脚步，尽快完善环境污染责任险条款，建立将费率与二氧化碳等污染物排放量相挂钩、多层级的浮动费率体系，鼓励参保企业主动降低污染排放量。

6.3 碳基金

6.3.1 碳基金概述

1. 碳基金的定义

碳基金（Carbon Fund）是由政府、企业、个人或金融机构投资设立，专门集合投资者资金用于在全球范围内购买投资温室气体减排项目[⊖]和交易，从而获取回报的投资工具。国内外有一些学者从碳基金的设立目的、资金来源以及运行模式等方面进行考察，并得出了对于碳基金释义的不同见解。比较有代表性的见解有两种：一是认为碳基金是一种共同投资体制，向投资者募集资金从事碳信用购买或减排项目投资；二是认为碳基金是促进碳交易活动，推动全球减排和增加碳汇吸收所设立的专门融资方式。

从世界碳基金运行实践来看，碳基金的定义有狭义和广义之分。狭义的碳基金是指通过预付资金或股权投资的方式资助碳减排项目，达到获得碳信用或现金回报的目的。其本质上是证券投资基金，通常由私人投资者投资。广义的碳基金则泛指：狭义碳基金、碳采购工具和政府采购计划（包括项目机构，也称碳机构的采购计划）。

狭义碳基金、碳采购工具与政府采购计划之间既存在相似之处，又有不同的侧重点，如表 6-2 所示。

⊖ 碳基金的投资标的包括：碳排放指标、清洁发展机制（CDM）项目和联合履约机制（JI）项目等。

表 6-2　狭义碳基金、碳采购工具和政府采购计划比较

主要内容	狭义碳基金	碳采购工具	政府采购计划
投资方式	直接购买或股权投资	不仅限于直接购买或股权投资，更专注于专业技术的输送	直接购买或股权投资
投资目的	以资金促进碳减排	以资金和技术促进碳减排	专门支持《京都议定书》框架下的碳减排项目
投资主体	主要为私人投资者	主要为私人投资者	政府，不对私人投资者开放
典型代表	欧洲碳基金	日本温室气体减排基金	荷兰 ERUPT 计划

投资方式方面。狭义碳基金、碳采购工具和政府采购计划的做法非常相近，均以碳减排项目作为投资对象。但碳采购工具不仅限于直接购买或股权投资，更专注于向减排项目输送专业的技术。

投资目的方面。狭义碳基金和碳采购工具均以促进碳减排项目顺利进行为目标，而对于碳减排项目属于哪些地区、哪些国家并没有特殊的偏好。而政府采购计划支持的项目所属国家更为集中。

投资主体方面。私人部门是狭义碳基金和碳采购工具的主要投资者，而政府采购计划的投资主体是政府，不对私人投资者开放。

在三种基金的典型代表中，欧洲碳基金是一个私人投资、资本驱动型碳基金，主要投资于欧盟框架下面向未来合同和项目开发商的 CDM 项目和 JI 项目。日本温室气体减排基金则专门用于开发和购买碳减排项目，并对项目中后期认证与核证给予专家经验支持。荷兰 ERUPT 计划通过招标的形式签订大批减排合同，实现政府的采购职能。无论是狭义碳基金、碳采购工具，还是政府采购计划，其本质上都实现了资金募集和分散投融资的职能。虽然侧重点各有不同，但运行机制和目标都非常相近，体现了投资工具的特性，本节对于碳基金的讨论建立在广义定义的基础上。

2. 碳基金的特点

碳基金通过市场化的机制募集资金，并由专业机构进行管理、投资和获取收益，与投资基金具有一致性。因此，其与投资基金相同，具有集合理财、专业化管理、独立托管等特点，而这也构成了碳基金与其他碳金融工具的主要区别。此外，与投资基金相比其投资组合的构建更具专业性。具体如下：

投资主体的多元化。与其他碳金融工具相比，碳基金涉及主体不仅仅局限于投资人和发行人双方，还包括托管人或基金管理人。不同的组织结构决定了碳基金的基本运营模式和其他碳金融工具存在不同，其采用的是"集合理财、专业化管理以及独立托管"的基本思路。通过将众多投资者的资金汇集起来，并委托基金管理人进行共同投资，体现出集合理财的特点。基金管理人对资金池的投资和管理，依赖于自身所具备的专业投资研究能力和强大的信息网络，对低碳项目进行合理评估和专业指导，以实现专业化管理。基金管理人负责基金的管理和操作，而基金财产的保管则是由特定的独立于基金管理人的托管人负责，履行相互制约、相互监督的职能，保证投资者的基本收益权。

投资目标的特殊性。通常所说的投资基金，一般是指证券投资基金，即以股票、债券等为

投资标的的基金类别。而碳基金的投资标的既可以是实业部门（低碳项目方向），也可以是与节能减排相关的股票或碳信用。与证券投资基金相比，碳基金更具有专业性。由于投入低碳项目的特性——周期长、风险大，因而在资金安排和策略选择方面也有所不同，更多的会与期限更长的基金匹配，属于风险投资型基金。

投资方式的多样性。碳基金的投资模式也更为灵活，不仅可以通过注资或者股权投资的形式，支持低碳项目的开发和运行，还能依靠丰富的项目开发经验和灵敏的信息网络为项目开发方提供专业的知识指导和信息搜集帮助。此外，根据碳基金的收益目标，碳基金也会在碳交易的二级市场上从事碳信用的交易，从价格波动中赚取价差。

3. 碳基金的种类和功能

（1）碳基金的种类。

1）碳基金的种类以资金来源划分，可分为公共碳基金、私人碳基金、公私混合碳基金。

①公共碳基金。公共碳基金是完全由政府部门承担出资的碳基金类型。常见的形式有政府出资和政府征收环境保护税出资。其中，由政府通过征税的方式出资，主要由英国采用，这种方式的优势在于收入稳定，而且环境保护税的价格杠杆能够限制对能源的过分使用，促进节能减排。公共部门设立碳基金主要是通过碳基金的运作来达到节能减排的目标，无论是强制性的还是非强制性的。

②私人碳基金。私人碳基金是完全由私人部门自行募集资金。在这个过程中，私人部门更期望通过设立碳基金来购买或出售碳排放量，以达到盈利或避免高额罚款的目的。故而，这些私人部门一般为能源供应商或者大型能耗的工业企业，特别是在欧盟内部交易体制下背负着减排目标、被限制温室气体排放的公司。除此之外，私人部门还可能会间接通过与从事核证减排量的中间商交易获得盈利。比较有代表性的为 Merzbach 夹层碳基金。

③公私混合碳基金。公私混合碳基金是由政府和私人部门按照一定比例出资的碳基金。作为碳基金最常见的一种资金来源方式，其在碳基金的构成当中占有较大份额。例如，丹麦碳基金是由丹麦政府气候与能源部发起成立的公私合营的基金，总资本为 9 000 万美元。其出资方是丹麦政府气候与能源部、马士基（Maersk）石油天然气公司（现为道达尔能源丹麦公司）、阿尔博波特兰（Albertslund Portland）集团公司等。

2）以发起人和管理方式来划分，碳基金的种类可分为政府发起并管理的碳基金；政府发起，国际组织管理的碳基金；政府发起，企业化管理的碳基金；政府和私人部门发起，国际组织管理的碳基金；政府和私人部门发起，企业化管理的碳基金；私人部门发起，企业化管理的碳基金。

①政府发起并管理的碳基金。采用这种管理形式的政府大都是期望通过购买碳信用来抵消本国超限排放的部分，也有部分是为了实现商业盈利目的，多见于发达的工业国家。如：芬兰的 JI/CDM 试验计划、奥地利公共市政信贷咨询公司（KPC）支持的相关项目等。其中，奥地利政府创立的奥地利公共市政信贷咨询公司为奥地利农业部、林业部、环境部以及水利部实现了 CDM 项目，并已在印度、匈牙利和保加利亚完成减排项目。

②政府发起，国际组织管理的碳基金。国际组织在全球碳减排项目中起到至关重要的作用，最初的碳基金就是由国际组织牵头与各国政府或银行合作促成的。世界银行的社区发展碳

基金专门针对贫困地区和贫困国家,澳大利亚、比利时、加拿大、丹麦、意大利、卢森堡等国家陆续参与其中,此外还有17家公司和金融机构参与其中,社区发展碳基金的日常管理由世界银行进行。与此相类似的碳基金有丹麦碳基金、西班牙碳基金等。

③政府发起,企业化管理的碳基金。企业化管理模式是指基金的薪酬分配、经费开支、投资等决策全权由董事会完成。这种类型的基金的主要代表为英国碳基金和日本碳基金。英国碳基金是由政府发起,企业化管理的基金,政府并不实际参与碳基金的管理,而是授权给董事会完成。

④政府和私人部门发起,国际组织管理的碳基金。最典型的代表是最早的世界银行基金——原型碳基金(PCF),基金规模为1.8亿美元,由世界银行集团的国际复兴开发银行(IBRD)担任基金的托管人,作为碳基金的执行机构负责基金日常运营的细则,而其出资人大会和出资人委员会则作为碳基金管理权力机构,对基金的总体运营提出意见、评估基金的运作情况、授权支付基金运营成本等。

⑤政府和私人部门合作发起,企业化管理的碳基金。该类碳基金是由政府和私人部门共同发起,且由特定的机构采用企业化管理模式的碳基金。最为典型的代表是德国复兴信贷银行(KfW)基金和日本碳基金。德国复兴信贷银行碳基金是由德国政府、德国复兴信贷银行共同设立的,并由德国复兴信贷银行负责日常管理。日本碳基金的资金来源于31家私营企业与日本国际协力银行(JBIC)和日本政策投资银行(DBJ),这两家银行代表日本政府投资与管理该基金。

⑥私人部门发起,企业化管理的碳基金。这种类型的碳基金由私人部门中的私营企业发起,这些私营企业多为背负减排任务的能源供应商或者大型工业企业,通过直接作为碳基金的大股东及参与碳交易等方式获取碳信用,完成企业减排目标,或者间接参与核证减排量的中间交易获取盈利。由于其完全由私人部门自行筹集资金,因此其采用企业化管理模式。比较有代表性的是隶属于英国气候变化资本集团的碳基金(即气候变化资本碳基金),它是私募股权基金,主要致力于核证减排量的全球采购。

3)以基金组织形式来划分,碳基金的种类可分为公司型碳基金和契约型碳基金。

①公司型碳基金。公司型碳基金是由私人部门投资设立的碳基金,往往以商业利润最大化作为追求目标,采用了公司型投资基金的形式,例如英国的一些碳基金公司,其大股东多为私人部门的机构投资者(资产管理公司、基金管理公司等),主要通过低价买入、高价卖出碳信用的方式获得资本增值。

②契约型碳基金。契约型碳基金是以政府、国际机构、政府背景的金融机构为投资主体的碳基金。其追求的目标是通过购买碳信用(CER/ERU),推进CDM/JI项目的发展,促进节能减排目标的实现,实现可持续发展。这种碳基金具有一定的公益性,往往采用契约型投资基金的组织形式,例如日本温室气体减排基金。

4)以基金获取信用的投资项目来划分,碳基金的种类可分为单纯项目碳基金、混合项目碳基金以及其他项目碳基金。

①单纯项目碳基金。单纯项目碳基金是指通过投资单一减排项目获取信用的碳基金,包括JI项目、CDM项目或自愿减排项目。因此,单纯项目碳基金根据获取碳信用的项目的具体类型又可以进一步划分为单纯JI项目碳基金、单纯CDM项目碳基金以及单纯自愿减排项目碳基

金。其中，单纯 CDM 项目碳基金大约占单纯项目碳基金总量的 4/5，而单纯 JI 项目碳基金和自愿减排项目碳基金平分余下的份额。

②混合项目碳基金。混合项目碳基金是指通过投资两种或两种以上的减排项目获取碳信用的碳基金，根据基金获取碳信用项目的具体类型，又可以进一步划分为 CDM 和 JI 混合项目碳基金，CDM 和自愿减排混合项目碳基金，CDM、JI 与自愿减排混合项目碳基金。其中，CDM 和 JI 混合项目碳基金占比最大，大约为碳基金总量的 1/2。

③其他项目碳基金。其他项目碳基金是指通过投资套汇项目、由减排产生的相关衍生工具等获取碳信用的基金类型。由于国际减排项目大都基于《京都议定书》的三大减排机制展开，可供投资的其他项目非常有限，因此其他项目碳基金在碳基金总量中占比微不足道。

5) 按投资目标划分，碳基金的种类可分为减排承诺驱动碳基金、投资获利驱动碳基金、自愿减排驱动型碳基金以及国际公益性驱动型碳基金。

①减排承诺驱动碳基金。减排承诺驱动碳基金是以通过 CDM 项目和 JI 项目购买碳信用，缩小本国《京都议定书》限排量和国内潜在减排量之间的差距为驱动的碳基金。该类基金主要是为了解决企业和公共部门减少 CO_2 排放量而设立的，它提高了能源运用效率和有效的碳管理水平。不论采用何种经营形式，该类基金的投资目标都相同。由于代表了国家公众利益，因此该类基金通常都是由参与国政府设立的碳基金，如奥地利 JI/CDM 项目，芬兰政府 JI/CDM 试验项目。

②投资获利驱动碳基金。投资获利驱动碳基金是以投资获利为主要投资目标的碳基金。该类基金主要通过获取碳信用重新投向二级市场交易，赚取一级市场和二级市场差价作为基金的回报。由于该类基金主要以盈利为目的，因此大部分由私人机构和企业设立，也有部分由政府部门建立。

③自愿减排驱动型碳基金。自愿减排驱动型碳基金是以通过获取碳信用来抵消自身经营活动产生的碳排放为驱动的碳基金。该类基金获取碳信用可以来自一级市场，也可以来自碳排放权的二级市场。服务性行业的机构投资于自愿减排驱动型碳基金，为其从事的服务活动承担减排任务。世界银行在 2023 年宣布了促进高诚信全球碳市场发展的雄心勃勃的计划，15 个国家将通过出售保护森林产生的碳信用额获得收入。到 2024 年，这些国家将产生 2 400 多万个碳信用额度，到 2028 年将达到 1.26 亿个。在适当的市场条件下，这些碳信用额度可带来最高达 25 亿美元的收入，其中大部分将返还给社区和国家。

④国际公益性驱动型碳基金。国际公益性驱动型碳基金是以促进实施跨国界的减排任务为驱动的碳基金。该类碳基金通常具有国际公益性质，不以促进实施具体的某一国家和地区的减排任务为驱动，如发展碳基金（Development Carbon Fund），发展碳基金建立的目的就是为发展中国家的 CDM/JI 项目提供资金，基本模式是以销售项目获得的核证减排量获取资金，资助发展中国家。

6) 除上述划分标准以外，还存在几种不常见的碳基金类型，例如母基金、对冲碳基金、针对特定领域的碳基金。

①母基金。作为世界银行创新的碳基金类型，其主要用于基金的重建与开发，因此被称为母基金。其中最为典型的是伞形碳基金（Umbrella Carbon Fund Facility），该基金接受的资金来源于国际复兴开发银行（International Bank for Reconstruction and Development，IBRD）的碳基金

以及其他管理者。其他种类的基金的资金来源于其他的碳基金，包括原型碳基金、多边碳信用基金（Multilateral Carbon Credit Fund）以及亚太碳基金（Asia Pacific Carbon Fund）。这种基金结构提供了多元投资组合，分散投资风险，有利于大型减排项目的投资。

②对冲碳基金。该基金通过碳互换机制、碳现货与期货等方式对冲投资性资本或投机性资本，从而避免或降低风险。2008年以后，碳基金管理者加大对碳信用额度的购买，以对冲为目的的碳基金出现。如曼投公司推出50万美元套汇基金，通过买卖期货合约，调整碳配额价格、碳信用额度和其他能源商品价格。

③针对特定领域的碳基金。在碳基金当中，有部分基金是针对某一特定领域投资和购买信用。例如韩国设立的一个金额为1 500亿韩元（约合1.169亿美元）的基金，以支持韩国国内钢铁制造商在钢铁生产过程中脱碳，包括浦项、现代制铁、东国制钢在内的韩国国内7家钢铁生产企业签订了"促进低碳钢生产的备忘录"。

美国联邦政府与地方政府也出资设立了不少专项基金，作为各种可持续、绿色项目的资金蓄水池，包括专注于水污染治理领域的清洁水州周转基金（Clean Water State Revolving Fund），2021年，清洁水州周转基金共放出44 500笔低息贷款，向社区提供了1 530亿美元，以改善水质、保护水资源、提高环境标准。

（2）碳基金的功能。碳基金在运行过程中，通过支持CDM项目、JI项目等实现其核心的减排功能。在为相关项目提供资金支持的同时，其也会面临技术成熟度不足、企业参与不积极、技术转化资金缺乏、技术替代成本高等低碳技术推广中的常见问题。针对这些问题，碳基金提供资金支持的功能又可进一步划分为以下几方面。

第一，引导企业产品结构调整。在企业层面，碳基金主动为重点减排企业或项目制订碳能效管理计划。在开展工作前，碳基金通过出资帮助目标企业做能源调查，为每个企业列出一定数量的推荐优先节能和提高能效的领域，针对重点高能耗机构，碳基金则开展了直接合作，有针对性地制订了若干碳能效管理计划。在这种情况下，企业只需要提供人力配合，没有负担，更容易接受碳管理。

在此基础上，碳基金为企业和相关项目提供必要的资金支持，用于碳能效管理计划的执行。在行业或国家层面，碳基金围绕低碳技术制定标准和认证程序。碳基金依据国际标准化组织的ISO 16064标准和温室气体排放协议，开展了"碳足迹"的研究和管理活动，对"碳足迹"的情况进行测度和管理，并推动"碳标签"的应用。2008年10月，碳基金资助的PAS 2050碳足迹标准，为碳标签的实施提供了科学依据。PAS 2050的发布得到了大多数欧美国家的支持，并有可能转化为国际标准。此外，碳基金还制定了碳能效认证框架，包括51个改进的认证指标和61个新认证指标。

第二，支持节能减排技术创新。碳基金对应用低碳技术的企业进行投资，包括股权投资或具有股权性质的工具投资。这些资金主要用于节能减排技术的改造和升级，以实现低碳生产。碳基金支持技术创新是在直接提出解决方案的基础上派生出来的功能，其通过与高校、科研机构构成产学研一体化的合作平台，研制有替代性、高效率的低碳技术，包括共同发展微型热电联产、生物质供热、海洋能源以及海上风能等技术。

第三，推动产业结构向低碳行业转型。针对成熟、具有明确应用前景的新能源技术，碳基金也通过建立企业的方式推动技术应用。例如，2020年，欧盟面向未来10年，开启低碳技术创新项目成立的"欧盟碳排放创新基金",遵循碳排放交易体系指导方针设立,目的是资助所有的能源密集型产业部门,以及可再生能源、储能、碳捕集与利用、碳捕集与封存的低碳技术创新,致力于为产业部门发展下一代低碳技术提供资助,支持其培育先发优势。

第四,战略研究和信息支持。碳基金面向低碳经济发展的重点问题,同时也担当战略研究和公共宣传的角色。目前,碳基金针对欧盟排放贸易计划、海上风能、全球气候变化的企业影响等问题已经发布了相关研究报告,为企业和公共机构提供适应低碳经济的参考资料。除了专题性内容以外,碳基金还依据自身的知识储备为目标企业和公司提供丰富的信息支撑,帮助其完成繁杂的核证手续。

4. 碳基金的起源、发展现状与发展趋势

(1) 碳基金的起源。碳基金源于遏制全球气候变暖和减少温室气体排放的大背景,与国际碳金融市场和国际社会各方密切合作相关。碳基金在碳市场运行初期开始出现,而国际碳市场的繁荣直接推动了碳基金的发展。

1999 年,世界银行建立了全球第一个碳基金,即原型碳基金(PCF)。原型碳基金是由世界银行集团的国际复兴开发银行(IBRD)担任基金托管人,由投资者集体出资,专职的经理团队负责管理和运作,并通过订立《关于建立原型碳基金的修改决议》确立基金的法律地位、内部管理结构以及职权分配等。从本质上看,碳基金是以低碳项目、企业或碳信用为标的的投资基金。

随着国际碳金融市场的进一步发展,各类碳减排、碳投资与碳交易活动日益活跃。2001 年开始,国家政府部门、私人部门陆续参与到碳基金的设立当中。2001 年,英国组建了第一个以政府为发起人的碳基金——英国碳基金,且采用企业化的运营模式,总资本规模为 6 600 万英镑/年,主要用于公共部门减少 CO_2 的排放。随后,世界银行又陆续参与多只碳基金的管理,包括:社区发展碳基金(CDCF)、荷兰清洁发展机制基金(NCDMF)、生物碳基金(BioCF)等,用于支持落后的国家和地区、核定的减少温室气体排放的生态项目以及特定国家区域内的低碳项目。其中,社区发展碳基金由多国政府和多家企业共同出资,企业投资比例为 40%。私人部门在碳基金中的参与推动了基金市场的发展,2001 年,第一只由企业发起的碳基金在荷兰创立,名为荷兰减排公司碳基金(NERCOF)。此外,我国碳基金的发展也很迅速,中国证券投资基金业协会数据显示,截至 2022 年 6 月底,我国以绿色、可持续、ESG 等为主题的公私募基金共计 1 178 只,规模达 8 821 亿元,较 2020 年底规模增长 34%。在国际合作方面,中国积极通过 G20 等平台开展绿色金融领域国际合作,与欧盟联合发布《可持续金融共同分类目录》,不断提升在该领域的话语权和领导力。在第六届中国国际进口博览会期间,毕马威中国与碳中和行动联盟共同发布了《2023 年中国碳金融创新发展白皮书》,其中认为,未来中国碳市场和碳金融将在现有成果基础上蓬勃发展,碳市场价格将更加充分地反映社会平均减排成本,价格发现机制不断完善,根据相关数据预测,中国碳金融相关市场规模未来将达到十万亿元级别,市场覆盖主体、覆盖行业、产品种类等核心要素均将逐渐丰富。

(2) 碳基金的发展现状。目前,全球碳基金的规模和投资能力迅速发展。在规模和数量、股东结构以及地理分布方面呈现出一系列的特征。

首先,碳基金数量和规模急剧扩大。自世界银行设立首只碳基金以来,到 2010 年,国际碳基金总数已达 96 只。以世界银行碳基金为例，截至 2013 年年末，世界银行已经是 15 项碳基金计划的受托人，前 10 个基金资本达 23 亿美元，支持了超过 75 个国家的 145 个低碳项目，通过项目减少的二氧化碳排放量高达 18.7 亿吨。仅 2013 年，新增的碳基金募集资金量为 64 亿美元。除了世界银行运营的基金以外，在英国、奥地利、芬兰、德国、日本等国也设立了国家碳基金，专门用于解决本国或附近地区低碳项目的融资。

其次，股东结构逐渐由以政府投资为主过渡到以私人投资为主。碳基金的资金来源循着由公共基金到公私混合基金，再到私人基金的路径。随着碳基金的发展，私人基金以及公私混合基金占碳基金的比例得到了稳定的增长，而公共基金数量增幅正在萎缩。

最后，投资项目区域分布以拉丁美洲和加勒比为主。欧洲是最早设立碳基金的地区，也是碳基金的聚集地，超过半数的碳基金都是在欧洲设立运营，欧洲一直是碳信用指标的最大买家。而对于投资项目来说，其资助的区域远不止欧洲地区。主要国家设置的碳基金如表 6-3 所示。

表 6-3 主要国家碳基金一览表

碳基金种类	成立时间	规模	组织形式	目的
英国碳基金	2001 年	6 600 万英镑/年	政府设立、企业化管理	帮助商业和公共部门减少 CO_2 的排放
奥地利 JI/CDM 项目	2003 年	2.88 亿欧元	政府设立、政府管理	支持发展中国家地区完成 JI/CDM 项目
芬兰 JI/CDM 试验计划	2000 年	4.5 亿欧元	政府设立、政府管理	用于资助小型 JI/CDM 项目
德国复兴银行（KFW）碳基金	2005 年	7 000 万欧元	由德国政府和复兴银行设立，由复兴银行管理	为德国和欧洲国家有意购买减排信用的企业提供服务
爱尔兰多边信用碳基金	2006 年	2 000 万欧元	欧洲复兴银行和欧洲投资银行共同发起、共同管理	促进投入国急需的能源节约项目以及购买碳排放信用
日本碳基金	2004 年	1.4 亿美元	由 31 家私人企业和 2 家政策性贷款机构设立，由 2 家金融机构管理	用于购买《京都议定书》规则下的减排量，完成本国的减排目标

资料来源：根据各类碳基金官方网站信息整理。

据中国人民银行研究局调查数据显示，目前全球碳金融市场每年交易规模超过 600 亿美元。其中，起步最早、市场交易最活跃的品种是碳期货，年交易额占 1/3。以欧盟为例，2020 年欧盟碳期货交易占总碳交易规模的 93%。中国碳排放权交易市场一经启动，便成为全球覆盖温室气体排放规模最大的碳市场。截至 2023 年 1 月，全球共 28 个碳交易体系已经生效，20 余个正在开发或设计。碳市场已覆盖了全球约 17% 的温室气体排放量、1/3 的人口和 55% 的 GDP，实施区域已从发达国家逐渐扩展至发展中国家。

(3) 碳基金的发展趋势。碳基金经过十余年的发展，呈现出如下发展趋势。

第一，金融机构投资者参与度逐步提高。自 2005 年开始，越来越多的银行和其他非银行金融机构被碳金融的利润空间所吸引，通过进行碳基金申购或参与设立和管理碳基金的方式进入碳基金市场。比较有代表性的大型金融机构有：高盛（Goldman Sachs）和摩根大通（JPMorgan Chase）。

第二，国际金融危机造成了碳初级市场的兼并和重组。自 2008 年开始，部分碳信用买家如投资银行和金融中介机构纷纷通过收购项目来进入碳金融市场，扩展它们的金融活动边界。例如，Camco Clean Energy 的重组，Camco 是另一个在全球范围内开展碳项目的公司。在碳市场经历了多次价格波动后，Camco 进行了业务重组，转型为提供清洁能源和碳交易服务的公司。再例如，ClimateCare 的管理层收购（MBO），ClimateCare 是一家专业从事自愿碳市场的公司，在 2013 年进行了管理层收购。收购后，ClimateCare 继续专注于提供自愿碳信用和气候金融解决方案。

第三，新型的碳信用采购策略不断出现。随着碳市场的发展和成熟，出现了一些创新的策略。长期采购协议（LPA）：与可再生能源市场中的长期购电协议类似，一些买家开始与项目开发者签订长期的碳信用采购协议，以确保碳信用的稳定供应和价格稳定。碳信用前期支付：为了支持项目的早期发展，一些买家愿意提前支付碳信用，这为项目开发者提供了资金，降低了项目的财务风险。合作开发模式：一些企业通过与项目开发者合作，共同开发减排项目，直接参与项目的管理和收益分配，从而获得稳定的碳信用供应。集合投资策略：投资者通过集合多个项目的碳信用，分散风险，同时可能增加流动性，这种策略适用于那些希望在不同地区和不同类型的减排项目中进行多元化投资的买家。碳信用衍生品：随着市场的成熟，碳信用衍生品如期货、期权和掉期等金融产品开始出现，提供了更多的风险管理工具和投资机会。

专栏 6-2

世界银行集团推出减排新基金

2022 年，世界银行宣布了一个新基金，它将汇集包括来自捐助国、私人部门和基金会等各方面的全球资金，支持可扩展的温室气体减排项目。这个名为"通过降低排放扩大气候行动"（SCALE）的伙伴关系将为可验证的减排提供赠款，并为此类全球公共产品扩大资金来源。

"气候融资需要新的大型机制汇聚来自全球各方的资金，以推动发展中国家切实减少温室气体排放。SCALE 有助于减少气候融资的碎片化，为国际社会针对气候变化采取行动提供了一个重要渠道。"时任世界银行集团行长戴维·马尔帕斯说，"由 SCALE 和类似机制创造的可验证减排量也将是朝着建立有效碳信用市场迈出的重要一步。"

SCALE 将部署基于结果的气候融资——也就是说，它将向取得了事先商定的可验证减排结果的国家发放赠款。

SCALE 将支持各国开展富有影响力的减排项目和政策，从而实现国家的减排目标，并建立起系统的减排业绩记录。这些项目还将产生可在碳市场中出售的超额碳信用，有可能为减排活动解锁更多私人部门资金。

SCALE 将汇集公共部门和私人部门的资源，用于：①为中等收入和低收入国家的减排计划提供额外资金；②通过支持大规模气候投资来缩小高质量减排信用额度的供需差距；③帮助各国开发高诚信水平的碳信用，扩大它们进入国际碳市场的机会。

所有 SCALE 项目的设计都嵌入了社会包容视角。另外，在 SCALE 这个伞形结构下还有一个赋能气候行动基金（Enable Fund），它通过专门设计的利益分享安排促进边缘化社区等参与减排项目。

资料来源：世界银行官网。

5. 碳基金的参与主体

（1）运作主体。碳基金的运作主体和其他具有信托关系的基金一样，包括基金的发起人、管理人、托管人和持有人。

1）碳基金的发起人。碳基金的发起人指发起设立基金的机构，它在基金的设立过程中起着重要作用。碳基金的发起人可以是政府、私人企业，也可以由私人企业和政府共同承担。发起人拥有申请设立基金、出席或委派代表出席基金持有人大会、取得基金收益、依据有关规定转让基金单位、监督基金经营情况、获取基金业务及财务状况的资料、参与基金清算、取得基金清算后的剩余资产以及法律法规认可的其他权利。

2）碳基金的管理人。碳基金的管理人是负责基金经营管理的专业性机构，在整个基金的运作过程中起着核心作用。其基本职能包括与基金托管人签订"信托契约"；负责基金设立发行、支付收益等一系列基本业务事项；制定基金的运营方式和投资策略；定期编制、公布有关基金的财务报告。在基金管理人管理基金的过程中，其固有的资产与基金资产不得混同使用，且必须公平、公正地处理和面对基金的收益和风险。碳基金管理人主要包括政府机构、私人金融机构、商业银行、国际组织以及其他私人机构等。通常，碳基金的发起人和管理人分别由不同机构担任。

3）碳基金的托管人。碳基金的托管人是依据基金运行的"管理与保管分开"原则，对基金管理人进行监督和保管基金资产的机构。其与基金管理人关系的建立来源于托管协议的订立，在保管基金资产的同时也收取一定的报酬作为回报。碳基金的托管人在基金运作中承担资产保管、交易监督、信息披露、资金清算与会计核算等相应职责，是基金持有人权益的代表。通常情况下，碳基金托管人由商业银行担任。

4）碳基金的持有人。碳基金的持有人又称碳基金的投资者，是基金的出资方和所有者，依法享有取得基金投资收益、转让或申购赎回所持基金份额的权利。在基金运营期间，碳基金的持有人有权利获取基金业务及财务状况资料、基金管理人运营职责评估情况、监督基金总体运营等。基金的持有人可以是法人，也可以是自然人。对于碳基金而言，除了国家政府机构和金融机构以外，企业、公众、国际组织和机构等也是碳基金交易中的持有人。

碳基金份额的发起人、管理人、托管人和持有人通过基金契约的方式，确立投资者的出资、享有的风险和收益。碳基金的发起人、管理人、托管人与持有人的关系如图6-2所示。

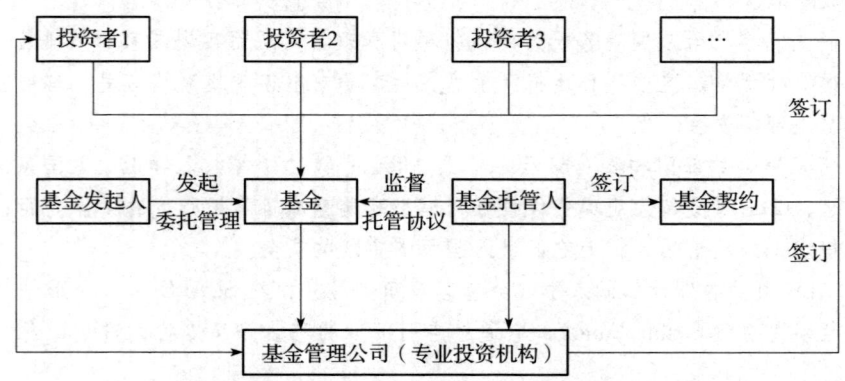

图6-2 碳基金的发起人、管理人、托管人与持有人的关系

（2）投资者。从碳基金的运作实践来看，各类主体参与到碳基金投资和交易活动中的诉求各不相同，期望从中获得的回报形式也不同。主要参与主体包括：政府、国际组织和机构、金融机构、中介服务机构、企业和个人。

1）政府。《京都议定书》对碳排放的总量目标和阶段目标做出了明确的规定，特别是对附件Ⅰ中的国家和地区的温室气体排放量做出了定量的法定约束。由于各国和地区必须完成2012年以前的减排任务，使得各国和地区通过碳基金获得相应的碳信用，或通过碳基金收益购买碳信用来抵消本国和地区的碳排放指标，成为了各国和地区政府青睐的方式。

2）国际组织和机构。作为温室气体减排的倡导者，如世界银行、国际货币基金组织等，承担了推广、普及温室气体减排的责任，设立并投资碳基金参与到涉及发展中国家和地区、减排技术条件较弱的国家和地区项目中。同时，低碳发展投资的前景、潜在收益率对国际资本产生了吸引力，国际机构也加入到碳基金交易的行列中。

3）金融机构。参与碳基金交易的金融机构既包括开发银行、商业银行，也包括基金管理公司等非银行金融机构。金融机构参与的碳基金项目大都能收到互利共赢的效果，在帮助投资方履行减排义务的同时，解决发展中国家和地区CDM项目业务前期融资困难。典型的有世界银行通过其碳金融部门参与碳市场，管理多个碳基金，如碳伙伴基金（Carbon Partnership Facility）和森林碳伙伴基金（Forest Carbon Partnership Facility）。这些基金支持发展中国家和地区的减排项目，并通过出售碳信用来为这些项目提供资金。

4）中介服务机构。碳基金市场中的中介机构概括起来主要有：碳资产管理公司、碳信用评级公司、碳审计服务公司、碳交易法律服务机构、碳经纪商、碳金融信息服务机构、碳交易保险服务机构等。中介服务机构拥有专业咨询优势、融资优势，能够指导项目运行后各参与方按照项目属地政策要求，准备CDM项目的可行性论证和相关申报材料，确保能够顺利通过国内审批。

5）企业。企业是温室气体的直接排放主体，也是碳市场中数量最庞大的交易主体。一旦被选为控排企业，其就必须承担一定数量的碳排放的减排任务。当它的减排技术无法满足或者技术改进需要高昂的成本时，碳基金交易中套取的碳信用就能抵消企业的减排量。反之，企业有富余碳排放指标的时候也可以通过碳基金交易将企业的碳信用转化为资金，用于节能减排项目和低碳技术的开发。

6）个人。个人是低碳投资的主体，是相关国家法律规定具有投资于碳基金资格的自然人。投资资格既包括对自然人行为能力的规定，也包括对基金投资门槛的限定。当投资主体从机构投资者扩展到个人投资者时，标志着碳排放权交易市场的日益完善。目前，有少量特定的碳基金向个人投资者放开了门槛，允许个人通过交易的形式参与碳基金以获取收益。

6. 碳基金的运作机制

（1）碳基金的发起与设立。通常，各国法律对碳基金的发起人都做出了一定的资格条件限制，只有具备一定条件的私人部门和公共部门才能作为碳基金的发起人申请设立基金。大部分国家实行的是审批制，即设立碳基金（属于投资基金）必须经过证券监管机构的审查批准。对于碳基金的发起人，既可以是具备发行融资工具资格的政府，也可以是减排企业、碳资产管理公司或者国际组织和机构等。

在英国，要发起基金，必须首先成为基金行业协会的会员，而能否获得会员资格，要看是否符合"适当会员资格与要求"。例如：基金发起人有健全的组织机构和管理制度，财务状况良好，经营行为规范；有完善的内部风险控制、监察与稽核、财务管理及人事管理等管理制度；有明确可行的基金发起计划；有明确、合法、合理的投资方向；有明确的基金组织形式和运作方式；基金托管人、基金管理人近一年内无重大违法、违规行为等。

碳基金的设立一般可以包括如下流程：

第一步，发起人根据当前节能减排的现状、碳交易市场的状况以及投资人偏好程度，选取合适的碳基金的投资侧重点以及具体的基金形式。

第二步，发起人根据碳基金的所属类别和性质，选择确定基金管理人、托管人以及第三方参与人（注册会计师、律师、投资顾问等），并形成与他们的委托协议。

第三步，由发起人亲自或委托基金管理人、托管人制定基金文件。

第四步，发起人向主管机构递交设立碳基金的申请。一般来说需要提交的申请资料包括：申请报告、基金的设计方案和可行性研究报告、基金契约、基金章程、公开说明书以及相关国家主管机构规定的其他所需材料。申报时应提交的主要有申请报告和发起人情况。申请报告内容包括基金名称、拟申请设立基金的必要性和可行性、基金类型、基金规模、存续时间、发行价格等基本基金信息；发起人情况包括发起人的基本情况、法人资格与业务资格证明文件。

第五步，主管机构审批通过后，发起人在规定时间内发行基金的收益凭证。

（2）碳基金的发行与认购。

1）碳基金的发行。碳基金的发行是将基金证券或受益凭证向投资者销售的行为，是基金运行过程中最基本的环节。基金的发行市场又称基金的一级市场，作为基金市场最基本的组成部分。基金的发行内容包括确定发行对象、发行日期、销售方式、发行价格、发行面额以及发行区域。

按照碳基金的发行对象和发行范围的不同，基金的发行方式可以分为公募发行和私募发行两种形式。公募发行是指基金向社会公众发行的方式。相对而言，私募发行则是向少数特定的投资者或投资范围发行，通常，由于发行对象的数量较少，发行费用较低。

按照碳基金的销售渠道，基金的发行方式可以分为直接销售法和承销法两种。直接销售法是指不通过任何专门销售组织直接向投资人销售的发行方式，又称私募。承销法是指通过承销商来发行基金的发行方式，承销商通常由投资银行、综合性券商或信托投资公司来担任。承销商先按净资产价值购入基金凭证，然后再加上相应的销售费用，以公开的销售价格将基金凭证销售给投资者。根据承销商的构成不同，承销法又可以分为单一承销和集团承销。集团承销通常会由几个承销商组成销售集团，由不同承销商承担部分基金销售任务。

碳基金的发行价格是指基金受益凭证在发行市场上出售的价格，一般由三个部分构成，即基金面值、发行费用与销售费用。

2）碳基金的认购。碳基金的认购是与基金发行相对应的概念，是指投资者在基金的发行期内按照基金证券发行的公告或规定向基金管理公司购买基金单元的行为。通常认购价是基金的面值与认购费用的总和。对于个人和企业，认购的最低金额标准各不相同，初始认购金额应为个人最低认购金额的整数倍，但一般不超过最高认购金额。认购期内，投资者可以单次或多次认购基金。

认购费用和认购金额的基本计算公式：

$$净认购金额＝认购金额/(1+认购费率) \tag{6-47}$$

$$认购费用＝净认购金额×认购费率$$

$$认购利息＝认购金额×同业存款利率×期限（以年为单位） \tag{6-48}$$

$$认购份额＝(认购金额-认购费用+认购利息)/基金份额面值 \tag{6-49}$$

（3）碳基金的上市与交易。碳基金发行认购后，有部分类别可以在市场上进行买卖活动，处于封闭期和开放期的基金，其上市交易的形式有所不同。

1）封闭式碳基金的上市与交易。封闭式碳基金在首次发行后等同于将基金资产封存起来，投资者在基金存续期内不能将持有的基金受益权凭证赎回，而只能在证券交易市场挂牌交易，等同于上市的证券。封闭式基金的单位交易价格是基于基金单位的资产净值，且取决于市场的供求关系。通常，这类基金发行的基金单位为固定的数量，随着市场需求的变化，基金交易过程中会出现折价和溢价（相对于基金净值）现象。对于碳基金而言，由于其资金运用方向多为促进低碳项目开发和低碳技术创新方面，这类项目通常具有资金使用周期长、对资金配合度要求高等特征，因此碳基金通常选用封闭的形式，或设置较长的封闭期，保持资金存量的合理规模。

2）开放式基金的申购与赎回。对于开放式碳基金而言，其在经历了封闭期之后，都允许进行申购或赎回基金份额，这类交易实际上是在投资者和基金公司之间进行。

申购价格通常以申购当日的基金单位净值作为基础进行计价，按照一定金额进行申购，基金管理人在扣除申购费用以后，根据申购当日的基金单位净值计算投资者应得份额。

申购费用和申购份额的基本计算公式如下：

$$净申购金额＝申购金额/(1+申购费率) \tag{6-50}$$

$$申购费用＝申购金额-净申购金额 \tag{6-51}$$

$$申购份额＝(申购金额-申购费用)/基金份额面值 \tag{6-52}$$

与基金申购相对应的行为是基金赎回，与基金的认购、申购不同，它是以基金份额为单位提交申请，赎回的计价标准也是以基金净值为基础。

$$赎回总额＝赎回份额×赎回当日基金单位净值 \tag{6-53}$$

$$赎回费＝赎回份额×赎回当日基金单位净值×赎回费率 \tag{6-54}$$

$$赎回金额＝赎回份额×赎回当日基金单位净值-赎回费 \tag{6-55}$$

赎回后的剩余基金份额不能低于基金公司规定的最小剩余份额，且未被基金公司确认的份额也不能用于赎回业务。

（4）碳基金的集合管理。碳基金的集合管理包括：运行和管理碳基金的组织结构集合及运行机理，其核心为基金内部管理系统的内在联系、功能及运作机理。根据国际上现有的碳基金的运作模式和管理方式，碳基金的运作模式在运行架构、业务管理和风险管理方面具有明显的特征。

1）碳基金的运行架构。碳基金主要以信托（公司）、股份公司、有限责任公司的风险投资形式运行，大部分通过信托的方式在基金管理公司和基金投资者之间建立起托管人与受益人的关系，而非建立普通合伙、有限合伙、企业集团、寄托保管或其他除信托之外的法律关系。采用信托的方式，将基金的运作委托给具有丰富经验、专业技术的机构，能够借用专业机构的关系网络、经验和技能，节约出资方成本，降低碳基金运行中的风险，提高其运行效率。

图6-3为碳基金的运行架构，虚线方框内为碳基金运行的内部结构。碳基金的组织管理结构具备权力机构、监督机构以及执行机构三个层面。通常设置出资方大会作为碳基金的权力机构，由负责出资的政府或私营机构构成，其担负决定基金重大规划、重大事项的责任。由出资方大会选举出出资方委员会，作为碳基金管理权力的常设机构。

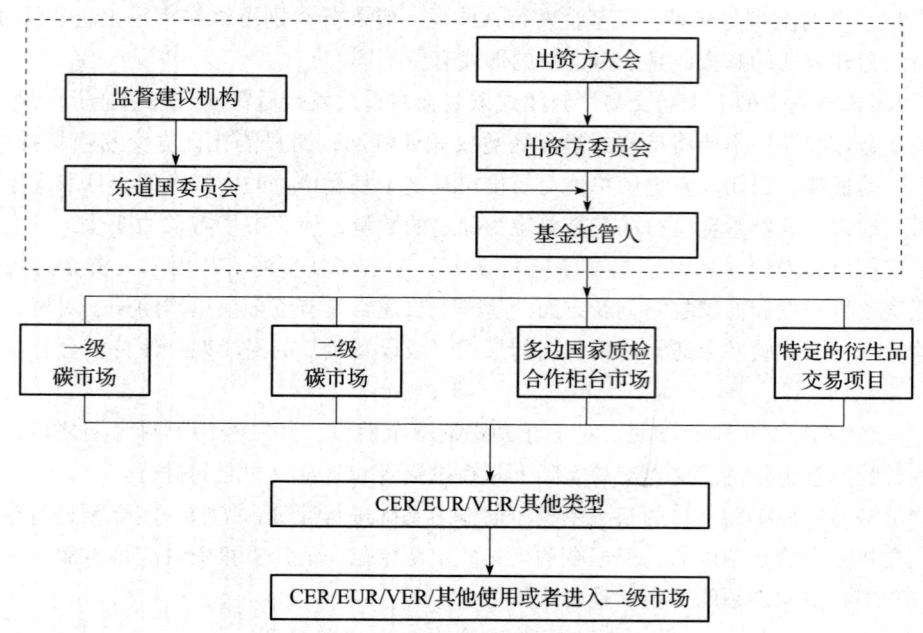

图6-3 碳基金的运行架构

值得注意的是，由于碳基金的投资范围涉及跨国家、跨地域的项目，碳基金中特设东道国委员会作为监督建议机构，由减排项目代表国参与。东道国委员会具有向托管人和出资人提出碳减排项目标准、碳排放量、项目执行以及利益共享等方面建议的权利。

出资方委员会委托基金管理公司进行基金的日常运行和管理。基金管理公司作为执行层，通常由国际双边或多边组织和专业的基金管理公司担任，独立于碳基金。基金管理公司通过设立基金管理团队，负责基金的管理和日常运营。

碳基金运行的最终目的是获取既定形式的碳信用，碳信用包括由清洁能源项目产生的CER、由联合履约项目产生的EUR、由自愿减排项目产生的VER以及其他类型。碳信用可以通过碳交易市场获得，包括一级碳市场（通过直接投资低碳项目或签订减排量购买协议）、二级碳市场（碳交易平台）、多边国家质检合作柜台市场（OTC市场）、特定的衍生品交易项目（与碳交易相关联）。碳基金主要投资于ERPA项目，即作为中间人将资金用于交易碳项目所产生的碳信用，但近年来直接投资的方式开始出现，即通过直接融资的方式将资金投资于碳项目的开发，而这种方式往往被碳市场中具备丰富经验的机构所采用。

对于从项目中获取碳信用，其运行的复杂性、影响因素的多边性远胜于从市场交易中获得。此处，以清洁发展机制（CDM）项目运行为例（见图6-4）。清洁发展机制项目开发到核证CER需要经历较长的时间周期，通过项目设计和描述、国家批准、审查登记、项目融资、项目监测、核实认证和签发核证 CER 七个流程，最终产生 CER。在这个过程中，碳基金不但为项目运行提供资金支持，还会依据自身的专业积累和信息优势为项目提供适当的指导和咨询服务。

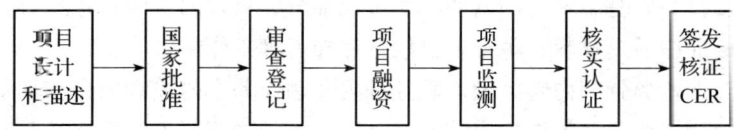

图 6-4　基于清洁发展机制项目的 CER 产生

碳基金在获取碳信用之后，会根据投资者的需求对碳信用做出适当的处置，主要包括两种方式：一是用以弥补碳排放量超额缺口；二是投入到二级碳交易市场进行交易，以获取收益。

2）碳基金的业务管理。碳基金的业务管理是由专业的碳基金团队负责，团队隶属于基金托管人。碳基金的专业管理团队由基金经理、核心工作人员和其他工作人员构成。在专业团队的支持下开展碳基金融资服务、专业支撑和市场服务，如图 6-5 所示。

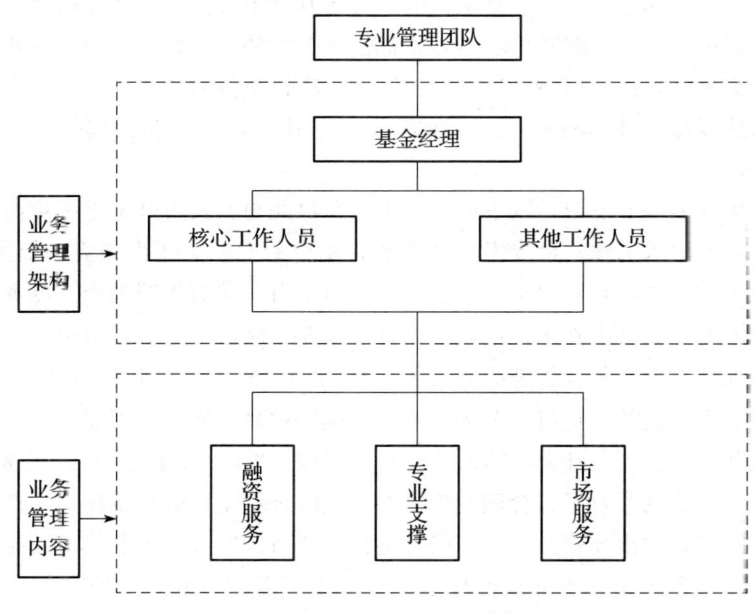

图 6-5　碳基金业务管理架构

第一，碳基金的业务管理架构。基金经理作为团队的首席执行官，对基金的日常运行全权负责，包括：确保基金运行中项目的选择符合相关的标准；监督项目的选择，对项目执行、运行做出评估；收集、组织、管理和传递基金托管人在基金运行中获得的信息和知识；代表基金与出资方、东道国进行接洽，并签订碳信用购买协议；选取基金工作人员，并监督基金的日常运营。

核心工作人员是基金运行的核心团体，负责基金的投融资、提供所需要的技术支持并提出碳基金运行的发展方向，因此碳基金的核心工作人员必须具备一定的专业知识：基金管理知识、商业化运行知识、金融和经济学知识、环境法律知识、环境资源知识、组织管理知识以及财务知识。只有构建一支学科背景复合化的专业队伍，才能胜任 CDM 项目单一或组合式管理、国际碳市场和排放量管制分析、项目和金融重组等任务。一般来说，核心工作人员的数量非常有限，且各自具有不同的专长。

其他工作人员作为碳基金专业团队的必要组成部分，负责团队内事务的协调、准备项目评估、执行和运行的前中后期材料、集合项目信息和知识等工作。

第二，碳基金的业务管理内容。融资服务是碳金融业务中的关键部分，其基本含义是为碳减排项目提供相应融资服务。不同性质的碳基金所提供的融资服务的类型是不同的，可以分为三类：一是在碳减排项目中所产生的碳信用交付的时候，支付购买资金；二是提供碳减排项目前期申请阶段的相关费用，如 CDE 项目中指定经营实体（Designated Operational Entity，DOE）的审定费用、DOE EB（执行委员会）的注册费用以及核证费用；三是在支付前期申请阶段费用的同时，按照约定支付一部分预估的购买减排项目碳信用的费用。碳基金的资金来源的不同决定了碳基金为项目提供融资服务的类型，通常私有碳基金只为碳减排项目提供第一项融资服务；公共基金和混合型基金会为碳减排项目提供第二项融资服务，但是也有少数的公共基金会为项目提供专业支撑是为了帮助碳减排项目的开发者开发出合格的碳减排项目，减少碳基金在碳减排项目中投资的风险，对碳减排项目开发提供综合性的专业技术指导。专业支撑业务提供的服务包括项目识别和筛选、项目开发、审定注册、项目执行和监督、项目开发方能力建设和项目出资方能力建设等。日本温室气体减排基金（JGRF）设立的相关部门专门指导碳减排项目的开发和执行。

相比之下，国际复兴开发银行旗下的基金由于项目经验、人力资源水平更高，因此其专业支撑部门结构和职能更为明晰。世界银行管理的碳基金的专业支撑由独立的专家顾问组完成，对基金运行的技术方面做出客观评估。专家顾问组由来自非政府组织的个人专家组成，以专家的个人能力和技术专长为标准甄选，搭建结构合理的专家队伍，对碳基金技术相关的问题提供反馈和建议。亚洲开发银行曾经管理的亚太碳基金㊀设有技术支持部门，帮助发展中国家建设持续从碳市场中获得稳定的项目流，并提高开发碳减排项目的能力。由此提供的市场服务涵盖项目选择，审批和核证，项目开发、执行和监督，管理开发四大综合性专业支撑。市场服务的目标是帮助碳减排项目的开发者以合理的价格和最优的条款出售碳减排项目中产生的碳信用额度，为项目的开发者提供市场服务。市场服务是针对项目开发方部分购买碳减排项目产生的信用额度的情形，当项目开发方全部从市场中购买信用额度的时候，市场服务一般是没有必要的。例如：亚太碳基金就提供市场服务，由亚洲开发银行推选一名合适的第三方人员作为出售方代表，由市场服务代表辅助，来选取符合条款最优、价格最合适的碳中介商。碳出售方代表和市场服务者在 CER 交易成功后将获得一定的劳务费用。二者收益的标准化文件由亚洲开发银行制定，且亚洲开发银行监督碳出售方代表和碳市场服务代表在交易中的合作情况。

（5）碳基金的风险管理。碳基金是一种集中资金、定向投入、专业管理的机制，基金在运行过程中会面临许多风险，如政策性风险、项目运行风险、审批风险、审查风险等。

1）碳基金的风险类型。碳基金的良好运行取决于两大因素：一是国际碳排放权交易市场的状况，这在很大程度上取决于国际社会关于气候变化问题的谈判结果及主要发达国家的温室

㊀ 此基金已经随国际碳市场规则调整而逐步退出，被整合至亚洲开发银行更广泛的绿色金融体系中。

气体减排政策，即政策性风险；二是 CDM/JI 项目中投入资金是否能够正常回收的风险，即项目运行风险。因此，碳基金运行中的风险管理主要针对政策性风险和项目运行风险。

项目运行风险主要是指 CDM/JI 项目中各个环节中的风险。以 CDM 项目为例，完整的项目流程从启动到形成 CER 需要经过若干环节。

在项目前期，CDM 项目在确立过程中面临着审批风险、审查风险以及注册风险。审批风险包括以下方面：一是 CDM 项目的有关内容与东道国的有关政策和经济发展目标不吻合所导致的风险；二是审批时间过长、环节过多所带来的不确定性风险。而这种不确定性与审批项目的复杂性成正比。审查风险是指经营实体按照有关规定在审核 CDM 项目时，对不符合规定的项目申请材料反复修改所带来的风险，一般采用征求公众意见和专家意见的方式。注册风险是指项目业主申报拟实施 CDM 项目后，若 3 位以上专家提出不同意见，就要对拟实施项目的有关材料进行认真反复审核所造成的风险。

项目实施的中期和后期又面临核证风险、CER 的交付风险和价格风险等。核证风险体现在检测计量思路、设备以及方法等方面，这主要是由 DOE 对检测计量的管理方法不科学、不规范导致，程度轻者会造成 CER 核证数据不准确，重则会使得 DOE 资格被取消。CER 的价格风险是指由于 CER 的市场价格波动对 CER 的卖方、买方可能带来的不利影响。CER 交付风险是 CDM 项目实际产生的 CER 不符合计划交付数量和质量的风险。交付风险大的主要原因：一是 CDM 项目的审批程序复杂、标准严格、周期长，CDM 项目技术发展不稳定；二是项目出资方和东道国环境政策协调的复杂性。CDM 项目在程序和方法学方面的复杂性会导致项目交易成本的上升，较高的设计费、包装费等将为项目业主带来巨大的沉没成本。

除此之外，碳基金还面临其他的风险，包括针对项目的融资风险以及 DOE 风险。项目的融资风险主要来源于以下几方面。一是项目现金流不匹配，现金流流入以碳信用交付为标志，而项目实施前期缺乏稳定的现金流作为借款资金的保证。二是项目所获得的现金流大小取决于项目业主对碳信用的议价能力，且议价能力与现金流大小成正比。以 CDM 项目为例，其大部分都发生在发展中国家，而这些国家的项目业主在碳信用（CER）议价方面能力往往较弱，导致最终所能够获得的现金流较小，从而增加了融资风险。三是与传统能源项目相比，项目的投资周期长、审批程序复杂、影响因素多，导致项目自身的运行风险较大，易于传染给金融机构等融资主体，导致融资风险较大。项目较大的融资风险在一定程度上会影响其可持续发展，进而对碳基金的发展造成不利影响。

DOE 风险是指 DOE 在工作中容易产生道德风险。在 CDM 项目中 DOE 充当第三方审定/核查机构，由于 CDM 项目的交易涉及项目的跨国审批和技术认证问题，DOE 受联合国清洁发展机制执行理事会（The United Nations CDM Executive Board）的要求负责 CDM 项目的注册和实际碳减排量的核实，而目前缺乏对 DOE 的监管措施，导致一些 DOE 在项目的材料准备和核查过程中实施一些不道德的行为，甚至提供虚假信息。

2）碳基金风险管理措施。鉴于上述可能面临的风险，在碳基金运行中要密切关注国际气候政策变化以及国际碳市场运行状况。控制好项目运行中各阶段面临的风险，明确项目各参与方不同时期的风险承担问题，采用风险分担机制，并充分利用外部专业力量，应对气候政策变化风险和项目运行风险，特别是对于国际气候谈判政策变化。针对碳基金面临的风险，具体的管理措施如下：

项目卖方风险控制。由于项目卖方是信息优势者，其主要承担项目开发阶段的风险。对于项目实施的地质条件、生产状况、市场需求等情况，企业的发展情景和经营能力等而言，项目合作方处于信息劣势地位。选取项目卖方作为风险承担者，能够有效地制衡、防止道德风险，强化其化解风险的能力。项目卖方承担的风险主要包括，项目实施条件变化风险、技术可行性和先进性风险、碳信用的交付风险，除此之外，项目卖方在审批风险（国内）上也应当承担相应的职责。

项目买方风险控制。按照规定，项目买方承担的风险主要有项目运行风险、碳信用价格波动风险和汇率风险。针对这些风险，相关方可以运用诸如气候衍生品、碳期货、碳期权等金融衍生品，以风险对冲或者碳保险的形式，有效分散和降低传统经营风险。

依托专业化中介机构，降低项目运行期总体风险。通过利用专业化中介机构，发挥其专业咨询优势、融资优势，并指导项目各参与方按照本国政府对项目的政策要求，准备项目的可行性论证和相关申报材料，确保能够顺利通过国内审批，控制项目运行中的风险。

（6）碳基金管理过程费用。在碳基金管理过程中发生的费用，即间接费用，主要包括基金管理费、基金托管费、基金运作费，这些费用由基金资产承担。间接费用一般是由相关的主管部门认可后，在基金契约或基金管理公司章程中订立。

第一，基金管理费。基金管理费是支付给基金管理人的管理报酬，费率通常与基金规模成反比，与风险成正比。其中，经理人管理年费是指基金管理公司为基金或基金公司提供专业化管理服务而每年从基金资产中提取的管理费。经理人管理年费是基金管理公司的重要收入来源，基金管理公司的各项开支不能另外在基金或基金公司中摊销，更无须另外再向投资者收取。管理年费的提取通常按基金资产净值的一定比例，每月月末提取，即按每个估值日基金净资产的一定比例费率，逐日累计至每月月末，由基金保管人从基金资产账户中支付给基金管理人。如果按日提取管理费，计算公式如下：

$$每日计提的管理费 = 计算日基金资产净值 \times 管理费率/当年天数 \qquad (6-56)$$

第二，基金托管费。基金托管费收取的比例与基金规模、基金类型有一定的关系，是基金托管人为保管和处置基金资产而向基金收取的费用。比如银行为保管、处置基金信托财产而提取的费用。托管费通常按照基金资产净值的一定比例提取。但托管人因未履行或未完全履行义务导致的费用支出或基金资产的损失，以及处理与基金运作无关的事项发生的费用，不得列入托管费。如果按日计提托管费，计算公式如下：

$$每日计提的托管费 = 计算日基金资产净值 \times 托管费率/当年天数 \qquad (6-57)$$

第三，基金运作费。基金运作费是保证基金正常运行而发生的由基金承担的费用。具体包括公告、通知、编制、翻译以及印刷年报、季报、月报等费用；基金上市交易时的各类费用（包括上市初费、上市月费、上市年费等）；基金应缴纳的一切税款及政府机关收费；基金成立费及受益人大会所支出的费用；为基金借款应付的利息；为基金投资所应支付的价金及有关直接购销费用；审计费、律师费、信息披露费、分红手续费、开户费等。

（7）碳基金的收益分配。碳基金投资收益的形式比较特殊，除现金收益外，还包括碳减排项目产生的碳信用。它不是资本的直接增值，而是通过投资获得碳信用，碳信用直接被受益人（投资人）用来抵消碳排放量，或者由碳基金转售给受益人（投资人）或在二级市场上出售以获得利润。投资人根据出资比率和契约约定来决定收益的形式、主体、金额和顺序。

在分配形式方面，常见的有分配现金、分配基金单位以及不分配三种形式。在碳基金中分配现金是一种较为常见的形式。分配基金单位是将等额的新基金单位送给投资者，实际上增加了基金的资本总额和规模。在不分配的形式下将净收益列入本金再投资，基金单位净值会增加。从分配主体来说，投资人、管理人各分得一定比率的收益，用于支付基金管理运营中的薪酬费用，剩余部分投入基金作为出资，支持基金的下一阶段运营。

以我国清洁发展机制基金为例，其根据《清洁发展机制项目运行管理办法》对基金收益进行的分配而言，清洁发展机制项目因转让温室气体减排量所获得的收益归中国政府和实施项目的企业所有。其中国家政府对在清洁发展机制项目中所取得的收益按照比例收取费用，具体征收比率为①氢氟碳化物（HFCs）和全氟碳化物（PFCs）类项目，国家收取转让温室气体减排量转让额的65%；②氧化亚氮（N_2O）类项目，国家收取转让温室气体转让额的30%；③《清洁发展机制项目运行管理办法》中的重点领域以及植树造林小项目等类清洁发展机制项目，国家收取转让温室气体减排量转让额的2%。这部分费用主要应用于支持与气候变化相关的活动，由财政部的基金管理中心对基金的费用使用情况进行管理。除了这部分国家规定征收用于支持国家环保事业的资金以外，剩余的都归企业所有。

不同的投资策略下，管理人期望获取的收益的形式会有所不同。购买信用的投资策略，基金管理人倾向于获取项目中产生的碳信用，用于弥补减排目标和潜在减排能力的差距。而风险投资型策略的基金管理人更倾向于通过投资项目的股权和债务，并提供专业化的技术支撑，获得更宽广的收益空间。

7. 碳基金估值、收益与绩效评价

（1）碳基金估值。在碳基金的运作当中，基金的单位价格会随着基金的资产值和收益的变化而变化。为了较为准确地对基金进行计价和报价，使基金的价格能够反映出其真实的价值，就必须对某个时点上基金每单位实际代表的价值予以估算。

碳基金资产净值是基金评估中的关键性概念，它是按照公允价格计算的基金资产的总市值在扣除负债后的余额，表示基金单位持有人的权益。计算公式如下：

$$基金资产净值 = 基金的总资产 - 基金的总负债 \tag{6-58}$$

$$基金单位净资产值 = \frac{基金资产净值总额}{估值的基金单位的总发行数} \tag{6-59}$$

其中，碳基金的总资产是指基金所拥有的全部的资产的总额，按照公允价值来计算；碳基金的总负债是指基金运行和融资过程当中所形成的负债，包括首期发行费、交易费、中介费、管理费以及托管费用等必要的开支。

基金净资产的估值方法按照投资对象不同有所差异，主要包括以下几种情形。

第一，以上市低碳公司证券如股票、认股权证等作为投资对象的碳基金，其资产净值按估值日当天证券市场的收盘价（以这种方法计算出来的基金单位净值称为未知价或事前价），或以估值日前5个交易日所投资对象的收盘价或平均值计算基金资产总值（该价格为已知价或事后价），估值结果由注册会计师审核签注。

第二，以未上市的低碳公司的股权作为投资对象的碳基金，其资产净值根据基金面值加上自认购日到计算日所产生的投资收益，或由指定的会计师事务所或资产评估机构进行估算。

第三，以具体的低碳项目为投资对象的碳基金，其资产净值由指定的会计师事务所或资产评估机构进行估算。

(2) 碳基金的收益。碳基金的主要收益形式有以下几种。

1) 股权投资收益。股权投资收益一般是指股息。股息是碳基金为购买公司的股权而享有对该公司净利润分配的权益，确切比率事前按照约定指定。碳基金还会采用股权投资的形式，投资于非上市或预备上市的低碳公司股权、已上市低碳公司定向发售的股权，包括普通股、可转债、优先股和其他各种附加选择权的股权工具等。

2) 碳信用形式收益。碳信用形式收益是以碳信用作为基本收益计价单位的收益形式，包括来自 CDM 项目、JI 项目以及自愿减排项目产生的碳信用。碳基金通过签订 ERPA，或给项目融资的形式促进项目的顺利进行，到项目结束和碳信用核证通过后，得到项目方交付的碳信用。这种收益形式有别于任何一种投资基金，是碳基金的特有收益形式，且对于以满足国家或企业减排目标为设立初衷的碳基金尤为重要。

3) 资本利得收入。资本利得收入即买卖碳信用的差价收入。通常，碳基金通过一级碳市场获取碳信用（碳配额或自愿减排项目碳信用），或在二级市场购入碳信用，再根据基金的投资策略于合适的价格出售，从而获取买卖价差收入。

值得注意的是，以上收益不是基金投资者直接获得，而是包含在基金单位资产净值当中，通过基金单位资产净值的增长按照基金契约的分配方式给予投资人。对于开放式的碳基金而言，其收益主要来自于基金份额净值增长和基金分红收益。基金份额净值增长以后，投资者赎回基金份额所得是减去认购、申购和赎回的费用之后的买卖价差。基金分红收益是指在符合有关基金分红条件下，基金管理人可以根据实际情况进行的收益分配。

(3) 碳基金的绩效评价。基金业绩评价的传统方法主要包括考察基金的单位净资产、投资收益率、回报率、净资产价格比等。这些指标考虑了基金组合式投资特性，却未能进行系统和合理的量化分析。在资产组合理论和资本资产定价模型提出之后，又陆续出现了一些业绩评价综合指标，其中最典型的有特雷诺指数、夏普指数以及詹森指数。在此基础上，基于对风险的不同计量或调整方式的不同，其他的风险调整衡量方法也相继被提出，包括多因素绩效评估模型、信息比率以及 M^2 测度。

1) 特雷诺指数。特雷诺指数（Treynor Ratio）是对单位风险的超额收益的一种衡量方法，以基金收益的系统风险作为基金绩效调整的因子，反映基金承担单位系统风险所获得的超额收益。该指数最早由杰克·特雷诺（Jack Treynor）于 1965 年在《哈佛商业评论》上发表的《如何评价投资基金的管理》一文中提出，也是首个评价基金业绩的综合指标。

在该指数计算中，特雷诺认为有效的投资组合能够完全消除单一资产的所有非系统性风险，系统性风险能够较好地刻画基金风险，故采用单位系统性风险系数所获取的超额收益率来衡量投资基金的业绩。而超额收益率被定义为基金的投资收益率与同期的无风险利率之差。特雷诺指数计算公式如下：

$$T_i = \frac{R_i - R_f}{\beta_i} \tag{6-60}$$

式中，T_i 为特雷诺指数；R_i 为 i 基金在样本期内的平均收益率；R_f 为样本期内的平均无风险利率；$R_i - R_f$ 为基金在样本期内的平均风险溢价；β_i 为基金投资组合承担的系统性风险。

特雷诺指数表示的是基金承受每单位系统性风险所获取超额收益的大小。无论市场是上升还是下降，指数值越大，表明基金承担单位系统性风险所获得的超额收益越高，基金具有较好的业绩。但指数隐含了非系统性风险被消除的假设，因此其只能反映基金经理的市场调整能力，而不能反映基金经理的分散化和降低非系统性风险的能力。如果非系统性风险不能被完全消除，指数就会带来错误的信息，这也是该指数的局限性。

2) 夏普指数。夏普指数（Sharpe Ratio）把资本市场线作为评估标准，是在对总风险调整基础上的基金绩效评估方式，反映了单位风险基金净值增长率超过无风险利率的程度。该指标由威廉·夏普（William Sharpe）于1966年在美国学术期刊 The Journal of Business 上发表的《共同基金的业绩》一文中提出，计算公式如下：

$$S_i = \frac{R_i - R_f}{\sigma_i} \tag{6-61}$$

式中，S_i 为夏普绩效指标；R_i 为 i 基金在样本期内的平均收益率；R_f 为样本期内的平均无风险利率；$R_i - R_f$ 为 i 基金在样本期内的平均风险溢价；σ_i 为 i 基金收益率的标准差，即基金投资组合承担的总风险。

夏普指数和特雷诺指数一样，都能够反映基金经理的市场调整能力。特雷诺指数只考虑系统性风险，而夏普指数同时考虑系统性风险和非系统性风险，即总风险。因此，夏普指数还能够反映基金经理分散化和降低非系统性风险的能力。

如果夏普指数为正值，说明在衡量期内基金的平均净值增长率超过了无风险利率，夏普指数越大，说明基金单位风险所获得的风险收益越高。反之，则说明了在衡量期内基金的平均净值增长率低于无风险利率，基金的投资表现不佳。而且当夏普指数为负时，按大小排序没有意义。

夏普指数尽管计算非常简单，但在具体运用中仍然需要对其适用性加以注意：第一，用标准差对收益进行风险调整，其隐含的假设就是所考察的组合构成了投资者的全部，因此只有在众多基金中选择购买某一只基金时，夏普指数才能作为重要依据；第二，夏普指数必须以相同的无风险利率借贷假设作为基础；第三，夏普指数是线性的，但在有效边界上，风险与收益之间的变换并不是线性的，因此，夏普指数在对标准差较大的基金的绩效衡量上存在偏误；第四，夏普指数未考虑组合之间的相关性；第五，夏普指数的计算结果与时间跨度和收益计算的时间间隔的选取有关。虽然夏普指数在运用中受到诸多限制，但由于其计算简单和不需要过多的假设，因此依旧被广泛采用。

3) 詹森指数。詹森指数（Jensen Ratio）是一种以资本资产定价模型为基础的评价基金业绩的绝对指数。该指数由詹森在美国学术期刊 The Journal of Finance 上发表的《1945—1964年共同基金的业绩》一文中提出，计算公式如下：

$$J_i = R_{i,t} - [R_{f,t} + \beta_i (R_{m,t} - R_{f,t})] \tag{6-62}$$

式中，J_i 为詹森绩效指数；$R_{m,t}$ 为市场组合在 t 时期的收益率；$R_{i,t}$ 为 i 基金在 t 时期的利率；$R_{f,t}$ 为 t 时期的无风险利率；β_i 为基金投资组合所承担的系统性风险。

与特雷诺指数和夏普指数不同，詹森指数是综合考虑风险和收益的绝对指数来评价基金业绩，表示基金的投资组合收益率与相同系统风险下市场投资组合收益率的差异，当指数值大于零时，表示基金的绩效优于市场投资组合绩效，而运用于基金之间的比较时，詹森指数越大越好。

詹森指数奠定了基金绩效评估的理论基础，也是至今为止使用最广泛的指数模型之一。但是，詹森指数评估基金总体绩效时隐含了一个假设，即基金的非系统性风险已通过投资组合彻底分散掉，指数模型只反映收益率和系统性风险因子之间的关系，而如果基金的非系统性风险没有完全分散掉，詹森指数可能给出错误信息。

4）信息比率。信息比率（Information Ratio）是以马科维茨的均值方差模型为基础，可以用于衡量均异特性。信息比率计算公式如下：

$$\mathrm{IR} = \frac{\overline{D}_P}{\sigma_D} \tag{6-63}$$

式中，$D_p = R_p - R_b$ 为基金与基准组合的差异收益率，$\overline{D}_p$ 为差异收益率的均值；σ_D 为差异收益率的标准差。

基金收益率相对于基准组合收益率的差异收益率的均值，反映了基金收益率相对于基准组合收益率的表现，基金收益率与基准组合收益率之间的差异收益率的标准差，通常被称为跟踪误差（Tracking Error），反映了主动型管理的风险。信息比率越大，说明基金单位跟踪误差所获得的超额收益越高。因此，信息比率较大的基金的表现要优于信息比率较小的基金。

5）M^2 测度。M^2 测度指数是对于夏普指数的修正指数，其最早由费兰克·莫迪格利安尼（Franco Modigliani）和其孙女李·莫迪格利安尼（Leah Modigliani）在美国《资产组合管理学刊》上发表的《风险调整的业绩》一文中提出。他们将国债引入基金的实际资产组合，构建一个虚拟的资产组合，使其总风险等于市场组合的风险，通过比较虚拟资产组合与市场组合的平均收益率来评价基金业绩，计算公式如下：

$$M^2 = R_{p^*} - R_m = S_p \times \sigma_m + R_f - R_m = \frac{\sigma_m}{\sigma_p}(R_p - R_f) + R_f - R_m \tag{6-64}$$

式中，M^2 为测度指数；R_{p^*}，R_m 为基金 p 在 σ_p，σ_m 水平下的平均收益率；σ_m，σ_p 为市场组合 m 和基金 p 的标准差；R_f 为无风险利率。

该风险评价的基本思想就是通过无风险借贷，将被评价的组合（基金）的标准差调整到与基准水平相同的水平下，进而对基金的相对基准指数的表现做出考察。

由于 M^2 测度实际上表现为两个收益率的差，比夏普指数更容易被人们接受，但 M^2 测度和夏普指数对基金绩效的排序是一致的。

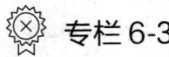

专栏 6-3

中金资本联合长城资产发起 20 亿元双碳基金募资

2024 年 1 月 29 日，中国国际金融股份有限公司（简称"中金公司"）与中国长城资产管理股份有限公司（简称"长城资产"）战略合作协议签约仪式暨中金长城（厦门）双碳产业股权投资基金设立仪式成功举办。

中金资本与长城资产共同发起设立中金长城（厦门）双碳产业股权投资基金合伙企业（有限合伙），该基金已完成备案，规模为 20 亿元，重点布局与"双碳"主题相关的能源转型方向。以该基金设立为契机,中金公司和长城资产的战略合作标志着双方全面深化合作。未来,中金公司和长城资产将全面推动双方的资源共享与专业合作,充分发挥各自的专业优势,在资产管理、私募投资、研究支持、交易投资、客户拓展等方面开展全方位合作,推动强强联合、优势互补,开展多层次、多领域、全方位的金融业务合作,实现互利共赢。

中国长城资产管理股份有限公司成立于 2016 年 12 月 11 日,由中华人民共和国财政部、全国社会保障基金理事会和中国人寿保险(集团)公司共同发起设立,前身是国务院 1999 年批准设立的中国长城资产管理公司。长城资产自成立以来,始终秉承"化解金融风险、提升资产价值、服务经济发展"的职责使命,持续聚焦主责主业,服从服务国家经济金融改革发展大局,为国家金融系统稳定和实体经济发展做出了积极贡献。

中金资本是中国国际金融股份有限公司的私募投资基金业务运营平台,管理中金公司境内外私募投资基金业务,已发展成为中国领先的私募投资管理机构之一。目前,中金资本管理的基金类型涵盖人民币企业股权投资基金、母基金、基建基金、美元企业股权投资基金等。

资料来源:碳排放交易网。

6.3.2 碳基金投资原则

碳基金作为一种常见的碳金融工具,与碳市场上的其他金融工具相同,管理和运营需要遵循收益性、安全性和流动性原则。此外,由于其投资领域的特殊性,它还必须兼顾公益性原则。

(1)收益性原则。碳基金的收益性是指其基金的投资要获得一定的收益作为资金运用的回报。碳基金的收益形式有别于其他投资基金,它是以碳信用或碳信用交易的资本利得作为回报。收益性原则要求碳基金在投资过程中要按照约定的投资目标获取足额的碳信用,富余资金可进入二级碳市场获取价差收益。

(2)安全性原则。碳基金的安全性是指其按期实现收益的可靠性,即可靠性越高,安全性就越高;可靠性越低,安全性就越低。安全性原则要求碳基金在进行投资决策时必须对项目的预期收益和预期风险做出合理评估,并做好应对预案。

(3)流动性原则。碳基金投资的流动性是指投资标的转化为现金的能力。流动性原则要求碳基金在投资标的选择方面,要兼顾其转变为现金的能力。投资原则之间呈现对立统一的关系。基金投资的安全性和流动性呈正相关,和收益性呈负相关;流动性和收益性呈负相关。在多数情况下,基金的安全性越高,其流动性就越强。由于基金收益与风险呈正相关关系,基金的风险越高,收益性就越强,基金投资的安全性也就相应降低;反之,基金安全性越高、流动性越强,收益性就越低。由于碳基金种类繁多,不同类别的碳基金在各原则的权衡中有所偏重。公益性毋庸置疑作为投资原则之首,强调了碳基金的设立目标和用途,对于所有的碳基金而言,其设立和投资的初衷都是支持低碳经济和减少碳排放。而对于那些有进取性质的碳基金而言,其会将收益性作为较为重要的原则。无论对于何种碳基金,流动性原则和安全性原则都是需要恪守的准则,是基金顺利持续运行的基本保证。

(4)公益性原则。绿色发展和可持续的低碳发展已成为当今世界的时代潮流,转变经济发展方式,从高投入、高消耗、高排放的经济增长模式转变为资源节约、环境友好型经济增长模式是不容逆转的趋势。碳基金的产生源于用经济手段解决环境问题的必要性,专注于支持绿色能源项目的研究、开发和推广，这是碳基金在日常投资管理中的首要原则，体现了碳基金与其他基金工具的区别。

6.3.3　碳基金投资目标

碳基金集中于投资温室气体减排项目或碳信用，从中获得回报并达到减排的效果，回报形式为碳信用或现金。具体而言：碳基金一般是大规模的资金投入，为大型减排项目提供资助；碳基金通过基金管理者专业性的挑选、组合与开发减排项目获益；碳基金在资助项目时根据项目风险程度提供碳信用购买报价。

由于碳基金设立方式不同，其预期达到的目标也各不相同。根据碳基金设立的驱动力不同，碳基金设立的目标可以分为实现减排承诺、盈利性投资、自愿减排以及其他目标。其中实现减排承诺为碳基金设立的主要目标，而以自愿减排或其他目标设立的碳基金只占总量的很少部分。

第一，实现减排承诺。以实现减排承诺为设立目标的碳基金，通过投资 CDM 项目和 JI 项目获取碳信用，缩小《京都议定书》中规定的本国减排目标与国内潜在减排量之间的差距，帮助企业和公共部门减排，实现碳减排数量承诺。而由此获得的附加效应是促进低碳技术的研发，并加强碳管理技术。该类基金通过提供技术和资金的形式促进项目的开发，具有价值投资的特性。这类投资目标的资金着重于解决国家范围内的碳减排问题，涵盖以企业为主的私人部门以及公共部门，公益性较强，其大多数都是由政府部门设立。

第二，盈利性投资。以盈利性投资为设立目标的碳基金，通过从一级碳市场获取碳信用，并将其重新投入二级碳市场中进行交易，从中赚取两个市场的差价，即高出原始购买价的部分作为利润。由于这类基金以获得商业利润为目标，其大部分由私人机构和企业设立，也有部分是政府部门设立。

第三，自愿减排。以自愿减排为目标设立的碳基金，通过购买碳信用抵消自身经营活动中所产生的碳排放量，实现"碳中和"，促进自身的可持续发展。其碳信用的取得也是通过一级市场，主要有购买补偿项目和购买碳信用两种方式。前者通过投资进入已开发为 VER 的项目，形成买卖协议，一般补偿项目所产生的 VER 会有较为固定的价格。后者利用该基金投资开发 VER 项目或者投资碳汇项目，以实现碳中和。这类基金管理机构多由私人部门、社会团体和公司组成，由于其设立依附于具备自愿减排意识和能力的主体，因此其数量很少。值得注意的是，银行、基金机构等金融行业主体纷纷投资于以自愿减排类为主的碳基金，同时为其承担一定的碳减排责任。例如，绿色能源行动加拿大基金，该基金致力于购买碳信用，用于加拿大国内希望抵消碳排放的公司。

第四，其他目标。除了上面提到的三种目标以外，还存在具有其他投资目标的碳基金。比较有代表性的有：从全球碳减排格局出发，增强发展中国家从减排市场中的受益能力，确保碳金融在致力于缓解全球环境问题的基础上能够贡献于可持续发展。世界银行参与设立和管理的碳基金都有世界银行政策的"烙印"，其除了完成本国的目标以外，还需要与世界银行合作完成其战略目标。联合国规划署与富通银行合作的碳基金、世界银行社区发展碳基金等基金都具有这类性质。

6.3.4 碳基金投资策略

碳基金的投资策略是对投资项目根据不同的需求和风险承受能力进行安排、配置，包括选择投资项目类型、配置投资项目比例、安排投资周期等内容。不同种类的碳基金对应不同的投资策略，常见的投资策略包括购买信用、风险投资以及混合投资等。其中，购买信用和风险投资为最主要的策略类型。这两种投资策略的最终目标都是获得碳信用。

购买信用投资策略专门通过签订减排购买协议获得来自CDM/JI碳减排项目产生的碳信用，主要包括两个环节：第一个环节按照签订购买协议的规定从CDM/JI减排项目（一级碳市场）获取碳信用；第二个环节将获取的碳信用用于抵消强制碳减排的数量或进入二级市场出售碳信用以获取利润。由于购买信用策略进入一级市场的程度较浅、风险较小且能够满足碳基金的设立目标，因此，该策略是碳基金最早采用的投资方式，且在碳基金投资策略选择中占比最大。采用购买信用投资策略的碳基金的例子包括：世界银行旗下的几个碳基金，如碳伙伴基金和森林碳伙伴基金。通过购买发展中国家的碳信用来支持减排项目，这些基金通常投资于森林保护、可再生能源和能效提升等项目。Althelia Climate Fund是一个致力于气候和环境影响投资的基金，它通过直接投资于碳减排项目，并购买这些项目产生的碳信用来获取收益，该基金着眼于生态系统保护和可持续土地使用等方面。Climate Change Capital Carbon Fund投资于全球范围内的减排项目，并通过购买和销售碳信用来实现收益。Pioneer Climate Change Fund主要投资于欧洲的碳减排项目，并购买这些项目产生的碳信用。它们专注于合规市场内的交易，同时也探索自愿市场的机会。

风险投资策略并非单纯给减排项目签订购买协议提供资金，其还向减排项目提供专业技术支持和管理经验，促进碳减排项目的充分开发，且针对新型碳市场或小型低碳减排企业。该策略更倾向于对项目的价值投资，因此其能够对减排项目的启动、开展和完成起到至关重要的作用。

风险投资策略对技术专业性和管理水平要求较高，因此需要拥有丰富经验的项目开发管理公司主持碳基金，而它们也通常作为碳信用的中间商。其中比较有代表性的有益可环境国际金融集团（EcoSecurities Group PLC）、荷兰国际能源系统集团。荷兰国际能源系统集团是CDM项目的发展商和咨询商，即中介兼买家，已经利用多种技术在中国开展CDM项目并将获得的CER出售给那些承担《京都议定书》和欧洲交易机制减排义务的参与者。

采用风险投资策略的碳基金的典型代表为德夏碳基金（Dexia Carbon Fund）和气候变化投资碳基金（Climate Change Investment Carbon Fund）。德夏碳基金由德夏银行创建和管理，基金主要投资于CDM项目、JI项目和自愿减排项目，专注于诸如澳大利亚和新加坡等新兴的碳市场。气候变化投资碳基金由第一气候变化资产管理公司创建，基金承诺投资1.09亿欧元。其专注于传统CDM项目和JI项目的股权资本与债务的投资，并通过收取碳信用获益。投资项目地点主要在拉丁美洲国家以及印度、中国和东南亚地区等。

近年来，采用风险投资策略的碳基金增长迅速。这主要基于以下原因：首先，由于采用风险投资策略的碳基金直接参与项目的运行，能够以相对较低的价格获取较高的碳信用；其次，碳信用市场价格上升，促使碳基金向风险程度更高的项目型风险投资策略转变；最后，难以获得信用型碳基金的小型碳减排项目业主为采用风险投资策略的碳基金提供了一片蓝海。

混合投资策略采用非单一化的投资策略，整合购买信用、风险投资等多种投资策略。该策略下的碳基金可以根据总体投资回报目标和风险控制要求，分配不同投资策略所占份额，通常投资策略的选择在基金设立之初就已经做出了具体的规定。混合投资策略相较于前两种策略，在具体投资过程中灵活性较高，这表现在不同投资策略可有多种组合方法上，同时风险分摊程度也较高。

混合策略基金的一个典型代表为碳资产基金（Carbon Asset Fund），该基金由PlaneTree资产管理公司管理，PlaneTree资产管理公司是一家专业投资私人股权的投资公司。该基金的投资目标包括两大部分：一是投资于项目关联方公司的股权；二是从美国在拉丁美洲地区的可再生能源项目中购买CDM项目碳信用。基金的总体投资目标是5 000万~7 000万欧元。

混合投资策略基金的另一个典型代表为欧洲投资银行（European Investment Bank，EIB）的欧洲碳基金（European Carbon Fund，ECF）。EIB是该基金的主要投资者之一，ECF专注于投资欧盟排放交易体系（欧盟排放交易体系）下的项目，例如可再生能源、能效提升、废物管理和其他减排项目，并从这些项目产生的碳信用中获益，ECF不仅投资于直接产生碳信用的项目，还通过投资于碳市场的金融产品（如期货和期权）来分散风险，同时利用市场价格波动获得收益。

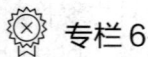

专栏6-4

碳基金

案例1：2015年，深圳嘉碳资本管理有限公司创立"嘉碳开元基金"，募集资金投资于国内一、二级碳市场、新能源及环保领域中自愿减排量项目。嘉碳开元基金的产品包括"嘉碳开元投资基金"及"嘉碳开元平衡基金"。其中，"嘉碳开元投资基金"的基金规模为4 000万元，而"嘉碳开元平衡基金"的基金规模为1 000万元，二者均主要投资于核证减排项目及碳市场等。

案例2：亚洲开发银行（简称"亚行"）于2021年11月10日在《联合国气候变化框架公约》缔约方大会第二十六次会议（COP26）上发行了气候行动催化基金（CACF）。该基金通过在国际市场上购买转移减排成果或碳信用来调动碳金融，以增强亚太地区温室气体减排行动的财政可行性。亚行主管知识管理和可持续发展的时任副行长班庞·苏山多诺（Bambang Susantono）表示："应对气候变化的成败在于亚太地区，因此发展中成员获得资金以实现其国家自主贡献目标和向净零排放经济体转型至关重要。"气候行动催化基金旨在从国家和地方政府或其机构，以及亚行成员的公共部门和私人部门实体调动超过1亿美元的资金，以促进对实现《巴黎协定》目标和可持续发展目标的重要投资。基金主要支持相关变革性行动，包括温室气体减排项目、规划以及诸如部门和政策干预之类的复制推广活动。并且亚行宣布将2019—2030年对发展中成员的气候融资金额提高至1 000亿美元。亚行还承诺确保其至少75%的业务将支持气候行动。

案例3：2014年12月30日，海通新能源股权投资管理有限公司（简称"海通资管"）与上海宝碳新能源环保科技有限公司（简称"上海宝碳"）在上海环境能源交易所的帮助和推动下成立规模 2 亿元的专项投资基金——海通宝碳 1 号集合资产管理计划（简称"海通宝碳基金"）。海通宝碳基金是迄今为止国内最大规模的 CCER 碳基金，其提升了碳资产价值，填补了碳金融空白，所具有的突破性和创新性对整个碳金融行业有着深远的意义和影响。海通宝碳基金由海通资管对外发行，海通资管和上海宝碳作为投资人和管理者，对全国范围内的 CCER 进行投资。海通宝碳基金的成立有助于活跃碳市场，激发更多金融机构掀起碳市场的投资热情，加大资金对新能源和节能减排项目的支持力度，为全国碳市场的发展奠定坚实基础。

案例 4：华碳基金成立于 2014 年 1 月 6 日，属于中科华碳（北京）信息技术研究院旗下内部私募基金，是国内首家开展扶持开发 CCER 碳减排指标的碳基金，该基金依托于中国碳排放交易网（www.tanpaifang.com），并于成立当日启动了"中国碳资产开发扶持计划"，除了帮助企业开发碳指标，给予优质项目资金扶持和技术支持以外还可以收购碳指标。

案例 5：2022 年 6 月 28 日，中国市场首批碳中和交易型开放式指数基金（ETF）正式获批。首批获批的 8 只碳中和 ETF，分别为工银瑞信基金、汇添富基金、易方达基金、富国基金、南方基金、招商基金、大成基金、广发基金上报的产品。碳中和 ETF 追踪的是中证上海环交所碳中和指数，从指数编制来看，该指数是从沪深市场中选取 100 只业务涉及清洁能源、储能等深度低碳领域，以及高碳排放行业中减排潜力较大的上市公司证券作为指数样本。Wind 数据显示，截至 2022 年 6 月 28 日，碳中和指数全面覆盖了碳中和受益行业，其中深度低碳领域占比约 2/3，覆盖了新能源车、新能源发电、储能以及减碳固碳技术等；高碳减排领域占比约 1/3，覆盖钢铁、化工、有色金属以及火电等。2022 年 5 月 9 日，华宝基金、建信基金、上投摩根三家基金公司上报了中证碳中和 60ETF。2022 年 5 月 27 日，嘉实基金上报了碳中和 ESG 主题混合型发起式基金。2022 年 6 月 17 日，华安基金及景顺长城基金分别上报了中证上海环交所碳中和指数型发起式基金、中证上海环交所碳中和指数基金。

案例 6：2022 年 1 月 24 日，IDG 资本联合基金战略投资方香港中华煤气有限公司共同宣布，成立国内首只零碳科技投资基金（简称"零碳基金"或"基金"），基金总规模为 100 亿元，首期募资规模为 50 亿元。零碳基金是迄今国内第一支以"技术投资+场景赋能"为主题的零碳科技基金。据悉，该只零碳基金将重点投资太阳能、风能、动力电池、储能、智能电网、氢能、碳交易及管理等零碳科技相关创新领域。过去近 20 年间，IDG 资本持续在新能源领域布局，并在多个细分赛道进行系统化布局。当下，碳中和投资热潮席卷创投圈，碳中和推动的能源转型是一次大型的需求替代过程，进入 2022 年，VC/PE 开始全面杀入这一领域。"零碳"更多地是强调通过技术在二氧化碳产生的时候做到低排放、零排放。我们熟悉的零碳能源包括：太阳能、风能、氢能等。英文中 Net Zero 常常涵盖所有温室气体达到排放中和的状态，而不只是二氧化碳，还包括水汽、氧化亚氮、氟利昂、甲烷等温室气体。

第7章

CHAPTER 7

碳金融风险

学习目标

1. 掌握碳金融风险的定义及其分类。
2. 理解碳金融衍生品的定义、分类及其特征。
3. 掌握碳金融风险的识别、评估、度量与管理。
4. 了解碳金融衍生品的风险管理。

开篇案例

工商银行开展火电行业碳交易压力测试研究

2019年,中国工商银行现代金融研究院与北京环境交易所决定联合成立课题组,在工商银行此前开展的商业银行环境风险压力测试研究的基础上,选定了最具代表和现实意义的情景,基于工商银行的实际数据,按五步法进行火电行业碳交易压力测算分析:第一步,选择需要测试的火电企业客户资产组合;第二步,选择碳价水平、行业基准线、有偿配额比例以及电力减排技术应用等主要压力因素,在低、中、高三种压力情景下计算出承压指标"度电成本增加值";第三步,选择商业银行的承压对象并确定承压指标;第四步,结合碳交易压力测试情景,构建度电成本对商业银行的压力传导模型;第五步,执行商业银行火电行业信贷资产的压力测试,进行结果分析。通过以上五个步骤,有效打通碳交易机制和商业银行之间风险传导的链路。

由于构建碳价压力传导模型是碳交易压力测试的核心,需要综合考虑碳价风险对商业银行资产负债表、现金流量表和利润表等诸多方面的影响,并从成本、收益、风险等多个角度模拟和构建风险传导路径。课题组采用"自下而上"的方法,全面分析碳价因素对企业财务状况的主要影响,根据财务报表的钩稽关系推算出压力情景下新的财务报表,结合工商银行客户评级模型得出压力情景下企业信用等级和违约概率的变化情况,以及违约概率与不良率的关系,最终得出火电行业在压力情景下的不良率增长情况。

压力测试的结果显示,虽然碳减排可能会对火电行业信用风险产生一定影响,但是对工商银行的风险影响整体是可控的,部分火电企业还可以通过碳交易获利,据测算,在轻、中、重三种压力情景下,通过碳市场获利的客户比例分别可以达到37.27%、24.85%和11.22%。本次碳交易压力测试的成功实践，为控排企业与金融机构深入了解和参与全国碳市场、为绿色经济发展和金融风险管理提供了有益借鉴。

资料来源：《产权导刊》，《创新开展碳交易压力测试 强化金融机构风险管理：工商银行火电行业碳交易压力测试案例》2022年。

金融管理的核心是风险管理。碳金融是依托碳排放权交易的金融行为，作为金融范畴的碳金融管理和创新，其核心必然与风险的识别、风险分析和管控紧密联系。因此，碳金融的风险与防控仍是碳金融管理和发展的核心内容。当前各国碳金融制度尚不完善，碳金融体系及相关配套措施发展滞后。要想更好地发展碳金融，就必须把控好风险。只有这样，政策制定者、监管者及碳金融产品的利益相关者才能依据风险模型管控风险，碳金融市场才能更加繁荣、更好地发挥其作用，为实体经济的发展服务。

7.1 碳金融风险概述

7.1.1 碳金融风险定义

"风险"一词与早期的航海贸易和保险业密切相关，在14世纪的某意大利文献中，风险被理解为客观的危险，表现为自然现象或者航海遇到礁石、风暴等事件。随着时间的推移，风险的内涵逐步扩展。尤其是近一个世纪以来，风险研究领域涌现出大量的文献，涉及自然科学、社会科学中的诸多学科，这些学科都从各自的角度对风险进行了定义。例如，以贝克为代表的社会学者将风险理解为一种认知，认为风险是"一种应对现代化本身诱致的灾难与不安全的系统方法"。在经济学领域，美国学者海斯认为风险是"损失发生的可能性"。1921年，另一位美国学者奈特在其经典著作《风险、不确定性和利润》一书中，用是否可度量为标准，首次明确地区分了风险与不确定性：可度量的是风险，不可预见和计量的是不确定性。此后还有许多学者对"风险"给出了自己的理解，代表性的观点如下：

- 风险是指结果的任何变化。
- 风险是预期收益（通常是资产或附息负债的价值）的不确定性。
- 风险通常是多种不确定性因素对盈利造成的负面影响。

为了研究风险，除了要对未来的结果及其发生的概率进行精确的描述外，还应该进一步考虑对不确定性的评估。不确定性只是风险的必要条件，而不是充分条件。即便面对同样的不确定性，不同的人类活动所受到的影响也是不一样的。例如，天气对农业的影响远远大于对工业和金融业等行业的影响，有时候这种影响甚至截然相反。如干旱会使农民的种植业遭受损失，却可能给生产农产品替代品的厂商带来商机。

风险是指在某一特定环境下、某一特定时间段内，某种损失发生的可能性，由风险因素、风险事故、风险损失等要素构成。学术界在风险概念的解释上主要有以下两种观点。

第一种观点认为风险是事件未来可能发生的不确定性。该观点认为风险主要表现为不确定这种观点下风险产生的结果可能带来损失、获利或是无损失也无获利，属于广义风险，碳金融风险属于此类。

第二种观点认为风险是损失发生的不确定性。该观点认为风险主要表现为损失的不确定性。风险只能表现出损失，没有从风险中获利的可能，此种风险属于狭义风险。

碳金融是应碳市场不断发展中出现的金融需求而产生的，泛指所有服务于温室气体减排的金融活动，包括碳排放权及其衍生品的金融交易活动、低碳减排项目的投融资活动以及其他相关的金融中介服务活动。碳金融活动中同样伴随着风险的产生并受其影响。

目前，国际对于碳金融风险还没有统一的界定标准，基于国际上对碳金融和碳金融风险的研究，本书将碳金融风险定义为：碳金融活动过程中交易主体及经济社会遭受损失的不确定性。碳金融是依托碳排放权交易的金融行为，因此作为金融范畴的碳金融管理和创新，其在表现上同样具有普遍性、隐蔽性、扩散性、复杂性、周期性和可管理性等金融风险特性。

（1）普遍性。碳金融作为金融活动的一种类型，其风险同样具有普遍性，金融风险普遍地存在于所有的金融活动中。虽然现实生活中人们常称某些金融业务是"无风险业务"，但是这并不表明这些活动绝对没有风险，而是相比较而言这些活动的风险极低，乃至可以忽略不计，碳金融风险同样如此。例如，我们通常说国库券是无风险的，实质上是指与企业债券、股票等相比，国库券的发行者是政府，一般不会出现违约等现象，尤其是在短期内几乎不会出现违约。但也有例外发生，如在2019年和2021年，美国政府面临债务上限问题，这引发了国库券的风险。由于政府无法再借入更多资金支付债务，导致国库券无法按时兑付本息。另外，即使不存在信用风险，投资国库券还可能出现其他风险，如流动性风险、操作风险等。因此，从严格意义上来说，所有金融活动的风险只存在大小之分，不存在完全无风险之说。

（2）隐蔽性。金融活动的一个典型特点就是可以创造信用，这能让经济主体在很长一段时间内得以继续维持、掩盖或补救已经失败的信用关系或已经发生的损失。通常情况下，一个不能按期偿还债务的企业往往意味着存在较大的财务风险，但该企业却可以通过借新还旧的方式将风险掩盖起来。金融风险的隐蔽性还来自金融活动的不透明，例如，Wirecard是德国一家支付处理公司，它在2020年曝出重大丑闻。该公司被揭发涉嫌虚假会计和财务舞弊，其巨额债务和不存在的现金储备被曝光。这个事件引发了公众对于公司财务报告权威性的质疑，揭示了金融活动中的不透明和潜在的风险。当然，金融风险的隐蔽性是一柄双刃剑，既可能加剧损失的严重性，也有可能为风险承担者赢得缓冲和弥补损失的机会。

（3）扩散性。作为现代经济的核心，金融活动已经渗透到了经济生活的方方面面，金融主体间的联系也日益密切，各种债权债务关系、交易关系错综复杂，金融风险的发生也因此具有强烈的扩散性效应，由小到大、由此及彼、由单个主体到整个体系，其范围和强度是一个不断扩大的过程。2007年的美国次贷危机是金融风险扩散性的一个极好例证，起因原本是单一国家、单一市场、单一业务的金融事件，却在极短的时间内迅速蔓延到其他国家、其他市场和其他业务，最终引发了一场全球性的金融动荡。2019年，英国的伍尔沃斯百货公司破产，导致全球供应链和零售市场的连锁反应。类似地，2020年，欧洲的Wirecard公司破产引发了全球支付行业的不确定性和风险传导。

（4）复杂性。金融市场上任何组成成分的不利变化都会导致金融风险的发生，这些成分包括金融制度变革、金融参数波动、市场参与者的主观意愿等。金融风险的成因十分复杂，某种金融风险的发生，既可能是单一因素的变化，也可能是多种因素变化的综合结果。例如某笔贷款发生信用风险。其诱因可能是借款人主观上不愿意还款，也可能是其经营失败，没有能力还款。

（5）周期性。受经济周期和货币政策变化的影响，金融风险呈现出周期性的特点。一般说来，在经济复苏和繁荣时期，货币政策较宽松，资金充裕，企业经营状况良好，金融风险处于低发期；反之，在经济衰退和萧条时期，货币政策紧缩，经济生活中各环节的矛盾不断激化，股市下跌，机构或个人拖欠贷款，金融风险则处于高发期。

（6）可管理性。金融风险是客观存在的，同时也是可以预测和控制的。金融理论的发展、金融市场的规范、金融技术的进步，都有助于我们提高风险管理能力，因此管理金融风险已成为现代金融业的核心职能。

7.1.2　碳金融风险形成

碳金融风险的形成是碳金融风险因素不断组合、增加、成长所导致的结果。国际碳金融市场起步较晚，配套制度体系尚不完善，在运行过程中面临着诸多难题和风险。

（1）在整个清洁发展机制项目周期中，从项目准备到减排量核证，存在着各种履约风险、价格风险、政策风险及国际市场风险。

（2）在清洁发展机制下，由于基准线标准不明确、替代产品的出现等因素而形成基准线划定风险。基准线是指在没有清洁发展机制项目的状况下，为了提供相同的服务，最有可能建设的其他项目（即为基准线项目）所能够带来的温室气体排放量。而对清洁发展机制项目的基准线进行估计可能存在各种问题，比如对基准线的标准、步骤等定义不是很明确，或者由于外来的碳价格的波动、可替代产品的出现等因素，就会影响到经核准的碳减排量大小，从而产生基准线划定风险。

（3）项目主办者面临着开发失败的风险、项目中期中断的风险以及项目替代的风险等各种商业风险。商业风险是指项目开发商可能遭受的各种风险，既包括在东道国经营失败的风险、项目中断的风险，还包括部分敞口损失的风险、项目被替代的风险。

（4）参与机构则同时面临着破产风险、项目质量和持久性风险等机构风险。

（5）世界银行在2022年发布的《碳定价机制发展现状与未来趋势》中指出，碳市场的爆发和近年来大火的区块链技术相结合，诞生了去中心化的碳金融。报告指出，去中心化的碳金融的确有可能帮助扩大碳信用市场规模，在保证可追溯性、流动性、安全性和交易效率的前提下，帮助打破交易所之间的壁垒。但其交易模式也可能为市场投机行为提供机会，并让本就高度碎片化的市场变得更加复杂。在履约市场中，去中心化交易模式还在继续探索如何确保正确核算减排量和抵消量以避免控排主体的"漂绿"行为。

（6）从碳金融参与企业的角度来看，又存在着公司为遵守碳政策而影响财务业绩的监管风险、由气候变化造成行业损失的实体风险等。监管风险是指公司为遵守碳政策而对财务业绩可能带来的实质性影响；实体风险是指气候变化所带来的直接影响，如旱灾、水灾、风暴等造成的包括农业、渔业、林业、房地产业、保险业等行业损失的可能性。

（7）随着碳金融市场的快速发展，也形成了碳金融衍生品的政治风险、操作风险和经济风险。政治风险是指国际政治倾向的不确定性将会直接影响碳排放权的供求状况；操作风险——

般认为主要由系统故障、操作不当、管控不严及外部突发等因素引起；经济风险是由于世界经济走势的不确定性而引起碳金融交易不顺畅的风险。

碳市场监管制度框架的漏洞和犯罪分子的恶意网络攻击是全球碳市场面临的重要问题之一，公开报道的例子包括欧盟排放交易体系的网络攻击、碳信贷诈骗案、欺诈性销售和投资诈骗、碳增值税（VAT）舞弊、经核证减排量的回收再销售、网络钓鱼和其他网络欺诈等系列事件，极大地削弱了国际碳市场的基础，也进一步显露了碳金融市场面临的多重风险，为了防范这些风险，许多国家和地区都在不断完善其碳市场的监管制度，包括加强市场参与者的准入要求、提高交易透明度、加强监管合作以及提升信息系统的安全性等措施。

7.2 碳金融风险分类

基于碳金融交易工具的特殊性、区域市场的差异性、碳排放权价格的不确定性、低碳项目的跨期性等特点，碳金融风险可分为政策风险、操作风险、流动性风险、信用风险、市场风险和项目风险。

7.2.1 政策风险

政策风险是指由于政策、制度的调整而给市场主体造成损失的不确定性。碳金融市场是建立在法律基础上的，高度依赖于制度约束和政府监管，任何与碳排放相关的政策变化都会直接影响市场的运行。按照政策制定的主体和内容来分，碳金融政策风险至少包含三个方面。

首先，从本质上看，碳排放指标的交易是基于政策和法律的市场，因而与碳排放相关的政策变动对该市场的影响巨大。

其次，当前的政策安排（如是否允许跨期储存碳排放指标）也会引发碳金融交易风险。

最后，减排认证的相关规定也有可能引发交易风险。原因在于减排单位是由监管部门根据一定的标准对其进行认证的。由于技术发展存在不确定性以及宏观碳金融政策可能会发生变化，关于认证的程序及标准也会发生变化；另外碳减排项目交易会牵涉不同国家，也必然会受到相关国家政策和法律的约束。所以，碳金融交易市场的发展面临巨大的政策风险和法律风险。

与政策风险息息相关的是政治风险，政治风险是指一国发生政治事件或一国与其他国家的政治关系发生变化对碳金融业务主体造成不利影响的可能性。一个国家的政局动荡会给投资于其国内的低碳减排项目造成直接威胁，其国内的政治事件也会通过石油等能源途径对碳金融市场产生影响。

根据碳金融政策风险的内容可知，碳金融政策风险有以下几个特征。

1. 影响的全局性

作为一种外生风险，碳金融政策变化的影响是全局性的，其风险一旦发生，将会对碳金融交易项目产生根本性影响，有的可能直接决定碳金融是否存在。

2. 政策风险的不确定性

政策风险的不确定性体现在两个方面。首先体现在单个国家政策的不确定性。各国的碳减排承诺是以全球经济稳定发展为前提的,然而实施碳减排是要以经济发展为代价的,当政府无法承受减排带来的经济衰退压力时,各国政府支持碳减排就会缺乏积极性。其次体现在国际政策的不确定性。国际碳排放政策涉及发达国家与发展中国家的利益,在一定程度上也牵涉到国际政治力量的对比,国际碳排放相关政策和交易机制的变化是否能保证公平公正,直接影响到各国政府和企业推行碳交易机制的积极性。这些内外政策变化的不确定性,无疑增加了从事碳金融业务的风险。

3. 政策风险防范困难

防范政策风险的难度在于碳减排政策涉及国与国、政府与企业等多方面的利益关系,牵涉范围巨大且没有坚定和可行的风险技术手段来加以控制。除非不参与碳金融业务,但也会丧失了碳金融业务发展的大好机遇。

7.2.2 操作风险

目前对操作风险定义的界定一般认为操作风险主要由系统故障、操作不当、管控不严及外部突发等因素引起。在碳金融市场中,控制系统的不完善、参与者对交易规则的不熟悉和不法分子的恶意欺诈等因素都会引发操作风险。依据引发操作风险的因素起源不同,可以将它分成四类:人员风险(如发生操作失误)、系统风险(如系统出现失灵)、流程风险(如流程执行不够严格)及外部事件风险(如发生突发事件、存在外部欺诈等)。

据巴塞尔委员会的调查显示,过程和程序、人员和人为错误、内部控制、内部和外部事件、直接和间接损失、失误、技术和系统等,都是在操作风险定义中频繁出现的关键词。几乎所有的定义都强调内部操作,但未预期的外部事件也常常被列入操作风险,并且有很多定义在提到损失时指的都不只是操作或事件带来的直接损失,还将因银行信誉和市场价值变化而导致的间接损失包括在内。总的来看,定义的方式有两大类:直接方式和间接方式。间接方式把操作风险定义为除信用风险和市场风险以外的所有风险。巴塞尔委员会最初就是采取这种方式来定义操作风险的。这种定义虽然简单,但是几乎没有给出任何定义性或描述性的关键词句,无法系统地指导操作风险的管理。因此许多组织更倾向于用直接方式来定义操作风险。

1998年,IBM公司发起设立了操作风险论坛,该论坛认为操作风险是由于客户、设计不当的控制体系、控制系统失灵及不可控事件导致的各类风险,这一务实的定义引起了人们的关注。此后,英国银行家协会又给出了一个内容更完整的定义,认为操作风险是"由于内部流程、人员行为和系统失当或失败以及由于外部事件而导致直接和间接损失的风险"。这一定义也被巴塞尔委员会所接受,在广泛征询各界意见后删去了"直接和间接",最终写入了《巴塞尔协议》。由此可见,目前关于操作风险的界定建立在对其基本成因分析的基础之上。通过界定影响金融机构业务操作的内外部因素,将操作风险与其他风险区别开。实践中,金融机构通常还采用编制风险目录的方式把操作风险的成因、损失事件及最终影响一一对应起来,这使得操作风险的定义更加具体化。

由于操作风险具有内生性和外生性的特点,日常难于防控,一旦引发所造成的损失往往是巨大的。与信用风险相比,碳金融操作风险具有以下两个明显的特点。

第一，对碳金融操作风险的可控性很小，操作风险的诱发因素既有外部因素又有内生因素，各种因素交织错杂导致风险难控。

第二，操作风险发生的概率较低，但一旦发生操作风险就会带来巨大损失，严重的操作风险会危及企业生存。

7.2.3 流动性风险

通常来说，关于流动性的含义存在着三个不同层面的理解，即产品（或资产）流动性、市场流动性和机构流动性。产品（或资产）流动性是指产品（或资产）以合理的成本迅速变现的能力；市场流动性是指市场的参与者能够迅速进行大量金融资产买卖交易，并且不会导致资产价格发生显著波动的运行态势；机构流动性是指机构能够在一定时间内以合理的成本筹集一定数量的资金来满足客户资金需求的能力。

无论何种层面的流动性定义，至少都要包括以下三个基本要素，即交易时间、交易成本和交易数量。这三个要素是判断流动性大小的必备条件，在其他要素不变的情况下，交易时间越短，交易成本越低，交易数量越大，流动性就越高。例如，一家银行在一定时间内以合理成本筹集的资金数量越大，该银行的流动性就越高；同样，银行在一定时间内能够筹集一定数量资金的成本越低，该银行的流动性也越高；或者，银行以合理成本取得一定数量资金的速度越快，该银行的流动性就越高。针对市场流动性，往往还要考虑交易弹性，即由于一定数量的交易导致价格偏离均衡水平后的恢复速度。在其他要素一定的情况下，交易弹性越大，市场的流动性就越高。

流动性风险是指为满足客户的流动性需求而引起成本增加或价值损失的可能性。在碳金融市场中，由于碳交易信息的严重不对称导致了碳排放权的流动性较差，为了满足流动需求，市场参与者不得不借助中介方来完成交易，而其成交价格往往低于市场价格，并且还需额外支付一笔费用。这里给市场参与者造成的潜在损失和额外的交易成本即为流动性风险。

流动性风险的存在归根结底是其流动性供给与需求的不均衡所致。根据流动性风险的表现及危害程度，大致可以将其划分为以下几种情形。

1. 流动性极度不足

流动性的极度不足会导致金融机构破产，这类流动性风险是一种致命的风险，但这种极端情况往往是其他风险导致的结果。例如，某位大客户的违约给银行造成的重大损失可能会引发流动性问题和人们对该银行前途的担忧，这足以触发大规模的资金抽离，发生挤兑；或导致其他金融机构和企业为预防该银行可能出现违约而对其信用额度实行封冻，使原有的资金链出现严重断裂。这两种情况均可引发该银行严重的流动性危机，甚至破产。

2. 资金头寸周转不灵

资金头寸周转不灵往往表现为金融机构的短期资产价值不足以应付短期负债的支付或发生未预料的资金外流。相对于流动性极度不足而言，这里的流动性风险主要表现为临时性的、局部性的，还不足以导致金融机构整体发生危机，但若不能及时化解，这类风险可能会迅速扩散、恶化，最终转化为流动性极度不足。为了应对这类流动性风险，金融机构可能通过降价以迅速出售资产，或通过承受更高的成本以获取外部融资，无论采用何种方式，这类风险都会给金融机构带来损失。

3. 筹资能力持续下降

相对于前两种情形而言，这类流动性风险主要表现为流动性供给的持续下降，假定流动性需求不发生明显的变化，这类风险会有一个长期潜伏、渐变的过程，即风险会随着金融机构筹资能力下降过程的拉长而变大，因而，这类流动性风险具有较强的隐蔽性。这里所说的筹资，既包括金融机构的外部行动如借款，也包括金融机构的内部行动如资产出售。金融机构的筹资能力主要取决于两个方面：一是市场流动性状况，它取决于资金充裕程度、利率水平及波动率、寻找交易对手的难易程度等；二是金融机构自身的流动性状况，即在一定时期内的资金需求及其稳定性、债务发行的安排、自身财务状况、偿付能力、市场对该机构的看法等。在这些内部因素中，有的与金融机构信用等级有关，有的则与其筹资政策有关。若市场对其信用情况的看法恶化，筹资活动将会更加困难。若金融机构出现筹资力度突然加大、次数突然增多，或出现意想不到的变化，那么市场看法就可能转变为负面。因此，金融机构筹资的能力实际上是市场流动性和机构流动性两方面因素共同作用的结果。

就单个金融机构而言，从筹资能力的持续下降到资金头寸周转不灵，最终到流动性极度不足，这实质上是流动性风险从隐性到显性、从低到高的逐渐递进过程。在这一过程中，流动性风险的危害性也呈现出逐步放大的趋势。当然，有时候我们很难清晰地判断金融机构流动性风险所处的阶段，而且并不是所有的金融机构流动性风险都会完整地经历这个递进过程。

7.2.4 信用风险

信用风险是指在交易过程中因交易对手未按条款履行交易义务或信用质量失真而造成当事人损失的可能性。在碳金融市场中，由于信息不对称现象的普遍存在，在从事碳金融业务时，也必然会产生信用风险，例如，商业银行在参与清洁发展机制项目信贷过程中，无法掌握借款人的信用资质，容易催生"逆向选择"的现象，即"低信用资质者反而易于获得贷款支持"，从而增加了产生违约风险和道德风险的概率。

碳金融信用风险具有一般信用风险的特征，同时由于碳金融业务的复杂性和特殊性，它还表现出以下两种不同的特征。

一方面，碳金融信用风险收益和风险分布的不对称性特征更加突出。一般来说，信用风险的概率分布不是正态分布，其分布也不具有对称性，而对碳金融信用风险来说，这种特征更加突出。例如，对于清洁发展机制项目来说，它要受到政策、项目复杂的审批程序以及核证减排量价格变动等因素的影响，从而导致它的概率分布更加向左倾斜（向左倾斜是因为损失没有下限，而一般来说收益上限是固定的）。而对于碳排放权的衍生品交易来说，交易对手违约的可能性更大，这种不对称性也更加明显。

另一方面，在碳金融信用风险中，信息不对称现象更加显著。由于碳金融交易业务存在着很大风险，当从事碳金融交易业务时，交易双方由于信息不对称，很容易发生"逆向选择"

以及"道德风险"。如在清洁发展机制项目信贷中，由于信息不对称，对商业银行最不利的借款者却容易获得资金，这时就出现了"逆向选择"，当出现清洁发展机制项目的不利因素时，又导致了"道德风险"的发生。

7.2.5 市场风险

市场风险是指在碳金融市场中由于汇率、价格等因素变化而造成损失的可能性，主要包含汇率风险、利率风险和股权资产波动的风险。目前国际上还没有形成统一的碳金融市场，各国家、各地区的碳金融市场在交易机制、地域范围和交易品种以及制度安排上存在很大的差异，客观上增加了交易过程中的交易成本和周期，放大了市场因子波动的不确定性，从而引发了风险。

在碳金融交易中，市场因子依然存在，并展现了不同的一面。

首先，清洁发展机制项目需要跨国境交易，即将核证减排量出售给国际上需要碳排放权的买家，这期间必然要进行外汇结算，因此汇率的波动将影响到参与双方的利益。

其次，碳金融项目一般都需要一个很长的周期，如清洁发展机制从开发到审批，再到最后的交易，一般少则数月，多则数年。因此，这个周期之间的利率波动也会引发风险。

再次，与其他金融资产价格波动相比，碳排放权价格波动还具有独特的随机特征。尤其在《京都议定书》第一承诺期过渡到第二承诺期的阶段，价格波动的轨迹是不正常的。例如，当第一承诺期快截止时，若供给大于需求，碳排放权价格将下降甚至下降至零，这是由于只有很短的时间内可以将碳排放权转移到下一承诺期，而无法及时转换的碳排放权将一文不值。反之，在供给小于需求时，由于无法从下一承诺期获得碳排放权，碳排放权价格势必会飞速增长。因此，这种不正常的价格轨迹将使得碳金融市场充满着市场风险。

最后，整个市场经济的走势也可能引发碳金融市场风险。例如，当宏观经济发生危机时，许多银行企业由于资金紧张，就可能从碳金融市场交易中撤出，从而使得碳金融市场低迷；此外，由于经济出现衰退，很多发达国家的大企业因为产量减少导致碳排放减少，从而使得对碳排放权的需求量减少。这些特征或因素不仅会造成市场风险，还可能对全球的碳排放贸易市场造成巨大冲击，从而给碳排放权交易的双方造成重大损失。

7.2.6 项目风险

项目风险是指在清洁发展机制项目周期内因项目的变化形成损失的不确定性，主要体现在项目按期投产和碳减排量产生两个方面。清洁发展机制项目需要经过准备、实施、评估、核证等多轮环节，各环节中均存在着诸多的不确定因素，往往容易出现周期延长、成本增加等现象，造成效益产出的不确定性。而当项目东道国政局发生动乱时，清洁发展机制项目还将面临项目停产的潜在风险。

7.3 碳金融衍生品风险

7.3.1 碳金融衍生品定义

碳金融衍生品是碳金融创新产品，是碳金融发展的高级化产品，具有价格发现和风险化解的功能，对促进碳金融和碳排放权交易具有重要的推动作用，因此应该积极推动碳金融衍生品的发展。碳金融衍生品是金融衍生品的具体化，其运行和功能必然与金融衍生品的特征基本一致。以下对碳金融衍生品相关内容的分析就参照金融衍生品的特征进行阐述。

金融衍生品，是指从传统金融工具中衍生而来的新型金融工具。理论上，金融衍生品是根据某种相关资产的预期价格变化而进行定值的金融工具。这种相关资产可以是货币、外汇、债券、股票等金融资产，也可以是碳金融资产的价格（如利率、汇率、股票价格指数等）。

7.3.2 碳金融衍生品风险分类

碳金融衍生品的发展对促进碳金融发展具有重要的推动作用，但也面临一些风险，影响其作用的良好发挥。因此，应该加强对碳金融衍生品风险的管理。碳金融衍生品的风险可以划分为以下几类。

1. 市场风险

市场风险是指因市场价格变动而给交易者造成损失的风险，属于非系统性风险。虽然碳金融衍生品交易的初衷是规避各种因素可能带来的风险，但由于交易过程中将各种原本分散的风险全部集中于少数衍生品市场上释放，一旦操作不当，市场风险将可能成倍放大。这种风险由两部分组成：一种是采取金融衍生品保值认为能规避的价格波动的风险；另一种是金融衍生品本身固有的很高的价格变动风险。对于金融期货和金融互换业务而言，市场风险是其基础价格或利率变动的风险；对金融期权而言，市场风险受基础价格波动幅度和期权行使期限的影响。所有金融衍生品的市场风险均受市场流动性及全球和地方性的政治、经济实践影响。

2. 信用风险

信用风险也叫履约风险，是指交易对手无法履行合约承诺的风险。这种风险主要表现在场外交易市场上，像远期合约、互换等场外交易的金融衍生品，只要一方违约，合约便无法进行。商业银行或交易公司仅充当交易中介，能否如期履约完全取决于当事人，因此信用风险极易发生。而在场内交易中，所有交易均经由交易清算中心进行，因此场内交易中信用风险一般不易发生。

3. 流动性风险

流动性风险是指金融衍生品合约持有者无法在市场上找到出售或平仓机会的风险。流动性风险的大小取决于合约的标准化程度、市场交易规则以及市场环境的变化。对于场内交易的合约，由于标准化程度高，市场规模大，消息灵通，交易者可以随时根据市场行情变化决定头寸的抛补，因此流动性风险较小；相反，在场外交易的金融衍生品合约是"量体裁衣""定做"的，缺乏可流通的二级市场，因此流动性风险较大。

4. 法律风险

法律风险是指由于金融创新连续不断，导致法律滞后，使某些金融衍生品的合法性难以得到保证，以及一些金融机构故意游离于法律管制的设计之外而使交易者的权益得不到法律的有效保护所产生的风险。在场外交易中这种风险尤为突出。

5. 操作风险

操作风险是指因为交易主体的内部控制制度不严格、监控不到位，或由于人为错误、沟通不良、欠缺了解、未经授权，或系统故障给投资者造成损失的风险。金融衍生品体系错综复杂，无论是市场内交易还是场外交易都显现出此项风险的严重性。

6. 结算风险

结算风险又称交割风险，即交易对手无法按时付款或交货所造成的风险。多数结算风险是由时差和结算方式不同所导致的，但有时也会由交易对象本身的性质所引发。例如在利率互换交易中，可能出现一方每一季度支付一次浮动利息，而另一方则每年支付一次固定利息的情况。这样，当一方已支付了三个季度的利息，而另一方在期满不能履约付息时，已付利息就变成了损失。

此外，金融衍生品还有集成风险，或称内部关联风险。它是指一些金融衍生品的交易往往涉及多个金融市场和多种交易工具，它们之间复杂的相互作用会给交易者带来额外风险。更重要的是，一家交易机构出现问题，会迅速传导给其他交易机构，使整个金融市场的稳定性受到威胁。

以上我们分析了金融衍生品交易涉及的风险，其实，对金融衍生品风险的分类可以从多个角度进行。因此，试图用这些风险概念来囊括金融衍生品交易中的所有风险显然是不可能的。由于金融衍生品总是处于不断地创新之中，因此，任何企图用分类的方法来概括金融衍生品交易中的所有风险的做法都是不切实际的。近年来，在金融衍生品被设计得日趋复杂的过程中，人们发现经纪商们利用大众的无知或信息的不对称性牟利的动机很强，金融界称之为"道德风险"。

7.3.3 碳金融衍生品风险特征

1. 碳金融衍生品特征

（1）期货风险。期货风险最大的特点是对风险与收益的完全放开。金融期货完全是标准化的，在期货合约中，除了成交价格由交易各方通过竞价产生并不断变化外，其余事项（如交易对象的数量、等级等）都由标准化条款规定，交易所拥有完善的结算制度和数量限额制度，即使部分投资者违约，对其他投资者也不会产生太大的影响，因为对场内投资者而言，交易所承担着全部的履约责任，而对于那些遭受损失而未能补足保证金的交易者，交易所将采取强制平仓措施以维持整个交易体系的安全，以此保证了相关损失的最小化。同时，由于交易合约的标准化、操作过程的系列化以及市场的规模化，交易者可以随时随地进行快速抛补，因此流动性风险较小。期货最大的风险主要来源于低比率的保证金，由于保证金的比率很低（一般在1%～5%），其对现货市场价格变动而引起的交易双方损益程度产生了巨大的乘数放大效应（杠杆作用），因此，现货市场上价格的任何波动都可能在期货市场上得以明显反映，导致风险与收益大幅波动。

（2）期权风险。合约交易双方风险与收益的非对称性是期权投资特有的风险特征。就期权买方而言，由于风险一次性锁定，最大损失只不过是已付出的期权费，但收益可能很大（在看跌期权中），甚至理论上是无限的（在看涨期权中）；相反，对于期权卖方而言，收益被一次性锁定，最大收益仅限于收取买方的期权费，然而其承担的损失可能很大（在看跌期权中），甚至理论上是无限的（在看涨期权中）。当然，买卖双方风险与收益的不对称性一般会通过彼此发生概率的不对称性而趋于平衡。因此，总体而言，期权合约的市场风险小于期货合约。至于在信用风险与流动性风险等方面，期权合约与期货合约大致相似，只是期权风险还会涉及更多的法律风险和难度更大的操作风险。

（3）远期合约风险。远期合约投资风险的特点是既锁定了风险又锁定了收益。远期合约在订立时交易双方便敲定了未来的实际交易价格，这样在合约有效期内无论标的物市场价格如何波动，对未来实际交割价格都不会产生任何影响，这就意味着交易双方在锁定了将来市场价格变动会不利于自身这个风险的同时，也失去了将来市场价格变动有利于自己而获利的机会。这种投资方式虽然规避了风险，但在唾手可得的收益机会面前却表现得无能为力，这显然有悖于投资者获取最大收益的愿望。在信用风险和流动性风险方面，远期合约投资却表现得十分突出。由于远期合约基本上是一对一的预约交易，一旦一方无力履约便会给另一方带来损失。同时远期合约的内容大多是由交易双方直接商定并于到期日实际交割的，它的流动性极差，因此机会成本高、流动性风险大。但就总体而言，由于远期合约交易规模小、流动转让性差，即便违约，损失也仅限于一方，不会形成连锁反应，因此不会对整个金融市场体系的安全构成重大影响。

（4）互换风险。在风险与收益关系的设计上，互换可以被认为是一系列的远期合约，即对风险与收益实行一次性双向锁定，但其灵活性要大于远期合约。因此，较之其他金融衍生品，互换的市场风险通常是最小的。但由于限于场外交易，缺乏大规模的流通转让市场，故流动性风险和信用风险较大。与此同时，也正是由于场外交易，少了交易所这一中间环节，手续较为简便，所受限制较小，给投资者寻找交易伙伴带来了方便。因此，互换合约还具有其他金融衍生品所不具备的有利于筹措低成本资金、便于选择币种融资以及规避中长期利率和汇率风险的功能。

2. 碳金融衍生品风险

碳金融衍生品交易不仅具有极高的风险性，还比传统金融工具更难以控制。其风险之所以难以控制，主要原因有以下三点。

（1）碳金融衍生品具有双重风险性。传统金融工具的风险仅仅表现为该工具本身价格变化所带来的风险。例如股票、债券，我们在购买这些金融工具时，唯一担心的就是该股票或债券价格的跌落。而金融衍生品的风险因素则要复杂得多。从金融衍生品产生和发展的历史进程来看，其高风险除了包含自身运作过程各因素所形成的风险外，还包含了由传统金融工具转移过来的风险；从金融衍生品本身交易看，它是一种信用交易，因而存在信用风险。可见，金融衍生品自产生时就隐藏了风险。此外，从金融衍生品与传统金融工具的联系来看，前者的价格以后者价格为基础，因而传统金融工具的价格变化必然会导致金融衍生品的价格变化，顶多只是金融衍生品价格变化滞后一点而已。假设金融衍生品所具有的总体风险为 $G(R)$，产生于金融衍生品市场的各种风险集合为 $F(R)$，由传统金融工具转移至金融衍生品的风险为 $T(R)$，则三者的关系可表示为 $G(R)=F(R)+T(R)$，这一关系充分体现了金融衍生品具有双重风险性这一特点。

（2）碳金融衍生品风险具有隐蔽性。金融衍生品交易与传统金融工具相比，有以下两个不同的特点。一是时间与金额的不确定性。金融衍生品的本质是一种尚未履行的交易契约，是对未来可能发生的权利和义务的约定，这就决定了金融衍生品交易在时间和金额上都是不确定的。二是交易所带来的损益属于"表外项目"。金融衍生品大多具有远期合约的性质，交易（交割）不发生或只发生少量的现金（如保证金）支付，但交易本身所涉及的金额可能相当大。在现行会计准则下，参与金融衍生品交易的程度无法在公司的资产负债表内加以反映。此外，在缺少市场价格变动信息的情况下，交易所带来的利得或损失也很难确定，因此公司一般只在会计报表附注中加以说明。以上两个特点决定了金融衍生品风险与传统金融工具风险相比更为隐蔽。传统的金融工具在交易时银货两讫，其透明度较高。而金融衍生品则不一样，金融衍生品交易实行的是保证金制度，交易者只需要预先缴纳 1%~5% 的保证金，就可以在以后的一个确定时期实际交割时做 100% 的交易。因此，从金融衍生品交易的操作过程和结果来看，交易一旦发生，在未平仓之前很难在账上直接反映出来，属于表外业务。它很容易隐蔽亏损，难以在事前进行控制，一经平仓，交易结果即无法逆转。一些机构投资者，其交易员在预测的市场变动方向与市场实际变动方向相背离时，可能不仅不停止交易，反而追加资金，力图使市场改变方向，孤注一掷，以至全军覆没。由此可见，由于金融衍生品风险具有隐蔽性这一特点，一旦经营失误，其带来的恶果往往是爆发性的、不可逆转的。

（3）某些碳金融衍生品具有双重虚拟性。虚拟性是指证券所具有的独立于现实资本运行之外，却能给证券持有者带来一定收益的特性。具有虚拟性的有价证券，本身并没有什么价值，只是代表获得收益的权利，是一种所有权证书，并且其交易价格的计算是按照利息资本化的原则来进行的。这一特征必然会导致一部分货币资本停留在这种能够生息的有价证券之上，以获得风险利润的管理权。金融衍生品可以以某种商品、货币为相关资产，也可以以某种虚拟资本（股票、股票指数、股票指数期货等）为相关资产。当金融衍生品的原生基础工具是股票、股票指数之类的虚拟资本时，金融衍生品就具有双重虚拟性。

碳金融衍生品的虚拟性所产生的后果是碳金融衍生市场的规模会大大超过原生基础市场的规模，甚至远远脱离原生基础市场。例如，我国进行国债期货试点过程中，1995 年相关国债期货是国债现货市场容量的几百倍甚至几千倍。显而易见，金融衍生品的双重虚拟性使得其风险在原生基础工具的基础上急剧地放大。

3. 碳金融衍生品风险成因

对于碳金融衍生品风险成因的分析，业界和学界大多从不同的视角展开，归纳下来，碳金融衍生品风险的产生原因主要有以下几种。

（1）碳金融衍生品本身的特点导致风险。

1）价格波动的随机性。价格是签约双方最敏感、最关心的焦点，双方所签的合约实质上就是针对汇率、利率等标的价格未来发展变化所做的主观预测。除供求关系是未来价格的基本决定因素外，未来价格还同时受政治政策、经济政策、市场心理以及人为操纵等众多因素的影响。盈利与亏损的概率同等存在，使得签约双方主观预测能否实现不可避免地伴随着未来价格波动的随机性。如外汇期货，交易者可以不受限制平等地竞价交易，价格或汇率波动一旦向有利方向发展，一方为了获得价格或汇率波动所带来的好处，会在合约到期前立即以反向交易冲销原合约而获利，只有少部分到期时才进行实际交割，大部分在合约到期前对冲原合约（即平仓），此时，另一方将出现亏损。再比如，在买期保值和卖期保值中，由于期货价格行情存在着随机性动荡，很难预先对它们做出"先买后卖"获利还是"先卖后买"获利的确定性结论，人们往往会铤而走险，轻易以几十倍的基差去买卖金融衍生品，一旦价格突变，这类产品的风险会猛增。当然，从长期获利机会来看，无论价格是涨还是跌，均可赚取差价，但双方看涨看跌的主观意识错误依然大量存在，导致价格走势判断正确与否仍具有随机性。

2）双方信息披露与合约执行的非对称性。对一种金融衍生品所签的合约，尽管具体商品（或金融资产）不尽相同，但它所包含的基本内容大都一致，主要有合约单位、合约月份、交易时间、合约到期日（即截止日期）和竞价等，而重要的信息主要以表外形式存在，均未在合约中得到充分的表露，交易者无法掌握对方有关会计、交易战术、衍生品真实质量等信息，这无疑给报表使用者带来风险。例如，在期货交易之前，卖方只知道商品（或金融资产）的实际成本与真实价格，但很难事先知道买方愿意支付的价格和数量，而买方正好相反。

同样，一种衍生品如果执行价格相同，则期权中的看涨期权和看跌期权也正好相反，使得某种预定资产的买者与卖者之间掌握的信息难以对称，不少期权交易之前的市场行为在"黑箱"中操作。这种双方信息披露的非对称性很难促使买者的标的价格与商品（或金融资产）的真实成本相符合，会影响双方市场套利行为的结果。按理，有关金融衍生品的使用者双方披露的信息量越多、透明度越高就越好，但双方各自追逐的风险利润和切身利益决定了一些重要信息很难得到，或获得这些信息的成本太高，这势必会影响双方掌握真实、全面的情况，在很大程度上将增加由双方信息披露的非对称性所带来的资金损失。即使双方在签约时拥有的信息基本对称，也会产生有关行动，即合约执行的非对称信息。例如，签约以后一方对另一方的道德和市场经济行为无法直接监督和约束，签约以后双方的道德和信用状况是影响合约最终执行的重要方面。只有在最终实际履行合约时才可以确认为资产和负债。在合约实际执行之前，与合约相关的利益和风险均是虚拟的，并未实现。从法学角度来说，金融衍生品合约一经签订，签约双方便承担了法律责任，但期权卖方交易动机或交易手段错误将会导致信用状况下降，使得与合约有关的道德风险或信用风险客观存在；从经济学角度来说，合约一经签订，它将对签约双方的未来经济活动产生约束效力，但只要签约一方因经济效益持续下滑且无法扭转时，违约行为将不可避免。根据美国芝加哥期权交易所统计，由于多种非确定性因素变化，期权买方往往主动放弃期权交割权利，使得 3/4 以上的期权没有最终交割。

(2) 宏观环境导致碳金融衍生品的风险。

1）金融自由化。碳金融衍生品是金融自由化的产物。随着市场规模的扩大，金融衍生品开始迅猛发展，然而金融衍生品这把"双刃剑"的另一面所带来的副作用也给金融机构和整个金融体系带来了潜在的威胁。金融衍生品的不断创新，模糊了各金融机构的界限，加大了金融监管难度。大量新的金融衍生品的出现使资产的流动性增强，各种金融工具的类别区分越来越困难，用来测量和监督货币层次的传统手段逐渐失效。

2）银行业务的表外化。金融衍生品的交易属于银行的表外业务，不但可以绕过《巴塞尔协议》对银行最低资本的要求，不必增加资本即可提高银行的盈利性，而且不会影响资产负债表的状况，于是金融衍生品的交易规模日益扩大，出于盈利目的进行的投机越来越多，致使整个市场的潜在风险加大，而且传统的监管手段越来越受到前所未有的挑战，传统财务报表越来越不准确，许多与金融衍生品相关的业务没有得到真实的披露、揭示和反映，从而导致经营透明度下降。

3）金融技术的现代化。一方面，金融技术的理论创新层出不穷，如波浪理论、随机指数、动力指数等，使风险控制技术得到了快速的进展；另一方面，计算机和通信技术的飞跃发展，使这些理论在日常的交易中大显身手。大量金融机构通过广揽人才，既有经济、金融人才，也有数学、物理、计算机等多种专业人才，利用现代化多种交易设备，从事高收益、高风险的金融衍生品的交易，形成新的利润增长点。虽然它们能为交易机构本身提供规避风险的条件，但是从整个市场来说，风险依然存在，且随着交易量的剧增、偶发的支付和信用风险的产生，随时都可能导致一场巨大的危机。

4）金融全球化。金融市场的全球化随着发达国家对流动资本限制的取消、各国金融市场的发展而逐步深入，投资者在全球范围内追逐高收益和高流动性，并由此实现投资的分散化。通过计算机和网络通信系统，全球性的资本调拨和融通可在短短的几秒之内完成，形成了全时区、全方位的一体化国际金融市场，极大地方便了金融衍生品的交易。但与此同时也加大了金融监管的难度，使各国货币政策部分失效，降低了各国奉行独立货币政策的自主程度。

（3）微观机制导致金融衍生品风险。宏观金融环境日益放宽、交易技术手段日益改进，诱使投资者去尝试新的冒险。然而，这只是金融衍生品风险产生的外部客观的条件，更主要的是投资机构内部的控制、协调、配合和管理方面出现的问题。这主要包括对风险认识的不足、风险管理意识薄弱、内部控制薄弱和交易员的操作失误等。

管理层对金融衍生品风险的认识不足，风险意识薄弱。金融衍生品只有在一定条件下才能实现管理风险和降低成本的目标，而这通常不为一般企业的高层领导（甚至是银行机构的领导）所认识，他们对金融衍生品的潜在风险估计不足，难以把握交易的具体细节，不能对交易的产品种类、期限、杠杆系统以及时机等具体事宜做出明确的规定。由于不了解金融衍生品交易蕴含的潜在巨大风险，所以当金融衍生品风险带来的危机爆发时，决策者还不知道危机是由于自己决策失误导致的。

内部控制不严密、缺乏对交易员有效的监督，是造成金融衍生品发生风险灾难的一个重要原因。像巴林银行的覆灭，与其说是由于从事金融衍生品交易，还不如说是内部控制的松弛造成的，巴林银行的内部控制制度简直混乱到了极点。首先，巴林银行内部缺乏基本的风险防范机制，应有的权限职责的划分没有得到贯彻，里森兼任巴林银行的交易员和结算员，这使他能够掩盖交易产生的损失，对外谎称盈利，当他的投机损失不断累积扩大以致无法挽救后，巴林银行受到连累最终垮台。另外，巴林银行的内部控制体系在执行中也存在疏漏，公司的一位财务总监说，他从来没有看过分公司报上来的资产负债表，因为资产负债状况在金融企业里变化很大，今天的资产在明天或在短短的几分钟之内就会变成另外一种形式的资产，所以资产负债表的用途不是很大。虽然他的话有一定的道理，但也说明其高层管理人员在内部控制执行方面存在疏漏。

7.4 碳金融风险管理

7.4.1 碳金融风险管理定义

碳金融风险管理是指为降低或消除碳金融活动过程中风险事件发生的可能性或降低风险损失,采取适当的防范方法、政策和措施,对碳金融风险进行识别、评估、控制的行为过程。

7.4.2 碳金融风险管理流程

一个完整的风险管理流程包括风险管理目标与政策的制定、风险识别、风险评估、风险应对、风险控制、风险监控与风险报告等环节。风险管理目标与政策的制定是风险管理流程的起点。只有先明确目标,管理者才能确定有哪些因素可能影响目标的实现,才能对来自内外部的各种风险进行有效识别和评估。同样,只有先制定政策,管理者才能确定在风险管理过程中哪些行为是被允许的,哪些行为是被禁止的,才能对已识别出来的风险采取有效的应对与控制措施。风险管理目标与政策的制定更多是体现在战略层面上,在金融机构的风险偏好、风险容忍度、整体风险状况、现有的及潜在可获得的资本规模等限制性条件下完成。

7.4.3 碳金融风险识别

碳金融风险管理的首要步骤是对碳金融风险进行识别。只有全面、准确地识别碳金融面临的风险,才能恰当地选择控制碳金融风险的办法。本章主要阐述碳金融风险识别的概念和基本原则,并介绍一些基本的碳金融风险识别方法。

1. 碳金融风险识别的概念

风险识别是指人们运用各种方法、技巧来提前发现潜在风险并分析风险形成的诱因。碳金融风险识别是指在碳金融市场中,人们通过感性认识、经验判断等方式鉴别潜在风险的性质,找出碳金融面临的主要风险,通过分析客观资料和历史数据,归纳风险诱因,理出风险损失规律和识别方法。碳金融风险识别是碳金融风险管理的基础。碳金融风险管理人员是在进行了实地调查研究之后,运用各种方法对潜在的及存在的各种碳金融风险进行系统归类和全面识别。

2. 碳金融风险识别的基本原则

碳金融风险识别是碳金融风险管理的重要环节。如果不能准确地识别项目面临的潜在风险,就会失去处理这些风险的最佳时机。碳金融风险识别应该遵守以下原则。

(1) 全面细致的原则。为了对碳金融风险进行识别,应该全面系统地考察、了解各种碳金融风险事件存在、可能发生的概率以及损失的严重程度、碳金融风险因素及因碳金融风险的出现而导致的其他问题。损失发生的概率及其后果的严重程度,直接影响人们对损失危害的衡量,最终决定风险政策措施的选择和管理效果的优劣。因此,必须全面了解各种碳金融风险的存在、发生及其将引起的损失后果的详细情况,以便及时为决策提供比较完备的决策信息。

（2）综合考察的原则。企业面临的风险是一个复杂的系统，其中包括不同类型、不同性质、不同损失程度的各种风险。由于复杂风险系统的存在，使得某一种独立的分析方法难以对全部风险奏效，因此必须综合使用多种分析方法。根据风险清单列举可知，企业面临的风险损失一般分为三类。一是直接损失。识别直接财产损失的方法有很多，例如，询问经验丰富的生产经营人员和资金借贷经营人员、查看财务报表等。二是间接损失。它是指企业受损之后，在修复前因无法进行生产而影响增值和获取利润所造成的经济损失，或是指资金借贷与经营者受损之后，在追加投资前因无法继续经营和借贷而影响金融资产增值和获取收益所带来的经济损失。间接损失有时候在量上要大于直接损失。间接损失可以用投入产出、分解分析等方法来识别。三是责任损失。它是因受害方对过失方的胜诉而产生的。只有既具备了熟练的业务知识，又具备了充分的法律知识，才能识别和衡量责任损失。另外，企业或单位各部门关键人员的意外伤亡或伤残所造成的损失，一般是由特殊的检测方法来进行识别的。

（3）量力而行的原则。碳金融风险识别的目的在于为碳金融风险管理提供前提和决策依据，以保证企业和个人以最小的支出来获得最大的安全保障，减少碳金融风险损失。因此，在经费有限的条件下，企业必须根据实际情况和自身的财务承受能力，来选择效果最佳、成本最低的识别方法。企业在碳金融风险识别和衡量的同时，应该将该项活动所引起的成本列入财务报表，做综合的考察分析，以保证用较小的支出来换取较大的收益。

（4）科学计算的原则。对碳金融风险进行识别的过程，同时是对企业的生产经营（包括资金借贷与经营）状况及其所处环境进行量化核算的具体过程。碳金融风险的识别和衡量要以严格的数学理论作为分析工具，在概率估计的基础上，构建统计量并进行数值计算，最终形成科学严谨的分析结论。

（5）系统化、制度化、经常化的原则。碳金融风险的识别是碳金融风险管理的前提和基础，识别的准确与否在很大程度上决定风险管理效果的好坏。为了保证最初分析的准确程度，应该进行全面系统的调查分析，将碳金融风险进行综合归类，揭示其性质、类型及后果。如果没有科学系统的方法来识别和衡量，就不可能对风险有一个总体的综合认识，就难以确定哪种碳金融风险是可能发生的，也不可能较合理地选择控制和处置的方法，这就是碳金融风险的系统化原则。此外，由于碳金融风险随时存在于单位的生产经营（包括资金的借贷与经营）活动之中，因此，碳金融风险的识别和衡量也必须是一个连续不断的、制度化的过程。这就是碳金融风险识别的制度化、经常化原则。

3. 碳金融风险识别的基本方法

碳金融风险识别的目的是收集、分析各种风险根源、危害、风险因素等方面信息，以便衡量风险大小和选择最佳风险处理方案。风险识别的方法主要是收集、分析这些信息的方法或技术。碳金融风险识别的主要方法包括以下几种。

（1）分解分析法。分解分析法是指将复杂的事物分解为多个比较简单的事物，将大系统分解为具体的各个组成要素，从中分析可能存在的风险及其潜在损失的威胁。具体过程是：先将碳金融风险分解为经济风险、市场风险、技术风险、资源风险、信用风险以及人员风险与环境风险等不同要素，然后对每一种风险做进一步的分析。

（2）财务报表分析法。财务报表分析法是指以风险主体的会计记录和财务报表为基础，通过对每个会计科目进行深入的研究，来发现潜在损失，并且就每一项会计科目提出研究结果的报告。此外，风险管理人员还必须用调查、法律文件等其他信息来源补充这些财务记录，以保证识别过程的全面、准确。财务报表主要包括资产负债表、利润表、现金流量表等。

财务报表分析法就是根据生产经营者的资产负债表、成本核算表和利润表等财务资料，对其可能存在的各种风险进行分析和识别。因为生产经营者存在的各种问题均有可能从财务报表中反映和表现出来。如一家金融单位的不良资产比例过高、负债过高、经营成本过高、资本充足率过低，均可以显示出这家金融单位存在较为严重的经营风险。我们从中央银行对商业银行的资产负债比例管理监测指标中基本上可以看出商业银行的经营风险状况。

（3）专家调查列举法。专家调查列举法者风险专家对该企业、单位可能面临的风险逐一列出，并根据不同的标准进行分类。专家所涉及的面应尽可能广泛、具有一定的代表性。一般的分类标准为：直接或间接，财务或非财务，政治性或经济性等。最后，针对不同类型、性质、特点的风险，研究制定并采取不同的措施与对策。

（4）在险价值法。在险价值法是指在一定概率水平 $\alpha\%$（置信水平）下，某一金融资产或证券组合价值在未来特定时期内的最大可能损失。换句话说，计算在险价值时实际上是在回答一个问题：在未来 N 天内，有 $\alpha\%$ 的把握认为损失不会超过多少？例如，某投资组合期限为 1 天、置信水平为 99% 的在险价值为 10 万美元，这意味着该投资组合未来 1 天内的损失只有 1% 的可能会超过 10 万美元，或者说，有 99% 的把握认为该投资组合未来 1 天内的损失不会超过 10 万美元。

在险价值法实际上是将整体损失的可能性概括为一个简单的数字，能够让人立刻知道"最糟糕的情况会如何"，因而成为使用最广泛的风险指标之一。在适用性方面，在险价值法既可以度量市场风险，也可以度量信用风险。在险价值模型提供了衡量市场风险和信用风险的大小，不仅有利于金融机构进行风险管理，而且有助于监管部门的有效监管。

（5）层次分析法。层次分析法是指将一个复杂的多目标决策问题作为一个系统，将目标分解为多个目标或准则，进而分解为多指标（或准则、约束）的若干层次，通过定性指标模糊量化方法算出层次单排序（权重）和总排序，以作为目标（多指标）、多方案优化决策的系统方法。

层次分析法是将决策问题按总目标、各层子目标、评价准则直至具体备选方案的顺序分解为递阶层次结构，通过计算判断矩阵特征向量确定每一层次元素对上一层次对应元素的优先权重，再以加权和法递阶归并各备选方案对总目标的最终权重，最终权重最大者即最优方案。这里的"优先权重"是一种相对的量度，它表明各备选方案在某一特点的评价准则或子目标下优先程度的相对量度，以及各子目标对上一层目标而言重要程度的相对量度。层次分析法比较适合于具有分层交错评价指标的目标系统，而且目标值又难以定量描述的决策问题。其用法是构造判断矩阵，求出其最大特征值及其所对应的特征向量 W，将特征向量归一化后，所得结果即为某一层次指标对于上一层次相关指标的权重。

碳金融风险识别的方法除以上介绍的几种方法外，还可以采用生产流程或资金流程分析法、重大事故分析法、环境（包括商品生产经营环境与资金经营借贷环境）分析法等。实践证明，没有一种方法的功能是完备的，因此，碳金融风险识别是一个多种分析方法综合运用的过程。

7.4.4 碳金融风险评估

1. 碳金融风险评估概念

碳金融风险的评估是对碳金融风险水平的分析和估量，包括衡量各种风险发生的可能性及其影响的范围和程度。风险评估是碳金融风险管理过程中的关键环节，是风险识别的延续，也是后续相关环节的前提，准确地度量和评估风险具有十分重要的意义。如果对风险估计不足，经济主体就不会采取相应措施规避或尽力减少风险，因而会蒙受不必要的损失；相反，若对风险估计过高，也可能会因此付出不必要的管理成本或错失更多盈利的机会。

风险评估是指对风险事故造成的影响或损失程度开展量化评估。一般来讲，金融机构风险评估包括各业务部门内部风险初步评估以及风险管理部门的独立评估。风险管理部门制定风险评估操作流程，确定各类风险的主要评估方法和风险等级评估标准，并负责对各项业务的风险状况进行定期风险敞口分析，出具独立风险评估意见。

业务部门和风险管理部门对具体风险事项的评估。各部门、各分支机构对风险发生的概率、可能的损失幅度进行初步分析，根据公司风险定级标准，初步判定风险等级，并进行风险信息报送或风险预警。风险管理部门对通过风险监控、业务跟踪等方式获取的各类风险信息向相关部门或分支机构初步确认核实，进行风险评估，分析风险发生的概率、可能的损失幅度，判定风险大小和风险等级，并不断优化调整风险评估方法，逐步建立风险数据库，进行量化评估。

业务与管理的综合风险评估。风险管理部门定期根据业务或管理的风险识别结果、风险监控结果、风险事项的评估结果、风险管理情况以及业务或管理的变化情况，对业务或管理面临的各类风险的暴露程度、风险对公司的影响程度、各类风险的关联性等进行评估，综合评定业务与管理的风险敞口情况和风险集中程度。

新业务或创新活动开展前的风险评估。金融机构对各项新业务的开展或新产品的投资应进行风险评估。开展新业务之前，由业务部门提交创新方案、创新业务风险分析报告、可行性研究报告等所需材料，对创新业务进行风险自评。风险管理部门从风险识别的充分性、风险管理措施的完备性和有效性等方面，对创新业务风险进行总体评估，并向公司管理层提交新业务风险评估报告。

风险评估的原则有以下两点：一是公司各业务管理部门应确保所有经营业务都必须经过风险管理部门的风险评估；二是严禁开展任何未经风险评估、未落实风险管理措施以及未经公司授权的业务。

2. 碳金融风险评估方法和指标

（1）碳金融风险评估主要方法。总体来说，对金融风险的评估主要有两种方法，即定性评估和定量评估。定量评估通常借助于数理分析技术，通用建模来对风险的大小进行衡量。随着数理分析技术的发展，这种方法在碳金融风险管理中得到了越来越广泛的运用。然而，当风险对数量增长没有影响、定量评估需要的数据实际上无法获得或分析这些数据的成本时，定性方法往往发挥着关键作用。常见的风险评估方法主要有以下几种。

1）主观判断法。通过专家和管理者的主观判断来衡量风险的大小，适用于没有确定性规律和统计规律的风险。例如，早期的商业银行依靠信贷专家的专业技能、主观判断和对某些关键因素的权衡来评判借款人违约风险。在确定主观概率时也常常用到这一方法。主观判断法可以充分利用专家的知识、经验和技能，具有较强的灵活性。但由于过度强调主观的作用，受人为因素影响较大，且缺乏标准的、统一的度量框架，因而单纯地依赖这种方法本身就意味着风险。随着定量分析技术的推广与应用，主观判断法越来越多地成为其他度量方法的辅助手段。

2）评分或评级法。首先选取若干个关键指标构建一个风险评价体系，然后据此对风险管理对象进行考核，给出分值或等级分类。这种方法的综合性较强，应用面也非常广，如度量操作风险的平衡计分卡、市场风险的证券评级、信用风险的 Z 评分模型、贷款五级分类和信用评级等。

3）统计估值法。该方法以历史数据为基础，通过统计推断量化风险水平。核心功能包括风险发生概率测算与波动幅度评估（方差、标准差），实现路径包含点估计与区间估计两种技术。其精度高度依赖历史数据的完整性与可靠性（如样本规模需满足大数定律要求），适用于市场规律稳定、数据储备完善的场景（如汇率风险测算）。

4）参数模型法。在数据稀缺或动态性较强的场景中，通过构建参数化数学模型解析风险机制。典型应用包含方差-协方差模型（基于正态分布假设）与极值理论模型（聚焦尾部风险）。例如 GARCH 模型可通过波动率聚类特征捕捉金融时间序列的异方差性，弥补历史数据静态分析的不足。

5）模拟分析法。通过构建虚拟情境模拟风险因子的动态演化路径，量化极端事件的影响。主要技术包括：蒙特卡罗模拟、历史模拟、压力测试。该方法对计算资源要求较高，但能有效解决"黑天鹅"事件建模难题。

6）统计检验法。基于假设检验框架验证风险参数的合理性，例如运用 t 检验判断风险溢价是否显著偏离零值。其有效性依赖于风险因子的统计规律一致性，常作为模型验证工具与统计估值法配合使用（如回溯测试在险价值模型准确性）。

（2）碳金融风险评估的主要指标。

1）风险事件发生的概率及其分布。从统计学的角度来看，风险是一种随机现象，因风险发生而导致的损失则是随机事件。随机事件发生的可能性大小可以用概率来表示，因此，概率及其分布很早就成为度量金融风险的一种基本指标，并在实践中得到了广泛的应用。例如，人们用违约概率来度量信用风险，用损失发生的概率分布来度量操作风险等。

概率可以分为客观概率和主观概率两种。客观概率是基于对事件物理特性的分析，依赖于事件大量重复发生时各种情况出现的频率。例如在掷硬币游戏中，我们用 50% 来表示任何一次结果为正面（或反面）朝上的概率，这就是客观概率。前面提到的违约概率、损失发生率等都是客观概率，截至目前，客观概率仍然被广泛地应用于金融风险的度量中。然而，客观概率本身所具有的缺陷也导致人们对其在金融风险度量中的应用充满争议。这些缺陷主要表现在：

①获取客观概率要求必须有充分的历史资料，信息的获取与处理成本较高。

②使用客观概率的一个隐含假设是"历史可以复制未来"，即可以用过去的、经验的数据来反映未来的情况。事实上，客观环境是在不断变化的，事件难以出现完全意义上的重复发生。

③客观概率完全忽略了个体的差异，但事实上风险偏好的不同会导致在同一情境下对于不同的人会具有不同的意义。

主观概率显然可以克服上述缺陷。主观概率是人对事件的客观概率的判断，不仅依赖于对客观情境的分析，更依赖于个体自己的经验和感受。主观概率与客观概率往往是不相符的。还是以掷硬币为例，假设前面已经连续九次出现了正面朝上，那么，第十次出现正面朝上的概率是多少？我们知道，客观概率仍然是50%，但主观概率因人而异，通常大多数人都会认为这一概率要远远小于50%。因此由于主观概率考虑到了个体对风险的感受、经验及判断，用其替代客观概率来度量金融风险可能更符合实际。目前，许多学者正致力于这方面的探索，尤其值得关注的是行为金融学的相关研究。

2）风险敞口。风险敞口与金融风险的影响范围存在着一定的正相关关系，在其他条件相同的情况下，风险敞口的部位越大或期限越长，金融风险影响的范围越大，导致的损失也就越大。在组合中，人们更关心的是风险净暴露，即风险缺口。同样，缺口越大意味着金融风险也就越大。因此，用风险敞口或风险缺口来衡量金融风险的大小在实践中被广泛应用。例如，人们经常用外汇缺口来度量汇率风险，用交易缺口度量衍生品价格和证券价格的风险。根据会计记账制度的不同，对风险敞口金额的确定也有两种本质不同的方法。一种是根据账面价值记账法的原则，用账面价值来确认风险敞口的金额。账面价值也就是历史成本，是资产或负债最初入账时的交易价格，在随后的持有期内，它不随市场的变化而调整。另一种是根据市场价值记账法的原则，按照市场变动情况对资产或负债的历史成本进行调整，用重新确定的价格即市场价值来反映风险敞口。这两种方法的区别是显而易见的，对于那些非交易性的资产或负债，如持有至到期的贷款，可以用账面价值来衡量；而对于那些交易频繁的资产，如股票，则更适合采用市场价值来衡量。

与概率等指标一样，用风险敞口来衡量金融风险也要面对一个问题：风险敞口只能告诉我们暴露在风险中的部位有多大，却无法解决损失究竟是多少的问题。

3）对风险因子的敏感程度。风险敏感程度是指预期价值（也可以用预期损失、预期收益等）对风险因素变化的敏感度，即某一因子一定量的变动所引起的预期价值的相对变动状况。风险敏感度越大意味着风险越大。

只有在对应于同一风险因子时，风险敏感度才具有可相加性。组合的风险敏感度等于组合内各资产风险敏感度的加权平均。如果某项资产或组合同时面临多个风险因子，风险敏感度只能告诉我们单个风险因子的变动情况，而无法告诉我们其整体风险的大小。

4）风险因子的波动。在许多情况下，金融风险表现为一种或多种风险因子在未来发展中的波动，如利率风险、汇率风险、股票价格风险等，皆因利率、汇率、股票价格等风险因子不断波动所致。这些波动虽然无法事先预知，但也具有一定的统计特性。因此，均值、方差、标准差、离差率等统计指标成为度量金融风险的重要工具。

假定一种资产的收益服从某种概率分布，那么该资产的预期收益就是所有可能取得的收益值的加权平均数，即均值。资产收益率的实际值与其均值的偏离程度就用方差或标准差表示，两种资产收益率波动间的关系用协方差表示。

"方差-协方差"框架不仅可以度量单一资产的风险，还可以度量资产组合的风险。更重要的是，从组合的角度出发，有助于进一步认识资产风险的属性，即对于资产风险的度量不仅要考虑其自身收益的波动，还应考虑这一波动对整个组合的影响。对此，资产组合理论和资本资产定价模型已给出了充分的论证。正是基于这些强有力的理论支撑，"方差-协方差"框架如今已成为金融风险度量的基本工具，被广泛地应用于各种金融风险管理领域。

然而，在用"方差-协方差"度量金融风险时，其隐含的前提是风险意味着"期望对结果的偏离"，这种偏离既包括负向的偏离（即损失），也包括正向的偏离（即收益）。对此，有学者提出了异议，认为正向的偏离不应被纳入风险度量框架中，并建议采用"半方差风险"来度量金融风险，这一理念在在险价值体系中得到了很好的体现。

5）在险价值。从统计的角度来看，在险价值实际上是投资（组合）收益分布的一个百分位数，因此其原理与"方差-协方差"框架基本一致，但它更进一步考虑了置信水平，将收益的波动与其发生的概率结合在一起，而且只考虑了负向波动，这样在险价值能够将风险表示为一个简洁明了的数字——损失的金额。

在险价值最大的优势在于其应用的广泛性与一致性。最初，在险价值主要是针对市场风险的度量而提出的，在近年来的不断完善中，在险价值在度量信用风险和操作风险中也颇有建树。如今，在险价值已成为度量金融风险的一种标准性尺度。

3. 操作风险评估

简单地来说，操作风险可以泛指在金融机构运作过程中一系列可能发生的损失，这些损失可能源自某种电脑病毒的发作，也可能由某些特定情况下决策者的一个失误而导致，或者来自第三方的欺诈。实践中操作风险的发生往往又和市场风险、信用风险交织在一起。例如，一个客户未能及时偿还贷款可能是由于客户自身的故意欺诈行为，也可能是由于银行信贷人员的人为差错所致。因此，很难清楚地界定金融机构操作风险的范围和内容。

著名的风险管理组织"全球风险管理专业人士协会"（Global Association of Risk Professionals，GARP）对国际银行业风险管理人员的相关调查显示，跨国银行在操作风险管理上仍然处于定性管理与定量管理并存的起步阶段，并且很多银行的操作风险管理仍然是一片空白。这在很大程度上是因为国际银行业对操作风险的关注时间较短，一切尚在探索阶段。本节我们将主要介绍几种常见的操作风险评估方法。

（1）定性分析法。由于操作风险的内部损失数据有限，特别是那些小概率、大损失的事件记录更少，而行业损失数据和外部数据只是反映新业务或业务量变化引起的资本额的变化，因此定性分析法在操作风险评估中仍然占据着重要地位。

1）流程制图法。这一方法主要应用于流程风险分析。通过将某一业务的操作流程分解为几个连续的步骤，然后找出产生操作风险的关键部位并分析风险的大小。流程分析的最大好处就在于它可以在确定操作风险管理的关键性突破点和实施控制方面提供常用的、良好的信息，具有很强的针对性。当然，并非所有的操作风险都能通过流程分解的方式来分析。

2）自我评估法。当历史数据不够充分时，金融机构可以通过开展自我评估来了解操作风险损失的严重性。具体的做法可以多种多样，包括列出清单、使用工作组、开会、调研等。例如，金融机构可根据自身的业务特点和现有的风险管理措施，并结合操作风险的界定，将每一条业务线中潜在的风险分离出来，并进行分类，然后设计成相符的表格，来评估操作风险的状况及其控制措施的效力。

3）因果分析法。因果分析旨在从现实的或可推定的风险事件出发，向后回溯以判别那些可能的作用因素。例如，对于欺诈类的风险事件，管理者将追寻是什么因素使欺诈得以实现？是违规，是合谋，还是控制缺失？接下来，将深入分析这些因素与风险之间的关联，找出操作风险的损失根源。实践中，为了提高这一方法的准确性，还可以引入贝叶斯分析技术，把定性分析与定量分析结合在一起。

4）平衡计分卡法。平衡计分卡法也是定性分析与定量分析的结合。平衡计分卡是金融机构对操作风险与内控的一个自我评估，其目标是以前瞻性的眼光，捕捉各业务部门的风险特性与风险控制环境，有效掌握潜在风险，持续改善风险控制品质，进而降低风险损失事件发生的概率并减少冲击。

平衡计分卡法包括的内容主要有风险事件、风险承担者、风险发生的可能性、风险影响力、缓释风险的控制措施、实施控制者、控制设计等。在对这些内容进行评估的基础上，找出潜在的操作风险因素，进而针对这些因素设计出相应的衡量指标，由专家对每项指标打分或评级。打分或评级的结果既可以用来对操作风险的大小进行相对排序，也可以用于与其他方法结合来进一步估计操作风险的损失程度及其发生的频率。

平衡计分卡法作为度量操作风险监管资本的高级方法之一，与其他高级方法的最大差别在于平衡计分卡法不仅依赖历史损失数据，而且更注重建立一套以定性评估与定量分析相结合的风险识别、量度系统，以激励员工预防风险。基于平衡计分卡的数据还能对风险控制进行模拟以产生更多的决策信息，并验证风险控制决策中的因果关系。因此，平衡计分卡法在实践中受到了普遍的欢迎，我国部分商业银行已开始探索这一方法的具体应用。

（2）定量分析法。

1）基本指标法。即选择单一的指标作为衡量机构整体操作风险的尺度，以此来判断操作风险的大小。这也是巴塞尔委员会提出的、用以计量操作风险资本要求的基本方法。指标的选择通常应考虑以下因素：

- 敏感性。该指标应与操作风险相关，能够敏感地反映操作风险状况的变化。
- 可获得性。该指标应该容易获取且易于校验。
- 可比较性。该指标能够在不同的地区、机构及部门之间进行比较。

据此，巴塞尔委员会建议用总收入作为银行计量操作风险的基本指标，这里的总收入包括净利息收入和净非利息收入，但不包括银行账户上出售证券实现的盈利和保险收入。用前三年的总收入均值乘以一个规定的比例，就可以得出操作风险的资本要求。

2）标准法。为了克服基本指标法的不足，巴塞尔委员会又提出了标准法。这一方法是先将机构的整个业务分成多个业务线，分别度量每个业务线的风险，然后把风险加总，得出机构整体的操作风险。

3）高级计量法。高级计量法是指银行用定量和定性标准，通过内部操作风险计量系统计算监管资本要求，主要包括内部计量法、损失分布法和极值理论法。

①内部计量法。和标准法类似，内部计量法将所有银行业务划分为八大类别，并在此基础上对每一类型业务按损失类型进行细分，通常的损失类型包括损失核销、追索资产损失、法律责任损失、对外赔偿损失、监管与合规损失、实物资产损失等，这样就形成了一个操作风险矩

阵。然后，估计出每一业务线上每一损失类型的预期损失，假定预期损失与非预期损失之间有一个稳定的转换关系，可用某个固定的转换系数来表示，这样，预期损失乘上转换系数，结果就是针对单个业务操作风险的资本要求。将每个业务线上不同损失类型的资本要求加总，就可以得出总的操作风险资本要求。

②损失分布法。与内部计量法不同，损失分布法主要是利用统计或精算技术来计算整体损失分布，进而直接评估非预期损失。在这一方法中，银行利用自己的内部数据分别估计单个损失事件的损失程度及损失事件发生的频率，然后以此为基础，计算累积的操作风险损失分布函数。目前理论界和实务界已提出多种计量操作风险的损失分布法，比如蒙特卡罗模型、贝叶斯模型等，但由于操作风险损失数据的匮乏，并且假设的分布与实际仍存在一定偏差，因此尚未形成统一的行业标准，损失分布法仍有待进一步的发展。

③极值理论法。极值理论在《巴塞尔协议》中虽未提及，但由于其较好的适用性，在理论界得到了认可。部分导致操作风险损失的事件发生频率低，但造成的损失巨大，具有显著的"厚尾"分布特征。使用极值理论法模拟厚尾部分，可以根据极端值的样本数据，在总体分布未知的情况下，得到一定置信水平上的在险价值作为资本要求。极值理论法的关键是设定一个最优阈值，当所选取的参数超过该阈值时，记录该参数作为极端情况的样本数据。

极值理论法的优势在于它具有超越样本的预测能力，能够直接处理损失分布的尾部，不必假设总体分布。但问题是最优阈值难以确定，同时，由于仅有少量极端值进入尾部区域，数据稀疏性制约了模型精度。

4. 流动性风险评估

与市场风险、信用风险和操作风险相比，流动性风险的成因更加复杂和广泛，通常被视为一种综合性风险。流动性风险的产生除了因为金融机构的流动性计划可能不完善之外，其他风险领域的管理缺陷同样会导致金融机构的流动性不足。极端的流动性不足很容易导致金融机构破产，因此保持充足的流动性是金融机构管理的首要目标。为达到这一目标，金融机构必须能够全面且准确地把握流动性风险状况，积极采取各种有效的管理措施，将流动性风险控制在可以承受的范围内。

碳金融流动性风险分为资产流动性风险及负债流动性风险。碳金融资产到期不可以如期足额收回、不能到期偿还负债、无法满足新的合理贷款要求及其他融资需求等而引起的损失的可能性，即为资产流动性风险。负债流动性风险是指金融主体从事碳金融业务筹集到的资金，因为内生因素或外生因素发生变化，或者受到外部冲击而导致损失的可能性。

流动性风险评估是有效管理流动性风险的前提与基础，但是截至目前，理论上和实践中仍缺乏能全面、准确地反映流动性风险的统一标准。本节主要介绍几种常见的流动性风险度量方法。

（1）指标度量法。

1）流动比率。流动比率的公式为

$$流动比率 = 流动资产 / 流动负债$$

这里的流动资产是指变现能力较强的资产，如库存现金、国库券等，一旦需要，它们很快能以合理价格转换成现金；流动负债是指那些不稳定的，易受利率、汇率等经济因素影响而变动的资金来源,如大额可转让定期存单、定活两便存款等,这部分资金来源在市场利率或其他投资工具价格发生对银行不利的变动时很容易流失。流动比率越高,表明流动性越好,其流动性风险也就越小。

该比率在理论分析上简单明了,受到了商业银行和银行监管当局的高度重视。目前我国监管当局将这一比率的下限设为25%,并对流动资产和流动负债的具体内容做出了规定,其中流动资产包括现金、黄金、超额准备金存款、一个月内到期的同业往来款项轧差后资产方净额、一个月内到期的应收利息及其他应收款、一个月内到期的合格贷款、一个月内到期的债券投资、在国内外二级市场上可随时变现的债券投资、其他一个月内到期可变现的资产(剔除其中的不良资产)等;流动负债包括活期存款(不含财政性存款)、一个月内到期的定期存款(不含财政性存款)、一个月内到期的同业往来款项轧差后负债方净额、一个月内到期的已发行的债券、一个月内到期的应付利息及各项应付款、一个月内到期的中央银行借款、其他一个月内到期的负债等。

2) 存贷比率。存贷比率的公式为

$$存贷比率 = 贷款余额/存款余额 \times 100\%$$

该比率反映了银行的存款资金有多大比例被贷款资产占用。该比率越高,意味着银行的流动性越低,越有可能发生流动性不足的风险。

关于存贷比率的最佳水平,目前并没有一个统一的标准。通常情况下,存贷比率的数值小于1,我国监管当局要求商业银行的存贷比率最高不得超过75%。一般说来,银行在建立初期,该比率通常较低,以后会随其经营管理水平的不断提高及经验的不断丰富而逐步提高。同时,大银行的存贷比率往往高于小银行,因为前者更容易从市场上获取所需的流动性。风格稳健的银行的存贷比率比风格激进的银行低,因为前者强调安全性甚于盈利性。过高的存贷比率往往是商业银行发生财务危机的前兆,例如,Yes Bank 是印度的一家私营商业银行,在过去几年中也经历了存贷比率过高和财务危机的问题。过高的存贷比率使得该银行面临流动性挑战和信心危机,最终印度政府和印度中央银行进行了干预,才避免了系统性风险并帮助其重建财务稳定。

存贷比率是衡量商业银行流动性风险的传统指标,但在实际应用中也存在着严重缺陷:这一比率只考虑了贷款和存款的总量而忽略了贷款和存款的具体构成要素,也就是说,它没有充分考虑到不同机构在存款和贷款的期限、质量及收付方式等方面存在的差异。比如,两家贷款总额完全相等的银行可能有着完全不同的贷款期限结构,一家以短期贷款为主,另一家长期贷款则占据了较大的比重,显而易见,这两家银行的流动性状况是截然不同的。一个典型的例子就是花旗银行,虽然其存贷比率高达94.1%,远高于任何一家国内银行,但我们却并不能因此得出结论,认为花旗银行的流动性风险大于国内银行,因为花旗银行的资金来源渠道非常丰富,对吸收存款的依赖性较小。

3) 核心负债依存度。核心负债依存度的公式为

$$核心负债依存度 = 核心负债/总负债 \times 100\%$$

这里也可以用核心存款来替代核心负债。一般而言,商业银行的负债按其稳定与否可分为核心负债与非核心负债。其中核心负债是指那些相对来说比较稳定的、对利率变化不敏感、不受经济环境或季节趋势影响的负债,是银行稳定的资金来源,它们往往由银行的忠诚客户提

供。毫无疑问,这部分负债所占的比重越高,表明银行的资金来源越稳定,流动性风险也就越小。因此,核心负债依存度指标能够反映出商业银行的流动性能力。

在实际中,衡量一家机构的核心负债依存度的关键在于确定核心负债(或存款)的计量范围。截至目前,在这一方面并没有统一的标准。如彼得·S. 罗斯认为,核心存款主要是当地存款人的小额账户,因其不大可能通过短期通知而被提取,核心存款为总存款扣除所有超过10万美元的存款。我国监管当局规定,核心负债包括距到期日三个月以上(含)的定期存款和发行债券以及活期存款的50%。

4)超额储备比率。超额储备比率的公式为

$$超额储备比率 = 超额储备 / 存款总额 \times 100\%$$

超额储备,也称备付金,是指商业银行在中央银行的存款加现金减去法定准备金后的余额,超额储备是商业银行随时可以动用的资金。因此,超额储备比率越高,表示流动性越强。

早期的银行资金来源渠道较为有限,经营相对也比较保守,通常认为银行只有保持充足数量的现金准备才能应对客户的提存,维持正常的业务运转,因此,银行的经营者们非常重视这一指标。然而,随着负债管理理论的提出,银行逐渐意识到流动性还可以来源于主动型负债,因此超额储备的重要性相对下降,这一比率也随之呈下降趋势。

除上述四类指标外,经常被采用的流动性度量指标还有拆借资金比率(包括拆入资金比率和拆出资金比率)、中长期贷款比率、短期投资与敏感性负债比率、活期存款与定期存款比率等。指标度量法的一个显而易见的好处就是简单、容易操作,只要能够获取相关的财务数据,相关指标很快就可以得出。但值得注意的是,这种方法对流动性的度量往往只能反映某一个时点的状况,具有显著的静态特征。此外,不同的指标往往只能反映出某一个方面的流动性状况,相互之间还可能存在着冲突的情况,很难给出一个总体的描述。因此,越来越多的银行开始采用缺口度量法来判断其流动性状况。

(2)缺口度量法。缺口度量法是一种典型的框架分析方法,它允许银行将更多的影响要素纳入分析中,从而给出一个更加全面、完整的流动性状况描述。

1)流动性缺口法。流动性缺口是指一定期限内到期的资产和相同期限内到期的负债之间的差额。如果一定期限内到期的资产规模大于相同期限内到期的负债规模,即为正流动性缺口,反之则为负流动性缺口,二者相等则为零缺口。

流动性缺口与流动性风险之间的对应关系不能一概而论,而应视期限的不同来区别分析。如果设定的期限较短,如三个月,正缺口反映了短期资产的规模大于短期负债,即短期的流动性需求将会得到充足的保证,当然,如果正缺口过大,也意味着银行的短期流动性过剩;反之,负缺口则反映了银行在短期内可能会面临着流动性不足的风险。如果设定的期限较长,如三年,则正缺口反映了部分长期资产或承诺没有得到长期稳定的资金来源支持,存在着短借长贷的现象,银行也可能面临着流动性不足的风险;反之,负缺口则反映了银行的流动性较为充足。当然,无论对应的期限长还是短,最理想的一种状态都是缺口为零的情况,这意味着银行的流动性供给与需求达到均衡,不存在流动性风险,有时也把这种状态称为风险免疫。

用流动性缺口法来分析流动性风险时,除了要考虑期限因素以外,还应该考虑不同机构的经营特点。例如,对于那些规模较大、资信状况较好的银行而言,即使其在短期内面临着负缺口,但由于其较强的筹资能力或其稳定的短期资金来源,流动性不足的问题并不一定严重;反之，如果是一家小银行，情况则可能相反，负缺口往往意味着较大的支付压力。

此外，需要注意的是，针对不同的管理需要，缺口的内涵也有差异。为了更有效地反映资产和负债是如何影响流动性风险的，在流动性缺口分析中还要明确以下几个概念。

①边际缺口。边际缺口的概念可以在两种不同的层面上使用，其一是用于反映跨期缺口的变化，即在不同时点上银行资产和负债变化值之间的差异。正的边际缺口表示资产变动的数值大于负债变动的数值；反之，负的边际缺口表示资产变动的数值小于负债变动的数值。

②累计缺口。即不同期限分段下流动性缺口的加总。

总之，流动性缺口法能对银行流动性状况有一个大致的描述，银行在每一个期限内将其资产和负债进行对比得出流动性缺口的数值，有利于银行了解目前资产和负债期限的匹配状况，进而明确未来资金的需求。正是由于其具有简单、易操作的特点，流动性缺口法一直是金融机构常用的流动性分析方法。但它仍有许多缺陷。其一，关于缺口的计算还存在着许多技术性问题有待解决。例如，如何科学地划分缺口的期限分段、如何处理活期存款的稳定性余额和资产的提前偿还问题、如何确认股本变动对流动性缺口的影响等。其二，仅基于银行资产负债期限结构的流动性缺口分析既忽略了资产质量的差异，又忽略了那些以或有形式存在的表外业务。其三，流动性缺口分析同样还忽略了对银行的借款能力进行评估的必要性。对于某些商业银行而言，其流动性的一个主要方面表现在从市场筹集新资金的能力，而这一能力主要取决于该银行在市场的地位，而非其资产负债的期限结构。

2) 融资缺口法。融资缺口是指银行需重新筹集的用于对新资产融资及对负债再融资的那部分新资金，简而言之，即为融资需要量与稳定性资金来源的差额。

融资缺口的公式为

$$融资缺口 = 资金总需要量 - 资金来源（稳定性部分）$$

同流动性缺口一致，大于零的缺口称为正融资缺口，小于零的缺口称为负融资缺口，等于零的缺口称为零缺口。实践中，正融资缺口被视为"不稳定的融资"，是银行必须通过"不稳定负债"筹集的新资金，如发行证券、从普通客户那里寻求资金支持等。这些资金来源之所以被认为具有不稳定性，是由于它们对风险具有高度的敏感性。这表现在：资金来源无法得到保证。例如，当银行面临较严重的流动性风险或整个市场的资金供给都十分紧张时，通过这些渠道筹资就很可能失败。即使筹资成功，也必须承担较高的成本。因此，正融资缺口的规模越大表明银行面临的流动性不足的风险就越大。融资缺口法可以最大限度地放松流动性缺口法对于资产负债期限匹配的限制，即它不再是仅以期限匹配情况而是以资产的变现能力和资金来源的稳定性为基础来评估银行的流动性情况。它允许"短钱长用"，通过提高资金利用效率来增加收益。然而，与简单化的、盲目的"短钱长用"不同，这一方法强调对资金总需要量和资金来源的稳定性进行分析，力争做到有的放矢。融资缺口法还有一个显著的优点，它不仅反映了银行资产负债表内的流动性状况，还考虑了表外的流动性，如对尚未使用的授信额度的考虑，因而其对机构的流动性分析更加全面。

但是，这一方法同样存在若干不足，如对资金总需要量和资金来源稳定性的分析带有强烈的主观色彩。如何界定短期的、可自由处置的资产？如何界定尚未使用的融资能力和稳定的短期负债？这一系列的问题至今尚无统一的标准答案。

（3）现金流量法。现金流量法也是商业银行使用较多的一种流动性分析框架，它通过比较银行一定时期内的资金流入和流出来度量其流动性。当资金流入和流出不匹配时，银行就存在流动性缺口，一般用"盈余"和"赤字"来表示。如果流入金额大于流出金额，即出现所谓的"盈余"，表明银行拥有一个流动性缓冲器，但必须同时考虑这种流动性盈余头寸所带来的机会成本，因为多余的资金完全可用于其他用途以赚取利润。相反，若银行出现流动性赤字，则必须采取措施应对赤字所带来的潜在流动性风险，因为流动性赤字的存在与扩大可能表明存款流失增加或贷款需求上升，如果银行此时不减少手中所持有的流动性资产，就必须向货币市场借入资金，以满足客户的资金需求。否则，银行将陷入流动性不足乃至倒闭的不利境况。

实践中，对现金流量的分析通常是通过编制现金流量表来进行的。现金流量表是三大重要的财务报表之一，其编制思路大体如下：首先把银行的所有业务活动分为三个大的模块，即经营活动、投资活动和筹资活动，分别计算出每个模块的现金流入、现金流出和净现金流量；然后考虑汇率变动对现金及现金等价物的影响，计算出具体的数值；最后将三大模块净现金流量及因汇率变动而出现的调整数进行汇总，就可以得出银行总的净现金流量。

（4）压力测试和情景分析法。压力测试是在分析市场风险等风险类别时普遍采用的一种方法，它同样也可以应用于流动性风险的评估。通常情况下，压力测试是作为缺口度量法或现金流量法的一种辅助方法，即分析在某种极端情况下银行流动性缺口或净现金流量的变化情况。在压力测试中，银行通常要考虑各种各样极端事件的发生，这些极端事件有一些是适合于整个银行业的，有一些是针对某一家特定银行的。这些极端事件包括市场上突然出现的融资困难、利率发生重大变化、新兴市场限制货币之间的转换、发生潜在的市场危机、严重的信贷损失、运营风险（如结算风险）等。对于那些在新兴市场国家有大量业务的银行来说，它们的压力测试会集中在一些特殊业务，例如，测试新兴市场的危机对于一项即将发放的贷款、客户存款、资本市场流动性以及其他流动性来源的影响。

相对于压力测试，情景分析的场景设定范围更广，可包括所有能够对流动性产生重大影响的内部和外部因素、有利的情景和不利的情景等。总的来说，对不利情景的分析更常见，大致又可以分为三种情景：银行的"正常状况"、银行本身的危机和整个市场危机。在每种环境下，银行应尽可能地考虑到任何可能出现的有利或不利的重大流动性变动。例如，当某家银行发生流动性困难时，它在市场上出售资产换取流动性的能力会下降多少？而当整个市场发生流动性危机时，银行在市场上的筹资能力又下降多少？又如一笔银行的负债，如果银行到期归还、延迟还款或是将负债展期，对银行流动性又会有怎样的影响等。

5. 信用风险评估

（1）信用风险评估概述。从简单的定性分析到财务分析，再到一系列现代度量模型的建立，信用风险评估方法的演进经历了一个漫长的过程。在这个过程中，人们对信用风险的认识逐渐深入，评估方法和技术越来越先进，信用风险度量的精确度不断提高。

大体上，可以将信用风险评估方法的演进分为三个阶段，即古典信用分析、信用评级（或评分）、现代度量模型。需要说明的是，这种划分依据的标准是信用风险评估方法演进的内在逻辑，而不是时间。事实上，我们也根本无法按时间的先后在这三种方法之间划出明确的分界。一方面，传统的信用评估方法通过不断吸收新的思想进行着自我调整，至今仍在被许多金融机构所采用；另一方面，现代的度量模型也充分地吸收了传统方法中的优秀思想和主张。因此，它们之间并不存在明显的时间分界。

1）古典信用分析。承担信用风险是商业银行最基本的职能之一，衡量并管理信用风险一直是商业银行最核心的任务之一。商业银行在早期的信用风险管理活动中扮演了十分重要的角色，经过多年的实践，它们逐渐总结出一种规范的信用风险分析方法，即古典信用分析法。这种方法的原理非常简单：几乎所有的商业银行都会有一批经过长期训练、具有丰富经验的信贷人员，由他们来负责对借款人的信用状况做出主观评价，进而做出信贷决策，因此，这种方法也称专家分析法。

在不同的发展阶段，古典信用分析的内容与方法各不相同。早期的商业银行主要是为企业的运营资金及贸易融资，它们通常在有担保的情况下才会贷款，且贷款的期限较短，大多不超过一年，因此，信贷专家分析的重点集中于抵押担保的条件是否合格、借款人的运营资金是否充足。随着业务范围的拓展，商业银行不仅为企业购置固定资产等资本性需求提供贷款，还为个人购置住房等消费性支出提供贷款，信用分析的内容也进一步拓展，信贷专家们往往更关注企业预期收益和预期现金流的状况。经过多年的实践，古典信用分析法的内容不断丰富和完善，形成了以"5C""5W"和"5P"等为代表的诸多分析体系。

在古典信用分析法中，信贷专家的经验越丰富、专业水平越高，被赋予的决策权越大，人们对他的期望值也就越高。在具体操作时，信贷专家也会借助一些标准的分析技术，如财务比率分析，但这些专家的经验和主观判断仍起着关键性作用。这种作用可能体现在财务比率的选择上，也可能体现在参照值的确定或其他方面。因此，这种方法具有很大的主观性，不同的专家对同一个对象会有不同的评价，进而得出不同的结论。由于缺乏一致的评价标准，实施效果也不稳定，这在客观上制约了该方法的进一步发展。

2）信用评级。早期的信用风险分析通常是由债权人自己独立完成的，然而这一状况在19世纪中期发生了改变。1890年，穆迪公司的创始人约翰·穆迪开始编写美国公司财务信息手册，并逐步建立了衡量债券倒债风险的评估体系。穆迪公司在1909年首次对铁路公司的债券进行评估，其评级手册受到了投资者的广泛欢迎，使信用评级首次进入证券市场。1918年，穆迪公司的评级对象开始扩展到外国政府在美国发行的债券。随着投资者对评级服务需求的增长，市场上出现了越来越多的信用评级公司。到20世纪70年代，信用评级业务已经拓展到日本、加拿大、印度、韩国和澳大利亚等诸多国家。目前，国际信用评级业务已经扩展到许多国家和地区，例如巴西、南非、俄罗斯、墨西哥、印度尼西亚等新兴市场和发展中国家。

这些独立的、专业性的评级机构的出现极大地促进了信用风险分析方法与技术的进步。为了便于信用评级结果的使用，评级机构建立了规范的评级指标体系和标准，把最终的结果表示为一个简洁的字母或数字组合符号，这些符号广为流传，逐渐成为统一的信用风险度量标尺，使不同借款企业或债项之间的信用风险具有了可对比性。

外部信用评级的发展也推动了金融机构内部评级技术的提高。金融机构不仅成为了那些专业性评级机构的客户，向它们寻求对特定借款人或债项的信用评级结果；同时还积极地借鉴它们的评级技术，建立并完善自己的内部评级系统。

3）现代度量模型。总体来看，古典信用分析与信用评级都是基于特定的专家和特定的决策规则而建立起来的。20世纪70年代以来，伴随着经济计量技术在金融领域的广泛应用，人们不再满足于仅用定性的语言或特定的符号来描述信用风险,而是希望能在更精确的程度上把握信用风险发生的概率及其损失。将违约概率或违约损失视为一个独立变量,采用多元判别分析、多元回归、Logit 分析和 Probit 分析等计量技术构建信用风险度量模型是这一时期的主流。

1968 年,美国学者 Altman 运用多元判别分析技术构建了一个多变量的信用评分模型,即第一代 Z 评分模型。1977 年,他对原模型进行了修正和改进,继而推出了第二代 Z 评分模型。这一模型运用实证的方法,构建公司破产或违约与相关财务比率之间的关系,并设定判别分值,进而以确定的临界值对研究对象进行信用风险的定位。由于模型简单、成本低、效果佳,一经推出,便引起各界的关注,受到众多金融机构的好评。受此影响,日本、德国、法国、英国、澳大利亚、加拿大、巴西等许多国家的金融机构也都纷纷研制了各自的判别模型。虽然在变量的选择上各有千秋,但这些模型的总体思路与奥尔特曼如出一辙。目前,信用评分模型已成为金融机构度量信用风险的重要模型之一。

由于多元判别分析法要求正态分布和等方差的假设,因此,在现实应用中有很大的局限性。Martin(1977)、Ohlson(1980) 和 Wiginton(1980) 构建了 Logit 模型,1984 年 Zmijewski 首次使用 Probit 模型来预测财务困境,这两种模型对破产的先验概率或预测变量的分布都不需要做任何假设,基本的估计问题为:给定一家公司属于某个特定的总体,那么在某一特定期间内公司破产的概率是多大?它们的区别仅在于累积概率函数不同,前者假设随机变量服从逻辑概率分布,而后者假设随机变量服从正态分布。由于 Probit 模型包含了非线性估计,计算量较大,因此 Logit 模型在应用中受到了更多的青睐。

1990 年,Odom 和 Sharda 将神经网络理论引入信用风险分析领域,他们构建了神经网络模型,并将其与传统的信用评分模型进行了比较。神经网络是从神经心理学和认知科学研究成果出发,应用数学方法发展起来的一种并行分布模式处理系统,具有高度的并行计算能力、自学能力和容错能力。然而神经网络模型的最大缺点是随机性较强,要得到一个较好的神经网络结构,需要人为地调试,非常耗时耗力,这在一定程度上限制了其应用。

上述模型对信用风险的度量大体上是从破产预测和信用质量两个方面入手,所得出的结果也仅限于对信用风险的一种排序,并没有真正揭示出风险的大小。此外,这些模型关注的只是单个借款人或单项资产的信用风险,通常以会计信息作为数量分析的基础。因此,随着资本市场的迅速发展、融资的非中介化、证券化趋势以及金融创新工具的大量涌现,信用风险的复杂性日益显著,这些模型的局限性也日渐突出。正是在这样的背景下,20 世纪 90 年代以来涌现了一大批以信用计量模型(CreditMetrics 模型)、KMV 模型、"CreditRisk-" 模型以及 CPV 模型为代表的现代信用风险度量模型。

(2)度量信用风险的基本要素。

1)信用风险敞口。信用风险敞口(Exposure at Default,EAD)是指那些在违约发生时处于风险之中的金融工具的价值。在其他条件既定的情况下,信用风险敞口规模越大表明信用风险影响的范围越大,信用风险损失也就越大。因此,信用风险敞口是度量信用风险时首要考虑的重要因素之一。通常情况下,信用风险敞口既可以用金融工具当前的、可观察到的价值来表示,也可以用潜在的、未来的价值来表示。下面从信用风险敞口的时间特征和业务特征两个方面分别对其进行考察。

①时间特征。由于要受到用款和还款方式的影响,信用风险敞口在不同的时间段呈现出不

同的数值。也就是说，其时间分布不是一个确定的常数，但一般可以事前估计。例如，项目融资贷款，不考虑其他因素，受工程进度以及未来经营阶段的影响，项目用款是逐渐增加的，由此导致信用风险敞口呈现一开始逐渐增加，然后逐渐下降的变化形态；而一笔一次性提取、到期一次性还本付息的贷款，在贷款到期归还以前，其风险敞口保持不变；住房按揭贷款的风险敞口则由于分期还款因素而呈阶梯状递减。

这类纯粹由于用款和还款方式的不同而产生的敞口差异，由于在事前可以预计，因此处理起来较为容易。真正难以估计的是那些受不确定因素影响的信用敞口，不确定因素可能是信用事件，也可能是未曾预料到的市场变化。如贷款承诺，当借款人发生违约或信用状况恶化时，由于很难从其他渠道获得融资，借款人将增加对承诺额的使用，导致敞口上升。再如衍生品交易，违约风险敞口主要取决于合约本身价值的变化，而由于受市场因素影响，合约价值的波动是常态的，因此衍生品的违约风险敞口会在交易双方之间发生动态转移。如果合约的价值为正，当交易对手违约时，银行将面临信用风险；反之，如果合约的价值为负，交易对手就会取代银行承担信用风险。

②业务特征主要体现在两个方面。表内信用风险敞口。表内资产通常包括贷款、债券、应收账款等，它们的潜在损失往往就是到期金额，因此它们当前和未来的风险敞口都是名义值。当然，如果给出当前利率，我们也可以计算出该资产的市场价值。但按照比例衡量，二者的差别并不大。因此为了简便起见，人们大多用名义值来衡量这些资产的信用风险敞口。

表外信用风险敞口。表外信用风险敞口通常包括担保及类似的或有负债承诺、互换、远期、期货与期权等。这部分风险敞口的衡量比较麻烦，有的取决于合约的履行条件，如可撤销的贷款承诺；有的取决于合约的清盘价值或市值，如期权交易等。由于表外业务种类众多，彼此间的差异也非常大，因此很难用统一的方法来衡量。

为了解决这一问题，巴塞尔委员会提供了一种比较直观的方法：针对表外业务的风险特征，对每类业务规定不同的信用风险转换系数，然后将这些业务按系数折算成信用等价物，归入相应的表内信用风险敞口类别，采用同类别的风险权重。例如，某银行对客户签发了原始期限为两年的贷款承诺10亿元，若按照50%的信用风险换算系数，等价的信用风险敞口就是5亿元。

对于那些与交易有关的衍生品，如外汇、利率和股票指数合约，其信用风险敞口的转换略微复杂一些。在1996年修正案中，巴塞尔委员会提供了两种转换方法：一种是当前敞口法，另一种是原始敞口法。

当前敞口法的计算过程主要包括两个步骤：首先根据"盯市"原则，按照合约的市值计算其当前重置成本或清算价值，该值仅取正数；然后计算合约在剩余期限内面临的潜在风险敞口，再将该敞口作为附加值，与当前重置成本一起共同构成衍生品合约的违约风险敞口。即

$$当前敞口法下的信用风险敞口 = 重置成本 + 附加值$$
$$附加值 = 名义值 \times 附加因子 \times (0.4 + 0.6 \times 净市值与总市值的比率)$$

原始敞口法不考虑合约的当前价值，而是根据巴塞尔委员会提供的到期日档次和相应的转换比例指标，直接根据合约的名义金额换算出对应的违约风险敞口数额。原始敞口法计算比较简单，但巴塞尔委员会认为若从审慎监管的要求出发，原始敞口法只能作为一种过渡，并提倡银行采用当前敞口法来计算衍生品合约的违约风险敞口。

2）违约概率。违约概率是指债务人或交易对手在未来一定时期内不能按合同约定履行偿债或其他相关义务的可能性，是度量违约风险的关键性要素。要想获取违约概率，必须首先明确什么是违约。

截至目前，人们还没有得出关于违约的统一定义。在现实中，违约可以是法律意义上的，如到期不履行支付义务、违反合同约定条款、借款人已进入法定破产程序等；也可以是经济意义上的，即借款人虽未进入法律意义上的破产程序，但其资产的经济价值已经低于未清偿债务的价值，出现了资不抵债的情况。许多信用风险度量模型，如 KMV 模型，都选择将违约定义为一个纯粹的经济事件。

目前，估计违约概率的方法主要有两种。

一是经验统计法。这一方法是通过历史经验数据，即实际的违约记录，来推断违约概率。经验统计法要求必须要有样本容量足够大的数据库作为支撑，因而往往与信用评级结合在一起。穆迪、标准普尔等许多评级公司都可以提供特定信用等级的违约概率。这些数据也可以来自金融机构内部的数据库，比如金融机构在以往业务中收集的关于违约的内部信息。无论数据来自何处，都必须是真实的历史数据。因此，依据这种方法推断出来的违约概率也称历史违约概率。

二是数理建模法。这一方法运用相关的数理分析技术和市场数据，建立预测模型，对违约概率进行事前估计，如 KMV 模型就是这种方法的代表性运用。由于市场数据综合反映了所有参与者对未来的预期，依据这种方法推断出来的违约概率也称预期违约概率。

总体而言，违约并不是一触即发的，从借款人的最初财务状况和资产质量出现恶化到最终不能偿付债务而进入违约状态，这期间体现为一个过程，违约只是这一过程的最后一环。这一过程实质上也是借款人信用质量不断恶化的过程，最直接的表现就是其信用等级的下降。我们把借款人信用等级的上升或下降称为信用等级迁移，相应地，信用等级迁移概率反映的是借款人信用等级发生迁移的概率。

3）违约损失率。违约损失率（Loss Given Default，LGD）是指因发生违约而导致的损失金额在全部信用风险敞口中所占的比例。与之相对应的一个概念就是违约回收率，违约损失率＝1－违约回收率。违约损失率的度量很重要，因为它可以提供违约事件中银行的净损失量，这个数值有可能更接近于最终的真正损失。

然而在本质上，对于单个信用事件而言，违约损失率是不确定的，它取决于债务的种类、优先级别、风险缓释技术及所处的经济周期等多种要素的影响。其中，每一类要素都包含许多不确定的因素。以抵押为例，有抵押债务的违约损失率在很大程度上取决于抵押物的变现能力。影响变现结果的不仅包括法律因素，即债权人在法律上是否有权利占有和处置抵押物，也包括物理因素，诸如资产本身是否完整、资产质量是否可靠，还包括市场因素，如市场流动性状况如何。由于充当抵押物的资产种类繁多（可以是有形资产，如不动产、机器设备等，也可以是无形资产，如特定资产或项目未来的现金流等），准确估计抵押物的价值可能会非常困难。

与违约概率类似，估计违约损失率的常用方法也有两种：经验统计法和数理建模法。由于数理建模法较为复杂，这里我们主要分析经验统计法。实践中，对违约损失的计量通常是根据债务回收额来确定的，即先计算出违约回收率，然后再得出违约损失率。在认定回收额时，有两个主要的数据来源可供参考：一是违约债务在二级市场上的投标价格，二是贷款或其他债务违约后的实际还款统计。

需要注意的是，由于违约回收率也取决于债务的种类、优先级别、风险缓释技术及所处的经济周期等多种要素的影响，在使用经验统计法来估计违约回收率时应分类别进行，如按优先级别或信用等级分类。

4）合同期限。合同期限也是一个重要的信用风险因子，在其他条件一定的情况下，合同的期限越长，信用风险就越大。在信用风险敞口的分析中，我们已经看到时间因素的具体影响，不仅如此，时间因素还会影响违约概率和违约损失率。通常来说，债务人在最初发行债务时出现违约的可能性最小，随着时间的推移，违约的可能性会逐渐增大，因此仅考虑某个具体时点的违约概率是不够的，还应该按时间来分层处理，将累积的违约概率也考虑进去。

5）信用风险损失。在金融风险管理中，与损失相关的概念包括预期损失（EL）、非预期损失（UL）与异常损失（CL）。其中，异常损失属于小概率事件，即发生概率较小但损失金额巨大，如重大灾难和战争造成的损失。由于发生概率小、可获取的历史资料少，度量异常损失的困难较大，通常用压力测试法进行估算。预期损失是指可以事前估计或期望的损失，即可以根据历史数据测算来推定可能发生的损失金额。

从统计学角度看，预期损失就是损失分布的期望值，在数值上等于风险敞口、违约概率和违约损失率三者的乘积。

受市场条件、经济周期等因素的影响，金融机构经营中实际发生的损失往往会围绕预期损失上下波动，非预期损失就是用来反映这种波动的。从统计学角度看，非预期损失就是损失分布的标准差。严格地说，非预期损失才是真正意义上的风险概念，对信用风险损失的计量也就是对非预期损失的计量。

6）信用风险相关性。截至目前，我们关于信用风险度量要素的讨论还是基于单个债务人或单一资产而进行的。如果考虑信用组合的风险度量，还必须引入另一个概念——信用风险相关性。信用风险相关性可以衡量某个债务人或债项的违约会在多大程度上导致另一个债务人或债项的违约，通常用相关系数来表示。

(3) 信用风险度量模型。

1）Z 评分模型。第一代的 Z 评分模型是美国学者 Altman 在 1968 年构建的，该模型运用了多元判别分析技术，对银行过去的贷款案例进行了统计分析，筛选出那些最能够反映借款人的财务状况、对贷款质量影响最大、最具预测或分析价值的比率，然后采用适当的方法将这些比率统一在一起，构建出一个判别函数式，再将相关变量的值代入函数式，就可以判别贷款风险了。

具体步骤如下：

- 选取一组最能反映借款人财务状况和还本付息能力的财务比率，如流动比率、资产收益率、偿债能力指标等。
- 从银行过去的贷款资料中分类收集样本。样本数据基本分为两大类：一类是能正常还本付息的案例，另一类是非正常还本付息的案例。每一大类还可按行业或贷款性质再细分。

- 根据各行业的实际情况科学地确定每一比率的权重。权重主要根据该比率对借款还本付息的影响程度来确定。
- 将每一比率乘以相应权重，然后相加，便可得到一个 Z 值。对一系列所选样本的 Z 值进行分析，可得到一个衡量贷款风险度的 Z 值或阈值标准。

信用分析人员在运用该模型时，只要将贷款申请人的有关财务数据填入，便可计算出 Z 值。若该得分高于某一预先确定的 Z 值或阈值，就可判定该申请人的财务状况良好，贷款申请可被银行接受；反之，若低于 Z 值或阈值，则意味着应该拒绝其申请。

Z 评分模型具有较强的可操作性、适应性和预测能力，一经推出便在许多国家和地区得到推广和使用，并取得了显著的效果，成为当代预测企业违约和破产的核心分析方法之一。然而在实践中，人们也发现该模型还存在着许多不足，主要表现在：

- 该模型主要依赖于财务报表的账面数据，虽然第二代模型部分地引入了资本市场指标，但相对于日益重要的资本市场发展来说依然显得不足，这必然削弱了模型预测结果的可靠性和及时性。
- 由于模型缺乏对违约和违约风险的系统认识，理论基础比较薄弱。
- 由于模型假设解释变量之间存在线性关系，而现实中的经济现象往往呈现非线性特征，从而削弱了预测结果的准确程度，使得违约模型不能精确描述现实经济现象。
- 虽然经过不断的改进，模型的适用面依然有限，如没能考虑表外风险、没能考虑某些特定行业的企业特点等。

2）KMV 模型。KMV 模型，也称信用监控模型，最早由美国旧金山的 KMV 公司开发。该模型的核心是完成对债务人违约概率的估算，它以默顿的期权定价理论为基础，通过企业的财务结构、企业的资产市值及其波动等来推导预期违约概率。作为运用现代期权定价理论建立起来的违约预测模型，KMV 模型是对传统信用风险度量方法的一次重要突破。首先，KMV 模型可以充分利用资本市场上的信息，对所有公开上市企业进行信用风险的量化和分析；其次，由于该模型所获取的数据来自股票市场的资料，而非企业的历史数据，因而更能反映企业当前的信用状况，具有前瞻性，其预测能力更强、更及时、更准确。最后，KMV 模型是建立在当代公司理财理论和期权理论的基础之上的，因此具有很强的理论基础。

然而，与其他已有的模型一样，KMV 模型依然存在许多缺陷。首先，模型的使用范围具有一定的局限性。通常，该模型特别适用于上市公司的信用风险评估，而当应用于非上市公司时，往往要借助一些会计信息或其他能够反映借款企业特征的指标来替代模型中的一些重要变量，这可能在一定程度上会降低计算的准确性。其次，该模型假设企业的资产价值服从正态分布，而实际中企业的资产价值一般会呈现非正态的统计特征。最后，模型不能够对债务的不同类型进行区分，如偿还优先顺序、担保、契约等类型，使得模型的输出变量的计算结果不准确。

3）信用风险计量模型。

①模型概述。关于量化信用风险的最佳方法，从未有过统一的观点，在现实中至少存在两种相互竞争的框架。一种框架认为只存在两种状态——违约和不违约，并据此构建了直至到期

日产生"违约"和"不违约"结果的二叉树结构。在这种框架下，只依靠估计违约概率和回收率，就可以捕捉到每个金融工具的信用风险特征。另一种框架认为风险是公司债券价值的波动，需要通过关注每日信用价差的波动来估计信用损失的大小。

两种框架的缺陷都是显而易见的：二叉树结构的框架完全忽略了风险与价值变化的相关性；而后一种框架由于只专注于可观测到的信用价差的波动，则可能在估计升级、降级及违约这类小概率但现实中关键的信用事件的影响时失效。

信用风险计量模型给出了一条中间线路：信用风险不仅取决于违约与否，还取决于信用资产质量的变化。如前文所述，信用资产质量取决于债务人或交易对手的信用状况及其变化，违约只是信用资产质量极端恶化的一种状态。如果存在一个有效的信用评级系统，那么投资失败、利润下降、融资渠道枯竭等信用事件对债务人或交易对手信用状况的影响都能及时恰当地通过其信用等级的变化而表现出来。

②主要框架与计算步骤。信用风险计量模型最主要的特点是考虑了信用组合的风险度量，其技术框架包括三大模块，即信用风险敞口及其分布、因信用等级迁移导致的单个敞口价值的波动、不同信用资产彼此变化的相关性。

为了便于理解，可以将这一框架分解为八个步骤。

第一步，设定风险期的长度。考虑信用资产的特点，通常设定为一年。

第二步，设定信用评级系统。每一个债务人都被赋予一个信用等级，可以使用公认的外部评级结果，也可以使用内部评级结果。

第三步，设定信用等级迁移矩阵，即包含了不同信用等级下的所有债务人在一定期限内（如一年）维持原级别或转移到其他信用等级的概率。这种数据一般都由信用评级公司提供。

第四步，设定信用利差溢价。信用利差溢价等于当前债券收益率与相同期限无风险利率之间的差额。在计算出所有信用等级债券的信用利差溢价的基础上，以对应的远期利率为折现率，进一步计算出债券在所有等级上的现值。

第五步，设定违约回收率。

第六步，如果不存在相关性，加总上述步骤计算出的所有债券的价值分布，即可得到整个组合的价值分布，给定置信水平后即可得到信用在险价值。

第七步，考虑到相关性，估计组合中各资产变化的相关性。

第八步，估计资产之间的联合违约概率及其联合迁移概率，计算组合的信用在险价值。

③模型简评。信用风险计量模型的出现，标志着信用风险管理在精确性及主动性方面取得了巨大进步。与其他度量信用风险的方法相比，该模型第一次用一个统一的、综合的框架来考虑信用资产的信用质量转换、违约概率、违约回收率以及相关性等问题。具体表现在以下两个方面。

第一，该模型将在险价值方法的主要思想引入信用风险，统一了信用风险和市场风险的度量标准。

第二，该模型强调从资产组合而不仅仅是单一资产的角度来看待信用风险，大大拓展了信用风险管理的思路。

正是因为存在这些优点，使得该模型自推出之后便备受业内人士的好评。由于信用风险计量模型起步较晚，目前仍处于发展时期，其理论思想还有待于进一步完善。此外，下面的一些尚未解决的技术问题也制约了该模型的推广和应用。

- 模型假定信用等级迁移概率符合稳定马尔可夫过程，即它意味着债券或贷款本期信用等级变动与历史信用等级变动无关。然而，有证据表明，信用等级变动是自相关的。通常，债券或贷款的信用等级若在前一期发生降级，则在本期发生降级的可能性也较大。
- 信用等级迁移矩阵的稳定性。模型假设同一信用评级内所有的债务人都具有相同的评级迁移概率，通过用历史的平均迁移概率来近似未来的评级迁移概率。实证研究表明，不同行业、不同地区、不同经济周期将会对迁移矩阵产生影响。
- 模型通常应用债券迁移矩阵来为贷款估价。然而，无论在担保、合约内容，还是其他方面，贷款与债券均有很大的差异，如果使用债券信用等级迁移概率矩阵来对贷款进行估价，很可能出现估计不准的问题。
- 在对信用资产进行估值时，模型假定违约回收率、远期利率和信用利差三个变量都是非随机的。实际上，贷款的违约回收率有相当大的不确定性，远期利率、信用利差也都会随经济信用周期的变化而变化，所以这三个变量都不是确定的量。这必然会影响模型估值的准确性。

4）CreditRisk+模型。与KMV模型相同，CreditRisk+模型也仅考虑了违约风险，但该模型假设违约风险与债务人的结构无关，违约事件纯粹是一个统计现象，也就是说，在统计意义上，债务人是否违约完全是随机的。基于此，该模型采用精算学的分析框架来推导信贷组合的损失分布。

CreditRisk+模型认为，贷款组合中不同类型的贷款同时违约的概率是很小且相互独立的连续变量，因此，贷款组合的违约率服从泊松分布。由于CreditRisk+模型要求输入的数据很少，基本上只涉及敞口及违约概率，计算简便。模型的处理能力也很强，可以处理不同地区、不同部门、不同时限等不同类型的敞口。但模型也存在一定的缺陷，如仅考虑违约风险、需要假设每一组平均违约率是固定不变的等。

5）信用组合审查模型。1998年麦肯锡公司开发出一个多因素信用风险管理模型，即信用组合审查模型（Credit Portfolio View，CPV），该模型与信用风险计量模型相同之处在于不仅关注违约风险，还关注信用等级迁移的风险。与信用风险计量模型不同的是，信用组合审查模型是从宏观经济环境角度来分析债务人的信用等级转移。在模型中决定信用等级转移的不是资产价格、经验参数或随机的模拟结果，而是类似于GDP增长率、失业率、利率、汇率、政府支出等的宏观经济变量。由于系统性信用风险跟从信贷周期，而信贷周期又跟从经济周期，从信贷组合的角度看，经济状态是决定信用风险的共同因素，是系统性信用风险的最终来源，模拟经济状态是模拟信贷组合的系统性信用风险的起点。

信用组合审查模型的基本思路为：首先通过多元经济计量模型来模拟宏观经济状态，然后把信贷组合按类别细分为多个同质性子组合，并对每个子组合确定相应的转换函数，这样就可以通过转换函数将前面模拟的经济状态转换为特定部门的条件违约概率和评级迁移概率，以此为基础，最终模拟出整个信贷组合的损失分布。更详细的内容可以参阅麦肯锡公司在1998年披露的信用组合审查模型技术文档。

信用组合审查模型考虑了宏观经济变量对信用等级迁移的影响，可以看作是对信用风险计量模型的一个补充，但由于模型的数据依赖于很多宏观经济数据，计算复杂且检验困难，制约了信用组合审查模型的广泛应用。

6. 市场风险评估

近年来，震惊中外的金融风险事件大多是由于市场风险管理不善造成的。如在 2021 年，美国一家私募基金公司 Archegos 资本管理（Archegos Capital Management）公司的交易活动引发了全球金融市场的动荡。该公司以高杠杆进行投资，但未能有效管理风险。最终，部分投资仓位的巨额亏损导致该公司无法满足保证金追缴要求，触发了一系列强制平仓并造成市场动荡；再比如，近两年，由于投资者对收益稳定的需求，投资于房地产投资信托基金（REIT）已成为市场热点。然而，由于市场风险管理不善，某些房地产投资信托基金的租金收入受到严重影响，暴露出风险。这导致了房地产投资信托基金的资产负债表承压，股价下跌和投资者损失。此外，数字货币市场近两年来波动不断加剧，价格大幅波动。由于缺乏成熟的监管框架和投资者对风险的认知不足，一些投资者在市场波动中遭受巨大损失。市场风险管理不善可能导致数字货币投资者暴露在极高的市场波动和潜在的操纵风险中，类似的案例还可以举出很多，这些案例清楚地表明了市场风险的突发性、破坏性和严重性。如果不重视市场风险管理，即使是"百年老店"也可能遭受灭顶之灾。正是在这样的大背景下，金融机构在不断地加强市场风险管理的意识，加快了风险管理手段的更新和管理措施的落实。市场风险管理的理论与技术也因此得到了前所未有的发展。

简单地说，市场风险是指交易者因市场条件的不利变动而蒙受损失的风险。这里的市场条件包括交易价格、交易规则、供求关系、流动性等，这些市场条件的改变往往最终都反映为市场价格的波动，因此，市场风险也可以简单地定义为因市场价格的不利变动而导致损失的风险。根据风险因子的不同，市场风险通常分为利率风险、股票风险、汇率风险和商品风险四大类。

目前，市场风险管理领域的技术、方法及理念十分繁荣，这是其他类别的风险管理所无法比拟的。三大著名金融理论资产组合理论、资本资产定价理论、期权定价理论都起源于市场风险领域，众多前沿的风险管理技术和方法，如在险价值系统、压力测试、风险对冲等也同样来自这一领域。

传统上，对市场风险的表达大多为描述性质，采用定性的方法进行评估。随着金融理论与实务的发展，定量的方法开始被采用，从简单的名义值度量到敏感性度量，到波动率，再到最先进的在险价值系统。

名义值法是采用金融资产的账面价值（即市场风险敞口）来度量市场风险的。账面价值越大，意味着面临的市场风险就越大。这一方法的显著优势在于简单易行。然而，由于金融资产的账面价值反映的只是其历史成本，在利率、汇率等市场价格因素频繁波动的条件下，仅考虑账面价值并没有多少实质性的意义。为了弥补账面价值的不足，金融机构更多地采用市场价值或公允价值来衡量市场风险。

根据国际评估准则的定义，市场价值是指"在评估基准日，自愿的买卖双方在知情、谨慎、非强迫的情况下通过公平交易资产所获得的资产的预期价值"。国际会计准则委员会对公允价值的定义是"交易双方在公平交易中可接受的资产或债权价值"。公允价值的计量有四个层次：

- 直接使用可获得的市场价格。
- 如不能获得市场价格，则应使用公认的模型估算市场价格。
- 实际支付价格。
- 允许使用企业特定的数据，要求该数据应能被合理估算并且与市场预期不冲突。

在大多数情况下，市场价值可以代表公允价值，但如果没有证据表明资产交易市场存在时，公允价值可以通过收益法或成本法来获得。与市场价值相比，公允价值的应用更具有操作性。

无论是用金融资产的账面价值，还是用市场价值或公允价值，名义值法都只能度量市场风险影响的范围，它并不能确定市场风险的损失究竟有多大。

敏感性分析法在市场风险度量中的应用由来已久，从1938年麦考利提出久期的概念，到 β 系数的问世，再到期权风险的提出，其应用范围十分广泛。敏感性分析方法可以度量出资产（或组合）价值相对于某个市场风险因子变动的敏感程度。相对于名义值法而言，这种方法更接近于风险度量的本质。但敏感性分析法属于单变量分析，只能度量单个风险因子变动对资产价值的相对影响，而且也无法反映风险因子本身的变动情况。此外，敏感性分析方法假设资产价值与风险因子之间存在着线性关系，这往往与实际相背离。

通常认为，用波动率来度量市场风险起源于马科维茨的资产组合理论。市场风险不仅取决于风险敞口、风险发生的概率，还取决于风险因子本身的波动，风险因子波动越频繁、波动幅度越大，面临的市场风险也就越大。波动率方法不仅可以用于度量单一资产的风险，还可以度量资产组合的风险。更重要的是，从组合的角度出发，有助于对资产风险属性的进一步认识，即对于资产风险的度量不仅要考虑其自身的波动率，还应考虑这一波动率对整个组合的影响。然而，仅考虑波动率还是不够的，这种方法同样没能将损失与概率联系起来，同样无法确定可能面临的损失到底是多大。

20世纪80年代末问世的在险价值法可谓是一种综合性的风险评估方法，它充分吸收了上述方法的精华思想，把损失与概率、敏感性与波动率等指标综合成一个简单的数值——在险价值，以反映市场风险的大小。如今，在险价值法以其客观精确、适用范围广等特点被大多数金融机构和监管当局所接受，在市场风险度量领域占有举足轻重的地位。当然，在险价值法也是建立在一定的假设之上的，在实际应用中也存在着不足，通常还需要配合压力测试、情景分析等方法共同使用。

下面对敏感性分析法、在险价值法、情景分析法与压力测试法进行详细介绍。

（1）敏感性分析法。在2004年巴塞尔委员会发布的《利率风险管理与监管原则》中，要求银行评估标准利率冲击（如利率上升或下降200个基点）对银行经济价值的影响，这就要应用到敏感性分析法。简而言之，敏感性分析是指在保持其他条件不变的前提下，研究单个市场风险要素的变化可能对金融工具或资产组合的收益或经济价值产生的影响。如果把单个市场风险要素理解为基础变量，金融工具或资产组合的收益或经济价值理解为目标变量，用简单的数学语言来表述敏感度就是目标变量和基础变量之间的相对变化率。

敏感性分析法与经济学中的弹性分析法类似，特别是点弹性分析，对应基础变量中的不同数值点，敏感度的值也会发生相应变化。在这里，作为基础变量的市场风险要素相当于金融机构的外部经营环境整体的一个部分或点而存在，任何一家金融机构都没有能力去影响和决定这些市场风险要素的变动。当然，这并不等于说金融机构将毫无作为。事实上，它们通常采取相应的措施来控制自身收益相对于基础变量的敏感度，如套期保值。

敏感度有一个非常重要的特性，即具有可相加性，这使其可以运用于组合的风险度量。如果某一资产组合由多项资产或不同类型的资产组成，决定各项资产价值的基础变量是同一市场风险要素，那么，该组合的敏感度就等于组合中各资产敏感度的加权平均值。

敏感性分析因具有计算简便且易于理解的显著优势，在市场风险度量中得到了广泛的应用，如度量汇率风险的敞口分析、度量利率风险的资金缺口分析和久期分析等。但需要注意的是，敏感性分析也有一定的局限性，主要表现在它假设基础变量（如汇率、利率、股指等）变动与目标变量（如资产的损益）变动之间的关系是线性关系，而在现实中，许多金融工具或资产相对于市场风险要素的变化却具有非线性特征。此外，敏感性分析只能告诉我们基础变量变动与目标变量变动之间的关系，也就是说，在基础变量变动为既定的条件下，可测算出目标变量的变动量。然而，敏感性分析并不能告诉我们基础变量到底会如何变动。

因此，在使用敏感性分析时要注意其适用范围，并在必要时辅以其他的风险分析方法。

（2）在险价值法。20世纪80年代末，丹尼斯·韦瑟斯通（Dennis Wetherstone）接任摩根大通公司的新总裁。上任后，他要求下属在每天下午交易结束后的4点15分交给他一份报告，说明公司在未来24小时内总体潜在的损失是多大，也就是说，他要求把贯穿于所有业务和头寸的市场风险用一个数值表示出来。当时，摩根大通的14个主动交易部位共有120个独立交易单位，交易品种涉及各种证券、外汇、衍生品等，每天交易规模超过500亿美元。在这样的交易规模和范围的前提下，满足韦瑟斯通的要求并非易事。经过艰苦的努力，摩根大通的风险管理人员最终研发出一种能度量不同交易、不同业务部门的市场风险，并将这些风险体现为一个数值的风险度量方法，这就是在险价值法。

1993年，"30国集团"把在险价值法作为处理衍生工具的"最佳典范"方法进行推广，使得其在全球范围的影响大大提升。1994年，摩根大通对外公布了在险价值模型的技术文档。1998年，摩根大通成立了专门的风险管理公司——RiskMetrics。随着在险价值技术的日渐成熟，风险管理专家们还对其在信用风险、操作风险等领域的应用进行了深入研究，同样取得了显著成果。如今，在险价值法在金融机构和一些非金融企业中得到了广泛的应用。尤其是在过去的几年里，在险价值已逐渐被视为风险度量的一种标准，巴塞尔委员会允许金融机构采用标准化方法和内部模型法来度量市场风险，其中就是以在险价值作为内部模型的核心技术。

在险价值按字面的解释就是"处于风险状态的价值"，其基本含义为：在一定置信水平和一定持有期内，某一金融资产或组合在正常的市场条件下所面临的最大损失额。

计算在险价值的关键在于确定资产（或组合）未来损益的统计分布或概率密度函数。然而，直接获取未来损益的分布有时会非常困难，为此在险价值的获取通常要经过下述分解过程。

第一步，识别市场风险因子（如汇率、利率等），将资产（或组合）的价值表示为风险因子的函数，这一过程也称为映射（Mapping）。

第二步，估测市场风险因子在未来某一时期的变化情景，通常用市场风险因子的波动率来表示。

第三步，根据映射结果和风险因子的变化来估测资产（或组合）的未来价值变化及其概率分布，这一过程被称为盯市（Mark to Market）。

第四步，根据给定的置信水平和持有期计算在险价值。

这里，计算在险价值的关键问题有两个：

第一，如何估测市场风险因子未来的变化。目前估测市场风险因子未来变化的方法主要有两大类：一是基于历史数据而估计出的历史波动率，包括移动平均法、GARCH（Generalized Auto Regressive Conditional Heteroskedasticity）模型和随机波动模型；二是基于期权定价模型而估计的隐含波动率。

第二，如何确定资产（或组合）价值变化与市场风险因子变化之间的关系。除了呈显著非线性特征的期权类金融工具外，大多数金融工具的价值变化都被假设为市场风险因子变化的线性函数，二者的关系可以用前面讨论的敏感度来度量。而对于期权类金融工具来说，一般采用模拟的方法来描述它们之间的非线性关系，此外也可以用近似的方法来处理。

1）在险价值获取方法。依据对风险因子及其与资产价值之间关系的不同处理方法，可以将在险价值的获取方法分为三种：历史模拟法、蒙特卡罗模拟法和方差-协方差法。下面，我们将逐一分析这三种方法。

①历史模拟法。历史模拟法的基本思路是假定资产（或组合）未来的收益变化与过去是一致的，利用历史数据集将过去已经实现的收益分布或市场变量分布应用于目前的头寸，据此模拟下一个时期该头寸可能面临的收益分布，给定置信水平和持有期后就可以计算出在险价值。

历史模拟法也可以应用于组合在险价值的获取，其关键步骤是要识别出组合中所包含的不同资产种类或金融工具类别，收集它们在某个观察期间的历史收益的样本，然后使用当前组合中各类资产的权重来模拟假设的收益率。

除直接通过资产价格计算资产损益外，实践中更经常的做法是从市场风险因子如利率、汇率等的变化来计算资产的价格变化，并进一步计算出资产的损益。由于组合中每一种资产可能同时受多个风险因子的影响，资产的价格或损益是多个风险因子的函数，此时的组合损益就不能采取上面的简单形式，而是一个向量矩阵。

历史模拟法的优点主要表现在以下几个方面。

- 如果能收集到完整的历史数据，且不存在大幅度的市场价格波动，该方法的运用就十分简单，其结果也具有一定的说服力。
- 该方法采用的是完全估值技术，计算的是资产（或组合）的全部价值，而非价格发生微小变化的局部近似，且由于使用了实际数据，可以灵活地处理线性问题和非线性问题。
- 该方法不需要对定价模型和基本市场结构进行任何特定的假设，不存在模型风险。

当然，历史模拟法也存在一定的缺陷：

- 该方法是用过去的市场变化来模拟当前的头寸损益，这就意味着假设风险因子的未来变化必须依赖于它过去的表现，即通常所说的"历史可以复制到未来"。但如今，这一假设正受到越来越多的质疑。
- 该方法对所选用的历史样本期间比较敏感，为数不多的几个极端值就决定了在险价值，在不同的样本期间中，这些极端值可能变化较大，从而使得在险价值的变化也较大。
- 该方法在计算时通常要采用较长的样本期间，并对所有的历史数据给以相同的权重，这势必减少了近期数据的影响，与真实情况往往不符。

②蒙特卡罗模拟法。蒙特卡罗模拟法主要是利用计算机随机模拟出风险因子的随机价格走势，并以此来近似地揭示该风险因子的市场特性。其基本思路是：假设资产（或组合）价格或市场风险因子的变化服从于某个随机过程，通过模拟该随机过程，就可以得出在给定时点上资产（或组合）的价格或市场风险因子的估计值。通过不断重复该模拟过程，就可以得到一系列估计值。如果重复的次数足够多，模拟出的估计值最终将会收敛于"真实的"价值。以此为基础就可以进一步估计出资产（或组合）"真实"的在险价值。

同历史模拟法一样，蒙特卡罗模拟法也是通过产生一个模拟的收益分布来估计在险价值。但与历史模拟法不同的是，蒙特卡罗模拟法的基础是假设一个随机过程，即特定的价格动态模型或风险因子动态模型，而不是价格或风险因子变化的历史数据。

蒙特卡罗模拟法的优点主要表现在：

- 和历史模拟法一样，蒙特卡罗模拟法也采用了完全估值技术。如果模拟的次数足够多，那么资产（或组合）价值的模拟分布将收敛于真实分布，其结果会非常精确。
- 该方法对历史数据的依赖性较弱，避免了历史模拟法的缺陷。
- 可以进行多种路径（情景）的模拟，使用灵活，适用于所有头寸，尤其适用于处理复杂的头寸。

当然，蒙特卡罗模拟法也存在一定的缺陷：

- 计算量太大且所用方法和过程不直观、不透明，难以被理解。
- 模拟的结果要受随机模型和参数的影响，存在着模型风险。

③方差-协方差法。方差-协方差法，也称参数法。其基本思路是：首先假定资产收益（或某种风险因子）服从于某种参数分布，如正态分布、泊松分布等，然后借助于分布的参数，如均值、方差和协方差等直接计算出在险价值。

总体上看，方差-协方差法的最大优点在于原理简单，计算快捷。它不需要详细的历史数据，只需要相关的参数，如方差、协方差等就可以迅速求解出在险价值。尤其是在处理线性头寸时，其优势非常显著。因而，这种方法在实践中得到了很好的推广和应用。

当然，方差-协方差法的缺陷也是显而易见的：

- 依赖于正态分布的假设。实际上，许多金融资产的收益率并不完全服从正态分布，通常存在着厚尾现象，即极端值比正态分布出现得多且更频繁，因此基于正态分布假设的模型会低估实际的在险价值。
- 不能预测突发性事件。不能预测突发性事件的原因在于该方法不仅假设变量呈正态分布，还假设这种分布在过去和未来具有一致性，即不随时间而改变。而突发事件意味着对这种一致性的打破，从而无法在历史数据中找到依据。
- 在处理非线性头寸、大规模的组合头寸等方面还存在着明显的不足。

2) 在险价值指标的两个基本参数。无论采用何种方法，在险价值指标均以两个基本的参数为前提：置信水平和持有期，它们对在险价值的计算结果有着非常显著的影响。

①置信水平。置信水平是统计学中的概念，在估计某个未知变量的取值时，人们常常会给出一个大致的范围或区间，置信水平就是用来反映这一区间估计的可靠性的大小。

置信水平在在险价值系统中的应用原理同上，给定相同的分布和持有期，置信水平越高，数值就越大。通常，置信水平的选择主要取决于以下因素。

在险价值的使用目的。一般来说，如果是为了确定资本充足比率，或者说是为了针对风险水平准备资本缓冲，则应该选择较高的置信水平。如果仅仅是为了比较不同市场的风险状况，那么置信水平的高低影响并不大，可选择的范围也就相对较大。

使用者的风险偏好。在在险价值系统中，置信水平反映了使用者对最大损失等于在险价值的可接受程度，实际上体现了使用者的风险偏好。如果金融机构在承担风险方面较为保守，就应该选择一个较高的置信水平；反之，则应该选择一个较低的置信水平。

样本规模限制。置信水平的选择还要受样本规模的限制，样本规模越大，可供选择的置信水平就越高。例如，针对一个包含了1 000个数据的样本，我们可以选择的置信水平最高可达99.9%，而针对一个包含了100个数据的样本，我们可以选择的置信水平最高却只能有99%。

实践中，金融机构的置信水平一般位于95%~99%之间，巴塞尔委员会建议的置信水平为99%。

②持有期。在前面的讨论中，我们一直都假定头寸的持有期为一天，忽略了时间长度对在险价值数值的影响。持有期是衡量风险因子波动率和相关性的时间单位，也是取得观察数据的频率。持有期的长短对在险价值数值有着直接的影响。

通常，选择持有期时主要参考的因素有两个。

一是持有头寸的流动性状况。在给定的其他条件相同时，对任何给定的头寸，理想的持有期长度应该等于在正常市场条件下清算该头寸所需要的时间长度。如果一个头寸能够以正常的方式迅速清算掉，则计算头寸的在险价值可以采用较短的持有期；反之，清算头寸需要的时间越长，确定的持有期也应该越长。金融机构可能同时会拥有多种头寸，试图精确地界定每一个头寸的持有期既不可能也无必要。作为一种折中的处理，可以选择一个有代表性的持有期作为所有头寸的持有期。总的原则是，交易活跃的机构选择的持有期应该较短，如单日或10日；交易不活跃的机构选择的持有期可以相对更长，如一个月。

二是样本规模的大小。样本规模的大小直接关系着在险价值计算结果的精确性，持有期长度则决定了样本规模的大小；反过来，样本规模的大小又影响着持有期长度的选择。例如，为了得到一个包含 1 000 个数据的样本，如果选取日数据，按 1 年 250 个交易日计算，需要 4 年的数据；如果采用周数据，则需要 20 年的数据。从数据的有效性和可得性出发，短的持有期显然更加方便。

实践中，金融机构对持有期长度的选择反映了其在上述因素之间的权衡。一般来说，商业银行由于投资组合的周转较快，通常以日为单位报告交易在险价值；而投资性机构如基金公司的投资组合调整得相对较慢，通常选择以月为报告期。巴塞尔委员会建议的持有期长度为 10 天（即 2 周）。

3）在险价值法的优点和缺点。在险价值法的最大优点在于，它为人们提供了研究和管理金融风险的统一框架。在险价值技术可以广泛地应用于不同层面（单一资产层面或组合层面、交易层面或机构层面等）、不同类别风险（利率风险、汇率风险等）的计量，从而使风险度量的结果具有可比性，统一了风险语言，极大地促进了现代金融风险管理的发展。

作为一个总体框架，在险价值法具有较大的包容性，它把风险度量分解为不同的模块，并允许人们运用不同的方法和模型来处理这些模块。这使得在险价值系统不仅可以灵活地处理各种现实问题，还可以充分地吸收各种先进的风险管理思想和技术，不断地丰富自身的发展。

在险价值法以概率论和数理统计为基础，是一种利用规范的现代计量技术来全面综合地衡量市场风险的方法，它摒弃了主观判断的随意性，相较于其他主观性较强的风险管理技术如敏感性分析等，能够更加准确地计量金融机构所面临的风险状况，提高风险管理系统的适应性和科学性。

在险价值法的缺点在于，在险价值法衡量的是正常条件下的市场风险，而对于极端条件下的市场风险显得无能为力。在正常的市场条件下，资产的交易数据比较丰富，因而使用在险价值模型比较有效。然而，当市场远离正常状态时，交易的历史数据变得稀少，尤其是当市场出现危机时，资产价格的关联性被割裂，就会造成在险价值模型无效。本质上，在险价值只是告诉我们，在特定分布中对应一定置信水平的分位数（最大损失值）是多少，并不能告诉我们分位数左侧的分布状况到底如何。假设对应 99% 置信水平下的单日在险价值为 1 000 万元，也就是说未来还有 1% 的可能性会出现最大损失超过 1 000 万元的情况。如果这种情况发生，最大的损失到底会是多大呢？实际上，这可能是人们更为关心的一个问题，因为这种小概率事件一旦发生，其后果往往是灾难性的。

在险价值法可能存在着数据不充分或失真的风险。在在险价值的分析方法中，一般都假设某些数据可以用来衡量风险，但事实上，许多市场由于历史较短、交易清淡、市场有效性不高等原因，并不一定存在必要的可用数据。

此外，在险价值法可能还存在着模型风险。模型风险主要表现为模型选择错误、模型操作错误、模型参数估计错误等方面。在险价值法的应用高度依赖于复杂的数学和统计模型，这带来了显著的模型风险。这种风险的存在已经成为金融领域近年来备受关注的一个现实问题，因为它关系到金融机构风险评估的准确性和决策的有效性。

（3）情景分析法与压力测试法。

1）情景分析法。1999 年，安然公司的一个战略合伙人曾问过这么一个问题：如果安然倒闭了该怎么办？当时，公司还呈现出一派繁荣景象：稳坐美国第七大公司的宝座，账面收入高达 1 000 亿美元。不过为了强化战略和防范可能的风险，公司管理团队设想了 4 种情景，其中一个被称为"重新开始"的情景就预告了安然的倒闭。虽然这些预言并未引起重视，但至少说明当时的管理团队认识到了这些未曾有人想到的风险，而他们所依据的就是情景分析法。如今，这种方法被越来越多地应用于金融风险管理领域。例如，在 2020 年和 2021 年，全球范围内的许多公司利用情景分析来评估新冠疫情对其业务的影响。公司可能考虑各种情景，包括销售额下降、供应链中断以及劳动力不足等。通过情景分析，公司可以更好地了解风险，并制定应对策略。

所谓情景（Scenario），就是对未来的一种可信的描述，它能帮助我们深入探究未来的风险和机遇。情景可以人为设定（如直接使用历史上发生过的情景），也可以从对风险因子历史数据的统计分析中得到，或者通过运行旨在描述风险因子变动的随机模型而获得。然后，把头寸放入所选定的情景中，经过严格的分析后形成一个对该头寸未来情景的全面描述，进而估计风险的大小。如银行可以分析利率、汇率同时发生变化时可能会对其市场风险水平产生的影响，也可以分析在发生历史上出现过的政治、经济事件或金融危机以及一些假设事件时，其市场风险状况可能发生的变化。

与敏感性分析对单一因素进行的分析不同，情景分析是一种多因素分析方法，结合设定的各种可能情景的发生概率，来研究多种因素同时作用时可能产生的影响。情景分析法允许使用者设想多种未来情景，可以是好的情景，也可以是坏的情景。它还允许使用者同时考虑多种风险因素的影响，如汇率、利率等，此时需要注意考虑各种头寸的相关关系和相互作用。

情景分析是对未来前景的一种可信的描述，相对于那些基于概率、精算表的传统风险度量方法而言，具有更大的主观性。因此，情景分析法的有效性在很大程度上依赖于情景的设定和选择，截至目前，在这一问题上还没有统一的解决标准。

2）压力测试法。压力测试（Stress Testing）是指通过假设各种极端不利的市场环境（或情景）来估计头寸或组合在该环境下的在险价值。压力测试旨在分析金融机构在极端不利的情况，或者说是有压力的情景下将面临风险的大小。

压力测试主要采用敏感性分析和情景分析进行模拟和估计。在运用敏感性分析进行压力测试时，需要回答的问题如汇率冲击对银行净外汇头寸的影响、利率冲击对银行经济价值或收益产生的影响等。在运用情景分析进行压力测试时，应当选择可能对市场风险产生影响最大的情景，包括历史上发生过的重大损失情景（如 1997 年的亚洲金融危机）和假设情景。

假设情景又包括模型假设和参数不再适用的情景、市场价格发生剧烈变动的情景、市场流动性严重不足的情景，以及外部环境发生重大变化、可能导致重大损失或风险难以控制的情景等。这些情景或由监管当局规定，或由商业银行根据自己的资产组合特点来设计。在设计压力情景时，既要考虑市场风险要素变动等微观层面因素，又要考虑一国经济结构和经济政策变化等宏观层面因素。

由于压力测试揭示了金融机构在市场极端不利情况下的风险状况，它可以对以正常的市场条件为前提的在险价值模型进行有力的补充。巴塞尔委员会要求金融机构在采用内部模型计量市场风险的同时要进行压力测试，我国相关监管机构也要求商业银行建立全面、严密的压力测试程序。压力测试的重要性日益显现，然而在实践中仍然存在不少问题。最突出的是截至目前，无论是测试的内容还是测试的方法，都还没有一个能够被普遍接受和采纳的标准。

7.4.5 碳金融风险管理策略与方法

1. 风险管理策略

风险无处不在。面对风险，我们不应畏惧，而应在充分了解企业自身情况的基础上，制定合适的管理策略，以提升企业的风险应对能力。主要的风险管理策略包括：风险承担、风险规避、风险转移、风险转换、风险对冲、风险补偿和风险控制。

（1）风险承担。风险承担是指企业对所面临的风险采取接受的态度，从而承担风险带来的后果。企业通常会在两种情况下采用这种应对风险的策略：第一种情况是企业无法识别的风险；第二种情况是企业能够识别出风险但是企业没有应对这种风险的能力或是应对这种风险的成本超过收益。

（2）风险规避。风险规避是指企业回避、停止或退出具有某类风险的活动。比如企业不进入或者退出某个竞争激烈的市场、拒绝和有不良信用的交易对手进行交易、不进入政局不稳定的国家或者地区进行业务交易等。采用风险规避策略可以完全规避某一类风险。

（3）风险转移。风险转移不同于风险规避，风险转移没有降低风险事件本身的危害性，只是将风险产生的危害从企业本身转移到了第三方。最典型的风险转移策略是保险，企业通过保险将风险转移给了保险公司，当然企业将风险转移到保险公司的同时也要为此付出一定的代价，即需要支付给保险公司相应的保险费用。

（4）风险转换。风险转换是指企业通过战略调整等手段将企业面临的风险转换成另一种风险。例如银行通过降低信贷客户的资信标准从而将资金以更高的利率贷出去、企业通过放松交易客户信用标准扩大销售但同时增加了应收账款的数量。风险转换策略的成本一般很低甚至无成本，企业在考虑是否要将一种特定风险转换成另一种的时候要综合考虑转换前后两种状态的收益。

（5）风险对冲。风险对冲是指引入一种与标的资产呈负相关的金融工具，将标的资产的风险对冲掉，常见的风险对冲方法有远期、期货和期权等。例如，投资者手中拥有打算3个月后卖出去的碳配额100吨，为了对冲碳配额在三个月后价格下跌的风险，投资者可以买入看跌期权或者期限为3个月的空头期货合约。当然，风险对冲减小了投资者损失的可能性，但同时也减小了投资者获得更高收益的可能性。

（6）风险补偿。风险补偿是指在损失发生以前对风险承担的价格补偿，一些不能通过风险对冲、风险转移等策略进行风险管理的企业，往往会采用风险补偿的策略进行风险管理。例如，投资者可以在交易价格上附加风险溢价，提高风险回报，获得承担风险的价格补偿或采取设立风险补偿基金的方法。

（7）风险控制。风险控制是指企业通过控制风险事件发生的原因、条件等来应对风险，通过对风险事件发生的原因及条件等的控制可以减小风险事件发生的概率和减轻风险事件发生时对企业造成的损失。

2. 碳金融风险管理方法

（1）在险价值模型。在险价值法是指在市场正常波动下某一金融资产或证券组合的最大可能损失。更为确切地说,是指在一定概率水平(置信水平)下,某一金融资产或证券组合价值在未来特定时期内的最大可能损失。用公式表示为

$$P(\Delta P_{\Delta t} \leq \text{VaR}) = \alpha \tag{7-1}$$

式中,P 表示资产价值损失小于可能损失上限的概率;ΔP 表示某一金融资产在一定持有期 Δt 内的价值损失额;VaR 表示给定置信水平 α 下的在险价值,即可能的损失上限;α 为给定的置信水平。

例如,当投资者对某资产持有期为 3 个月,置信水平为 90% 时,假如估计的在险价值为 100 万,那么就意味着投资者估计该项资产在资产到期时(3 个月后)损失额大于 100 万(在险价值)的概率不超过 10%(1-90%)。

下面用数学方法对在险价值做出更精确的解释。

考虑一个投资组合 V,设 V_0 为初始价值,r 为投资收益率,μ 为期望收益率,在给定置信水平 α 下,投资组合的最小价值是 $V^* = V_0(1+r^*)$,其中 r^* 表示最低收益率。

此时,在险价值为投资组合的期望价值与最小值之差即:$\text{VaR} = E(V) - V^*$,而 $E(V) = V_0 + V_0\mu$,$V^* = V_0(1+r^*)$,所以 $\text{VaR} = V_0(\mu - r^*)$。

根据以上定义,现在考虑投资组合未来收益行为的随机过程,假定其未来收益的概率密度函数为 $f(V) = \dfrac{1}{\sqrt{2\pi}\sigma} e^{-\frac{(V-\mu)^2}{2\sigma^2}}$,$V \sim (\mu, \sigma^2)$。在给定的置信水平 α 下,低于 V^* 的概率为 $P(V \leq V^*) = 1 - \alpha$。

确定置信水平下投资组合的价值小于投资组合的价值下限的概率 $P_r(V \leq V^*) = P\left(\dfrac{V-\mu}{\sigma} < \dfrac{V^*-\mu}{\sigma}\right) = \int_{-\infty}^{c} \phi(x)\mathrm{d}x = 1 - \alpha$,$\phi(x)$ 为标准正态分布的概率密度函数。令 $c = \dfrac{r^*-\mu}{\sigma}$,所以有 $\text{VaR} = V_0(\mu - r^*) = V_0(\mu - c\sigma - \mu) = -c\sigma V_0$。因此,计算在险价值就相当于计算投资组合最小值 V^* 或最低的收益率 r^*。因此,置信水平的值、持有期的长短、未来资产收益的分布及其尾部特征,成为能否准确计算在险价值的关键因素。

(2)在险价值的计算原理。首先使用市场因子当前的价格水平,利用定价公式对投资组合进行估值,然后预测市场因子未来的一系列的可能价格水平(为一概率分布),并对投资组合重新估值,在此基础上计算投资组合的价值变化——衡量风险因素的波动率,并由此得到投资组合的损益分布。最后通过设置持有期和置信水平求出投资组合的在险价值。

假设某一资产期初值为 V_0,在持有期 $[0,1]$(单期)内该资产收益为 r,$r \sim N(\mu, \sigma^2)$,则本期期末资产的随机价值为 $V_1 = V_0(1+r)$。该资产在期末的最低价值为 $V_1^* = V_0(1+r^*)$,其中 $r^* < 0$ 表示与置信水平 α 相对应的最小收益(收益的下 α 分位数)。由正态分布的性质得出 $-Z_\alpha = (r^* - \mu)/\sigma$。因此 $\text{VaR}_t = V_0 - V_1^* = V_0(Z_\alpha\sigma - \mu)$,即为资产在给定置信水平 α 下的最大损失。在标准正态分布下,Z_α 为相应置信水平下的分位数,标准差 σ 表示收益率 r^* 的波动率。

从在险价值的定义出发,要确定一个金融机构或资产组合的在险价值或建立在险价值的模型,必须首先确定以下两个系数:一是持有期的长短,二是置信区间 α 的大小。

1)持有期 t。持有期的长短,即确定计算在哪一段时间内的持有资产的最大损失值,也就

是明确风险管理者关心资产在一天内、一周内还是一个月内的在险价值。持有期的选择应依据所持有资产的特点来确定，比如对于一些流动性很强的交易头寸，往往需要以每日为周期计算风险收益和在险价值。从银行总体的风险管理来看，持有期长短的选择取决于资产组合调整的频率及进行相应头寸清算的可能速率。巴塞尔委员会在这方面采取了比较保守和稳健的姿态，要求银行以两周即10个营业日为持有期。

2）置信水平 α。一般来说对置信区间的选择在一定程度上反映了金融机构对风险的不同偏好，选择较大的置信水平意味着其对风险比较厌恶，希望能得到把握性较大的预测结果，希望模型对于极端事件的预测准确性较高。根据各自的风险偏好不同，金融机构选择的置信区间也各不相同，比如美国银行选择95%、花旗银行选择95.4%、摩根大通选择97.5%、信孚银行选择99%，作为金融监管部门的巴塞尔委员会则要求采用99%的置信区间，这与其稳健的风格是一致的。

(3) 在险价值的技术特点。

1）可以用来简单明了地表示市场风险的大小，没有任何技术色彩。没有任何专业背景的投资者和管理者都可以通过在险价值对金融风险进行评判。

2）可以事前计算风险，不同于以往风险管理的方法都是在事后衡量风险大小。

3）不仅能计算单个金融工具的风险，还能计算由多个金融工具组成的投资组合的风险，这是传统金融风险管理所不能做到的。

3. 在险价值的计算方法

计算在险价值的方法主要有历史模拟法、方差-协方差法、蒙特卡罗模拟法和Delta-VaR法。

(1) 历史模拟法。历史模拟法假定收益分布为独立同分布，市场因子的未来波动与历史波动完全一样。其核心在于用给定历史时期上所观测到的市场因子的波动率来表示市场因子的未来变化波动率。它不需要假定资产收益服从的统计分布形式，它假定风险因子的变化服从特定的分布，通常是正态分布，通过历史数据分析和估计该风险因子收益分布的参数值，如方差，从而得出整个收益组合的特征值。

(2) 方差-协方差法。方差-协方差法具有较多优点：首先它非常简洁，它把风险转换成一个量化的数字；其次是全面，在险价值着眼于整体风险考虑，涵盖了许多资产相互之间能够分散风险的因素；再次是它能及时地从市场价值而非账面价值来反映资产的真实损益。通常情况下，它的步骤可以分为以下几步：

1）正态性检验。通常依靠频率直方图可以比较直观地检验得出结论。

2）VaR计算。具体公式如下：

$$VaR_t = 1.65\sigma \times P_{t-1} \tag{7-2}$$

式中，VaR_t 为第 t 日的在险价值；P_{t-1} 为第 $t-1$ 日的收盘价。

3）可靠性检验。通过正态性检验后，再根据某一日数据来计算下一日的日在险价值，从而来预测下一个交易日的数据变动下限，并比较该下限和实际数据来观察预测的结果与期望值之间的差别。

4）最后根据所得数据从正态性检验及可靠性检验两方面判断运用在险价值法计算出的在险价值的预测值对测量对象的数据动态波动下限的把握是怎么样的，从而判断这种动态预测是否可行，并根据测算数值得出相关的一些结论。

（3）蒙特卡罗模拟法。蒙特卡罗模拟法是一种随机模拟方法，它用市场因子的历史波动参数来产生市场因子未来波动的大量可能路径（而历史模拟法只能根据市场因子的特定历史变动路径产生有限的未来波动情景）。

（4）Delta-VaR法。该方法主要是依据金融工具的价值和其市场因子间的关系，即灵敏度来确定组合价值的变化。

7.5 碳金融衍生品风险管理

碳金融衍生品风险管理是指经济主体通过对碳金融衍生品风险的分析，选择相应的手段，以最小的成本努力消除或减轻资金流动中不确定因素发生的可能性和消极影响以达到最优目标的过程。碳金融衍生品是金融衍生品的具体化，其运行和功能必然与金融衍生品的特征基本一致，因此以下对碳金融衍生品风险管理相关内容的分析就按照金融衍生品的风险管理进行阐述。

7.5.1 管理程序

金融衍生品风险管理程序包括风险分析、方案设计、实施和评估。

1. 风险分析

风险分析就是认识和鉴别在金融工具交易活动中各种损失的可能性并估计可能损失的程度，它是金融衍生品风险管理决策的基础。由于金融衍生品风险具有普遍性和损失大等特点，故金融衍生品风险的识别和分析十分重要。

（1）分析各种裸露因素。分析哪些项目存在金融衍生品风险、受何种金融衍生品风险的影响，分析各种资产或负债受金融衍生品风险影响的程度。通过对裸露因素进行分析，管理者就能够决定哪些项目需要加强金融衍生品风险管理，并根据不同的风险制订不同的管理方案，实现以最经济、最有效的方式控制风险。

（2）分析金融衍生品风险成因。通过对风险成因的诊断，就可以分清哪些风险可以回避、哪些风险可以分散、哪些风险可以减轻。例如，贷款对象引起的信用风险可以回避，企业业绩引起的证券市场风险可以分散等，从而做出相应的决策。

（3）进行金融衍生品风险的衡量和预测。衡量风险的大小、确定各种金融衍生品风险的相对损失及紧迫程度并对未来可能发生的风险及其变化的趋势做出分析和推断，为决策提供依据。对金融衍生品风险的衡量和预测可以通过构建模型等进行。

2. 方案设计

根据金融衍生品风险的分析，确定金融衍生品风险管理的目标之后，就必须考虑风险管理的对策，拟订防范方案。金融衍生品风险管理的对策基本上可划分为控制对策和财务对策。所谓控制对策，是指管理者采取某些控制措施来减少可能出现的损失，主要包括风险回避、损失控制、风险分散、风险转移等。所谓财务对策，是指管理者采取某些财务措施来处理可能发生的损失，包括风险的财务转移（如保险）和风险自留等。对不同的风险可以采取不同的对策。在选择恰当的金融衍生品风险管理对策时，必须确定每一种对策或组合对策的成本和其他后果，探索和拟订各种可能的方案。为了使金融衍生品风险管理取得最好的效果，管理者必须根据各种风险和裸露因素的特征、经营目标、经济环境、技术手段等特点，对拟订的方案进行可行性研究，通过综合比较和分析后从中选取最理想的方案。

3. 实施和评估

金融衍生品风险管理方案确定后必须付诸实施，实施的好坏直接决定着金融衍生品风险管理的效果和金融衍生品风险管理过程中内在风险的大小，这是一项技术性很强的工作。在执行决策的过程中，对决策的评估也是相当重要的。通过评估，可以检测一定的金融衍生品风险管理措施是否能够收到预期的效果，也可根据需要随时调整风险管理对策，以适应已经变化的实际情况，达到风险管理的目的。

7.5.2 风险管理措施

金融衍生品市场风险管理的实质是寻求风险损失与风险收益的平衡，对风险的管理需从微观管理、宏观管理和制度建设方面采取相关措施。

1. 微观管理

微观管理就是通过各种交易策略和技术的运用，将交易主体所承担的风险部分或全部转嫁出去，从而保证所承担的风险的总规模不超过自身能够承受的规模。这就要求交易主体能比较准确地测量自己所承担的风险，并能够准确及时地做出风险决策。一是为保证风险测量的准确性，需要建立一种机制，能够有多个部门或多个人从多个角度对风险的测量进行深入分析，从而保证测量时所做的各种假设的客观性。二是要确定一个交易主体能够承受的最大风险规模，即能够承受损失的最高限额，这要根据交易主体的自有资本金和资金流动性来确定。三是要保证有准确及时的风险信息，如果信息渠道出现严重障碍，那么任何决策机制都不能有效地发挥作用。四是要根据不同的级别，确定风险决策的不同权限和相应的监督机制，从而将一个交易主体所承受的风险总量控制在其能够承受的总规模内。

2. 宏观管理

（1）实施促使宏观经济稳定的经济政策来降低风险总量。宏观经济的波动会引起金融衍生品标的资产价格的剧烈震荡，其震荡幅度往往会超出任何精确的模型所能做出的预测。在这种情况下，金融衍生品交易机构出现巨额亏损成为必然现象，宏观管理的目标是确保宏观经济的基本稳定，以降低金融衍生品市场的整体风险水平。由于金融衍生品的交易是以预测标的资产未来的价格变动为基础的，因此公众对整个经济的预期以及宏观经济的波动发挥着至关重要的影响。对政府来说，最为重要的就是建立并维持公众对宏观经济稳定的信心，为此政府应该保持物价的基本稳定、财政收支的基本平衡。此外，外部冲击也是宏观经济波动的重要原因，政府虽然可能很难直接影响外部冲击本身，但可以减少外部冲击发挥作用的条件，从而减小外部冲击的力量和降低出现外部冲击的频率。

(2) 减少单个风险事件对整个体系的影响。单个风险事件能够通过传染效应和多米诺骨牌效应对整个体系产生巨大影响，所以作为金融衍生品市场的监管机构，为尽可能减少影响应主要从以下三个方面加强监管。一是严格市场进入。这是防范整个市场风险的第一道屏障，是保证进入市场的每一个交易主体都达到最低要求的根本保证。二是保证规范经营。监管当局应促使交易主体建立起健全的内部控制体系，并通过确定一系列的业务管理要求保证交易主体能够规范经营。三是妥善处理市场退出。对经营管理不善、出现亏损的交易主体，必须进行妥善处理，防止进一步增加对整个体系的影响。

3. 制度建设

(1) 形成有序的市场机制。发展金融衍生品市场，首先必须深刻认识到风险管理的重要性。风险管理关系市场命运，是市场兴衰成败的决定性因素，欲求市场健康发展，根本大计是形成一个有序的市场机制，这是金融衍生品市场从失败到成功的基本经验，也是各国衍生工具市场发展实践的共同经验。国外金融衍生品市场发展实践证明，任何一个有序的金融衍生品市场，必须具备以下四个基本条件。一是市场制度的稳定性。市场制度稳定是指市场制度不会因各种风险而受到威胁，甚至在发生严重危机时也能采取应变措施进行补救。二是市场交易的公正性。市场对所有参与者都是公平的，不应受操纵，也不允许欺诈和不正当竞争，信息是公开的。三是市场运作的规范性。市场运作的规范性是指市场运作既是有效率的、流通顺畅的，又是在统一规则下有序进行的。四是投资者合法权益的保障性。投资者合法权益的保障性是指市场对投资者的合法收益要给予法律上、市场运作上的保障，使投资者的收益能及时、按量进入账户。金融衍生品市场运行时只有达到上述基本条件，才能赢得投资者对市场的信心，市场才能发展。但是，上述四项条件的形成和确立，首先都取决于对风险处理的能力。如果市场本身缺乏风险管理制度，显然谈不上市场的稳定性，市场不稳定，就难以正常有序地运作，市场公正性也必然会受到影响，更保障不了投资者的合法权益。

(2) 对会员实行严格管理。金融衍生品市场风险管理的重要措施是对会员实行严格的管理。国外对会员实行管理的主要内容包括以下三个方面。

1) 资产控制。期货交易所对会员进行资产控制，并不是看会员注册资本多少，而是看其是否拥有与其交易部位相适应的流动资金数额，所以世界各国普遍根据会员的类别，如本户会员（自营）、经纪会员、非结算会员、结算会员（各国会员结构不同，类别、名称各异）及其在交易中带来的风险程度，规定会员必须维持的资本净值。会员用于期货的净资本过多，意味着其持有的仓位过大，风险过于集中。对此，美国商品期货交易委员会明确规定：结算会员的调整净资本达到分隔客户资金的6%时为预警水平。当结算会员净资本逼近预警水平时，每月必须受到主管单位的监督，甚至个别需要实行每日监督。实行上述规定后，许多国家的期货交易所和结算公司还按照会员的净资本，规定会员每次为客户或公司进行交易的合约数量，称作持仓限额，以此作为监督会员的依据。

2) 保证金管理。保证金一般是根据一定时间的价格波动幅度和会员的借贷信用状况，同时考虑结算方法和时限后确定的。但是各国交易所的实践表明，确定一个比较合理的保证金水平并不是一件很容易的事，所以许多国家的交易所在执行过程中经常根据市场的实际价格波动情况做出必要的调整。例如，中国的香港交易所推出恒生指数期货时，以价格波动 600 点为参数设计保证金制度。在 1987 年全球股灾期间，因价格大幅下跌时未及时调整保证金水平，导致重大损失。此后建立动态调整机制，当价格波动幅度突破阈值时立即优化保证金要求。

各国交易所在做法上大致相同，具体有两种：一种是净额保证金办法（买入与卖出合约轧差后的仓位净额），期货市场采用这种办法较为普遍；另一种是总额保证金办法（买入与卖出合约相加后的仓位总额），目前实行这种办法的交易所比较少。

3）实行结算会员基金。实行结算会员基金是近 20 年来在金融衍生品市场不确定因素日益增多、价格波动起伏较大的背景下，对会员采取的一项重要措施，其目的是让风险制造者集体承担市场风险。美国在开始推行时将其称为结算会员信用担保金，之后许多国家和地区也相继实行这种管理方法。例如，新加坡实行了结算会员共同契约制度，中国香港是在吸取股市教训之后作为一项重大改革措施而实行会员基金制度的。在如何确定提取比例方面，各国和地区的做法不尽相同，但实践证明，推行结算会员基金对于提高结算保证能力、加强会员管理是很有必要的。

（3）完善结算制度。金融衍生品市场风险管理的基本条件是建立完善的结算制度。金融衍生品交易是以少量保证金为保证的信用交易，其本身潜藏着高倍数风险，交易开始就意味着风险的发生。首先通过结算反映出来，并且规避风险也是通过结算进行的。因此，实行风险管理应主要依靠结算运作系统进行，但想要结算系统有效地运作，就必须从制度上做出周密的安排。这是一项十分复杂的系统工程，需要科学周密的设计。金融衍生品结算的内容包括保证金、每日结算以及会员监督和财务保证，设计时既要考虑各项内容构成的要素条件，又要注意彼此之间的联系。在结算运作方式上，既要适应已经上市合约的需要，又要考虑未来金融衍生品种类的延伸，同时还应注意市场内外相关条件，尤其应注意国际金融衍生品结算方式的衔接。国外金融衍生品市场发展实践表明，建立金融衍生品结算制度，有两项基本原则必须遵循：一是设计结算制度的根本出发点，应从有利于对风险的防范、规避和控制出发；二是维护保证金、每日结算、财务稽核和财务保证之间的内在联系，注意提高结算系统整体抗风险能力。许多国家按照上述原则和市场细分的特点普遍形成了一套保证金与每日结算紧密联系的双向运作系统，其运作程序大体是：客户保证金交与经纪人，然后由会员经纪人或非结算会员以及本户会员交与结算会员，最后由结算会员交与结算公司（所）构成担保或附属担保；每日结算会员再结算公司的合约，根据当日进仓及平仓的相对数结出合计，并计算出会员翌日开市前应向结算公司（所）交付或收取的结算额。实践证明，这样一套结算运作系统不仅有利于分层控制、减缓风险积累程度，而且对于提高结算系统整体抗风险能力也是十分有效的。

（4）建立合理的结算机构。金融衍生品市场的运行关键在于建立符合风险管理要求的结算机构，金融衍生品市场的结算机构不应是一般的财务会计机构。金融衍生品市场交易集中，每天成交数以万计的合约，金融衍生品价格瞬息万变，大量的资金在投资者、经纪商、会员、结算会员以及结算机构之间频繁流动，如果仅依赖交易双方或者一般的财务结算部门办理结算，显然是难以胜任的。国外金融衍生品市场经过长期的实践、探索和发展，才找到了既适合结算运作，又能满足风险管理要求的金融衍生品结算机构模式。这种结算机构模式的基本特征是直接介入交易充当买卖双方结算的对手，并承担结算风险和财务保证。各国实践证明，只有以这样的结算机构模式为核心，才能促使上述结算制度有效运作，防止亏损的累积。这样的结算机构模式还可以通过财务稽核及时察觉运营和财务上的漏洞，从而为财务安全提供保证，同时也有利于对市场风险实施水平控制。所以，世界各国都将以这种结算机构模式为核心的结算制度视为金融衍生品市场的运行基石，并以比作为评价金融衍生品市场是否成熟的重要标志。

（5）实行法治化管理。金融衍生品市场风险管理应在政府支持与监督下实行法治化管理。一是在金融衍生品市场成为国际金融市场组成部分以来，各国金融衍生品市场不同程度地成为了国际投资的重要领域，金融衍生品交易及其价格对各国经济发挥着越来越重要的影响。但是，影响金融衍生品价格变化的各种因素却超越了国界，特别是来自外部的某些不确定因素，经常使金融衍生品价格发生剧烈波动，甚至使某些受到影响的国家在政治、经济、军事等方面发生较大变化，并迅速波及金融衍生品市场，引起金融衍生品价格的大起大落。这种受外部因素影响而形成的风险不仅从整体上影响到金融衍生品市场的稳定与发展，而且也影响到社会经济的稳定与发展。这种系统风险仅靠金融衍生品市场加强管理是难以解决的，因此必须强化国家的法治化管理。二是各国的金融衍生品市场一般都是按照自律原则高度组织起来的，为了实行自律管理，在组织结构、运作规则、市场纪律等各个方面均采取了一整套措施，以充分显示自律活力。但是自律管理的对象毕竟是自己的事业，因此难以避免管理者脱离自律目标而谋取个人利益、对同行出现操纵市场和欺诈等不正当行为，难免出现回避"家丑"和处理不当的情况，从而既影响公平竞争，又损害投资者合法权益。因此，世界各国的金融衍生品市场较普遍地采取了市场自律同政府监管相结合的制度措施，并且纳入了法治化轨道。美国、日本等国家在这些方面均积累了丰富的经验。目前，世界主要金融衍生品市场监管之风盛行，特别是在1995年一些大金融机构由于交易员违约进行金融衍生品大额交易导致破产后，各国金融监管进一步加强。

7.5.3 碳金融风险管理意义

碳金融风险管理意义主要表现在以下几个方面。

（1）有助于经济主体以较低的成本避免或减少金融风险可能造成的损失。例如，金融市场投资者可以通过对利率、汇率、股价的变化趋势进行科学预测，并采取措施对这些市场风险加以规避，可以避免在金融交易中出现亏损。债权人则根据严密的资信评估体系对借款人进行筛选，可以在事前回避信用风险；发放贷款后，债权人还可以凭借完善的风险预警机制，及时发现问题并采取措施，防止借款人到期不履行还债的义务。通过严格的内部控制，企业可以避免雇员利用职务之便从事违规金融交易，从而防止内部人员为谋私利而损害企业利益。实践中我们也可以看到，那些经营成功的金融机构都有一个共同的特征，即拥有较强的金融风险管理能力。

（2）有助于稳定经济活动的现金流量，保证生产经营活动免受风险因素的干扰，提高资金使用效率。经济主体通过制定各种风险防范对策，就能够在经济金融变量发生波动的情况下仍然保持相对稳定的收入和支出，从而获得预期利润率。例如，金融期货合约的产生为现货市场提供了一条转移价格风险的渠道。保值者利用期货合约可以将未来的价格固定下来，使未来价格变动的结果保持中性化，从而达到保值的目的。同时，期货市场将风险从规避风险的保值者那里转移给愿意承担风险的投机者,从而将市场价格变动导致的风险从正常的实际经营活动中分离出来,让企业能够更加关注自己的主营业务。再如,企业还可通过对未来不确定性的分析和预测,保留适量的备付金或提取一定的风险准备金,这样既可以避免突发事件导致的流动性不足问题,又不需要占用大量资金,在保证资金正常周转的同时也提高了资金的使用效率。

(3) 有助于经济主体做出合理决策。一方面,金融风险管理为经济主体划定了行为边界,约束了其扩张冲动。市场主体必须在风险与收益之间做出理智的权衡,从而避免将社会资源投入存在重大风险、缺乏现实可行性的项目中去。金融风险管理对市场参与者的行为起着重要的警示和约束作用。另一方面,金融风险管理也有助于经济主体把握市场机会。在金融市场上时时刻刻都有大量的金融风险存在,这对每个市场参与者在提出挑战的同时也带来了机遇。如果市场参与者能够洞察市场的供求状况及影响市场的各种因素、预见市场的变化趋势、采取有效措施控制和防范风险,同时果断决策、把握市场机会,就能够获取可观的收益。例如,2020年4月,石油需求急剧下降,同时储存能力接近极限,导致西得克萨斯中间基原油(WTI)期货价格历史性地跌至负值。在这场危机中,一些市场参与者损失惨重,特别是那些持有即将到期的期货合约的投资者。然而,一些对冲基金和交易员凭借前瞻性市场分析和多元对冲策略,比如持有更远月份的期货合约或者通过其他衍生品进行对冲,避免了损失甚至实现了盈利。例如,全球最大的商品交易商之一的嘉能可(Glencore)和其他一些交易商利用其储存能力和交易策略,在价格异常波动时获得了利润。

(4) 有助于经济主体培养其核心竞争力,实现可持续发展。金融风险管理能够使企业提高其管理效率,保持稳健经营,避免行为短期化。我们知道,信心是金融业的运行基础,只有那些拥有健全的风险管理体系的金融机构,才能够在社会公众中树立良好的形象,赢得客户的信任。金融风险管理能力已成为现代金融机构的核心竞争力。

参考文献
REFERENCE

［1］ BENZ E A, HENGELBROCK J. Price discovery and liquidity in the European CO_2 futures market：an intraday analysis［Z］. 2008.

［2］ 乔海曙，谭烨，刘小丽. 中国碳金融理论研究的最新进展［J］. 金融论坛，2011，16（2）：35-41.

［3］ LABATT S, WHITE R R. Environmental finance：a guide to environmental risk assessment and financial products［M］. New York：John Wiley & Sons, 2002.

［4］ 严琼芳. 碳金融研究述评：兼论环境金融与碳金融的关系［J］. 理论月刊，2011，(12)：102-105.

［5］ 刘英. 国际碳金融及衍生品市场发展研究［J］. 金融发展研究，2010（11）：7-12.

［6］ 姜克隽. 完善我国碳定价政策助力"双碳"目标下经济转型［J］. 清华金融评论，2021（12）：34-36.

［7］ 赖力，马文婷，束兰根. "双碳"目标下的中国特色碳定价体系设计思路探讨［J］. 新金融，2022（5）：45-52.

［8］ 邢丽，许文，郝晓婧. 国际碳定价倡议的最新进展及相关思考［J］. 国际税收，2022（8）：29-36.

［9］ NACHTIGALL D, ELLIS J, ERRENDAL S. Carbon pricing and COVID-19：policy changes, challenges and design options in OECD and G20 countries［Z］. 2022.

［10］ 姜维. 威廉·诺德豪斯与气候变化经济学［J］. 气候变化研究进展，2020，16（3）：390-394.

［11］ STERN, N H. The economics of climate change：the Stern review［M］. New York：Cambridge University Press, 2007.

［12］ 王钊，王良虎，胡江峰. 碳排放交易制度下城市减排的机会成本研究：基于中国碳排放试点城市的实证检验［J］. 中国环境管理，2019，11（6）：57-63.

［13］ 蒋伟杰，张少华. 中国工业二氧化碳影子价格的稳健估计与减排政策［J］. 管理世界，2018，34（7）：32-49，183-184.

［14］ 陈欣，刘延. 中国二氧化碳影子价格估算及与交易价格差异分析：基于二次型方向性距离产出函数［J］. 生态经济，2018，34（6）：14-20，50.

［15］ 常瑞英，唐海萍. 碳贸易中碳价格计算的土地机会成本模型评述及实例分析［J］. 资源科学，2007（3）：17-24.

［16］ 宋杰鲲，曹子建，张凯新. 我国省域二氧化碳影子价格研究［J］. 价格理论与实践，2016（6）：76-79.

［17］ 张济建，金涛，朱镕. 协同减排视角下供应链碳资产质押融资模式研究［J］. 生态经济，2018，34（1）：43-48.

[18] 金涛. 协同减排视角下 M 公司供应链碳资产质押融资模式设计与应用研究 [D]. 镇江：江苏大学，2019.

[19] BENZ E, TRÜCK S. CO_2 emission allowances trading in Europe: specifying a new class of assets[J]. Problems and perspectives in management, 2006, 4(3): 30-40.

[20] CHEVALLIER J. Carbon futures and macroeconomic risk factors: a view from the EU ETS[J]. Energy economics, 2009, 31(4): 614-625.

[21] 杨星，范纯，蒋金良，等. 碳金融市场 [M]. 广州：华南理工大学出版社，2015.

[22] ALBEROLA E, STEPHAN N. Carbon funds in 2010: investment in Kyoto credits and emissions reductions [R]. Arcueil: CDC Climate Research, 2010.

[23] IEA. World energy outlook 2012 [R]. Paris: IET, 2012.

[24] The World Bank. State and trends of the carbon market 2012 [R]. Washington: The World Bank, 2012.

[25] 雷立钧. 碳金融研究：国际经验与中国实践 [M]. 北京：经济科学出版社，2012.

[26] 蔡博峰，等. 国际碳基金研究 [M]. 北京：化学工业出版社，2013.

[27] 张晨，杨玉，张涛. 基于 Copula 模型的商业银行碳金融市场风险整合度量 [J]. 中国管理科学，2015，23（4）：61-69.

[28] 柴尚蕾，周鹏. 基于非参数 Copula-CVaR 模型的碳金融市场集成风险测度 [J]. 中国管理科学，2019，27（8）：1-13.

[29] 王遥，王文涛. 碳金融市场的风险识别和监管体系设计 [J]. 中国人口·资源与环境，2014，24（3）：25-31.

[30] 杜莉，王利，张云. 碳金融交易风险：度量与防控 [J]. 经济管理，2014，36（4）：106-116.

[31] 北京绿色交易所. 创新开展碳交易压力测试 强化金融机构风险管理：工商银行火电行业碳交易压力测试案例 [J]. 产权导刊，2022（10）：42-45.

[32] 张慧，魏佳琪，孟纹羽. 碳金融市场集成风险测度的新方法 [J]. 统计与决策，2023，39（3）：55-60.